LA VIE

DES

SAINTS FRÈRES MARTYRS

LUGLE ET LUGLIEN.

Montdidier (Somme). — Typographie MÉNOT.

LA VIE

DES

SAINTS FRÈRES MARTYRS

LUGLE et LUGLIEN

PATRONS DE LA VILLE

DE

MONTDIDIER-EN-PICARDIE

ET DE LILLERS-EN-ARTOIS,

PAR L'ABBÉ L. DANGEZ.

> Gloriosi principes terræ quomodo in vitâ suâ dilexerunt se, ita et in morte non sunt separati. **OFFICE DE L'ÉGLISE.**
>
> Comme ces glorieux Princes de la terre se sont aimés pendant leur vie, ainsi ils n'ont point été séparés au moment de la mort.

MONTDIDIER,

MÉROT-RADENEZ, ÉDITEUR.

1862.

AUTORISATION.

Monseigneur l'Evêque d'Amiens a daigné autoriser l'impression de cet ouvrage.

AMIENS, ce 26 Juillet 1861.

FALLIÈRES,

VICAIRE GÉNÉRAL.

PROPRIÉTÉ.

Tous les exemplaires seront revêtus de la signature de l'auteur. *L. Danger*

PRÉFACE.

Il y a près d'un siècle et demi que la vie de saint Lugle et de saint Luglien, patrons de la ville de Montdidier, a été écrite par un pieux Religieux bénédictin du couvent de cette même ville. (*) Cette vie, qui est le fruit et le résultat des plus minutieuses recherches, rapporte à peu près tout ce que les anciens manuscrits ou vies imprimées en ont dit. Quoique peu féconde en faits, ce qui tient nécessairement à l'absence de tous les documents, que le malheur des temps, l'ignorance ou la malice des hommes ont supprimés, (1) elle porte cependant un cachet de piété qui est après tout ce que l'on doit désirer de voir dans la vie des Saints. En effet, une vie de Saints n'étant pas un ouvrage de fantaisie ou de bel esprit, ne doit servir qu'à fournir des exemples qui portent au bien; des vertus que chacun doit s'efforcer de retracer dans sa conduite. Dieu, qui nous les présente pour modèles, n'a pas eu d'autres vues que de les proposer en même temps à notre imitation. Ce n'est donc pas positi-

(*) Le Père Pagnon.
(1) Voyez dans les pièces justificatives la note n° 1.

vement par la surabondance des faits, mais par l'exactitude à reproduire leurs vertus que le but est atteint. Sous ce point de vue, nous nous consolons un peu de ce qu'il n'a pas plu à Dieu de nous faire parvenir plus de détails sur les vies édifiantes de nos patrons. Quand nous n'y trouverions en définitive que ces exemples si parfaits d'humilité, de fuite du monde et de ses vanités, vertus qu'ils ont pratiquées si constamment et si généreusement, n'y en aurait-il pas assez pour exciter notre zèle, aujourd'hui surtout que le monde ne présente partout que l'appât des plaisirs, l'amour des richesses, le désir des grandeurs, en un mot, tout ce qui favorise, comme dit l'Apôtre, la concupiscence de la chair, la concupiscence des yeux et l'orgueil de la vie (*)? Et puis, quand cette opposition de leur conduite avec la nôtre ne ferait naître que cette considération, qu'il est de la sagesse et de la prudence de ne point s'exposer à une ruine éternelle et irréparable, ne serait-ce pas un motif suffisant pour nous d'étudier leur vie et de la bien méditer? Car, enfin, notre âme est-elle moins précieuse que la leur et le ciel moins digne de nos désirs et de nos efforts? Ne sommes nous pas comme eux les enfants de Dieu, destinés aux mêmes récompenses? S'ils n'ont cru pouvoir les obtenir que par les sacrifices et en suivant Jésus-Christ, leur modèle, qui peut nous autoriser à croire que nous les obtiendrons en suivant une voie toute opposée?

Le peu que nous savons peut donc suffire et nous

(*) Quoniam omne quod est in mundo, concupiscentia carnis est et concupiscentia oculorum et superbia vitæ. (St-Jean ép. 1, ch. 2, v. 16.)

être d'une très grande utilité. C'est pourquoi, voyant que l'édition de leur vie, composée par le Père Pagnon, était, déjà depuis longtemps, entièrement épuisée, poussé par l'unique motif de ne point laisser périr leur bien aimé souvenir dans les générations futures de la ville qui fut notre berceau, et aussi par un sentiment de reconnaissance particulière, il nous est venu à la pensée d'en donner une autre. Nous n'osons pas pourtant la présenter au lecteur comme une vie absolument nouvelle, bien que nous ayons fait tout ce que nous avons pu pour l'enrichir : la qualité d'auteur nous irait peut-être mal, car outre les choses à raconter, il faut encore le talent nécessaire pour les bien raconter, ce que nous ne reconnaissons pas en nous. Le Père Pagnon nous est venu en aide, et nous lui avons pris tout ce qui était à notre convenance. Et d'ailleurs, pourquoi ne lui aurions nous pas tenu compte de son travail et de ses recherches? Nous n'avons donc pas touché positivement au fond de son ouvrage. Nous avons rajeuni et complété ses pensées ; par fois même nous avons rapporté textuellement ses paroles, quand nous les avons jugées bonnes à être conservées.

Nous dirons donc ce qui a été dit ; ce que tout le monde sait à Montdidier, en attendant que l'on puisse découvrir des renseignements nouveaux et qu'une imagination plus riche et plus abondante, vienne les embellir de ses couleurs. Car le manuscrit latin imprimé en 1597, que l'on croit avoir été composé peu de temps après leur mort ; (1) Malbrancq,

(1) Voyez le texte dans les notes n° 2.

dans son ouvrage sur les Morins; Blemur, dans son hagiographie; Dom Devienne, dans son histoire d'Artois; Hennébert, chanoine de St-Omer, aussi dans son histoire générale de ce pays, et beaucoup d'autres auteurs que nous avons consultés, ne nous ont, pour ainsi dire, rien appris de plus. Ghesquière, cependant, nous a fourni quelques éclaircissements qui nous ont utilement servi pour faire notre dissertation sur la vérité de la translation des reliques à Montdidier, en nous indiquant les sources. Les Bollandistes, du reste, nous avaient déjà mis sur la voie. Seulement, nous avons établi dans cette vie un certain ordre pour en faciliter la lecture. Pour ce qui est postérieur à la vie écrite par le Religieux du Prieuré, nous l'y avons ajouté, ainsi que ce que nous avons trouvé inédit dans les autres auteurs, en rectifiant toutefois ce qui ne nous a pas paru assez exact. On pourra peut-être nous dire que nous nous sommes un peu étendu sur certaines circonstances de la vie de nos Saints et que nous avons cherché à les présenter sous un point de vue trop étudié. Nous dirons que nous n'avons pas cru blesser la vérité de l'histoire en rappelant des actions qui n'étaient que les conséquences naturelles des différentes positions dans lesquelles ils se sont trouvés. Si, après cela, on veut la regarder comme une vie nouvelle, soit; elle en aura du moins quelqu'apparence, en ce sens qu'elle dira les choses telles qu'elles sont aujourd'hui, aussi bien à Montdidier que dans les endroits où nos Saints sont connus.

Nous avons consigné aussi les miracles rapportés dans l'ancienne vie. Cette page de leur histoire a trop de mérite pour nous et elle nous a paru trop respectable, quelques soient d'ailleurs les idées modernes sur ce point, pour que nous l'ayons négligée. Si nous qualifions de miracles les marques de protection que nous croyons devoir à nos saints Patrons et dont il n'avait pas encore été fait mention, pour ne pas induire en erreur qui que ce soit, nous avertissons qu'ils n'ont droit à aucune autre foi, qu'à celle qui est fondée sur une opinion particulière, puisqu'il n'appartient qu'à l'Eglise de prononcer sur ces points.

Quant à la question touchant le martyre, nous n'avons point jugé nécessaire de la traiter dans ce volume pour ne pas le grossir mal à propos. Cette qualité de martyrs qu'on donne à nos Saints ne leur est nullement contestée maintenant et elle ne servirait pas aujourd'hui à augmenter de beaucoup la confiance que l'on a en eux. C'est une perle ajoutée à leur couronne bien riche et bien précieuse, sans doute, mais qui, si elle manquait, n'ôterait rien pour cela au pouvoir dont ils jouissent auprès de Dieu; pouvoir dont nous avons eu tant de preuves. Ils sont saints, voilà un fait incontestable; et voilà aussi tout ce qu'il nous importe le plus de savoir, car c'est sur leur sainteté qu'est appuyée notre espérance en leur protection.

Comme nous le disions, nous sommes bien éloigné pourtant de vouloir leur enlever leur qualité de martyrs. Des enfants reconnaissants, sont toujours disposés à agrandir la gloire de leurs pères, au lieu de chercher à la diminuer. Ils ont été martyrs; et la preuve la plus convaincante que nous puissions en donner, c'est d'abord que Dieu lui même leur en avait promis la palme dans l'authentique révélation qu'il leur fit de leur mort. Et puis, nous ajouterons avec Ghesquière, en faveur de ceux qui voudraient encore en douter, qu'il y a deux genres de martyre. L'un, proprement dit, qui consiste à souffrir la mort sur le refus formel de nier la foi de Jésus-Christ, et l'autre, improprement dit, qui fait qu'on la souffre, parce que la sainteté de la vie, les reproches adressés avec courage à ceux dont la conduite est mauvaise, excitent en eux la haine et les portent à toutes sortes d'outrages. C'est dans ce sens plus probablement, comme nous le dirons dans leur vie, que nos Saints ont été martyrs. Il y a, en effet, une infinité d'exemples de cette espèce de martyre, et les saints en qui elle se trouve, n'en sont pas moins honorés sous ce titre. Ainsi, saint Jean-Baptiste est immolé à l'impudique vengeance d'Hérode; saint Thomas de Cantorbéri est poursuivi et massacré par un Roi impie et avare, à cause de sa fermeté à soutenir les droits de l'Eglise; saint Wenceslas, pour son zèle à réprimer les vices dans ses états; saint Léger devient victime de la haine du courtisan Ebroin; saint Jean-Nepomucène est sacrifié à cause de sa fidélité à conserver intact le secret de la confession, et beaucoup d'autres. Ce n'est donc plus là la difficulté de nos jours.

Une autre s'est élevée à la place, et nous a paru être de nature à entraîner après elle de plus grandes conséquences. Nous l'avons remarquée avec quelque peine dans un ouvrage récemment produit au jour, l'Histoire de Montdidier, par un de nos compatriotes.

Elle porte sur la vérité du fait de la translation des reliques des saints Lugle et Luglien à Montdidier. Or, comme ce fait est la base du culte que nous leur rendons, il était très-important de l'établir solidement, et c'est à quoi nous nous sommes attaché tout particulièrement. C'est pourquoi, au lieu de la dissertation sur le martyre, nous avons cru devoir, après le chapitre consacré à rapporter l'histoire de cette translation, en donner une pour traiter à fond cette question. Nous la recommandons à l'attention de nos lecteurs, car nous croyons qu'elle renferme tout ce qui est propre pour convaincre un esprit droit et impartial.

Nous avons donc satisfait à un grand désir, qui est de voir le culte de nos Saints protecteurs toujours en honneur dans la cité antique, et leur vie dans toutes les mains. Aussi, nous l'offrons à tous nos concitoyens, souhaitant que ceux qui la liront y trouvent surtout utilité et édification.

LA VIE

DES

SAINTS FRÈRES MARTYRS LUGLE ET LUGLIEN.

LIVRE PREMIER.

Histoire de la Vie des Saints Lugle et Luglien.

CHAPITRE I.

Naissance des deux Saints. Leur éducation. Lugle renonce à la royauté pour embrasser l'état ecclésiastique. Luglien monte sur le trône. Lugle se retire dans un monastère. Lilia, leur sœur, bâtit un couvent où elle se retire.

———

      Illos Christo federavit
      Et cum Sanctis solidavit
      Fides, spes, Charitas.

      Unis par la foi, l'espérance,
      Et l'amour avec Jésus-Christ,
      Ils firent, par cette alliance
      Avec les Saints, un même esprit.

      ANCIENNE PROSE DE LA FÊTE DES
      SAINTS LUGLE ET LUGLIEN.

———

La divine Providence a ses desseins particuliers sur les peuples comme sur les individus. Elle répand ses grâces et ses faveurs là où il lui plaît. Elle choisit ou rejette, selon les enseignements de son immuable sagesse, dont elle se réserve le secret et dont elle ne doit compte qu'à elle même, personne n'ayant le droit de lui demander pourquoi elle agit de la sorte. C'est ainsi, dit l'Apôtre, que Jacob fut préféré à Esaü, le juif au gentil, le chrétien à l'infidèle, parce que cette élection ne vient pas du mérite de celui qui agit, mais de la volonté de Dieu qui fait miséricorde à qui il lui plait. C'est ainsi encore que par un privilège singulier, il choisit le peuple d'Irlande pour être son peuple et sa terre pour être une terre sainte; une terre féconde en hommes excellents. Cet admirable privilège, la pieuse Hibernie le justifia si pleinement, et elle peupla le ciel d'un si grand nombre de citoyens, qu'elle mérita, à juste titre, d'être appelée l'île des Saints. En effet, à peine eût-elle entendu la parole de ses premiers apôtres, qu'abjurant le culte des idoles, elle embrassa avec ardeur la religion de Jésus-Christ. Et ce peuple, que toute la puissance romaine n'avait pu ni abattre, ni soumettre, plia humblement sa tête indomptable sous le doux joug de l'Evangile, et marcha résolument sous la bannière des successeurs de saint Pierre.

C'est du sein de cette île si belle et si digne de fixer les regards du ciel, que naquirent saint Lugle et saint Luglien, astres brillants qui répandirent un si vif éclat, et dont nous allons raconter la vie édifiante et le glorieux martyre.

Vers la fin du septième siècle, c'est-à-dire en l'an 660 environ de l'ère chrétienne, régnait dans cette île un Roi vraiment digne de ce nom. Il s'appelait Dodanus, et il avait pour épouse une excellente Princesse nommée Relanis. Dodanus ne fut pas plutôt éclairé des lumières de la foi, qu'il l'embrassa avec amour. Entendre, croire et pratiquer la divine parole, ce fut pour lui une seule et même chose, et son épouse Relanis marchait fidèlement sur ses traces. A une haute naissance, ces nobles princes joignaient donc une grande foi et une admirable piété. Leur zèle ne se bornait pas cependant à leur propre sanctification. Se regardant comme les pères de leurs peuples, leur charité pour eux ne connaissait point de bornes. Leur plus grand désir étant de les voir marcher dans les voies de la vérité et de la vertu, ils s'appliquaient plus à les rendre vertueux qu'à les contenir sous le joug de leur autorité et de leur empire.

Des dispositions si chrétiennes et si en rapport avec les saintes maximes de l'Evangile, les mettaient nécessairement au-dessus des faiblesses dans lesquelles entraîne tous les jours la passion des plaisirs et des richesses. Elles les rendaient ennemis des vanités et de la molesse que l'on ne remarque que trop souvent chez les grands. C'est pour cela qu'ils avaient pris soin de proscrire de leur palais tous ces excès si dangereux, plus propres à éteindre en eux l'esprit du christianisme qu'à les fortifier dans la foi. Pour acquérir la vertu où tendaient tous leurs efforts, il n'y avait pas de moyens qu'ils ne prissent. Non contents d'y travailler dans le secret de leur maison, comme ils étaient persuadés qu'il ne peut y avoir de vraie vertu, si l'on n'y joint une exactitude fidèle à accomplir les devoirs de son état, ils y apportaient la plus grande vigilance. Ainsi, rendre à leurs sujets la justice, les aider dans leurs besoins, adoucir leurs misères, c'était la fin qu'ils se proposaient dans leur sollicitude, et ils ne se donnaient aucun repos quand ils pouvaient leur être utiles ou les ramener dans le bien. Aussi en étaient-ils aimés beaucoup plus qu'ils n'en étaient craints. Il est vrai qu'ils n'avaient non plus d'autre ambition, car ils ne pensaient pas qu'il put y avoir une plus douce récompense pour des Souverains que de posséder les cœurs de ceux qui leur sont soumis.

Jusque là cependant, le Seigneur ne les avait point encore visités. Aucun lien n'était là pour resserrer leur mutuelle tendresse: leurs vœux et leurs prières n'étaient point exaucés. A la vérité, comme ils lui demandaient moins des héritiers de leur sceptre que des citoyens pour le céleste royaume, leur soumission à sa volonté était parfaite et ils attendaient avec une résignation chrétienne le moment où il lui plairait de les regarder favorablement. Pour leurs sujets, loin d'être étrangers à leurs désirs, ils priaient Dieu instamment de les accomplir, et si leur impatience de les voir réalisés les faisait souffrir du retard, ils se consolaient du moins dans cette pensée, que d'une si heureuse alliance, il ne devait sortir qu'une postérité sainte, quand il lui plairait de la bénir. On n'espéra pas en vain, car Dieu, touché de tant de prières et surtout de l'intention si pure qui les accompagnait, bénit enfin leur foi, et la Reine devînt successivement mère de deux fils qui furent appelés Lugle et Luglien, et d'une fille qui fut nommée Lilia.(1)

(1) Voyez la note n° 3.

Le premier soin de Dodanus, quand il vit que ses vœux étaient accomplis, fut de rendre à Dieu de solennelles actions de grâces. La reconnaissance, du reste, qui est un besoin pour les âmes justes et saintes, ne pouvait se faire attendre. Le don que Dieu lui avait fait d'une si heureuse postérité, l'engageait fortement à l'en remercier. Ce qui surtout le remplissait de la joie la plus vive, c'était la pensée qu'il avait entre les mains tous les moyens nécessaires pour élever ses enfants dans sa crainte et dans son amour, car tous ses désirs, qui étaient ceux d'un Prince véritablement chrétien, ne tendaient qu'à le faire connaître et à propager son culte. A cette époque, en effet, tout le royaume d'Irlande avait été conquis à la foi catholique par les travaux de saint Patrice que l'on pouvait regarder comme son premier Apôtre. Tout naturellement les peuples de l'Hibernie partagèrent son bonheur.

La pieuse reine Relanis, de son côté, ne se vit pas plutôt mère que, comprenant toute l'étendue des devoirs que lui imposait cette qualité, elle s'appliqua sérieusement à les remplir. C'était peu pour elle d'avoir été l'instrument dont Dieu s'était servi pour les engendrer selon la nature, elle se crut obligée de correspondre à ses vues, en travaillant à les faire naître à la grâce. Avec son lait, elle leur fit sucer celui de la piété. Avant que leur raison même fut assez développée pour saisir les choses d'ici-bas, elle s'efforça de la diriger, afin qu'à son réveil, elle fut tout d'abord éclairée des lumières plus pures de la foi. Former leurs cœurs à la vertu fut son étude. Elle donna toute son attention à leur inspirer l'amour de Dieu, et sa parole faisait passer dans leurs âmes les étincelles de ce feu divin qui ne fit que s'accroître pendant toute leur vie. C'est ainsi que cette bonne mère, comme celle de Samuel, élevait ces jeunes plantes qui devaient rendre, même dès leur entrée dans la vie, une odeur si suave de sainteté. Oh! heureux les parents qui comprennent tout ce qu'il y a de grand et de noble dans cette mission que Dieu leur a confiée, en les investissant de ses pouvoirs et en les chargeant de lui préparer des adorateurs. Dignité sublime qui les a établis ses représentants sur la terre, et dont il ne les a revêtus que pour sa gloire et leur bonheur! Heureux aussi les enfants qui, par leur obéissance et leur respect, savent apprécier le bienfait que le Seigneur leur a accordé, en les mettant sous la garde de parents religieux et fidèles! L'enfance de nos jeunes Princes fut donc, par les soins de la Reine, préservée du souffle empoisonné du vice, et à l'ombre de sa vigilante sollicitude, ils évitèrent les dangers si communs à cet âge, et qui laissent le plus souvent de si fâcheux souvenirs.

Cependant, dès que les premières années de l'enfance furent passées et qu'une lueur de raison commença à se montrer chez eux, Dodanus comprit aussi que le temps était venu de leur donner une éducation en rapport avec leur naissance, et les grandes qualités qui déjà brillaient en eux. Il ne négligea donc rien pour les mettre sous la direction de maîtres savants et capables d'éclairer leurs esprits par la science, et de continuer en même temps à former leurs cœurs à la vertu. Aussi jaloux que son épouse d'en faire de bons chrétiens, il voulait, outre cela, en faire des hommes distingués et par la suite de glorieux Rois. Au surplus, selon les prévisions faciles à faire, on pouvait raisonnablement penser qu'il en serait ainsi.

Comme ils étaient nés avec un naturel heureux, et que pleins de docilité, ils écoutaient avec respect les instructions et les avis qu'on leur donnait, ils firent en peu de temps de rapides progrès. Déjà graves et réfléchis à un âge où tant d'autres ne donnent encore que des preuves de légèreté et d'inconséquence, ils ne faisaient aucun cas des plaisirs bruyants dont la cour présente de si fréquentes occasions et qui engendrent toujours une funeste dissipation. On les voyait sagement économes de leur temps, et ils agissaient de manière à n'en pas perdre la plus petite partie. L'étude et la prière en partageaient tous les instants. Pour se mettre néanmoins en état de remplir en tout la volonté de Dieu sur eux, ils ne négligèrent rien non plus pour acquérir la connaissance des convenances qu'exigeait leur position dans le monde, mais c'était plutôt la nécessité que le goût qui les portait à ce genre d'occupation. Aussi leur application étant soutenue sur tous les points, ils devinrent très habiles dans les sciences et les arts connus alors, et jamais ils ne démentirent les belles espérances que l'on avait conçues d'eux. Ils furent donc effectivement ce qu'ils avaient annoncé devoir être. Beaux et bien faits de corps, en même temps qu'ils donnaient des preuves non équivoques d'un esprit solide et d'un jugement assuré, ils attiraient sur eux l'admiration, d'autant mieux méritée, qu'ils l'emportaient réellement sur tous les autres jeunes gens de leur âge. Ils pouvaient donc paraître avec honneur et distinction dans le monde.

Ce fut surtout dans la science du salut que leurs progrès parurent sensibles; ce qui déjà présageait le degré éminent de sainteté auquel ils devaient parvenir. Tout, à la vérité, contribuait merveilleusement à les faire avancer, car leurs heureuses dispositions étaient puissamment encouragées, non seulement par les leçons qu'ils recevaient, mais bien plus encore par les images frappantes de vertu et de perfection que leur présentaient chaque jour le Roi et la Reine. En effet, pénétrés de la morale de l'Evangile, qui leur montrait le divin Sauveur pratiquant lui-même ce qu'il annonçait aux autres, Dodanus et son épouse instruisaient leurs enfants par la voix plus persuasive de l'exemple.

Toutefois, quelqu'utiles que fussent tous ces moyens pour les porter au bien, il était impossible aussi de ne pas s'apercevoir et de ne pas reconnaître que le Saint-Esprit lui-même avait été leur premier maître, et que c'était lui qui les conduisait. Dès leur plus tendre enfance, il imprima en eux une grande horreur pour le mal et leur fit goûter cette vérité si importante pour la jeunesse, que la crainte du Seigneur est le commencement de la sagesse. Il leur fit comprendre si bien la vanité et le néant des choses de ce monde, qu'ils en conçurent le plus parfait mépris, et qu'ils demeurèrent toute leur vie convaincus qu'il ne peut y avoir de vrai bonheur ici-bas que dans le service de Dieu.

Ce haut enseignement, ils ne l'oublièrent jamais, et ils en firent le mobile de toutes leurs actions jusqu'à la mort. Ainsi, nos deux Princes grandissaient en âge et en sagesse, et ornés des qualités avantageuses qu'on remarquait en eux, ils devinrent, pour ainsi dire, de jour en jour, les idoles de leurs peuples. Toute l'Irlande retentissait de leurs louanges et il n'y avait qu'une voix pour les proclamer partout les plus accomplis des Princes.

Une si belle conduite qui promettait à leurs sujets des jours si prospères pour l'avenir, remplissait de joie les cœurs du Roi et de la Reine. Déjà ils recueillaient les admirables fruits de leur sollicitude et de leurs soins. Dieu les bénissait en effet, et comme ils étaient les modèles des époux, il voulait qu'ils fussent en même temps les plus heureux des parents. Tant il est vrai que les enfants sont tels qu'on les forme, et que les malheurs qui pèsent si douloureusement sur les familles, sont les justes châtiments que Dieu inflige aux parents qui méconnaissent leurs devoirs, et qui se laissent entraîner par une coupable insouciance à les accomplir !

Cependant, Dodanus avançait en âge et comme tout portait à croire qu'il entrerait bientôt dans la voie commune à tous les humains, il se prépara en chrétien à paraître devant Dieu. Afin d'initier avant sa mort les jeunes Princes dans l'art si difficile de gouverner, et en même temps de se ménager à lui-même les instants si précieux qui lui restaient pour penser à son salut, il se déchargea dès lors sur eux d'une grande partie de son autorité. Pour lui, sans perdre de vue leur conduite et tout en dirigeant leurs premiers efforts, il s'adonna plus particulièrement à la prière et à la pratique de toutes les bonnes œuvres. Telles étaient les occupations de ce pieux Roi dans sa vieillesse, quand Dieu, pour le récompenser sans doute plus amplement de sa fidélité, l'appela à lui. Sa perte causa un grand deuil dans toute l'Irlande, et il fut pleuré comme il méritait de l'être. Ses sujets le regrettèrent, car, comme il s'était toujours montré leur ami et leur père, ils avaient aussi pour lui la plus sincère affection.

La mort du Roi laissa le trône vacant, et Lugle, comme l'aîné de la famille royale, fut appelé à y monter. Déjà tous les vœux l'y portaient, et quoique les peuples n'eussent eu qu'à se féliciter du règne de son père, les grandes espérances que l'on fondait sur celui qui allait s'inaugurer, faisaient naître la joie dans tous les cœurs, et tarissaient en quelque sorte les larmes que l'on avait été forcé de répandre. Mais cette allégresse si légitime, ne fut pas de longue durée, et fit bientôt place au plus amer regret. En effet, au moment où l'on croyait jouir du bonheur de le voir Roi, Lugle, qui dès son enfance avait conçu le plus grand éloignement pour les honneurs du monde et un mépris réel de ses vanités, abdiqua, sans balancer un instant, son droit à la couronne pour la mettre sur la tête de son jeune frère Luglien. Pour motiver néanmoins son refus, qui pouvait paraître ridicule ou méprisant, il donna comme raison qu'il avait sur l'œil une tache qui l'incommodait et le rendait moins agréable de visage que son frère. Pourtant, la vérité était que, voulant se mettre à l'abri des périls qu'il aurait à courir dans cette haute position, il désirait se consacrer à Dieu sans réserve en embrassant la vie sacerdotale ou la vie religieuse dans un monastère. Quoiqu'il en soit, le peuple en fut extrêmement fâché.

La résolution de Lugle ne fut pas, comme on pourrait bien le croire, approuvée de son frère Luglien. Cette occasion si opportune de s'élever et de dominer, qui aurait paru si commode à tant d'autres, ne lui sourit nullement. Il laissa même voir franchement toute la répugnance qu'il éprouvait, car il n'ignorait pas non plus qu'il est plus dangereux de commander que d'obéir, et qu'il y a plus de noblesse et de sûreté à mépriser et à fuir les honneurs et la fortune, qu'à les rechercher et à les posséder. C'est pourquoi il refusa longtemps le diadème que son aîné lui laissait volontairement. Tout son désir étant aussi de se soustraire à toutes les grandeurs d'ici-bas, il n'y avait pas de raisons qu'il n'apportât pour les éloigner. Tantôt il prétextait sa jeunesse et son inexpérience; (*) tantôt il se retranchait derrière sa vertu qui, selon lui, n'était pas encore assez affermie pour soutenir dans le bien, des peuples si chancelants eux-mêmes entre la vérité et l'erreur. Puis il invoquait, pour appuyer son refus, et les dernières volontés de son père et les lois fondamentales du royaume, qui plaçaient la couronne sur la tête de l'aîné. Il faisait entrevoir tous les inconvénients qui pourraient ressortir de son acceptation; en un mot, il employait adroitement tous les subterfuges que son humilité profonde lui suggérait, et il ne laissait

---

(*) Quelques auteurs inclinent à penser que notre Saint n'avait alors que 25 ans environ.

échapper aucun expédient pour arriver à ses fins.

Tel était l'exemple du vertueux combat d'abnégation chrétienne que donnaient au monde et à leurs peuples ces deux saints jeunes Princes. Oh! qu'il y en a peu qui les suivent! Ils fuyaient courageusement les honneurs, la plupart les recherchent. Ils rejetaient loin d'eux les plaisirs et les richesses, et les richesses et les plaisirs, ce sont les choses que l'on convoite avec le plus d'ardeur. Leur plus grand désir était de vivre inconnus, ne fondant leur espérance que sur Dieu seul, tandis que tous veulent paraître et ne s'appuyent que sur les biens périssables de la terre. Inutile de dire après cela que leur conduite a été toute différente de celle du plus grand nombre des chrétiens.

Cette sainte lutte que la vertu seule inspirait à nos Saints, et qui était bien éloignée des entêtemens de l'orgueil, ne pouvait manquer d'attirer sur eux les regards de Dieu. Comme ils ne cherchaient que sa gloire, et qu'ils étaient tout disposés à sacrifier leur intérêt particulier pour la lui procurer, le Seigneur se chargea lui-même de la terminer. A la vue du malheur qui les menace de perdre leurs Princes bien-aimés, les peuples s'assemblent de toutes les parties du royaume et viennent se jeter aux pieds de Luglien, le conjurant avec larmes de ne point les abandonner et de prendre en main le sceptre.

Cette démarche le toucha péniblement; il en fut même affligé, car il était loyal et sincère. Il est vrai qu'il n'en fallait pas moins pour ébranler sa résolution qu'il croyait lui venir de Dieu. Malgré tout, après de nouvelles représentations et sur de nouvelles instances, persuadé enfin que Dieu voulait qu'il fut Roi, puisqu'il se déclarait si ouvertement par la voix de son peuple, il accepta, avec une humble soumission à sa volonté, cette couronne qu'il regardait comme si difficile à porter. Tout annonçait bien qu'il le pouvait. A une éducation brillante et vertueuse, il joignait une grande prudence, et déjà, il avait donné des preuves de cette haute sagesse et de toutes les vertus qui font les grands Rois. Il était donc certain que, monté sur le trône, il réaliserait toutes les espérances, et que sa piété ne contribuerait pas peu à implanter et à affermir dans le cœur de ses peuples l'amour du bien et une extrême horreur pour le mal.

On ne fut pas trompé, car dès le commencement de son règne, il travailla avec ardeur à procurer le bien-être à ses sujets, ainsi qu'à les rendre vertueux.

La piété pourtant n'était pas la seule vertu que le saint Roi s'appliquât à pratiquer. Maintenir la Religion, la défendre contre toute attaque ; punir même ceux qui avaient la témérité de la blasphémer, était bien le but de son zèle et de ses efforts, et pour l'atteindre, il prenait tous les moyens propres à favoriser son progrès. Il y en avait encore d'autres qui aussi lui paraissaient devoir fixer l'attention d'un roi, c'étaient une charité et une bienveillance capables de lui conquérir tous les cœurs. Ce sont bien, à dire vrai, ces bonnes qualités qui manquent le plus souvent aux grands et à ceux qui gouvernent. L'égoïsme et l'orgueil leur faisant oublier que leurs sujets sont leurs semblables, et que ce ne sont ni les honneurs ni les richesses qui font l'homme, mais la vertu, ils les laissent gémir dans la détresse, quand eux-mêmes ne les y jettent pas par leur négligence et souvent par leurs injustices. Il n'en était point ainsi dans Luglien. Son cœur naturellement bon, compatissait volontiers à toutes les misères. La veuve et l'orphelin principalement trouvaient en lui un protecteur et un père, et tous un Prince équitable. Il accueillait avec bonté tous ceux qui voulaient s'adresser à lui. Et tandis que la plupart des souverains, sous le spécieux prétexte de faire respecter leur dignité et leur puissance, mais plutôt par leur dédaigneuse fierté, se mettent dans l'impossibilité de connaître la vérité, et par là de remédier au mal, Luglien se rendait accessible à tous. Aussi son règne fut-il béni, comme l'avait été celui de Dodanus, son père.

Les choses étant ainsi réglées, Lugle, de son côté, ne pensa plus qu'à exécuter son dessein. Ne doutant plus que Dieu l'appelait à l'état ecclésiastique, il fit tout pour se rendre de plus en plus digne de cette importante faveur et correspondre à cette sublime vocation. A la clarté de la lumière intérieure qui l'éloignait des honneurs du monde, en lui en découvrant la vanité et le néant, il appréciait aussi toute la grandeur des obligations qu'impose le sacerdoce. Il voyait dans les fonctions, redoutables aux anges mêmes, qu'il prescrit, la nécessité pour lui de vivre d'une manière plus parfaite. C'est pourquoi, après une longue et sainte préparation, il fut ordonné prêtre. On ne saurait dire tout ce que son cœur éprouva de consolation et de joie, quand, par l'onction sainte, il vit s'élever entre lui et le monde, une barrière infranchissable. Parce que c'était pour lui le plus grand bonheur, et la grâce la plus précieuse qu'il eût reçue du Seigneur, il ne cessait de lui en rendre de très humbles actions de grâces, et comme les trois jeunes gens dans la fournaise, il invitait toutes les créatures à l'en remercier avec lui. Il ne se contenta pas toutefois de témoigner à Dieu sa reconnaissance par des paroles et des louanges. Ne se regardant plus dès lors comme appartenant à lui-même, il se mit à travailler avec un zèle ardent à son service, brûlant, comme saint Paul, du désir de le faire connaître et d'étendre partout son règne.

Ce fut à la cour même qu'il donna les prémices de son ministère. Il voyait là plus que partout ailleurs, l'esprit du monde régner avec ses convoitises et ses erreurs. Il n'est donc pas d'efforts qu'il ne fît pour l'en bannir, ou tout au moins pour mettre en garde contre ses séduisantes maximes ceux qui, par leur condition, étaient obligés de fréquenter ce dangereux séjour. Dieu bénit visiblement ses travaux, car la cour de Luglien offrit constamment le spectacle de vertus vraiment chrétiennes.

Jusque là, Lugle n'avait point encore quitté le palais du Roi, son frère, qu'il entretenait dans la ferveur par sa piété autant que par sa compatissante charité. En réfléchissant néanmoins sur la gravité de ses devoirs, il ne fut pas longtemps sans s'apercevoir que la cour des Rois, quelque réglée et quelqu'édifiante qu'elle soit, n'est pas un séjour qui convienne aux ministres du pontife éternel. Le prêtre, en effet, est appelé par sa vocation même à un recueillement plus profond, à une plus rude mortification et à de plus grands travaux pour le salut des âmes. Il comprit donc clairement qu'il devait en sortir au plutôt, afin de se donner tout entier et sans réserve à un maître, qui ne veut point de partage avec ses créatures: Qu'il était beau de voir ce saint Prince, devenu pauvre volontaire pour l'amour de Jésus-Christ, ne tourner plus désormais ses pensées que vers le ciel; ne s'occuper plus que de la contemplation des choses divines ! C'était, du reste, au sentiment même du Sauveur, la meilleure part qu'il avait choisie, car, comme les biens d'ici-bas ne sont rien en comparaison des biens de l'autre vie, s'exposer à perdre ces derniers, c'est aussi s'exposer à une perte irréparable. Retiré dans une austère solitude et entouré de fervents religieux qu'il édifiait par ses vertus, il puisait dans la prière et dans les privations d'une vie pénitente, les grâces qu'il allait répandre ensuite avec amour au milieu des peuples que son zèle le portait à évangéliser. Son apostolat produisit les fruits les plus consolants de piété et de vertus chrétiennes, et par ses paroles, comme Luglien par ses œuvres, il fit régner Jésus-Christ dans tous les cœurs.

Le Seigneur, qui avait regardé si favorablement le Roi et la Reine et répandu ses grâces en si grande abondance sur Lugle et Luglien, n'oublia pas non plus Lilia. Dès son berceau, il la combla aussi de ses plus douces bénédictions, et fit voir que la postérité du juste est toujours agréable à ses yeux. De son côté, la jeune Princesse répondit fidèlement à ses faveurs. Elle suivit exactement les traces des deux Princes, ses frères, et profita admirablement des bons conseils qu'elle en recevait. Comme eux, elle se dévoua aux exercices de la piété la plus tendre, dont elle avait appris les principes dans les sages et salutaires leçons de la pieuse reine Relanis, sa mère. Aussi pouvait elle servir de modèle à toutes les personnes de son sexe. Jamais on ne la vit se prévaloir ni de sa naissance, ni de sa noblesse, ni d'aucun de tous les avantages extérieurs dont elle était effectivement si abondamment pourvue. En cela, elle se garda bien de ressembler à plusieurs, qui, sans aucun mérite réel et sans aucune qualité, ne craignaient pas de s'en attribuer pour attirer sur elles les flatteries et fixer les regards. Toute l'ambition de notre pieuse Princesse, était de se parer de la vertu et de plaire aux yeux de l'époux céleste auquel elle pensait donner son cœur. C'est à cette noble occupation qu'elle donnait tous ses soins plutôt qu'aux petitesses de la vanité, auxquelles on voit encore de nos jours tant de femmes sacrifier tout si volontiers. Aussitôt qu'elle vit son frère Lugle se consacrer au culte des autels, pressée d'une sainte émulation, elle résolut de l'imiter. En vain quelques princes puissants lui firent l'offre de leur main, plus jalouse de ceindre son front du bandeau virginal, que de tous les diadèmes de la terre, elle refusa constamment tout ce qui lui fut offert. Rien n'était digne, à ses yeux, d'être comparé à l'innocence et à la pureté du cœur, précieuses richesses qui ne peuvent se conserver que par la fuite du monde. Comme elle était persuadée que les plaisirs, les honneurs et les délices de la cour sont les armes les plus puissantes dont se sert l'esprit de ténèbres et de mensonge pour les ravir et arrêter ainsi les âmes dans les voies du salut et de la sainteté, elle n'hésita pas non plus à l'abandonner.

En quittant la cour, dont elle faisait l'ornement et la gloire, la princesse Lilia ne songea pas seulement à son propre salut, mais elle voulut encore travailler à celui de beaucoup d'autres. La vue des dangers auxquels étaient exposées un grand nombre de jeunes personnes appela toute son attention. Afin de les préserver plus sûrement de la séduction, elle forma le projet d'établir une congrégation régulière de filles avec lesquelles elle put consacrer au divin époux son cœur et toutes ses affections. Pour cela, elle fit bâtir un monastère avec une magnifique église, dont elle confia le soin à un saint prêtre. Elle s'y retira elle-même pour y vaquer avec assiduité, sous sa conduite et plus particulièrement sous la direction de son frère Lugle, à la prière et aux devoirs de la plus haute perfection. Mais auparavant, pour suivre Jésus-Christ pauvre, dont elle voulait prendre la vie pour sa règle et lui être en tout plus semblable, elle mit fidèlement en pratique le conseil important qu'il donne dans son Evangile à tous ceux qui veulent s'attacher à lui, « vendez ce que vous avez et donnez-le aux pauvres, » et elle se dépouilla volontairement de tout ce qu'elle possédait sur la terre, afin de trouver un plus grand trésor dans le ciel.

L'histoire garde un regrettable silence sur toutes les autres actions ordinaires de cette auguste Princesse, et dont la connaissance aurait, sans aucun doute, servi si favorablement à faire naître une juste admiration, aussi bien qu'à exciter une émulation salutaire. Tout ce qu'elle se borne à nous dire, c'est qu'elle passa ses jours dans l'accomplissement constant de toutes les vertus, au milieu d'une troupe choisie de jeunes vierges, que ses conseils et ses leçons avaient arrachées aux appas trompeurs du siècle, pour vivre comme les anges sur la terre. Sa vie fut toute d'innocence et de ferveur, et sa mort en tout semblable, vînt couronner sa sainteté et lui assigner une place dans le cortège des vierges qui suivent partout l'agneau. Heureuses les âmes privilégiées que Dieu appelle ainsi à sa suite et qu'il marque en quelque sorte par avance du sceau de ses élus, en déposant en elles les germes de ses grâces et de son amour. C'est une faveur, il est vrai, que le plus grand nombre ne sait pas apprécier comme elle le mérite, parce que les yeux fascinés par les objets sensuels n'y trouvent aucun attrait. Elle est cependant d'autant plus estimable que le monde, maintenant, dresse des pièges si funestes à l'innocence et qu'il présente des obstacles si pernicieux pour le salut.

Dieu ne voulut pas, cependant, que son humble servante, qui, pendant toute sa vie, s'était tenue si soigneusement cachée, restât plus longtemps dans l'oubli après sa mort, et il révéla bientôt sa sainteté. Grand nombre de merveilles s'opérèrent à son tombeau et firent voir combien son mérite était grand et son intercession puissante auprès de lui. Le Seigneur avait attaché à son image même une vertu particulière. C'est ce que l'on put constater plusieurs fois à l'occasion d'une statue placée dans l'église qu'elle avait fait bâtir et que l'on voyait encore longtemps après sa mort. Cette statue, dans laquelle était renfermée une certaine portion de ses reliques, représentait la Sainte au naturel. Quand il devait arriver quelque calamité à sa nation, comme la famine, la peste, la guerre ou quelqu'autre adversité de ce genre, et que Dieu, irrité des péchés de ce peuple, était sur le point de le punir, la figure de la bienheureuse Lilia s'animait et donnait des signes qui annonçaient le prochain malheur. Ce prodige, qui était un avertissement de ce qu'il fallait faire pour s'en garantir, fut observé bien des fois. L'auteur de la vie de nos Saints, écrite en latin, rapporte en effet qu'un semblable miracle, tout récemment remarqué, lui fut raconté par un habitant de ce pays. Il avait eu pour témoin oculaire le prêtre même gardien de cette église, que la Sainte honora de cette faveur, après une fervente prière qu'il lui avait adressée à son autel.

CHAPITRE II.

Luglien quitte le trône pour se retirer dans la solitude. Il forme, avec Lugle, le projet du pélérinage de la Terre Sainte. Ils l'accomplissent.

>   Res caducas dùm attendunt,
>   Mundi hujus parvi pendunt
>   Vanescentem gloriam.
>
> Ils repassent dans leur mémoire
> La fragilité des grandeurs ;
> Le monde, alors, avec sa gloire,
> Trouve le mépris dans leurs cœurs.
>
> ANCIENNE PROSE.

Il y avait à peine quatre ans que Luglien occupait le trône, à la grande satisfaction de ses sujets dont il faisait le bonheur et la gloire, lorsqu'il commença à éprouver un invincible dégoût pour ce fracas du monde qui enchante tant d'autres. Ce n'est pas que, pendant ce temps, il eût cherché à caresser ses sens avec tous les plaisirs que promet et que donne la cour des Princes de ce monde. Plus sage que ce Roi même, dont la Sainte Ecriture a tant exalté la sagesse, et qui ne prononçait son fameux anathème sur les jouissances de la terre qu'après en avoir saturé son cœur, notre saint avait su les juger avec la justice impartiale de la foi, et il avait éprouvé pour elles, dès sa jeunesse, un éloignement réel. Toujours on l'avait vu les fuir avec persévérance et refuser constamment de porter ses lèvres à la coupe qui les renfermait. Mais, plus il arrêtait ses regards sur cette fade vanité qui les accompagne, plus la caducité des choses d'ici-bas, qu'il retrouvait partout, lui paraissait peu propre à contenter les désirs de son âme. Il ne voyait tout autour de lui qu'un vide immense, que rien ne pouvait remplir. C'est alors qu'il forma le projet de se dépouiller de ces vains honneurs qui l'embarrassaient et de remettre le sceptre en d'autres mains. Son âme souffrait de se voir toujours collée à la terre, et le bonheur dont jouissaient son frère Lugle et sa sœur Lilia, uniquement occupés à servir Dieu, excitait en lui un désir violent de les imiter. Rien, en effet, n'offrait à ses yeux quelque chose de plus pénible et de plus dur, que cette nécessité où il se trouvait de se partager ainsi entre Dieu et le monde.

Ce mélange d'affections spirituelles et terrestres ne rassurait, en aucune façon, l'extrême délicatesse de sa conscience, quoiqu'il n'eut rien de criminel en apparence, puisque Dieu avait paru l'autoriser, en le plaçant malgré lui dans ce poste éminent. Toutefois, comme il est facile de se laisser entraîner par les instincts de la nature et par les suggestions de l'amour propre, il craignait d'être conduit sur ce point par une dangereuse illusion. D'ailleurs, l'histoire de tous les siècles lui montrait tant d'exemples de ces chutes terribles, au milieu des grandeurs et des plaisirs qui assiégent les cours des Rois de la terre, où les vertus les plus fortes avaient fait naufrage, qu'il regardait la sienne comme trop faible pour pouvoir s'y soutenir. Il ne croyait voir en lui, ni la sagesse d'un Salomon, ni la piété d'un David. Et si la vertu de ces forts d'Israël n'avait point résisté, que devait-il attendre de son propre cœur, qu'une ruine semblable et peut être plus funeste encore !

Mû par ces puissantes réflexions et aussi par ces paroles de Jésus-Christ : « Que sert à l'homme de jouir en abondance des choses de la terre, s'il ne travaille à sauver son âme, »(*) le pieux Roi, ne se croyant point en sûreté, se détermina à tout quitter pour aller chercher un abri au danger qu'il redoutait. Il ne tarda pas même à exécuter sa résolution. Car à l'insu de toute sa cour, il sortit de son palais et de sa capitale, et il se retira dans une solitude, pour ne plus vivre désormais que pour Dieu seul, auquel il voulait absolument consacrer toutes les affections de son cœur.

Un semblable dévouement compte ordinairement beaucoup plus de censeurs que d'imitateurs. C'est, qu'en effet, il est beaucoup plus facile de critiquer la vertu que de la pratiquer, et qu'il y a, comme dit l'Apôtre, plus d'hommes amateurs d'eux-mêmes

---

(*) Quid prodest homini si mundum universum lucretur, animæ verò suæ detrimentum patiatur. (S. Matt., c. 16, v. 26).

et des basses voluptés, qu'il n'y en a de véritablement généreux et craignant Dieu. (*) Toutefois l'on ne peut nier que pour agir de la sorte, il faut un bien grand courage et une force d'âme peu commune. On n'en trouve, il est vrai, que de rares preuves dans les annales du monde, mais bien loin que cette vérité soit par là anéantie, elle est au contraire pleinement confirmée. Le christianisme a ce privilége exclusif d'en fournir de nombreuses. Car si quelques sages de l'antiquité ont proclamé qu'il était plus glorieux de mépriser les richesses que de les posséder, c'est à la religion seule de Jésus-Christ qu'il a été donné de former ce long cortége d'âmes d'élite qui sont la gloire de l'humanité, comme c'est elle seule qui peut déterminer les volontés à mettre réellement ces maximes en pratique. C'est donc un spectacle digne de l'admiration du ciel et de la terre que donne ici le saint Roi d'Hibernie.

En effet, il ne se contente pas de laisser ce qu'il y a de superflu dans les honneurs et dans les richesses, il les abandonne totalement pour suivre Jésus-Christ ; ce qui est la marque caractéristique des élus de Dieu. Pour sa demeure, il se choisit une grotte profonde, qui lui rappelle on ne peut mieux l'étable où naquit le divin Sauveur. Là, il se livre à toutes les austérités et à toutes les rigueurs de la plus sévère pénitence. Quelques lambeaux d'une étoffe grossière composent maintenant les vêtements de ce Prince, qui naguère n'était revêtu que de pourpre et de riches ornements. La terre nue lui sert de lit,

---

(*) Erunt homines se ipsos amantes et voluptatum amatores magis quam Dei. (2 Ep. ad Tim., c. 3, v. 2 et 3).

pour prendre le peu de repos qu'il s'accorde, et qu'il dérobe en quelque sorte à ses prières et à ses méditations. Son jeûne est continuel, et comme s'il eût voulu punir son corps des adoucissements, que les aises de la cour lui avait offerts et dont il s'était même privé, toute la nourriture qu'il lui donne pour soutenir sa faiblesse, ne consiste qu'en quelques herbes sauvages et en quelques racines amères. Il y a, il faut en convenir, un peu loin de cette manière de vivre si mortifiée et si pauvre de notre anachorète, à la vie si sensuelle et si fastueuse que l'on remarque tout particulièrement dans notre siècle, où les intérêts matériels absorbent toutes les pensées et où l'on ne voit pour ainsi dire qu'une seule chose qui paraît avoir acquis l'estime de presque tous, c'est l'or avec lequel on achète les plaisirs et les honneurs. Heureux encore quand il ne sert pas à commettre le crime ! Oserait-on dire pourtant que le modèle est inimitable ? Mais à qui en coûterait-il autant et qui aurait à faire d'aussi grands sacrifices pour atteindre le même but ?

Notre saint pénitent passa six ans ainsi. Entièrement mort au monde et n'ayant plus de société qu'avec les anges, dont il s'efforçait de retracer la vie sur la terre, il ne s'occupa, pendant ces heureuses années, qu'à réduire, comme l'apôtre, son corps en servitude. Par là, il voulait laisser à son âme toute la facilité de s'élever à une plus haute contemplation des choses divines. Ah ! si l'on pouvait comprendre tout ce que l'on éprouve de délices dans ces entretiens intimes de l'âme avec Dieu, on cesserait d'être étonné de voir les saints les rechercher avec un si grand empressement et apporter tant de soins pour entretenir autour d'eux ce calme et cette solitude, sans lesquels il est impossible de goûter ce bonheur. Mais le Seigneur ne révèle ces choses qu'aux âmes candides et humbles; qu'à ceux qui se font petits; et il les cache à ces prétendus sages du monde et à ces soi-disants prudents du siècle, enivrés par leurs fausses vertus et éblouis par ces lumières apparentes qui ne sont plutôt que de profondes ténèbres. (*) Par cela même que Luglien en appréciait toute la valeur, il mettait tout en œuvre pour les mériter. Mais rien ne faisait plus d'impression sur son esprit et n'attendrissait davantage son cœur, que la méditation des augustes mystères de notre rédemption. La pensée seule des saints lieux où cet ouvrage de la miséricorde et de la puissance de Dieu s'est accompli, le transportait d'amour et de reconnaissance.

Le bonheur qu'il goûtait à s'entretenir des souffrances de Jésus-Christ, lui inspira de faire le pélerinage de la Terre Sainte. C'était une consolation qu'il voulait donner à son cœur, en même temps qu'il pourrait là, plus facilement aussi, témoigner au divin Sauveur toute sa gratitude. Selon lui, la vue de Jérusalem, avec tous ses souvenirs, serait propre à agrandir son amour et sa foi. Peut-être, Dieu permettrait-il qu'il fixât sa demeure auprès de ce tombeau sacré d'où était sorti son salut, et qu'il rendit son dernier soupir sur cette roche teinte du sang de la victime qui a racheté le

---

(*) Abscondisti hæc a sapientibus et prudentibus et revelasti ea parvulis. (S. Luc, c. 10, v. 21).

monde. S'il en était ainsi, il se figurait qu'il reposerait dans cette vallée célèbre, jusqu'au jour où elle doit tressaillir d'épouvante à la vue du juge éternel ; autant de pensées qui excitaient ses désirs et enflammaient son âme. Après tout, il ne trouvait rien qui put l'empêcher de réaliser son projet. Car, comme c'était la piété seule qui le portait à entreprendre ce voyage, il ne voyait pas qu'il put être contraire à la volonté du Seigneur.

Il ne fut pas longtemps sans être certain, que non seulement Dieu l'approuvait, mais que même il le commandait. En effet, tandis qu'il en cherchait les moyens, un ange apparut à Lugle et lui dit que la volonté de Dieu était qu'il fit le même pélérinage avec son frère Luglien. L'ordre était positif. Mais il restait au saint prêtre une difficulté à surmonter, c'était de connaître le lieu où son frère s'était retiré. Il s'adressa donc à Dieu par de ferventes prières. Le Seigneur entendit sa voix et renouvelant en sa faveur la grâce accordée autrefois au jeune Tobie, il ordonna au messager céleste de le mener vers lui. Ce fut sous la conduite de ce nouveau Raphaël qu'il arriva dans la grotte du saint solitaire.

Il est facile de comprendre combien la joie des deux serviteurs de Dieu fut grande, quand ils se revirent après une si longue absence. L'affection fraternelle qu'ils avaient toujours éprouvée l'un pour l'autre, et que la Religion ne détruit pas, mais qu'elle modère et dirige, se ranima dans leurs cœurs. Ils se saluèrent avec respect. Puis, s'étant donné le baiser de paix, ils se mirent en prières pour remercier le Seigneur de la grâce qu'il leur faisait de les réunir.

La communication qu'ils se firent ensuite de leur dessein ne tarda pas à affermir leur résolution, puisque leur idée et leur goût, dans cette circonstance, étaient en tout semblables. Il ne s'agissait plus que de la mettre sur le champ à exécution, car l'amour de Dieu ne connaît ni lenteur ni retardement. Leurs préparatifs de voyage furent bientôt faits. Comme pour suivre Jésus-Christ de plus près, ils s'étaient dépouillés de tout, ils s'abandonnent aussi en tout aux bontés de sa divine Providence. Ainsi, on ne les voit se mettre en peine, ni d'éviter les incommodités inséparables d'un si long voyage; ni de chercher les moyens pour ne rien perdre des jouissances que les grands ont seuls le privilége de traîner partout avec eux ; ni de se composer une suite de serviteurs et d'officiers, telle que semblait le demander leur qualité de Princes et de monarques de la terre. Aucune préoccupation de ce genre ne vient les distraire de l'objet principal qui remplissait leur esprit et leur cœur. Il eût répugné, du reste, à leur piété de se présenter aux lieux témoins des humiliations et des opprobres d'un Dieu, accompagnés d'un cortége brillant, et revêtus des livrées du monde. Une seule chose les occupe, c'est de cacher le plus soigneusement possible, leur départ aux yeux de leurs peuples qui, par la grande affection qu'ils avaient pour eux, auraient probablement empêché leur voyage.

Le bourdon à la main et couverts d'habits de

pénitence et de pèlerins, ils partent, après avoir demandé, dans une fervente prière, le secours de Dieu, et s'être confiés en tout en sa protection et à sa conduite. Leur départ est silencieux. Désireux de rester inconnus, ils suivent les sentiers écartés. S'ils s'arrêtent pendant le jour, pour se reposer un peu, c'est dans des endroits solitaires, éloignés des lieux habités. Et encore, ces quelques instants de repos, selon leur coutume, ils les consacrent religieusement à la prière, à l'oraison, ou à chanter les louanges de Dieu, qui les favorise de tant de grâces. Ils aiment à se répéter ces paroles du Roi prophète: *Nous visiterons son sanctuaire et nous l'adorerons dans ces saints lieux où ses pieds sacrés se sont arrêtés.* (*) Puis, quand ils ont pris quelque nourriture qu'ils ont tâché de se procurer dans la campagne, ils continuent leur marche à la faveur de la nuit.

C'est ainsi qu'ils passent ignorés, en supportant de grandes fatigues et de rudes privations, au milieu des peuples par qui, s'ils avaient été reconnus, ils eussent été reçus avec les plus vives marques de joie et d'honneur, et qui se seraient empressés d'adoucir les rigueurs de leur voyage. C'était bien là aussi ce qui les tenait tant en alarmes, et ce qui les portait à agir avec tant de précautions. Toute imprudence pouvait mettre un obstacle à leur dessein et les priver d'une grâce insigne. Rien toutefois ne trahit leur secret, en sorte qu'ils purent quitter leur pays sans être nullement inquiétés.

(*) Introibimus in tabernaculum ejus, et adorabimus in loco ubi steterunt pedes ejus. (Ps. 131).

En qualité de pauvres de Jésus-Christ, ils demandent place sur un navire qui allait se rendre en Palestine, et Dieu permet qu'ils y soient reçus comme étrangers. Plus fidèles que Jonas, qui quittait sa patrie, pour fuir les regards de Dieu, Lugle et Luglien abandonnent la leur pour obéir à sa voix qui les appelle.

Enfin on mit à la voile, et le bâtiment, poussé par un vent favorable, quitta le port, qui disparut bien vite à leurs yeux. Ce fut alors qu'ils goûtèrent une incomparable joie dans la pensée qu'aucune considération humaine ne viendrait désormais retarder l'accomplissement de leurs vœux. Leur confiance en Dieu les portaient aussi à croire qu'il les protégerait et les préserverait de tout péril. Dès le commencement, la traversée parut devoir se faire sous d'heureux auspices, et la mer semblait fuir devant eux pour les mettre au plutôt en possession du bonheur qu'ils désiraient par dessus tout. Semblable à un oiseau dont les ailes rapides fendent les airs et surmontent tous les obstacles, le vaisseau qui porte Lugle et Luglien ouvre le sein des flots avec la même facilité, conduit par la main de Dieu qui veille sur eux. Le ciel se montrant toujours propice et aucun événement fâcheux n'étant venu entraver leur marche, ils firent en peu de temps, une assez longue route. C'était un indice certain qu'ils atteindraient promptement le terme de leur voyage.

Néanmoins, pour n'avoir pas à se reprocher la perte d'aucun moment dont ils eussent à rendre compte à Dieu, puisqu'il n'est pas un seul des instants de la vie qui ne doive être employé à faire le bien, nos Saints s'appliquèrent à utiliser leur séjour sur la mer. Il ne crurent pas que, malgré leur désir de se tenir cachés, il leur était permis de rester tout à fait oisifs. Quelques soient en effet la position et les circonstances, les âmes grandes, charitables et généreuses, trouvent toujours quelque bien à faire, quelque peine à soulager, quelques services à rendre. C'est là même leur secret, comme aussi leur mérite, de savoir se rendre utiles aux autres sans en retirer extérieurement quoique ce soit pour eux-mêmes.

Tout le temps que les serviteurs de Dieu passèrent sur le vaisseau fut donc employé aux exercices de la piété et de la charité. Leurs cœurs, il est vrai, étaient trop brûlants de l'amour de Dieu, pour qu'ils n'essayassent pas d'embraser aussi ceux de tous les passagers. Dispensateur des mystères et de la grâce, Lugle, en sa qualité de prêtre, prêchait la parole de Dieu et s'occupait avec zèle aux fonctions de son saint ministère.

Luglien, qui n'était que laïque, se livrait au service du prochain. Il était beau vraiment de voir un grand Roi s'oublier lui-même pour aider, dans toutes leurs nécessités, jusqu'aux derniers du navire, que la religion lui représentait comme ses frères. On le voyait partout se prêtant avec bonté à tous leurs besoins et remplissant auprès d'eux les plus bas emplois pour les secourir. C'est ainsi que les Saints de Dieu comprennent l'amour du prochain, qui ne s'étale pas seulement dans de pompeuses et souvent infructueuses paroles, mais qui se produit par de salutaires effets. Leur présence fut très avantageuse à plusieurs et elle servit beaucoup à glorifier le Seigneur.

Cependant ils approchaient rapidement, et le moment arrivait de voir leurs souhaits remplis. Déjà une ferveur plus ardente les dispose à recevoir cette importante grâce, et leurs conversations démontrent clairement tout le prix qu'elle a à leurs yeux. Sans cesse, leurs regards impatients sont tournés vers cette terre privilégiée, afin de la saluer d'aussi loin qu'ils pourront la découvrir. On eût dit des exilés qui, n'ayant jamais perdu de vue la patrie, allaient enfin, après de longues années, retrouver le pays natal, et tous les objets qui leur étaient chers : tant était grand leur empressement d'y arriver. Tout l'équipage, de même, excité par leurs discours, partageait leur ardeur et brûlait du désir dont il les voyait animés. Enfin ils la touchent, et le débarquement s'opère. A peine ont-ils quitté le navire qu'ils se prosternent pour baiser le sol sacré. Chaque pas qu'ils font sur cette terre bénie retentit dans leurs cœurs : c'est un acte d'amour qu'ils envoyent au Dieu qui les a tant aimés.

Il ne restait donc plus à nos pieux Princes qu'un très court chemin à faire, et quelques jours leur suffisaient maintenant pour franchir l'espace qui sépare la mer de la capitale de la Judée. Aussi, sans perdre de temps, ils se mirent en route et ils marchèrent sans relâche, et bientôt ses monuments et ses murailles vinrent se dessiner devant eux. Ce n'était plus, il est vrai, cette ville magnifique, avec son temple somptueux, la merveille du monde, que le Sauveur avait honoré de sa présence. Un fer vengeur, se promenant dans son enceinte, avait renversé ses superbes édifices et, en mettant ses fondements à découvert, il en avait arraché, par un terrible jugement de Dieu, jusqu'aux dernières pierres. Celle-ci avait été élevée sur ses ruines brûlantes et disloquées. Sur ses tours flottait l'étendard de l'esclavage et de la mort, et si l'on voyait briller quelque chose sur ses remparts, c'était le cimeterre du farouche musulman qui était là pour satisfaire à la demande de ce malheureux peuple qui n'avait point voulu que le Seigneur régnât sur lui. (*) Son aspect triste et lugubre, faisait donc facilement reconnaître en elle la ville déicide. A la vue de cette cité tout à la fois sainte et maudite, leurs cœurs ressentirent un tressaillement ineffable. Eh quoi ! s'écrièrent-ils avec le prophète à la voix lamentable, est-ce là cette ville, fille de Sion, d'une beauté si parfaite et qui était la joie de toute la terre? (**) Et leurs esprits se remplirent des pensées les plus diverses. De son sol ils voyaient jaillir les miracles et les prodiges, et en même temps, ils lisaient sur ses murs une sentence de réprobation. Tous les sentiments se confondaient dans leurs âmes. La joie accompagnait la tristesse; la douleur se mêlait à la vénération et l'horreur semblait vouloir remplacer le respect et l'amour.

Néanmoins, quoique Jérusalem se présentât à

(*) Nolumus hunc regnare super nos. (S. Luc, c. 19, v. 14).

(**) Hæccine est urbs perfecti decoris, gaudium universæ terræ? (Jer. Lament. c. 2., v. 15).

leurs yeux, chargée de cet horrible anathème qui pèse sur le lieu qu'elle occupe; quoiqu'ils la vissent toute couverte du sang qu'un crime affreux et inouï y fit répandre, et qui s'y expie depuis dix-huit siècles d'une manière si effrayante par une permanente désolation, elle leur offrait pareillement le souvenir de consolants mystères, bien capables d'exciter en eux la reconnaissance. Alors, son malheur et son forfait parurent s'évanouir de leur mémoire. Ils oublièrent en quelque sorte que Jérusalem était coupable, pour ne la considérer que comme la dépositaire des objets les plus propres à alimenter leur piété. Aussi, quelles douces émotions de tendresse n'éprouvèrent-ils pas, à la vue de cette crèche où naquit leur Dieu ! Ils croyaient voir ces misérables langes si peu dignes du Souverain du ciel; entendre les vagissements plaintifs de cet enfant, annoncé depuis tant de siècles comme le désiré et le sauveur des nations. Au souvenir de ses humiliations et de ses anéantissements, se rappelant que saint Paul a dit, qu'il s'était fait esclave pour les hommes, (*) ils sentirent revivre en eux plus fortement que jamais cette résolution déjà prise de ne plus accepter ni honneurs, ni dignités, et de se faire à l'exemple de leur divin maître les serviteurs de tous. Dès lors ils auraient voulu ne plus quitter ces lieux, répétant avec saint Pierre, en gravissant le Thabor, qui leur retraçait le chemin du ciel, « il est bon, Seigneur, de demeurer ici, (**) car, un jour passé avec vous, vaut mieux que

---

(*) Semetipsum exinanivit formam servi accipiens. (Epit ad Philip, c. 2, v. 7).

(**) Pœceptor, bonum est nos hic esse. (S. Luc, c. 6, v. 23).

mille passés dans la compagnie des pécheurs. » (*)

Des sentiments déjà si pieux et si pleins de gratitude, ne pouvaient qu'augmenter, en voyant l'endroit qu'occupait le cénacle. Tout ce qu'ils avaient appris de la tendresse de Jésus-Christ et de sa miséricorde pour les hommes, leur semblait ne devoir être presque plus rien, en comparaison de ce que devait leur rappeler ce lieu où il avait consommé le chef-d'œuvre de sa bonté. Ils le bénissaient donc d'avoir ainsi voulu accompagner leur pélérinage sur la terre.

Mais si jusque là des transports de joie avaient ému leurs âmes, les impressions de la douleur ne devaient pas tarder à les remplacer. Rien, en effet, ne pouvait les porter à une plus grande tristesse que la visite des lieux témoins de toutes les ignominies de leur divin Sauveur. La voie qu'il avait suivie dans sa passion jusqu'au calvaire, et qu'ils avaient résolu de parcourir après lui, était remplie de souvenirs trop amers pour ne pas leur faire partager son affliction. Aussi à chacune des stations qu'ils firent, leurs âmes éprouvèrent un redoublement d'amertume. Toute une scène de perfidies et d'opprobres se déroula à leurs yeux au jardin de Gethsémani, où, sous le signe vénéré de l'amitié, se cacha la trame de la plus exécrable trahison. Le Fils de l'Homme était livré par un baiser pour être dévoué à la mort. Dès cet instant, leur foi ne leur montra plus qu'une série d'humiliations auxquelles son amour le força de se soumettre. Ici les vociférations de ce peuple insensé et cruel qui demandait

---

(*) Melior est dies una in atriis tuis super millia. (P. 83, v. 10).

à grands cris la mort du Juste, tandis que, par une indigne préférence, il renvoyait le crime absous, venaient frapper leurs oreilles. Là, ils comptaient les blessures qui couvraient le corps de la victime, et ils recueillaient pour ainsi dire son sang, dont étaient empreints tous les lieux qu'ils parcouraient. Mais la vue du Golgotha, qui leur semblait répéter encore les échos des coups de marteaux par lesquels on avait attaché Jésus-Christ à la croix, acheva de briser leurs cœurs de compassion. Ils étaient trop sensibles à son sacrifice pour ne pas répandre un torrent de larmes, sur cette sainte montagne, et ils auraient désiré mourir avec lui pour le dédommager de son amour.

Il n'est pas, en un mot, un seul des lieux consacrés par la présence du divin maître qui n'attirât l'attention de nos pieux pélerins. Ils voulurent les visiter tous, puisque chacun d'eux était marqué par quelques circonstances de sa vie si précieuse. Comme c'était la foi, bien plus qu'une curiosité toute humaine qui les conduisait, ces visites, qu'ils réitérèrent souvent pendant leur séjour dans la Judée, ne firent qu'affermir en eux leur piété, par la méditation plus assidue des augustes mystères qui s'y étaient opérés. Les fruits de sainteté qu'ils retirèrent de leur voyage, furent abondants, et ils eurent vraiment à remercier la divine Providence de le leur avoir inspiré.

CHAPITRE III.

Lugle et Luglien reviennent de la Terre Sainte. Lugle est élu Archevêque : Sa vie et ses travaux dans l'épiscopat.

> Quorum unus Præsulanus,
> Alter regni sublimatus
> Hibernensis culmine.
>
> Avec une peine infinie,
> L'humble Luglien accepta
> Le diadème d'Hibernie.
> Lugle en fut le digne prélat.
>
> ANCIENNE PROSE.

La consolation et le bonheur que Lugle et Luglien goûtaient en Palestine, leur firent paraître le temps bien court, et quoi qu'ils y fussent déjà depuis plusieurs mois, ils auraient cru volontiers qu'ils ne venaient que d'y arriver. Il est vrai que le brûlant amour pour Dieu qui les consumait, éloignait d'eux toute autre idée, et qu'ils éprouvaient réellement les effets de cette vérité, que l'on trouve plus de jouissances dans la paix de la conscience et dans le service de Dieu, que dans les plaisirs grossiers et les folles joies avec lesquels le monde étourdit ses partisans.

Cependant, les jours délicieux de leur pélérinage étant écoulés, quand ils virent qu'il ne leur restait plus aucun lieu à visiter et que leur dévotion et leur amour étaient pleinement satisfaits, ils songèrent au retour. Ce ne fut pas sans ressentir une douleur profonde, qu'ils se décidèrent à quitter ces lieux si chers et à leur dire un éternel adieu. Mais le Seigneur, qui leur avait inspiré de venir en Terre Sainte, ne paraissait pas faire naître en eux un désir ardent d'y demeurer. Il avait, d'ailleurs, des vues qu'une vie secrète et trop cachée eût empêché d'accomplir. Il voulait de nouveau les montrer au monde, afin que, par leurs travaux et leurs exemples, ils contribuassent encore à la conversion d'un grand nombre. Il voulait surtout que, par leur héroïque courage et par leur sainte mort, ils devinssent pour nous de parfaits modèles et de zélés protecteurs. Aussi, sans se permettre aucune réflexion qui aurait pu indiquer de leur part une sorte d'opposition à ce dessein, lorsqu'ils eurent pour une dernière fois collé leurs lèvres sur les traces du Sauveur, ils reprirent le chemin de l'Irlande, où ils arrivèrent, comme ils étaient partis, dans le plus parfait incognito. C'était bien ce qu'ils voulaient, de rester et de vivre inconnus, tant qu'il plairait pourtant au Seigneur de les y laisser, et tant que sa volonté, clairement manifestée, ne leur tracerait pas une autre route à suivre. Ils étaient donc déterminés à ne faire aucune démarche contraire à cette résolution.

Lugle, aussi bien, par son libre renoncement aux droits qu'il avait à la couronne, et plus encore par sa consécration à Dieu, n'avait plus, ce semble, à craindre les dangers des honneurs et les obstacles que suscitent les dignités. La conduite qu'il avait tenue pendant tant d'années, en s'en éloignant, prouvait assez l'intention où il était de ne jamais les rechercher, et même de les refuser, si on venait à les lui offrir. Il pensait à rentrer dans son monastère, où, retrempant chaque jour sa piété, et lui donnant un nouvel essor, il pourrait aller quelquefois, si la nécessité le demandait, la communiquer aux peuples et les évangéliser.

Luglien, pareillement, se flattait que sa longue absence, sa fuite même qui avait bien un peu laissé voir quelque chose de blessant pour ses sujets, les auraient forcés à offrir la couronne à un autre. Il visait aussi à regagner sa première solitude, parce que là il pourrait plus efficacement travailler à son salut. Toutefois, avant d'agir, il voulait encore passer un certain temps avec son saint frère, et profiter de ses exemples et de ses conseils, pour s'affermir de plus en plus dans la vertu. Mais comme il est écrit que la lumière ne doit pas rester sous le boisseau, et doit être placée sur le chandelier, afin qu'elle éclaire tous ceux qui l'entourent,(*) Dieu, qui tient dans ses mains tous les événements humains, fit naître une circonstance propre à réaliser sa promesse.

(*) Neque accendunt lucernam et ponunt eam sub modio, sed super candelabrum ut luceat omnibus qui in domo sunt. (S. Matt., c. 5, v. 15).

Nos saints étaient rentrés tout récemment en Irlande, et ils vivaient ensemble dans un monastère à l'insu de tous, quand tout-à-coup, ils virent leurs projets renversés et la face des choses se changer totalement pour eux. L'archevêque de l'île vint à mourir. Il fallut songer à lui donner un successeur. Pour cela, comme c'était la coutume alors, le peuple, de concert avec le clergé, s'assembla pour choisir le futur prélat. L'affaire était grave, et chacun vit l'importance de faire un heureux choix. Mais pour y réussir et éviter toute erreur et toute méprise, résultats fâcheux, qu'enfantent ordinairement dans les élections populaires, la précipitation et la cabale, on convint de s'adresser au ciel. Tout le monde se mit donc en prières.

On ne fut pas longtemps sans s'apercevoir que l'on était exaucé et que Dieu dirigeait le scrutin, car tous les suffrages jetés dans l'urne ne proclamèrent qu'un seul nom, c'était celui de Lugle. On ignorait cependant ce qu'il était devenu depuis l'époque de son départ pour la Terre Sainte. Mais ce choix unanime ne laissait aucun doute que Dieu qui le désignait si visiblement pour Archevêque, ferait connaître aussi le lieu où il était caché. On se mit donc incontinent à sa recherche, et l'on fut assez heureux pour découvrir la solitude dans laquelle le saint prêtre s'était retiré depuis son retour de son lointain pélérinage.

Le peuple en fut bientôt instruit et il en conçut une grande joie. Il retrouvait, du moins, en lui, un de ses Princes chéris, qui avaient toujours été ses bienfaiteurs et ses pères, puisque Luglien n'avait pas encore reparu. Il se consolait en pensant qu'il l'aurait pour guide, et tous remercièrent le ciel par de solennelles actions de grâces. Tout n'était pas fait cependant. Il s'agissait d'annoncer à Lugle son élection et d'obtenir son consentement. Or, l'impatience que l'on éprouve de le voir monter sur le trône épiscopal, n'admet point de retard. On se rend en toute hâte au monastère où il demeure et on lui apprend qu'il a été nommé pour être évêque. Ce qui pourrait paraître bien singulier à beaucoup d'autres qui, eux-mêmes, auraient peut-être reçu cette nouvelle avec empressement, c'est qu'il fut loin de s'en réjouir. Il témoigna au contraire de la tristesse et il déclara qu'il ne saurait y consentir. En vain on le prie, on le conjure même d'accepter cet honneur dont on sait que personne n'est plus digne. La vue de cette charge formidable l'épouvante, et son humilité, lui démontrant sa faiblesse, il la refuse, persuadé qu'il est incapable d'en supporter le poids.

Le refus était formel et ses protestations semblaient ne laisser aucun espoir de le faire changer d'avis. Pourtant le clergé et le peuple ne se rebutèrent point. Convaincus de plus en plus, que telle était la volonté de Dieu, ils redoublent leurs instances et leurs prières, déterminés à n'élire d'autre pasteur que celui qui faisait tant de difficulté pour l'être.

Si l'humilité dans les saints n'était pas une vertu réelle, mais un simple déguisement de l'amour propre, la persistance de ce peuple eût pu facilement vaincre la résolution de Lugle. Mais notre saint sentait trop vivement son indignité, pour revenir sur une décision qu'il croyait vraiment approuvée de Dieu. Néanmoins, bien des pensées traversaient son esprit et le jetaient dans une espèce d'agitation et d'inquiétude. Résister à la volonté de Dieu, supposé qu'il lui fît connaître le contraire, lui paraissait chose aussi dangereuse et en même temps plus criminelle. Car il savait que, pour confondre la vaine sagesse du monde et abattre tout ce qui fait sa force, il se sert le plus souvent de ce qu'il y a de plus faible et de plus ignorant.(*) Il résolut donc de le consulter. Sa prière, qui partait d'un cœur parfaitement soumis et dévoué, fit briller à ses yeux la lumière. Une inspiration secrète, qu'il reconnut évidemment venir du ciel, lui apprit effectivement que Dieu voulait qu'il fut évêque.

Toute résistance devenait pour lui désormais impossible. Et quelque pesant que lui parut le fardeau que le Seigneur lui imposait, il se décida à prendre la charge pastorale, non sans peine, mais avec une entière déférence à ses ordres.

Pleinement rassuré, Lugle ne pensa plus qu'à se disposer par la retraite et la prière. Il n'apporta pas moins de préparation à son sacre qu'il n'en avait apporté à son ordination. Plus, en effet, la charge était lourde et difficile, plus aussi il avait besoin de secours et d'énergie pour la soutenir dignement.

En acceptant l'épiscopat, l'intention de Lugle avait été certainement trop pure, pour qu'il ne fit pas toutes ses actions suivant le même principe.

(*) Quæ stulta sunt mundi elegit Deus ut confundat sapientes et infirma ut confundat fortia. (I. Ep. ad corinth., c. 1, v. 27).

Comme c'était la gloire de Dieu et le salut des âmes qui avaient servi de motifs à sa détermination, il se crût obligé de n'en avoir pas d'autres dans sa conduite. Il envisagea donc la vie épiscopale comme une vie de fatigues, de labeurs et de dévouement. Se faire tout à tous pour attirer tout à Dieu, c'était sa devise et son plus ardent désir. Aussi n'eût-il d'autre ambition que d'imiter Jésus-Christ, le souverain pasteur qui, par cela même qu'il lui avait confié le soin de son troupeau, devait un jour lui en demander un compte rigoureux. Jamais il ne perdit de vue cet important objet, et afin de se mettre à l'abri de tout reproche, il consacra tous ses jours et tous ses instants à s'acquitter avec fidélité de ses devoirs envers son peuple.

Pour attirer sur lui les bénédictions célestes, il ne laissait passer aucun jour sans monter au saint autel, et c'était toujours avec une ferveur qui devait nécessairement lui rendre le Seigneur favorable. On eût dit Moïse, gravissant la montagne de Sinaï, d'où, après s'être entretenu avec Dieu dans une sublime oraison, il ne descendait que pour annoncer ses ordres. Sa parole animée de la foi et de l'amour était vive et pénétrante, et le coupable qui l'entendait, confus à la vue de ses iniquités, se retirait tout disposé à la pénitence. Qui pourrait dire le nombre des pécheurs qu'il ramena à la vertu par ses charitables avis et ses touchantes instructions?

Lugle, cependant, ne se regardait pas seulement comme le docteur de son peuple, il trouvait que sa mission lui conférait encore un autre titre, c'était celui de père. Venir au secours de toutes les infortunes; aider toutes les misères; consoler toutes les afflictions, c'est à quoi son cœur se sentait poussé. Partout aussi où il se présentait, on croyait voir venir un ange du ciel pour apporter un baume salutaire. Il se rendait avec assiduité dans les prisons, dans les hôpitaux, chez les malades particuliers auxquels il savait inspirer, par la douceur de ses paroles, une sainte résignation.

Les fidèles de la ville épiscopale ne furent pas les seuls à qui le saint Archevêque consacra ses soins. Il les étendit avec la même sollicitude et le même empressement sur tous ceux qui étaient répandus dans son vaste diocèse. Pour connaître avec plus de certitude tous leurs besoins, comme un vigilant pasteur, il les visitait souvent lui-même. Combien de fois ne le vit on pas, parcourant les campagnes, pour aller chercher la brebis égarée, guérir celle qui était blessée ? Il comptait pour rien les fatigues, quand il espérait sauver une âme rachetée au prix du sang de Jésus-Christ. C'est pourquoi il s'appliquait à calmer les inimitiés, à juger les différents, à réconcilier les ennemis. Il catéchisait les ignorans ; il administrait les sacrements ; il distribuait enfin libéralement toutes les grâces célestes, dont il avait été établi le dispensateur. Toujours et en tout, on voyait en lui la parfaite image du divin Sauveur qui passa sur la terre en faisant le bien. Une vie si pleine de bonnes œuvres et si animée du zèle de la gloire de Dieu et du salut des âmes, prouvait bien clairement que la vocation de Lugle à l'épiscopat était divine et indiquait toute l'abondance des grâces qu'il avait reçues au jour de sa consécration.

Notre saint Archevêque, pourtant, ne crut pas sa tâche entièrement accomplie par son exactitude à remplir les obligations que son ministère épiscopal lui imposait. Le souvenir du grand prêtre Héli, qui fut châtié si sévèrement de Dieu, pour avoir négligé de veiller sur sa propre famille, lui fit comprendre que pour lui plaire il devait, à la conduite de sa maison, une attention égale à celle qu'il donnait au gouvernement de son église. Il s'occupa donc à la régler d'une manière toute particulière. C'était, en effet, chose admirable de voir l'ordre qui y régnait. Tout s'y faisait comme dans le monastère le plus régulier, et on pouvait presque regarder tous ceux qui l'habitaient comme de véritables religieux. Il est bien vrai qu'ils avaient sous les yeux un beau modèle à imiter dans la personne du saint prélat, qui prenait un soin extrême pour que rien de mondain ne s'introduisît parmi eux. Afin d'y parvenir, il fit disparaître tout ce qui était superflu. Ses meubles étaient simples; ses habits ne se ressentaient en rien du luxe et de la délicatesse que l'on trouve chez les grands. Ils étaient d'étoffe commune, ainsi qu'il convient à la pauvreté évangélique, qu'il estimait singulièrement et dont il se montrait le fervent observateur. Comme, selon lui, le ministre de Dieu qui prêche aux autres la pénitence, doit commencer par la pratiquer lui-même, s'il veut que ses paroles portent du fruit, il ne se prévalut jamais de sa dignité, pour accorder à la nature des adoucissements qui sentaient la mollesse. Sa table était frugale, et son ingénieuse mortification savait encore se réserver dans les mets les plus ordinaires, ce qu'il y avait de moindre, sous le prétexte de faire honneur à ceux qui mangeaient avec lui. Aucune raison ne put l'amener à diminuer le nombre de ses jeûnes, qu'il portait jusqu'à une sainte rigueur. Il pratiqua toujours aussi la même abstinence, et comme si ce n'eût point été assez pour lui de s'imposer toutes sortes de privations, frappé de cette parole de saint Paul, qu'il est facile de se perdre tout en prêchant les autres, chaque jour, il macérait son corps par de rudes disciplines, afin par là d'empêcher la chair de se révolter contre l'esprit. (*)

La tendresse que le saint prélat avait pour les pauvres, n'était pas étrangère à cette austère mortification, par laquelle il affligeait son corps. Sa première pensée était bien de travailler à acquérir une haute perfection, et il savait que c'était chose impossible en vivant au milieu des jouissances, puisque le Sauveur ne craint pas d'affirmer expressément qu'il est très difficile à un riche voluptueux d'entrer dans le royaume de Dieu. (**) Mais il avait appris, en même temps, que toute privation n'est utile, qu'autant qu'elle tourne au profit de ceux qui sont dans l'indigence. C'est pourquoi, tout ce qu'il retranchait, souvent même à son plus strict nécessaire, il le faisait distribuer aux pauvres. La sensibilité de son cœur ne lui permettait pas de voir la souffrance sans y porter remède. C'était

(*) Castigo corpus meum, et in servitutem redigo, ne fortè cùm aliis prædicaverim, ipse reprobus efficiar. (I. Ep. ad corinth., c. 1, v. 27).

(**) Faciliùs est camelum per foramen acûs transire, quàm divitem intrare in regnum cœlorum. (S. Matt., c. 19, v. 24).

surtout dans leurs maladies qu'il prenait d'eux un soin tout paternel. Sa vive foi lui découvrant en eux les membres privilégiés de Jésus-Christ, il les encourageait à supporter chrétiennement leurs souffrances, et fidèle à cet avis de l'apôtre qui dit que la charité, pour être vraie, doit être effective,(*) il soulageait leur détresse par d'abondantes aumônes.

Que dire de son union avec Dieu? Elle était intime et continuelle, et il ne trouvait d'autre bonheur qu'à s'entretenir avec lui. Il donnait donc à l'oraison un temps considérable, prosterné aux pieds des saints autels, comme les Séraphins du sanctuaire. Là, il épanchait son âme toute entière et il savourait ces consolations qui le transportaient si souvent hors de lui-même. Aussi, n'était-il pas rare qu'après avoir passé une bonne partie de la nuit en prières, on l'entendit, comme saint Antoine, accuser en quelque sorte le soleil de venir interrompre ses communications avec Dieu.

Par cela même que le saint Archevêque aimait la prière et l'oraison, il avait aussi pour la solitude un attrait particulier. Il fuyait le bruit et la distraction, car il éprouvait un grand éloignement pour le monde. Souvent il se plaignait à Dieu que sa position l'y retenait. Ce n'est pas que sa soumission à sa sainte volonté ne fut parfaite, mais il aurait mieux aimé le servir dans le désert, à cause du calme et du silence que rien ne vient interrompre.

Ne pouvant réaliser son désir, Lugle se fit de sa demeure une solitude, d'où il ne sortait que lorsque

---

(*) Non diligamus verbo neque linguà, sed opere et veritate. (S. Jean, I. Ep., c. 3, v. 18).

la charité et la sollicitude pastorale l'en retirait.

Pour lui, il n'y avait point de ces visites mondaines et inutiles qui, non seulement consument un temps précieux, mais qui presque toujours deviennent les sources d'où sortent une infinité de fautes contre la charité et les mœurs. La grande idée qu'il s'était faite des devoirs qu'imposent le sacerdoce et l'épiscopat, ne s'alliait point dans son esprit avec cette dissipation si commune que l'on respire dans le monde, où la légèreté des intérêts et des manières est si peu en rapport avec la grande affaire de l'éternité. Il ne croyait pas qu'il fut possible de le fréquenter, sans s'exposer au danger de se laisser entraîner par ses maximes et ses exemples. Pourtant, il savait que si le pontife doit se conserver innocent et sans tache, il doit être sa lumière pour éclairer ses ténèbres, et le sel propre à le préserver de la corruption. Il faisait donc en sorte que tous ses rapports avec lui fussent saints et irréprochables. C'est ainsi que Lugle passait les jours de son épiscopat, comme un pasteur vigilant et fidèle dans la maison de son maître qui l'avait établi sur tous ses biens, continuellement occupé à faire valoir le talent qui lui avait été confié. Il sera pour jamais le modèle parfait des pasteurs que Dieu a placés dans son héritage à la garde de son troupeau, et qui auront à cœur, en veillant à sa conservation, de travailler à leur propre sanctification et à leur salut.

CHAPITRE IV.

Luglien remonte sur le trône : Sa conduite. — Lugle est tenté de vanité. Il prend la résolution de se démettre de l'Episcopat. Il communique son dessein à Luglien qui l'approuve et qui se décide lui-même à quitter de nouveau le trône.

———

>Pompam mundi deserentes,
>Soli Deo adhærentes
>Divino Spiramine.
>
>L'esprit divin leur fait connaître
>La vaine pompe des grandeurs ;
>Ainsi que le Souverain être,
>Seul digne de remplir leurs cœurs.
>
>ANCIENNE PROSE.

———

Luglien, en quittant la couronne que sa foi lui avait représentée plus hérissée d'épines que chargée de roses, avait bien aussi formé la résolution de ne plus jamais la reprendre. Il s'appuyait pour cela sur cette maxime du Sauveur qui dit, que celui qui a mis une fois la main à la charrue et regarde en arrière, n'est pas propre au royaume de Dieu. (*) Il croyait bien, du reste, que tels étaient les vues de Dieu sur lui, puisque lui-même avait favorisé sa retraite. Les six années qu'il avait passées dans la solitude sans avoir été ni inquiété, ni recherché, le prouvaient assez. Mais qui a jamais pu sonder les voies de Dieu, dit le prophète,(**) et qui oserait lui donner un conseil? C'est, en effet, ce qu'il ne tarda pas à apprendre, car en le ramenant en Irlande, Dieu, dont les jugements sont différents de ceux des hommes, lui fit bientôt voir que sa volonté était qu'il remontât sur le trône, et cela par un de ces moyens que lui seul peut employer, disons mieux, par un de ces miracles qui le conduisent toujours à ses fins.

En effet, depuis son retour de la Terre Sainte, Luglien s'était tenu caché, avec Lugle, dans le même monastère. Il y coulait ses jours dans la prière et la méditation des choses célestes. Et il y serait sans doute toujours demeuré, si le fait de l'élévation de son frère à l'épiscopat, n'était venu contrarier ses désirs. Voyant donc que Lugle le quittait, il se détermina alors à s'en éloigner lui-même. Déjà, il prenait le chemin de son désert pour s'y aller ensevelir à jamais. Mais par une méprise que la Providence permettait, il se trompa de route, et marchant, pour ainsi dire en aveugle, conduit, comme autrefois saint Pierre au sortir de

---

(*) Nemo mittens manum suam ad aratrum et respiciens retrò aptus est regno Dei. (S. Luc, c. 9, v. 62).

(**) Quis poterit scrutari vias (Dei). (Job, c. 36, v. 23).

sa prison, il arriva, sans s'en apercevoir, aux portes mêmes de la capitale.

Il fut bientôt reconnu, et le bruit de son arrivée se répandant, en un clin-d'œil, dans toute la ville, il se vit aussitôt entouré de tous ses fidèles sujets, qui accoururent pleins de joie et de bonheur de le revoir. Leur affection pour lui éclata en mille manières. C'étaient des enfants abandonnés depuis longtemps, qui retrouvaient un tendre père. Trop heureux de posséder le trésor qu'ils croyaient à jamais perdu pour eux, ils remercièrent le ciel qui le leur rendait, et oubliant la douleur que leur avait causée son absence, ils lui présentèrent de nouveau sa couronne, le conjurant de la garder toujours. Cet exemple de fidélité pour ses Princes est admirable, dans ce peuple. Il est assurément digne des plus grands éloges et il serait beaucoup à désirer qu'il se montrât partout avec le même empressement et le même héroïsme. On ne verrait plus alors si fréquemment les trônes s'écrouler avec tant de fracas et de scandale, emportant tout à la fois dans leur chute, la paix, la sécurité et la fortune des nations. La cause en est que le lien qui unit les sujets à ceux qui les gouvernent, n'étant plus consolidé par la vertu et par l'amour, mais seulement par les intérêts matériels et changeants d'ici-bas, tient de leur mobilité et se rompt par là même aussi facilement qu'il avait été formé. Triste spectacle que donneront toujours au monde les peuples qui arrivent jusqu'au point de secouer le joug de la religion, et qui, en détournant les yeux du ciel, cessent de lui confier leurs destinées.

Il serait difficile de décrire quels furent l'étonnement et la surprise du saint Roi, à la vue d'une chose si extraordinaire et si peu prévue. Comme s'il fut revenu d'un long extase, à peine s'il en croyait à ses yeux. Cependant, un ordre si formel de Dieu, exprimé par des circonstances si singulières, fit une grande impression sur son esprit et son cœur. Quoiqu'il ne fut nullement disposé à accéder aux désirs de ses sujets, malgré tout, il se sentit arrêté par la crainte de s'opposer trop évidemment à la volonté de Dieu, dont il cherchait en tout la gloire, beaucoup plus que sa propre satisfaction. Il n'osa donc pas refuser, de peur de se rendre coupable de résistance. Toutefois, sans rien perdre du mérite de son obéissance qui était entière, son humilité qui lui montrait sa faiblesse, ne put parvenir à l'empêcher de regarder les desseins de Dieu comme trop rigoureux à son égard. Aussi bien que Saint-Grégoire-le-Grand, forcé comme lui de s'asseoir sur le premier trône du monde, il disait, « en montant au faîte de la grandeur, j'ai perdu l'excellent bonheur dont je jouissais dans ma solitude. C'est avec une profonde amertume que je me vois chassé de la présence de mon créateur. Mes péchés seuls sont la cause de mon exil. » (*)

Ainsi, la gloire de Dieu et le bonheur de leurs peuples furent les seuls motifs qui déterminèrent les deux saints frères à rentrer dans le monde. Déjà Lugle y travaillait avec ardeur, et ses travaux

---

(*) Alta quietis meæ gaudia perdidi, et intùs corruens ascendisse exteriùs videor. Undè me a conditoris mei facie longè expulsum deploro. Pro culpis meis in occupationis exilium missus, dico..... (Libri I, Epist. 5 et 6).

produisaient des fruits merveilleux de vie. De son côté, Luglien, assis sur le trône d'Hibernie pour la seconde fois, ne conçut pas un moindre désir que son frère de se rendre en tout agréable au Seigneur. Son premier plan de gouvernement avait été de faire fleurir, parmi ses peuples, la justice et la piété. Loin de rien retrancher de ses projets, il les renouvela, et chercha tous les moyens de les mettre à exécution. Il avait reçu, comme Salomon, la sagesse en partage, et bien qu'il en eût donné des preuves évidentes dès sa jeunesse, l'âge et l'expérience l'aidèrent encore beaucoup à comprendre toute l'étendue de ses obligations de Roi, et toutes les qualités qu'exige cette éminente dignité.

Toujours plein de défiance de lui-même, il ne pensait trouver qu'en Dieu seul les secours et les lumières qui lui étaient nécessaires ; c'est pourquoi il le conjurait de lui conserver son assistance. Sans cesse il répétait avec une humble ferveur la prière de cet ancien roi d'Israël : « Seigneur, qui m'avez
« choisi pour être le Roi de votre peuple et le juge
« de vos enfants, répandez sur moi quelques rayons
« de cette divine sagesse qui environne la majesté
« de votre trône ; faites par votre grâce qu'elle
« m'accompagne tous les jours, moi qui suis votre
« image et votre ministre sur la terre ; qu'elle me
« dirige, afin que je sache ce qui peut être agréable
« à vos yeux, et que cette nation, dont vous m'avez
« confié le gouvernement, marche toujours à la
« lueur de votre divine lumière. » (*)

(*) Tu elegisti me regem populo tuo, et judicem filiorum tuorum et filiarum, Mitte (sapientiam) de cœlis sanctis tuis et a sede magnitudinis tuæ, ut mecum.

Une semblable prière, dictée par le Saint-Esprit, et répétée avec une foi si vive et un amour si ardent, ne pouvait manquer, en montant jusqu'au trône de Dieu, d'en faire descendre sur le pieux Roi toutes les grâces dont il avait besoin. On reconnut bientôt que Dieu était son conseil. Ses jugements étaient fondés sur la justice et l'équité. Devant lui, il n'y avait acception de personne, et il rendait sans préférence à chacun ce qui lui était dû. On le trouvait toujours prêt à accommoder les différents, et il voulait qu'on évitât dans les procès, ces lenteurs qui ruinent également les deux parties. Il fit en sorte que la fraude fut bannie du commerce, et que ceux à qui il confiait une partie de son autorité, pour l'aider dans son administration, fussent d'une droiture et d'une probité incorruptibles. Si la justice présidait à ses actes et réprimait par là bien des abus et souvent bien des crimes, sa clémence rappelait aussi bien souvent à de meilleurs sentiments beaucoup de pécheurs et de criminels, qui sans cela se seraient endurcis sous les châtiments. Pourtant, chez lui, ce n'était pas la mollesse qui autorise et propage le vice, mais une paternelle bienveillance qui corrige en pardonnant.

Cependant, tant et de si graves devoirs qu'impose la royauté, ne le tinrent pas tellement occupé de ses sujets, qu'il se négligeât lui-même. Bien persuadé que l'exemple doit venir d'en haut, si l'on veut qu'il profite, et que ce serait en vain qu'il exhorterait ses peuples au bien, s'ils ne trouvaient

sit et mecum laboret, ut sciam quid acceptum sit apud te. Et sic correctæ sint semitæ eorum qui sunt in terris, et quæ tibi placent didicerint homines (Sap. c. 9).

en lui un modèle, il s'étudia à mettre dans son palais l'ordre le plus parfait. Le vice en fut sévèrement et impitoyablement banni. Il se choisit pour serviteurs les hommes les plus intègres, et sur qui ses propres exemples pussent faire les plus salutaires impressions. Il veillait sur leur conduite, avec la sollicitude et l'affection d'un père, se souvenant de cette parole de l'apôtre, que celui-là qui ne prend pas soin des siens, et surtout de ses domestiques, a déjà renoncé à la foi et est pire qu'un infidèle. (*) Sa maison n'offrait donc rien que d'édifiant. La religion y réglait tout, et sous ses auspices toutes les vertus y florissaient.

Ennemi du luxe, il retrancha soigneusement de sa cour toute magnificence excessive, toute dépense outrée. Et comme si la défense que Dieu fit autrefois aux Rois de son peuple, de mettre leur grandeur dans la multitude de leurs officiers et de leurs chevaux, ou dans leurs immenses richesses, eût été faite pour lui-même, il l'observait ponctuellement. Il se regardait moins le propriétaire que le dépositaire des biens de sa couronne. C'est pourquoi, après avoir pourvu à tous les besoins de l'Etat, le reste était fidèlement employé au soulagement des pauvres, à la construction et à la décoration des églises. C'était du moins faire un bon usage de la fortune publique.

Tout le temps qu'il avait passé dans la retraite ayant été un long apprentissage de la mortification, cette vertu avait pour lui des charmes inappré-

---

(*) Si quis suorum et maximè domesticorum curam non habet, fidem negavit et est infideli deterior (Ep. ad Timoth., c. 5, v. 8).

ciables. Il la pratiqua donc aussi exactement sur le trône qu'il l'avait fait étant dans la solitude. Mais parce que sa position et sa dignité exigeaient qu'il parut avec gloire, il avait soin d'émousser tous les sentiments de la délicatesse en portant sous son habit de pourpre un rude cilice. Sans cesse alarmé par la vue des dangers qu'il courait dans le poste élevé où il avait plu à la divine Providence de le placer, tout le temps qu'il ne donnait pas aux affaires publiques, il le consacrait à la prière. Souvent on le vit arracher encore au sommeil le peu d'instants qu'il y donnait, pour s'entretenir avec Dieu, lui exposer ses besoins, lui demander ses grâces. C'était pendant le silence de la nuit que, comme le prophète, il méditait les saintes écritures, pour en faire la règle de sa conduite. Et ainsi par un heureux assemblage, il savait allier d'une manière admirable ce qu'il devait à Dieu et au prochain, et remplir avec la même fidélité et ses devoirs de Roi et ses devoirs de chétien. Du reste, comme il avait à cœur d'entretenir sa ferveur, pour que la dissipation inséparable des affaires multipliées auxquelles il était obligé de se livrer, ne vint pas la refroidir, d'après le conseil de son frère Lugle, il se retirait de temps en temps auprès de lui. Là, il retrempait son âme dans la méditation des vérités saintes, et par les exercices propres à la maintenir dans une sincère humilité.

Une conduite si parfaite aida beaucoup la foi à se propager dans ce pays. Elle y poussa en effet de si profondes racines, que cette terre privilégiée qui mérita le nom glorieux de catholique Irlande, donne encore aujourd'hui, au milieu de ses désastres et sous les coups d'une ignoble persécution, des preuves rares d'une fidélité à la religion digne des premiers temps. Fasse le ciel qu'elle persévère dans cette voie si généreuse ! C'est le moyen le plus sûr d'intéresser la divine Providence en sa faveur, afin qu'elle abrége ses douleurs et que bientôt elle fasse sonner l'heure de sa délivrance. Sous l'impulsion du saint Roi, la piété fleurit de toutes parts, et les beaux jours du christianisme naissant se renouvelèrent. Les derniers retranchements du paganisme furent renversés, et les exemples de Luglien, aussi bien que le zèle ardent des apôtres de la vérité, qu'il entretenait et qu'il favorisait, achevèrent de soumettre au saint joug de l'évangile, ces contrées si longtemps infidèles.

Le royaume d'Hibernie, ayant à sa tête un si saint Roi et un si pieux Archevêque, ne pouvait que devenir très florissant. Car, quand Dieu, dans sa miséricorde, donne à des peuples de semblables Princes, c'est la marque la plus certaine de sa bienveillante affection pour eux, comme aussi de leur prospérité. Luglien rendait ses peuples heureux, en retour il en était grandement aimé. Ceux-mêmes du dehors le respectaient et le craignaient. C'est ce qui fit que, pendant toute la durée de son règne, la paix ne fut nullement troublée.

A la faveur de cette tranquillité, le succès que nos deux apôtres avaient obtenu dans leurs travaux, s'affermit de plus en plus. Pour pouvoir cependant le maintenir et le continuer, ils examinèrent attentivement quels seraient les meilleurs moyens. Il s'en présentaient à leurs yeux de différentes sortes, qui leur paraissaient plus ou moins équivoques ou plus ou moins indignes. S'ils avaient suivis l'exemple de bien d'autres, ils auraient pu les chercher dans ces vaines et souvent peu franches combinaisons de la politique, qui n'ont d'effet que quand ils sont appuyés sur la force, et qui tout en captivant les corps, restent toujours incapables de maîtriser les pensées. Mais nos Princes étaient chrétiens avant tout. Ils élevèrent leurs vues plus haut, et, comme il est vrai, ils ne pensèrent les trouver que dans la Religion. L'exactitude fidèle à observer les saints préceptes de l'évangile, leur parut le plus sûr garant pour cela. Avec eux, plus efficacement qu'avec le sabre et l'épée, marchait nécessairement la justice, et par conséquent la paix et le bonheur. Ils s'appliquèrent donc à les faire respecter de leurs sujets, non par la voie de la contrainte, mais par une constante et douce persuasion. Elle leur réussit admirablement, et ils ne furent pas trompés dans leur attente. Comme ils l'avaient prévu, le bien s'accrut par là visiblement. Aussi, en voyant la docilité de leurs peuples à répondre à leurs efforts et à leurs vœux, leurs cœurs s'en réjouirent. Il semble même que rien n'aurait manqué à leur satisfaction, s'ils avaient pu se soustraire à la gloire qui leur en revenait. Mais leur sainteté jetait un trop vif éclat, pour demeurer cachée dans l'ombre, et leur mérite distingué, rehaussant encore les hautes dignités dont ils étaient revêtus, faisait qu'on les exaltait partout, et jusque dans les terres étrangères. Leur humilité souffrait d'autant plus de ces honneurs, qu'ils se voyaient dans l'impossibilité de les éviter.

Il était facile de prévoir que la foi catholique, en faisant d'aussi grands progrès dans l'Hibernie, sous le gouvernement et la direction des deux saints Princes, serait inévitablement attaquée. L'ennemi né de tout bien, ne pouvait pas être témoin de tant de vertus, sans faire tous ses efforts pour les étouffer. Il voyait ses intérêts compromis et son règne sur le point d'être détruit sans retour. C'est pourquoi il méditait toutes les inventions possibles, pour conjurer sa ruine. Comme sa perversité est féconde, il dressait une infinité de plans pour arriver à réaliser ses funestes desseins. Mais le concours évident que le ciel donnait à cette œuvre de bénédiction, l'arrêtait à chaque instant, et aucun moyen ne lui paraissait désormais propre à faire réussir son entreprise. Attaquer ouvertement, soit en semant les principes pernicieux d'une hérésie, soit en suscitant contre les ministres du Seigneur les violents orages d'une persécution, eût été mettre sa malice à un trop grand jour. D'un côté, la foi était appuyée sur de bonnes bases ; de l'autre, nos saints étaient aimés, respectés de leurs sujets, et leur vie exemplaire ne donnait aucune prise à la malignité. Leur charité pour eux, et les bontés dont ils ne cessaient de les combler, rendaient pour ainsi dire toute ingratitude impossible. Aussi, prudemment, ne jugea-t-il pas à propos d'employer la violence, car, connaissant leur foi vive, leur fermeté de caractère, leur patience et surtout leur invincible confiance en Dieu, qu'ils fortifiaient encore chaque jour par une prière persévérante, il ne pouvait s'attendre qu'à éprouver une honteuse défaite. Il ne se rebuta cependant point, et à défaut de violence, il fit jouer la ruse. Il comprit que Lugle, étant le ministre de Dieu, sa chute devait infailliblement lui procurer un plus grand profit, par cela même qu'elle serait plus grande. Ce fut donc contre lui qu'il commença à dresser ses batteries. Cet antique serpent de l'Eden, ce père du mensonge et de l'orgueil, qui se souvenait combien l'adulation et la flatterie lui avaient été utiles pour vaincre et renverser les trop crédules habitants du paradis de délices, essaya de se servir encore des mêmes armes, pour terrasser celui dont il redoutait davantage l'expérience et le courage. Il chercha à faire glisser dans le cœur du prélat, le venin de l'amour propre, et cela par des motifs bien mieux combinés, et plus apparents de vérité que ceux dont il s'était servi pour tromper la mère des humains. Il mit devant ses yeux le tableau de tous les services qu'il rendait à ce peuple; du bien qu'il lui faisait si gratuitement, et il lui inspira adroitement la pensée de regarder comme une légitime récompense, les éloges et la reconnaissance qu'on lui en témoignait, lui faisant entendre que de son côté il ne devait pas les rejeter avec trop d'affectation.

Le piège était habilement tendu et une vertu commune et ordinaire s'y serait laissé prendre. Aussi, voilà pourquoi l'apôtre recommande de ne pas trop se fier à sa propre vertu, et d'être sur ses gardes, de peur qu'en se croyant ferme, on ne vienne à tomber.(*) Cette fatale expérience n'a été que trop

---

(*) Itaque qui se existimat stare, videat ne cadat. (Ep. ad corinth., c. 10, v. 12).

souvent vérifiée. Dejà, en effet, le saint Archevêque se trouve ébloui de ces idées flatteuses, et avant même qu'il ait le temps de réfléchir, il sent qu'un trait de vanité et de complaisance pique son cœur. Heureusement, il aperçoit la subtilité du poison qui allait couler dans son âme. Il tremble et à l'instant même, il s'humilie devant le Seigneur, lui rendant grâces de la victoire que, par son secours, il avait remporté sur son ennemi.

Le danger qu'il vient de courir de se perdre, tout en voulant travailler au salut des autres, se présente alors à ses yeux sous un aspect qui l'effraye. La résistance qu'il avait apportée dans le principe pour se charger du fardeau de l'épiscopat, lui semble à cette heure légitime. Ses appréhensions, selon lui, n'étaient que trop bien fondées, et la preuve, c'est qu'il a presque succombé à une tentation d'autant moins redoutable, qu'il en découvre maintenant plus clairement toute la fausseté. Il voit que sa vertu est évidemment trop faible pour le porter plus longtemps, et il reste convaincu que Dieu, en permettant cette épreuve, a voulu le punir de sa témérité. Sa présomption lui paraît une insulte faite à la bonté divine, et il s'étonne que Dieu ait pu la lui pardonner. C'en est fait, il ne balance plus, et à l'instant même, il forme le dessein de se démettre de sa dignité d'archevêque, et de quitter sans retour un poste qui lui paraît dangereux pour son propre salut.

Belle leçon pour tant d'hommes si pleins d'eux-mêmes, qui, sans talents et plus souvent encore sans vertus, ne craignent pas non-seulement de désirer, mais de rechercher et d'accepter des emplois qu'ils n'exercent que pour leur perte et celle des autres. C'est là un de ces crimes de lèze-société que bien peu pensent à se reprocher, parce que l'ambition et l'avarice qui les font agir, leur jettent un voile sur les yeux. Néanmoins, la responsabilité qui pèse sur eux est d'autant plus effrayante que les malheureux effets de leur incapacité sont plus irréparables.

Sa résolution une fois prise, Lugle ne crut pas devoir cependant la mettre à exécution sans la communiquer au Roi, son frère. Il espérait trouver par là, un nouvel appui et une plus ferme assurance que telle était la volonté de Dieu. Car après tout, il ne voulait rien faire qui y fut opposé, persuadé qu'il était, que le salut devient pour ainsi dire impossible, pour quiconque marche dans une voie qui n'est pas celle que Dieu a tracée. Il va donc le trouver. Il lui expose avec ingénuité et candeur l'état de son âme. Il lui fait part de sa crainte, en lui découvrant le piège dans lequel il a failli périr. Puis, comme pour le porter à se mettre lui-même à l'abri d'un si grand malheur : « Mon cher frère, lui
« dit-il, si nous voulons acquérir la véritable sain-
« teté et le vrai bonheur qui semblent avoir quitté
« la terre pour se réfugier dans le ciel, il est né-
« cessaire que nous dirigions tous nos efforts vers
« ce but en suivant avec fidélité les saints préceptes
« du Seigneur, et en marchant dans l'étroite voie
« de la vérité ; car ce n'est point aux lâches, qu'est
« promis le royaume de Dieu, mais à ceux qui sont
« assez courageux pour persévérer dans les voies
« de Dieu. Ceux-là seuls sont donc heureux, qui

« cherchent de tout leur cœur à y entrer, tandis
« que ceux qui s'en éloignent, sont pour toujours
« dévoués au malheur. C'est donc prendre le chemin
« de l'erreur, que de mener une conduite en op-
« position avec la sainte doctrine de l'Evangile;
« c'est avilir l'âme, que de se laisser dominer par
« la vanité. Puis donc que le Saint-Esprit nous
« apprend que tout est vanité ici-bas, élevons nos
« regards vers le ciel. Que toutes nos pensées soient
« pour la bienheureuse éternité. Que tout l'amour
« de notre cœur se porte désormais vers celui qui,
« quoique demeurant dans l'éternelle clarté du père,
« a bien voulu se faire homme pour nous, et naître
« du sein de la glorieuse et immaculée Vierge; car,
« comme il était riche, il s'est fait pauvre, pour
« nous rendre riche de sa pauvreté; bien plus, il a
« voulu mourir, afin qu'en ressuscitant, il put dé-
« truire l'empire de la mort, et ouvrir à ceux qui
« voudraient le suivre, la porte de l'immortalité.
« Il nous y invite donc, puisqu'il nous dit, si quel-
« qu'un veut venir après moi, qu'il se renonce lui-
« même, et qu'il porte sa croix, et encore, si vous
« voulez être parfait, vendez tout ce que vous avez,
« donnez le aux pauvres, et venez à ma suite. O mon
« frère, prêtons l'oreille à ces conseils, et em-
« brassons de tout cœur ces divins préceptes.
« Quittons tout pour l'amour de celui qui a tout
« quitté pour nous. Ne craignons pas de trouver
« cela trop difficile, car celui qui nous donne ses
« ordres, saura bien aussi nous donner la force de
« les accomplir. Et si nous foulons aux pieds les
« choses visibles, croyons qu'il nous dédommagera

« de nos sacrifices, en nous admettant avec lui dans
« son éternel séjour. »

Ces paroles touchèrent profondément Luglien. Non-seulement il approuva son dessein, mais il lui déclara, qu'effrayé lui-même des périls sans nombre qui l'environnaient sur le trône, où il n'était remonté que contre son gré, il soupirait depuis longtemps après l'heureux moment où il pourrait en descendre. Il lui dit qu'il était bien aise de trouver une occasion si favorable de quitter le monde et de briser, sans retour, les chaînes qui l'y attachaient.

Des sentiments si conformes agirent puissamment sur l'esprit de nos deux saints. Sans perdre de temps, ils mettent la main à l'œuvre pour accomplir leur dessein, qu'ils regardent comme une nouvelle décision de la volonté de Dieu sur eux. Mais, comme dans cette démarche ils n'ont d'autres vues que d'imiter Jésus-Christ, ils tournent toutes leurs pensées vers ce divin modèle. Pour eux, ce n'est point assez de fuir le monde avec ses dignités et ses grandeurs, ils veulent encore se dépouiller de ses richesses auxquelles Jésus-Christ a dit anathème, pour le suivre dans la pauvreté la plus parfaite. Pour cela, ils vendirent tous les biens qu'ils possédaient en propre, laissant intacts ceux dont ils n'avaient eu que l'administration, et ils en répandirent l'argent dans le sein des pauvres, selon le conseil du Sauveur. Qui pourrait dire quelle fut la joie de ces pieux serviteurs de Dieu, quand ils sentirent leurs pieds se détacher ainsi de la terre, et leurs épaules se décharger de cet inutile et importun fardeau des richesses? Autant les autres apportent d'empressement pour les recueillir, autant ils en mirent pour les rejeter loin d'eux.

Cette vente totale de leurs biens laissa bientôt percer quelque chose du dessein des deux Princes. En vain, pour épargner à leurs peuples la peine d'une si cruelle séparation, avaient ils fait tout leur possible pour le cacher ; l'amour qu'on leur portait finit par leur arracher leur secret. Ils déclarèrent donc leur intention. A cette fâcheuse nouvelle, la consternation se répandit partout. La douleur fut universelle. Jamais calamité publique n'avait porté un si grand coup à la nation. Déjà on croyait voir fondre sur le royaume tous les malheurs. En eux, on perdait des amis, des pères plutôt que des maîtres. Chacun se voyait frappé dans ce qu'il avait de plus cher. Aussi, n'y eut il aucun genre de supplication qui ne fut employé pour leur faire abandonner leur résolution. Aux gémissements, aux larmes, on joignit les prières. On s'adressa au ciel avec ferveur. On conjura le Seigneur par les vœux les plus ardents, de toucher lui-même leurs cœurs. Mais tout fut inutile, et les deux frères, tout en ressentant le contre-coup du chagrin qu'ils causaient à leurs sujets, demeurèrent inflexibles. Dieu lui-même, cette fois, parut sourd à tant de prières. Ses desseins, en les plaçant à la tête des peuples d'Irlande, pour les éclairer du flambeau de la foi et leur enseigner le chemin du salut, étant accomplis, il voulait que désormais ils allassent porter la lumière à d'autres peuples, et secourir par leur charité d'autres nations, assises aussi dans les ténèbres de l'erreur et de la mort.

Qui n'admirerait ici les dispositions de la divine Providence, qui veille aussi bien au salut des pasteurs qu'à celui des brebis. Pour mettre Lugle et Luglien à l'abri des attaques de l'amour propre et de l'orgueil qui les menaçaient au sein des dignités et des grandeurs, elle leur confie des fonctions moins importantes et elle les envoie à des peuples plus inconnus. C'est ainsi qu'autrefois Dieu en agit à l'égard de saint Paul, et que le saint Apôtre, pour obéir à ses ordres, s'arrachait aux larmes et aux embrassements de ses enfants de Milet et d'Ephèse, et qu'il leur disait un éternel adieu.

CHAPITRE V.

Lugle et Luglien quittent l'Irlande. — Ils descendent en Angleterre. — Leurs travaux dans ce pays et leurs succès.

> Propter Dei salutare,
> Transierunt ambo mare,
> Relinquentes Patriam.
>
> Ces illustres et pieux Princes
> Passent l'infidèle élément,
> Pour apporter dans nos provinces
> La foi du nouveau Testament.
>
> ANCIENNE PROSE.

L'abandon que Lugle et Luglien venaient de faire de tout ce qu'ils possédaient en Irlande, semblait en même temps leur imposer l'obligation de la quitter. Car quel endroit aurait pu les tenir assez cachés? Où auraient-ils pu se retirer sans craindre d'être troublés? La grande confiance qu'ils avaient inspirée à leurs sujets, et que rien n'avait jamais altérée, ne leur permettait pas de douter qu'ils seraient encore exposés à une incessante importunité. Leur présence seule dans ce pays pouvait nuire à la paix, en paralysant les efforts et les travaux de ceux qui étaient appelés à leur succéder. Ils prévoyaient que l'amour de ce peuple pour eux ne pouvait même qu'augmenter au détriment des nouveaux maîtres, et ils se seraient reproché d'être nuisibles aux autres en cherchant leur bien propre. L'appréhension de tous ces inconvénients leur paraissant réelle et bien fondée, ils ne virent d'autre moyen, pour s'y soustraire, que de s'éloigner. La pensée d'un voyage à Rome (*) leur en fournit bientôt l'occasion. Il n'était pas rare, en effet, dans ces temps de foi, de voir la plupart des grands et souvent même bon nombre de personnes du peuple, quitter leurs familles et leur patrie, pour entreprendre de pieux pélérinages, et surtout visiter les tombeaux des apôtres et les autres sanctuaires vénérés de la capitale du monde chrétien. La vue de ces lieux illustrés par la foi, le courage et les vertus des premiers fidèles, sanctifiés par le sang de tant de martyrs, ranimait leur piété. Au contact de cette terre, l'amour pour cette religion qui enfanta tant d'héroïsme à son berceau, semblait se réchauffer dans les cœurs. Ces milliers de tombeaux des catacombes sur lesquels étaient écrits en lettres de sang les noms des glorieuses victimes qu'ils renfermaient, dans leur muet langage, prêchaient si

---

(*) Le Père Malbrancq, dans son ouvrage DE MORINIS, prétend que c'était pour la seconde fois que nos saints entreprenaient le pélérinage de Rome. Nous n'avons rien trouvé ailleurs qui favorisât cette opinion. Dans tous les cas, ce premier voyage ne pouvait avoir eu lieu que du vivant de Dodanus, leur père.

énergiquement l'instabilité, le mépris des choses d'ici-bas, et la grandeur des biens à venir, que pas un ne revenait sans se sentir plus chrétien, et plus disposé à se montrer tel, parce que la piété du fidèle était simple et forte comme sa foi. Le respect humain, qui n'est le partage que des âmes faibles, pusillanimes et lâches, n'entrait alors pour rien dans ses démarches. Heureux siècle, quoiqu'on en dise, où l'on croyait sans doute et où l'on pratiquait sans feinte !

C'était là aussi le motif qui portait nos pieux Princes à entreprendre ce saint pélérinage. Bien qu'ils fussent très-avancés dans la vertu, et que leur sainteté jetât un si grand éclat dans le monde, pénétrés de cette recommandation de l'apôtre, « que celui qui est saint, cherche encore à se sanctifier davantage ; » (*) ils espéraient retirer de leur voyage, pour eux, un plus grand accroissement de grâces et un plus grand zèle pour travailler au salut du prochain. Du reste, ce zèle qu'ils cherchaient à augmenter de jour en jour, les dévorait depuis longtemps. Ils en avaient donné des preuves irrécusables. Nous avons même vu les merveilleux effets qu'il produisit parmi les peuples d'Irlande. Aussi, en les quittant, leur intention n'était pas telle qu'ils ne dussent plus penser qu'à eux-mêmes, sans s'occuper désormais des autres. Le véritable caractère de la charité divine est plutôt de s'oublier soi-même pour soulager ceux qui sont dans le besoin. Ils avaient reçu du Seigneur des grâces et des lumières si abondantes, qu'ils re-

(*) Qui sanctus est, sanctificetur adhuc. (Apoc., c. 22, v. 11).

gardaient comme une chose très-juste de profiter de toutes les occasions pour les répandre aussi parmi leurs frères. Dans leur projet de voyage à Rome, ils avaient donc fait entrer celui de porter les nouvelles du salut dans tous les endroits qu'ils auraient à traverser.

L'Angleterre se trouvait tout naturellement sur leur route ; c'est pourquoi ils se sentirent fortement pressés d'y descendre. Accoutumés qu'ils étaient à écouter la voix de Dieu, ils ne purent s'empêcher de reconnaître, dans cette pressante inspiration, sa volonté formelle. L'exemple aussi de l'apôtre saint Paul qui, sur une semblable invitation du ciel, s'était dévoué autrefois en faveur des habitants de la Macédoine, leur vint à l'esprit ; et alors, comme s'ils ne doutassent plus que la même voix les appelait à procurer à l'Angleterre le bienfait de la foi, ils se mirent en devoir d'y relâcher.

Nos deux Princes étaient tellement aimés en Irlande, et la douleur causée par leur départ avait été si grande, que tous auraient voulu les accompagner. Il semble même que ce bon peuple aurait supporté plus facilement la perte de tous ses biens qu'une si dure séparation. Aussi, n'avaient-ils pu empêcher un grand nombre de leurs sujets de les suivre. Arrivés pourtant en Angleterre, ils leur démontrèrent si bien l'inutilité de cette démarche, qu'ils les firent consentir à retourner dans leur pays, pour y entretenir parmi eux les bonnes dispositions qu'ils y avaient fait naître. Ils employèrent les derniers instants à les fortifier dans la foi et dans la résolution de pratiquer constamment leurs devoirs. Puis, leur ayant fait promettre d'y être toujours fidèles, ils les congédièrent enfin, non sans verser bien des larmes, mais sans arracher non plus tout-à-fait de leurs cœurs, l'espérance de les revoir un jour. Ils n'en retinrent auprès d'eux que quelques-uns des plus dévoués. Parmi ces hommes choisis, nous remarquons saint Erckembode, dont la fidélité, fondée sur l'amour et la vertu, ne se démentit jamais. C'est à ce saint prêtre, compagnon inséparable des illustres Princes jusqu'à leur mort, que nous devons les détails du reste de leur vie et de leur glorieux martyre.[1]

Libres désormais de tout ce qui les attachait à la terre, et ne voyant plus autour d'eux aucun obstacle qui put s'opposer à leur désir de propager la gloire de Dieu, nos deux saints missionnaires mirent de suite la main à l'œuvre, pour ne pas retarder l'accomplissement de la volonté de Dieu sur eux. Aussi bien que Samuel, dès qu'ils eurent entendu sa voix, ils lui avaient répondu, « parlez, Seigneur, vos serviteurs vous écoutent, » [*] et comme lui, ils étaient fermement décidés à lui obéir, quoiqu'il dut leur en coûter. Cependant, ils devaient s'attendre à trouver leur mission bien laborieuse, remplie d'écueils et de dangers. L'expérience du passé leur laissait suffisamment entrevoir que l'ennemi du salut ne manquerait pas, comme déjà, il l'avait fait tant de fois, de leur tendre mille pièges pour les arrêter, pour paralyser et même

[1] Voyez la note n° 4.

[*] Loquere, Domine, quia audit servus tuus. (Reg. c. 3, v. 10).

anéantir tout le bien qu'ils pourraient faire. Mais en considérant que Jésus-Christ, leur bon maître, s'était sacrifié et avait donné son sang et sa vie pour ce peuple, ils virent bientôt leur crainte se dissiper, et ils ne trouvèrent plus rien qui les empêchât d'avancer.

Comme ils l'avaient prévu, ils trouvèrent en Angleterre une abondante moisson à faire, où leur charité et leur courage pourraient se déployer pour la recueillir. Ce n'est pas pourtant que cette île fût une terre vierge et jusque là sans culture. La foi plantée par le saint apôtre Augustin y avait fait de grands progrès. Sous l'empire de l'évangile, les mœurs de ces peuples barbares s'étaient adoucies. La réelle folie des idoles avait cédé à l'apparente folie de la croix. Les temples profanes de Baal avaient été détruits et remplacés par des temples saints, consacrés au vrai Dieu. La vertu y avait été en honneur et le vice flétri. Enfin, il s'était opéré alors dans la conduite de ces insulaires, à l'humeur farouche et féroce, une telle transformation, que l'on vit briller en eux toutes les vertus qui distinguèrent si éminemment les chrétiens des premiers siècles. Mais un si heureux changement avait rallumé la haine du prince des ténèbres. Il n'avait pu voir sans frémir la brèche faite à son empire, et il s'était efforcé de ressaisir la puissance tyrannique, qu'il exerçait autrefois sur ces contrées. Toutes les ruses et tous les genres de persécutions furent employés pour cela, et il avait si bien réussi qu'au temps où Lugle et Luglien y arrivèrent, l'erreur avait de nouveau jeté le masque, et faisait encore de plus grands ravages qu'auparavant. La foi était presqu'entièrement éteinte, et les mœurs qui avaient été si pures, ne présentaient plus partout que le spectacle de la plus dégoûtante dépravation.

Une semblable désolation et un malheur si grand, étaient bien capables de déchirer les cœurs si charitables de nos saints. La vue de tant d'âmes qui couraient ainsi à leur perte éternelle, ne devait pas manquer d'exciter leur ardeur. Ils ne voyaient partout que des ruines. Les préceptes de l'évangile étaient méprisés ou méconnus. Il n'y avait plus ombre de culte, plus d'exercices religieux. Enfin, l'ignorance la plus complète et la plus profonde, avait envahi tous les âges, la jeunesse aussi bien que la vieillesse. Le clergé lui-même, dans le très petit nombre de prêtres qui le composait, était avili. Tout était donc à refaire. Il fallait éclairer les esprits que l'erreur aveuglait ; dissiper l'ignorance que la négligence entretenait; combattre les passions que l'idolâtrie autorisait et fomentait, mais surtout il fallait faire revivre dans le sacerdoce l'esprit de ferveur et de dévouement.

La tâche était grande sans doute, et pour un zèle ordinaire, pour des cœurs moins humbles, il suffisait de la considérer pour les décourager. Que pouvaient-ils, en effet, selon toute apparence, espérer de faire au milieu d'un peuple si dépravé et plus disposé, ce semble, à égorger le pasteur qu'à prêter l'oreille à sa voix ? Quels fruits de leurs travaux étaient-ils en droit d'attendre ? Nos saints ne manquaient pas assurément de prétextes pour rendre leur retraite légitime. Aussi bien la prudence humaine était là pour leur en suggérer. La crainte de se perdre en travaillant au salut des autres, ne leur avait-elle pas fait abandonner des peuples parfaitement obéissants à leurs ordres et à leurs avis; des peuples qui ne demandaient pas mieux que d'avancer dans les saintes voies de la perfection chrétienne; au milieu desquels ils pouvaient eux-mêmes, sans obstacles extraordinaires, faire de grands progrès dans la vertu? Et voilà qu'ils se remettent dans le danger. Comment réussir ici au milieu de tant de difficultés? Ils avaient peur d'être empoisonnés dans un air pur. Qu'elle ne doit pas être leur appréhension quand ils ne doivent respirer qu'un air pestiféré? Ils tremblaient dans la paix. Que sera-ce donc dans une guerre continuelle et acharnée? Leur mission, au sein des peuples de l'Irlande, était autorisée par un ordre certain de Dieu, et il n'y avait pas à en douter par la position même qu'il leur avait faite au milieu de ces peuples. Et ici, ils ne suivent qu'une simple inspiration qui leur paraît cependant être de lui; rien toutefois de bien positif. Ils peuvent donc se retirer et laisser à d'autres le soin d'une si pénible entreprise, dans laquelle tout à l'extérieur leur dit qu'il y a pour eux plus à perdre qu'à gagner. Peuples malheureux et ingrats, c'en est donc fait, vous serez abandonnés!

Telles auraient été les pensées et les réflexions de beaucoup d'autres, moins désireux qu'eux, d'augmenter la gloire de leur maître. Mais, comme le désintéressement de Lugle et de Luglien était parfait, et que c'était véritablement et uniquement par amour pour lui qu'ils agissaient, sans rechercher pour eux la plus petite parcelle de gloire, la vue du péril les encourage, bien loin de les abattre. Ils ont d'ailleurs tout ce qu'il faut pour ne pas craindre, au-delà des bornes d'une juste crainte. Ils sont humbles, et s'ils ont quelque raison de se défier d'eux-mêmes, ils se confient fortement en Dieu, et trouvent qu'ils peuvent tout dans celui qui les fortifie. (*) L'amour de Jésus-Christ les presse, et pour le satisfaire ils ne pensent plus qu'à venir en aide à ce peuple infortuné, et malheureusement trop coupable, dont le nom est désormais rayé du livre de la vie. Dès-lors rien ne les arrête. L'espérance de ramener à l'unité du bercail ces brebis égarées, les met au-dessus de toute peine et de toute fatigue. Ils travaillent sans relâche, et selon le conseil de l'apôtre, ils annoncent la parole. Ils pressent à temps et à contre-temps ; ils reprennent ; ils supplient ; ils avertissent en public ; ils instruisent en secret ; (**) ils déploient, en un mot, tout ce que le zèle leur offre de ressources. Et telle était leur bonté pour recevoir les pécheurs, qui, touchés de la grâce, revenaient sincèrement de leurs égarements, qu'ils mêlaient leurs larmes et leurs soupirs aux larmes de leur repentir. Mais malheur aux pécheurs incorrigibles, car ils se montraient sévères à leur égard, et ils les menaçaient de la colère divine, s'ils s'obstinaient à persévérer dans leur endurcissement et leur impiété.

(*) Omnia possum in eo qui me confortat. (Ep. ad Philip., c. 4, v. 13).

(**) Prædica verbum, insta opportuně, importuně : argue, obsecra, increpa in omni patientiá et doctriná. (Ep. I, ad Timoth., c. 4, v. 2).

Cette liberté si chrétienne et si généreuse, ne tarda pas à leur attirer bien des persécutions. Il ne faut pas en être surpris, car c'est là d'ordinaire la récompense de la franchise et de la vérité. Le démon plein de rage, en voyant tant d'âmes qui allaient lui échapper tout de nouveau, se leva et fit tout ce qu'il put pour les inquiéter. Il se servit des hommes les plus pervers et les plus corrompus pour les perdre, et il leur mit en mains ses armes favorites, la calomnie et le mensonge. Aucun genre d'insulte ne fut épargné. On leur prodigua les railleries, les injures, les affronts, les mauvais traitements. Plus d'une fois, les tentatives vinrent se joindre aux menaces de mort, par lesquelles on s'efforçait de les effrayer. Parmi tant de périls, nos saints étaient bien obligés, par fois, de prendre la fuite et de se cacher. En cela, ils obéissaient au commandement du Sauveur, qui disait à ses disciples, « si l'on vous persécute dans une ville, fuyez dans une autre, » (*) mais c'était pour reparaître bientôt, et annoncer avec autant d'intrépidité qu'auparavant les vérités éternelles. Comme ce n'était que la gloire de Dieu, et le salut des peuples qu'ils cherchaient, rien de ce qui les touchait personnellement ne faisait impression sur eux. C'est pourquoi aux traits les plus envenimés de la calomnie et du mensonge, ils n'opposaient que le silence et la prière, et ils récompensaient les injures par des bienfaits de toutes sortes. Ceux-là mêmes qui les poursuivaient avec plus d'acharnement et de fureur,

(*) Cum autem persequentur vos in civitate istâ, fugite in aliam. (S. Matth., c. 10, v. 23).

étaient pour eux les objets les plus privilégiés de leur bienveillance.

Cette admirable patience et cette profonde humilité, qu'ils avaient apprises à l'école de celui dont il est dit qu'il fut doux et humble de cœur, favorisèrent beaucoup les brillants succès qu'ils obtinrent. Quelqu'irritées que fussent les passions contre eux, leur douceur fit enfin ouvrir les yeux, et leur infatigable désintéressement leur gagna tous les cœurs. On comprit que des hommes, qui n'agissaient par aucune vue d'intérêt temporel, et qui se dévouaient si généreusement pour les autres, n'étaient pas aussi dangereux qu'on se l'imaginait, ni si dignes de la haine publique. Les plus acharnés à leur perte, se voyant de leur part les objets d'une plus grande sollicitude, furent les premiers à rendre une sincère justice à leur vertu et à leur sainteté. Tout était gagné dès lors, et la victoire certaine. Aussi, bientôt les conversions se multiplièrent à l'infini. La foi reprit son empire dans le cœur de ces peuples si grossièrement dégradés; chose merveilleuse! La piété se manifesta comme dans les plus beaux jours. Les temples furent rouverts, et ceux que les sacrifices abominables de l'idolâtrie avaient profanés, furent de nouveau sanctifiés par les exercices augustes de la Religion. Les saintes lois de l'Eglise ponctuellement exécutées, donnèrent à ces pauvres égarés, revenus à de meilleurs sentiments, une ardeur incroyable pour profiter de la grâce des sacrements, dont ils avaient été si longtemps privés. Mais ce qui par dessus tout combla de joie les bons missionnaires, c'est qu'ils parvinrent (et la chose était beaucoup moins facile), à faire renaître dans les membres épars, et plus gâtés encore du sacerdoce, l'esprit d'ordre et de discipline, seul garant de la piété des peuples. L'Angleterre n'était donc plus reconnaissable, et elle devait cette faveur aux travaux de nos courageux apôtres, que le Seigneur avait daigné bénir.

Si cependant, Lugle et Luglien avaient été moins vertueux, il semble qu'ils auraient pu retenir pour eux quelque chose des heureux succès qui avaient couronné leur entreprise; car, après tout, leur zèle, bien qu'aidé de la grâce, y avait concouru puissamment. Ce n'était vraiment qu'à force de travail et d'efforts, qu'ils étaient venus à bout de mener l'œuvre à bonne fin. Ils n'ignoraient pas que Jésus-Christ a dit (*) que l'ouvrier est digne de récompense, et que, pourvu qu'ils ne s'attribuassent pas exclusivement ces succès, le Seigneur ne pouvait pas s'offenser, qu'ils en éprouvassent une certaine consolation. Rien n'était plus juste, et combien n'en voit on pas, qui, arrivés même à un certain degré de vertu, ne se reprochent nullement d'en agir de la sorte? Mais tout ce qui pourrait paraître légitime à d'autres, ne le paraissait pas à nos pieux Princes. Si d'un côté, Jésus-Christ semblait les y autoriser, d'un autre, ils entendaient le même Sauveur leur prêcher une doctrine plus parfaite: « Donnez gratuitement et sans aucun retour, ce que vous avez aussi reçu gratuitement. (**) Pénétrés de ces senti-

(*) Dignus est operarius mercede suâ. (S. Luc, c. 10, v. 7).

(*) Gratis accepistis, gratis date. (S. Matth., c. 16, v. 8).

ments, et ennemis de toute rapine dans l'holocauste, ils ne veulent se reconnaître que comme les faibles instruments de ces prodiges de la grâce dans cette île, et sans en retenir la plus faible partie, ils en renvoyent toute la gloire à Dieu seul.

Cette vertu était trop sublime pour être comprise par d'autres que par ceux en qui Dieu seul l'avait fait naître. Moins accoutumé à juger par les yeux de la foi, que par les dehors, le peuple ne pensait point ainsi. Selon lui, c'était à leurs discours, à leurs bons exemples, et surtout aux prodiges qu'il leur voyait faire, et dont il avait ressenti si souvent les salutaires effets, qu'on devait tout le bien qui s'était opéré. Il leur en témoignait donc sa reconnaissance par tous les moyens qui étaient en son pouvoir. L'estime qu'il avait conçue pour eux, allait jusqu'à leur rendre les plus grands honneurs. Dans son empressement naïf, et qui tenait encore de l'ignorance, il leur aurait volontiers accordé les honneurs divins, si nos saints, comme autrefois Paul et Barnabé à l'égard des habitants de la Lycaonie, ne s'y fussent opposés.

Du reste, le Seigneur ne se laisse jamais vaincre en générosité, et quoi qu'il soit extrêmement jaloux de sa gloire, et qu'il ne puisse s'en défaire, comme il le dit lui-même, (*) il fait si bien, qu'une partie de cette même gloire se déverse sur ceux qui la lui ont procurée. Les âmes saintes n'oublient rien pour fuir l'éclat, et l'éclat les environne partout malgré elles. C'est ce qu'on est forcé de remarquer dans les

(*) Gloriam meam alteri non dabo, et laudem meam sculptilibus. (Isa., c. 42, v. 8).

saints, dont nous retraçons la vie. Leur naissance les avait placés au sein des grandeurs, et le ciel leur avait confié l'administration d'un royaume dont ils faisaient le bonheur. Les peuples étaient heureux en marchant à leur suite, guidés par leurs exemples et cependant parce que ces grandeurs gênent leur vertu, ils les méprisent et les foulent aux pieds. Pour la mettre à l'abri de toute atteinte, ils préfèrent tout abandonner. Ils s'enfuient même dans une terre étrangère où, parfaitement inconnus, ils espèrent qu'elle sera plus en sûreté. Mais en vain cherchent-ils à se dérober à tous les regards, Dieu les produit au grand jour, et fait briller autour d'eux une lumière qui devient d'autant plus éclatante, qu'ils s'efforcent davantage de l'éteindre.

CHAPITRE VI.

Lugle et Luglien prennent la résolution de quitter l'Angleterre. — Ils s'embarquent secrètement. — Tempête violente sur la mer. — Ils l'apaisent par leurs prières.

———◆———

> Per hos mare serenatur :
> Eventino lumen datur,
> Et infirmis sanitas.
>
> Leur humble et fervente prière,
> Calme l'élément agité.
> Eventin reçoit la lumière,
> Et les malades la santé.
>
> ANCIENNE PROSE.

———◆———

Cependant, le désir de Lugle et de Luglien de vivre dans l'obscurité, ne s'accomplissant pas comme ils l'espéraient, puisque les peuples de l'Angleterre se montraient toujours de plus en plus ardents à les exalter, ils commencèrent tout de bon à s'en alarmer. Les louanges qu'on leur donnait étaient, il est vrai, bien loin de réjouir leurs cœurs. Ils en éprouvaient au contraire de la douleur et de la confusion, et Dieu pouvait apprécier toute la sincérité du témoignage, que leur rendait là-dessus leur conscience. Ils craignent pourtant de se tromper eux-mêmes, et pour éviter plus sûrement le danger de succomber à la tentation qu'ils redoutent, ils prennent encore une fois le parti de se transporter ailleurs.

Ici, qu'il nous soit permis de faire faire au lecteur une réflexion, et de lui demander, si telle est la conduite qu'il tient, non-seulement dans de semblables, mais dans des occasions bien plus périlleuses encore, où avec infiniment moins de vertus, il s'expose avec plus de hardiesse. Et pourtant, le monde d'alors ne présentait pas assurément plus d'obstacles au salut que celui d'aujourd'hui. Les dangers de perdre la foi n'étaient pas plus nombreux ; les occasions plus fréquentes et plus délicates ; les mœurs n'étaient pas plus obstinément dépravées et n'affligeaient pas les regards par un plus hideux spectacle. Le luxe et la mollesse, avant-coureurs certains de la décadence et de la ruine des peuples, n'étaient pas portés à un plus haut point. On ne prenait pas plus de plaisir à lancer contre la Religion et tout ce qui s'y rattache, les railleries et les sarcasmes. Il n'y avait pas plus de fourberie, au contraire, la foi étant plus franche, la vertu était plus ferme et plus robuste, et cependant les saints tremblent à l'approche du péril ; l'ombre seule du mal les effraie ; ils doutent même de leur vertu qui peut leur faire défaut, et ils ne trouvent d'assurance que dans l'éloignement et dans une exacte vigilance. Ils ne voient que dans la fuite un abri pour se conserver tout à la fois chrétiens et hommes, tandis que notre siècle ne présente qu'une foule de présomptueux qui, ne doutant de rien, pas même de leur ineptie et de leur évidente faiblesse, ne font que trop voir qu'ils ne sont ni hommes ni chrétiens.

Mais revenons à nos saints. Persuadés que s'il est dangereux de rechercher l'occasion et de s'exposer à la tentation, il est plus dangereux encore d'y rester, quand une fois elle est connue, parce qu'alors la chute est pour ainsi dire certaine. Ils ne diffèrent pas un instant d'exécuter leur dessein, en montant secrètement un navire en partance pour les côtes de Flandre.

Leur départ ne fut pas plutôt connu, car tout le monde ignorait leur résolution, que les peuples en furent sensiblement affligés. C'était pour eux une perte immense et irréparable, d'autant plus grande que sachant qu'ils n'étaient attachés à leur patrie par aucun lien, ils n'avaient aucun espoir de les revoir et de les posséder de nouveau. C'est alors que, l'on ne tarissait point sur les éloges qu'on leur donnait, ce qui prouvait combien ils étaient sincères et bien mérités. On aimait à se rappeler leur bonté, leur affabilité, la douceur et la patience dont ils avaient donné de si visibles marques, dans tant de circonstances qui avaient été pour eux si pénibles. On admirait leur courage, qui s'était soutenu si longtemps au prix des plus grands sacrifices. On se reprochait alors doublement de les avoir contristés. Comme ils étaient passés partout en faisant du bien, il était facile non-seulement de raconter, mais encore de montrer une bonne partie des bienfaits que l'on tenait d'eux. On pouvait donc les regarder comme des modèles parfaits de désintéressement et de charité. Oh! que le prophète avait raison de dire, « qu'ils sont beaux les pieds de ceux qui portent la consolation, et dont les démarches n'ont pour but que de faire le bien! » (*) Y a-t-il déjà une plus belle récompense pour l'âme vertueuse, que ce concert unanime de louanges qui se fait encore entendre, lors même qu'elle n'est plus là pour l'écouter? Voilà effectivement la véritable gloire, car pour celle-ci, à coup sûr, elle ne naît pas de l'adulation et de la flatterie.

Il semble que nos saints, en sacrifiant de nouveau par une incomparable humilité cette jouissance si légitime de leurs travaux, pouvaient espérer que le Seigneur exaucerait enfin leur désir, et que désormais il les conduirait par la voie ordinaire et commune, en permettant qu'ils demeurassent totalement inconnus et ignorés. Mais les pensées de Dieu ne sont pas les pensées de l'homme, comme il nous l'apprend par la voix de son prophète. (**) Et s'il veut que ses serviteurs s'abaissent, c'est parce qu'il se charge lui-même de les élever. Ses desseins sur nos pieux Princes étaient loin d'être accomplis, et tout en paraissant leur ôter la couronne d'une main, son intention était, de l'autre, d'y ajouter

---

(*) Quàm pulchri super montes pedes annuntiatis et prædicantis pacem, an nuntiantis bonum, prædicantis salutem. (Isa., c. 42, v. 7).

(**) Non enim cogitationes meæ, cogitationes vestræ; neque viæ vestræ, viæ meæ, dicit Dominus. (Isa., c. 55, v. 8).

encore quelque fleuron et l'embellir. Et puis, comme la bonté divine n'a pas qu'une seule bénédiction, c'était encore eux qu'il voulait charger de l'aller porter à d'autres peuples, à qui elle n'était pas moins nécessaire, et qui peut-être commençaient aussi à en sentir tout le besoin.

L'événement prouva bientôt que telle était la volonté de Dieu. Car ils n'eurent pas plutôt quitté l'Angleterre, qui leur paraissait être pour eux le théâtre d'une trop grande gloire, qu'il les conduisit sur un autre où cette gloire qu'ils fuyaient devint plus grande encore. Il semble même que ce n'était plus alors assez de la terre pour la leur procurer, et qu'il fallait aussi que la mer concourut à l'augmenter. En effet, le vaisseau qui portait nos deux saints, sorti du port avec un vent favorable, avait à peine gagné le large, que le ciel jusque-là serein et pur, se couvrit tout-à-coup de sombres nuages. Le soleil disparut et avec lui, pour ainsi dire, toute lumière. Le tonnerre commença à gronder dans le lointain, et de fréquents éclairs, sillonnant les nues, firent présager pour bientôt une effroyable tempête. Elle ne tarda pas à s'élever d'une manière horrible et à soulever les flots avec une épouvantable impétuosité. La pluie tombait par torrents, et la mer déchaînée et en fureur, battait affreusement les flancs du navire, dont les craquements jetaient tout l'équipage dans la terreur. Des vagues énormes lancées de tous côtés, s'abattaient sur lui avec fracas, et menaçaient à chaque instant de l'engloutir. Tantôt il était porté jusqu'aux nues; tantôt précipité jusqu'au fond des

7

abîmes. Le vent soufflait avec une telle violence, que non-seulement les voiles se déchirèrent, mais que les mâts furent cassés. En vain, chacun fit tout ce qu'il put pour maintenir ce qui restait debout, et réparer au plus vite ce qui était détruit, la tempête brisa tout. La vie paraissant à ce moment plus précieuse que l'or, on sacrifia sans balancer toutes les richesses. Pour garder l'espoir d'échapper au péril, rien ne fut conservé. Tout fut jeté à la mer, heureux que l'on se croyait de pouvoir vivre à ce prix. Mais ce dernier effort semblait aussi devoir être inutile, car peu après, le bâtiment lui-même s'entrouvrit et commença à faire eau de toutes parts. Ce fut alors que le naufrage parut imminent, puis qu'allant de plus en plus à la dérive, le pilote se voyait dans l'impuissance absolue de le gouverner.

Une si terrible tempête, que rien ne faisait présager, pouvait bien-être regardé par l'équipage comme un de ces effets bizarres de la nature, ou des fâcheux caprices d'un élément que rien ne saurait dompter. Mais aux yeux de nos Saints, accoutumés à juger les choses par la foi, il devait en être autrement, et l'histoire de Jonas fuyant les regards de Dieu, se présentant tout-à-coup à leur mémoire, ils n'étaient pas du tout éloignés de croire, qu'eux mêmes pouvaient bien être la cause de cet accident. Leur fuite si précipitée de l'Angleterre, où il y avait une si riche moisson à cueillir et tant de bien à faire; cette fuite qui n'avait pour prétexte que d'éviter la vaine gloire, qui aurait pu naître de leurs travaux, et à laquelle néanmoins ils pouvaient résister avec le secours de Dieu, était-elle à ses yeux appuyée sur un motif suffisant? N'était-ce pas de leur part de la pusillanimité et tout à la fois de la désobéissance? Ah! les saints se jugent toujours si sévèrement, que, se trouvant pour ainsi dire coupables, ils auraient en quelque sorte consenti à subir le sort de ce prophète, pour apaiser cette tempête à laquelle ils s'imaginaient avoir peut-être donné occasion. D'un autre côté, ils ne pouvaient se persuader que Dieu eût désapprouvé leur démarche, puisque n'étant attachés à l'Angleterre, ni par devoir, ni par obéissance, ils n'y étaient venus qu'en passant, et dans le dessein seulement d'être utile à ce peuple. Or, en poursuivant leur pélérinage, ils espéraient encore pouvoir aller travailler au salut d'autres nations, aussi malheureuses et peut-être aussi plus criminelles. C'est ce qui les rassura un peu. C'est pourquoi, pleins de confiance en la bonté divine qu'ils invoquaient avec ferveur, ils encourageaient tout le monde; une voix intérieure leur ayant sans doute promis comme à saint Paul, qu'aucun de ceux qui étaient avec eux dans le navire ne périrait.

Ces encouragements étaient loin pourtant de rassurer le pilote et tous les gens de l'équipage. La tempête qui sévissait toujours avec la même fureur, ne leur permettait plus guères que de s'attendre à une mort certaine. Il est vrai aussi que Lugle et Luglien, si défians d'eux-mêmes, se seraient bien gardés de faire d'autres avances qui auraient pu trahir leur secret, car ils aimaient mieux laisser agir en tout la divine Providence.

Dans cette extrémité, quand on eût épuisé tous les moyens humains et qu'il ne restait plus aucune espérance, on pensa à élever les mains et les yeux vers le ciel. On fit alors des vœux, des supplications. Tous, depuis le plus grand jusqu'au plus petit, se crurent obligés d'implorer l'infinie miséricorde, l'assistance de la Vierge immaculée, et la protection du grand patron des mers saint Nicolas. Enfin, on n'oublia rien pour obtenir un prompt secours. Cette démarche était urgente et nécessaire. Mais, à dire vrai, elle n'était que la trop parfaite image de ce que l'on voit arriver chaque jour. N'est-ce pas là la conduite ordinaire ou plutot l'étrange aveuglement de la plupart des hommes, qui ne se décident à recourir à Dieu que quand ils sentent qu'ils ne peuvent plus rien sans lui? De là vient que le plus souvent ils ne sont ni écoutés, ni exaucés. La punition n'étant que trop juste ne laisse aucun droit à la plainte. Ce souvenir de Dieu, dans ces nautonniers, était en effet bien tardif, et à cette heure surtout peu propre à le toucher. Cet élan de ferveur et de dévotion, qui n'avait pour principe que la crainte d'un malheur inévitable, était loin de suffire pour mériter la grâce qu'on sollicitait. Aussi Dieu parut-il, pendant quelque temps, ne pas les écouter et les abandonner à leur fatale destinée. Tout en apparence était donc perdu. Mais heureusement pour eux, il avait d'autres vues que de récompenser leur ingratitude; il voulait glorifier ses deux serviteurs, et ce fut là l'unique cause de leur salut.

Une circonstance imprévue leur vint en aide. Un

des matelots, qui déjà avait entendu parler de nos Saints d'une manière fort avantageuse, et qui avait même eu l'occasion de les voir dans leurs courses apostoliques, en regardant de près ces étrangers les reconnut. Ce fut pour lui comme un trait de lumière, une inspiration du ciel. Tout ce qu'il savait d'eux se représenta à son esprit. Il se rappela tous les éloges qu'on donnait à leur bonté, à leur charité. Il lui sembla même apercevoir sur leurs visages des marques certaines de cette sainteté, que tout le monde reconnaissait en eux. A l'instant son cœur s'ouvrit à la confiance. Il parut convaincu qu'avec leur secours on pouvait échapper au pressant danger dont on était menacé. Il communique ses pensées au pilote. Il lui apprend tout ce que la renommée publie de ces hommes, qui prenaient tant de soin pour se dérober aux regards; tout ce dont il a été témoin lui-même, et il lui conseille et à ses compagnons, de les supplier d'avoir pitié d'eux, et d'implorer spécialement le ciel. Soit la vue du péril, soit plutôt la volonté du Seigneur, qui disposait tout pour l'exaltation de ses serviteurs, les paroles du matelot firent une impression salutaire sur tous les passagers. Comme s'ils fussent déjà assurés du bon effet de leurs prières, ils se prosternent tous ensemble à leurs pieds, les conjurant avec larmes de les secourir, et de les préserver de la mort qu'ils voyaient prête à les frapper.

Pénétrés des plus bas sentiments d'eux-mêmes, et remplis en même temps de confusion à une demande qu'ils étaient bien éloignés de prévoir, nos Saints s'excusèrent. Ils se regardaient, en effet, comme de trop misérables pécheurs, pour laisser même entrer dans leur esprit l'idée que Dieu pourrait peut-être se servir d'eux pour opérer un miracle. Bien loin de se croire utiles dans cette pénible circonstance, ils étaient comme persuadés qu'ils seraient plutôt un obstacle à de pareilles faveurs, et s'ils pensaient prier Dieu, c'était en réalité pour le conjurer de ne point punir les autres à cause de leurs propres péchés.

Une autre chose pouvait bien encore les arrêter. Ils aimaient Dieu de tout leur cœur et pardessus tout, et leur plus grand désir était d'être bientôt réunis à lui, pour le posséder à jamais. La mort qui les touchait de si près, n'était-elle pas la plus belle occasion pour les mettre promptement en possession de ce bonheur? Et comme saint Paul, ils ne craignaient pas de dire, que pour eux, elle serait un gain.(*) Au lieu donc de la repousser, ils l'appelaient pour ainsi dire de tous leurs vœux. Cependant, dans les saints, l'amour de Dieu n'est pas un amour d'égoïsme, car il sait faire naître aussi l'amour pour le prochain. A la vue de la grande détresse de ces malheureux et du danger qu'ils couraient, peut-être encore plus pour la perte de leurs âmes que pour celle de leurs corps, ils se sentirent pressés par la compassion. Ne pas se rendre utile aux autres autant qu'on le peut, dans une nécessité extrême, leur parut un crime, et sacrifiant généreusement leur propre avantage au salut de ces infortunés, ils adressèrent à Dieu leur fervente prière. Elle était à peine achevée que Dieu, qui

---

(*) Mihi vivere Christus est et mori lucrum. (Ep. ad Philip., c. I, v. 21).

tenait à montrer combien leur crédit était grand auprès de lui, ordonna à la tempête de s'apaiser. Tout-à-coup les vents cessent, et la mer oubliant ses fureurs, rentra dans le calme le plus profond. Telle est la puissance de la prière, qu'elle arrête le bras de Dieu et obtient les grâces les plus précieuses ! Celle-ci fut complète, car le vaisseau tout percé qu'il était, sans voiles et tout dématé, poussé désormais par un vent favorable vers la terre, entra heureusement dans un port qui était éloigné de quatre lieues de Boulogne. (*)

Une si visible protection du ciel, que l'on reconnaissait avoir été obtenue par les prières de ces deux étrangers inconnus, jeta tout le monde dans la plus grande admiration. Tous se mirent à genoux, d'abord pour rendre à Dieu de ferventes actions de grâces. A nos pieux Princes, on ne sait comment leur témoigner la reconnaissance que l'on éprouve. Chacun ne parle d'eux qu'avec la plus grande estime et la plus profonde vénération, et on exalte à l'envi leur sainteté. Leurs serviteurs eux-mêmes, ne pouvaient s'empêcher de se réjouir intérieurement de voir ainsi glorifier leurs bienheureux maîtres. Et sans l'ordre exprès qu'ils avaient reçu de ne jamais découvrir l'éclat de leur naissance, ils les auraient volontiers trahis pour augmenter cette gloire, qu'ils trouvaient trop peu en rapport avec leurs mérites. Mais par respect pour leurs volontés, ils gardèrent sur leurs éminentes qualités le plus rigoureux silence. Nos saints, de leur côté,

---

(*) Ce port était celui que les anciens appelaient Portus Itius, et qui se trouvait établi à Wissant.

ne voyant dans ces louanges qu'un piège que leur tendait leur ennemi, ne se sentirent nullement disposés à se les approprier. Au contraire, pour éviter l'échec qu'ils avaient à craindre au contact d'une dangereuse complaisance, à peine furent ils débarqués, qu'échappant à tous les regards comme à toute recherche, selon l'ordre qu'ils en avaient reçu de Dieu, ils dirigèrent leurs pas vers Boulogne, où ils arrivèrent accompagnés seulement de leurs serviteurs.

CHAPITRE VII.

Lugle et Luglien arrivent à Boulogne. — Leurs travaux. — Miracle de la guérison de l'aveugle Eventin.

> Verbum Dei prædicantes,
> Atque signis coruscantes,
> Venerunt Bononiam.
>
> Prêchant de Dieu les oracles
> Aux habitants du Boulonois,
> Ils confirment par leurs miracles
> La vérité des saintes lois.
>
> ANCIENNE PROSE.

En arrivant à Boulogne, le premier soin de nos Saints missionnaires fut d'annoncer la bonne nouvelle de l'évangile. D'autres apôtres venus avant eux y avaient déjà, il est vrai, prêché les vérités de la foi catholique. De ce nombre, on peut regarder saint Omer comme le premier, qui détruisit chez ce peuple les superstitions de l'idolâtrie, et renversa les temples des faux dieux. Mais ces salutaires effets ne se montrèrent pas de longue durée, et les principes qui avaient produit ces heureux fruits de vie, disparurent bientôt, remplacés par les anciens qui n'avaient enfanté que la mort. Et puis, un grand nombre d'étrangers attirés dans cette ville, par les intérêts du commerce, avec l'appât du gain y avaient apporté une infinité de fausses maximes, qui ne tendaient à rien moins qu'à favoriser le libertinage et le mépris de la Religion. L'impiété reprit donc alors tout son empire parmi les habitans du Boulonois, et l'incrédulité y jeta cette fois de si profondes racines, qu'il fallait vraiment un courage à toute épreuve pour les arracher.

Cette nouvelle mission était celle réservée à nos Saints. La moisson était abondante, et c'est pourquoi le Seigneur, qui leur avait inspiré un zèle infatigable pour le salut des âmes, les avait choisis pour la recueillir. La vue de tant d'erreurs et d'abominations dont cette malheureuse ville était remplie, ne les effraya nullement. Ils comprirent que si la tâche était grande et difficile, la gloire que Dieu retirerait de leur fidélité à l'accomplir ne serait pas moindre. Aussi comptant sur le secours de celui qui les envoyait pour planter, ils espéraient bien qu'il ferait croître la semence, et que pendant que le son de leurs voix retentirait aux oreilles de ce peuple, lui même parlerait plus efficacement à leurs cœurs.

Pour arriver à un heureux résultat, ils s'attachèrent de premier abord, à faire comprendre au petit nombre d'auditeurs qui les entouraient, l'absurdité de l'idolâtrie et la nécessité de ne reconnaitre et de n'adorer qu'un seul et vrai Dieu. De cette vérité, ils passèrent aux enseignements de la foi chrétienne, en donnant une explication de ses mystères. Rien n'était plus propre, en effet, à piquer la curiosité et à fixer l'attention que l'histoire de la vie et de la mort du divin rédempteur des hommes. Cette doctrine, du reste, n'était pas nouvelle. Plusieurs se souvenaient encore, d'une manière bien confuse il est vrai, de la prédication de leurs premiers apôtres, mais les passions l'avaient si fort altérée, que la majeure partie l'écoutait avec étonnement. Bien plus, effrayés de ces préceptes qui exigeaient la réforme entière de leur vie, on en vit un certain nombre s'éloigner avec mépris, traitant les prédicateurs comme les Athéniens traitaient Saint-Paul, de vains discoureurs. D'autres au contraire, apportaient à leurs paroles une résistance formelle; tant il en coûte à l'orgueil de revenir à de meilleurs sentiments!

Ces commencements, loin de faire présager quelque chose d'heureux, semblaient annoncer que ce malheureux peuple avait mis le comble à la mesure de ses iniquités, et que Dieu, en se retirant l'avait abandonné. Mais ce n'était là que les indices des derniers efforts que faisait l'ennemi pour ne pas lâcher sa proie. Dieu, en effet, qui avait conservé pour ce peuple des sentiments de bienveillance ne tarda pas à les manifester, et comme il tient dans ses mains les cœurs des hommes, il les changea bientôt totalement. Et voici comment la chose arriva. Quelques uns des passagers, préservés si miraculeusement par les prières de nos Saints missionnaires, du naufrage et de la mort, arrivèrent aussi plus tard dans cette ville, leurs affaires les y conduisaient. Ils ne furent pas peu surpris d'y rencontrer ces deux hommes qu'ils avaient eu à peine le temps de connaître sur le navire, et qui, au moment du débarquement, avaient subitement disparu. Cette vue leur rappelant le souvenir du danger auquel ils avaient échappé, et qui était encore trop récent pour qu'ils l'oubliassent si facilement, ils se mirent à raconter toutes les circonstances de l'èclatant miracle que Dieu avait opéré en leur faveur. C'est à la prière de ces serviteurs de Dieu que nous sommes redevables de la vie, disaient-ils tout haut, et ils recommencèrent à leur en témoigner la plus vive reconnaissance.

Ce prodige, rapporté de bouche en bouche, fut connu partout en un instant. Comme l'étincelle soulevée par le vent allume promptement de toutes parts l'incendie, ainsi la ville excitée par le récit de cette merveille, accourut toute entière pour entendre la prédication du pieux Archevêque. Il ravit d'admiration et captiva la multitude. Ainsi en peu de temps, nos deux Saints, par leur douceur et leur air plein d'affabilité, se concilièrent l'estime et la vénération de tous. Dieu, qui évidemment bénissait leur zèle, donna à leurs paroles une telle onction que les cœurs furent touchés. Chacun rentra en soi-même. On reconnut ses erreurs; on pleura ses désordres, et tous confessant leurs péchés avec larmes, de demander comme autrefois les juifs à

Saint-Pierre, ce qu'il fallait faire pour obtenir le pardon de leurs fautes et apaiser le ciel.

La conversion parut sincère, et les œuvres inspirées par la pénitence la plus sévère, étaient la preuve la plus certaine des heureuses dispositions qu'avait produit la grâce. Lugle, en sa qualité de ministre des saints autels et d'évêque, en régenéra dans les eaux du baptème un fort grand nombre, les marquant en même temps du sceau qui fait le parfait chrétien. O heureuse cité de Boulogne ! qui pourrait dire de combien de faveurs tu fus favorisée, et combien de grâces descendirent du ciel sur tes fortunés habitants pour prix de leur fidélité !

En effet, Dieu qui aime à récompenser les efforts et la bonne volonté, voulut achever et affermir ce que lui-même avait commencé. Pour perfectionner ce grand ouvrage de sa miséricorde et de sa bonté, il ne manquait plus en quelque sorte, qu'un acte de sa toute puissance en présence de ce peuple, encore bien jeune dans la foi. Car, si le simple récit d'une merveille, qu'il n'avait pas vue, avait suffi pour le faire entrer résolûment dans la voie qui conduit au salut; n'y avait-il pas lieu d'espérer qu'un prodige fait à ses yeux l'y ferait persévérer ? Rien, en effet, ne paraissait plus propre à atteindre ce but, puisque tout ce qui frappe les sens, fait sur l'homme une impression plus ou moins grande. Eh bien ! comme il veut sincèrement le salut de tous, et pour qu'aucun ne puisse lui reprocher sa perte faute de moyens, toujours disposé qu'il est de les donner et de suspendre même, s'il est nécessaire, les lois qu'il a imposées à la nature en faveur de ceux qu'il appèle, il fera le miracle dans la personne d'un pauvre aveugle de naissance, nommé Eventin, et c'est par l'organe de ses fidèles serviteurs qu'il sera accompli, afin d'exciter la confiance et d'exalter leurs mérites.

La réputation de nos saints Apôtres, qui se répandait partout dans la ville, arriva jusqu'aux oreilles de cet homme. Tout ému de ce qu'il entendait dire, de leurs vertus et de leur sainteté, et de plus encouragé par cette idée, qu'au moins, il pourrait recueillir leurs aimables paroles, s'il ne lui était pas donné de jouir de leur douce vue, il se fit conduire à l'endroit où le peuple était assemblé. Là, confondu dans la foule qui écoutait respectueusement le saint Archevêque, il goûta tellement ses discours et sentit son cœur si touché, qu'il ne douta plus que Lugle, ne fut un grand ami de Dieu, puisqu'il en parlait d'une manière si admirable. Aussitôt il lui vint à la pensée, que puisqu'il avait eu assez de pouvoir pour obtenir le salut de tant d'hommes qui devaient infailliblement périr par la tempête, il pourrait bien aussi facilement lui procurer, à lui pauvre aveugle, le bienfait de la vue. C'est pourquoi, pénétré de cette foi vive, qui opère les merveilles, comme l'aveugle de Jéricho, il se mit à crier de toutes ses forces: « Serviteur de Dieu, au nom de celui que vous annoncez, donnez la vue à un malheureux qui n'a jamais connu la lumière du jour. » Ces cris si inattendus, détournèrent pendant quelques instants l'attention des auditeurs. En vain, lui conseillait-on d'attendre la fin de la prédication, impatient et comme poussé par une force irrésistible, il continuait sa prière. C'est alors qu'on le fit approcher du saint Evêque. Aussitôt se jetant à ses genoux, il le conjura avec plus d'instance encore d'avoir pitié de lui.

Sa démarche fit une forte impression sur l'esprit de Lugle, qui lui fit connaître toute la compassion que lui inspirait son état, et la part qu'il prenait à son affliction. Pour l'encourager à supporter son malheur avec patience et une entière soumission aux ordres de la divine Providence, il s'efforça de le convaincre que Dieu n'avait probablement permis cet accident, qu'afin de lui donner un moyen plus facile d'opérer son salut. Mais de plus, il lui fit comprendre qu'il n'était pas en son pouvoir de faire de si grandes choses. Il lui assura pourtant que rien n'était impossible à Dieu, parce que sa puissance était infinie. Ce qui le portait à parler de la sorte, c'était le souvenir du motif qui lui avait fait quitter l'Irlande, et il craignait que le démon de l'orgueil ne lui tendit encore un piège sous le spécieux prétexte d'exercer la charité.

Cependant Eventin ne se rebuta point, et comme si déjà il eût pressenti en lui-même l'heureux effet de sa demande, il réitéra sa prière qu'il accompagna d'une grande abondance de larmes. Ce ne fut pas en vain, car il intéressa en sa faveur tous les assistants qui se joignirent à lui pour solliciter la grâce qu'il désirait si ardemment. De toutes parts, on s'adressa donc à l'homme de Dieu. On lui représenta le bien immense et durable que produirait un semblable évènement. On lui fit entrevoir combien il aurait de force pour affermir la foi et pour achever de ramener et de convertir tous ceux qui résistaient encore. On lui mit aussi devant les yeux la crainte, s'il refusait, de voir des doutes s'élever dans les esprits encore si chancelants entre l'erreur et la vérité, et ruiner ainsi un bien si heureusement commencé. Ce pieux empressement toujours accompagné néanmoins de respect et animé de la charité, était loin de ressembler à ce désir coupable que manifestèrent les superbes Pharisiens, quand ils disaient au Sauveur de leur faire voir un prodige dans l'air pour les convaincre de sa puissance. Ici c'était la confiance, le désir sincère de se donner à Dieu et de le glorifier qui animaient ces néophites.

Bien qu'il brulât d'un zèle ardent pour la gloire de Dieu et le salut des âmes, et qu'il comprit que des faits merveilleux sont bien capables de déterminer les volontés et de les porter au bien, Lugle ne put envisager sans frayeur la demande qu'on lui faisait. Il s'en troubla même, et malgré l'assurance donnée par le Sauveur que la foi peut tout dans ses fidèles serviteurs, (*) il redoutait de se laisser entraîner par une dangereuse présomption. C'était donc là la peine qui l'agitait. Et assurément il aurait embrassé le parti de refuser, si son frère Luglien, à qui il communiqua ce qui se passait dans son âme, ne lui eût aussi conseillé d'écouter favorablement la supplique de ce peuple, et d'engager le ciel à ouvrir en sa faveur les trésors inépuisables de sa puissance.

L'humble prélat se soumet dès lors sans résister

(*) Omnia possibilia sunt credenti. (S. Marc, c. 9, v. 22.

à cette décision. Il la regarde comme venant de Dieu, et se prosternant dans la poussière plein de confiance en la bonté divine ; « Seigneur Jésus-
« Christ, dit-il, vous qui par un seul acte de votre
« volonté toute puissante, avez rendu la vue à un
« aveugle sur le chemin de Jéricho, pour récom-
« penser sa foi, lorsqu'il implorait à grands cris
« votre assistance ; qui par le mystère de votre
« croix avez sauvé le monde de la perdition; qui,
« comme Jonas, conservé trois jours dans le ventre
« d'une baleine, avez voulu aussi reposer trois
« jours et trois nuits dans le sein de la terre, après
« lesquels, étant ressuscité plein de vie, vous êtes
« monté au ciel pour vous y asseoir à la droite de
« votre Père; qui de là avez envoyé à vos disciples
« votre Esprit-Saint; daignez, o Roi très-miséricor-
« dieux et très-compatissant, sans faire attention
« à mon indignité et à mes péchés, écouter mon
« humble prière, et ouvrir les yeux de cet aveugle
« qui nous demande cette grâce en votre nom ;
« accordez en même temps votre lumière à tout ce
« peuple qui nous entoure et faites le sortir des
« ténèbres de l'incrédulité, afin que partout et en
« tout, il glorifie votre très-saint nom et votre
« divine puissance, ô vous qui vivez et régnez
« avec le Père et le Saint-Esprit dans tous les
« siècles des siècles, amen. » Sa prière étant achevée, il se releva. Et pour que Dieu l'exauçât plus efficacement, après s'être fait apporter de l'eau qu'il bénit et dont il se lava les mains, sans prévoir qu'elle devait être l'instrument sensible du miracle désiré, il se disposa à offrir le saint sacrifice. Il est

inutile de dire avec quel empressement il exhorta le peuple à s'unir à lui; avec quelle ferveur il célébra lui-même les augustes mystères et fit monter au trône divin son ardente supplication.

Tous prosternés gardaient le plus religieux silence. Eventin seul, le plus intéressé, il est vrai, à la merveille, élevant sa voix pour répéter sa prière, troublait parfois le recueillement et la dévotion, et empêchait par ses cris l'attention des assistants. Comme on ne pouvait parvenir à le faire taire, tant son désir d'obtenir sa guérison était grand, un des prêtres qui étaient là présents, s'approcha pour le disposer à cette insigne faveur. Lui aussi était persuadé qu'une si grande foi, ne pouvait rester sans récompense et que Dieu, infailliblement, la bénirait en accordant ce qu'on lui demandait. Il lui parla des dogmes de la religion; lui apprit ce qu'il fallait croire pour plaire à Dieu et être sauvé, et quand il lui eût expliqué les saintes vérités de l'évangile, il exigea de lui un acte de foi sincère sur toutes celles proposées à notre croyance. Eventin souscrivit à tout de bon cœur, ne laissant par là aucun doute sur sa parfaite conversion.

Pendant ce temps, le saint sacrifice se terminait. Une pensée alors vint à l'esprit du prêtre qui avait instruit le pauvre aveugle, ce fut de prendre l'eau dans laquelle, le saint Archevêque s'était lavé les mains avant d'en commencer la célébration, ne doutant pas que cette eau, sanctifiée par la bénédiction du prélat et l'attouchement de ses mains sacrées, ne possédât une vertu salutaire, capable d'opérer le prodige. Il va donc chercher le vase qui la contient et l'apportant à Eventin, il lui dit de s'en laver avec confiance.

Un homme brûlé par la soif et prêt d'expirer, se précipite avec moins d'ardeur et de promptitude sur le vase qui renferme un breuvage qui doit lui sauver la vie, qu'Eventin ne saisit l'eau salutaire de laquelle il attend sa guérison. Sa foi en Dieu, est si parfaite, et sa confiance aux mérites et aux prières du saint Pontife si entière, qu'il paraît assuré du succès, et déjà il voit le miracle accompli. Et en effet il ne devait pas suivre de loin. Dans de si saintes dispositions, qui retraçaient si bien celles de cet autre aveugle de naissance que Jésus-Christ envoya se laver dans la piscine de Siloë, et qui, pour prix de son obéissance revint parfaitement guéri, Eventin se lave les yeux avec l'eau qu'on lui présente, et, chose admirable! à l'instant même ils sont ouverts et la lumière du jour lui est connue. Oh! combien d'hommes, frappés d'une cécité plus déplorable, celle de leur âme, trouveraient aussi leur guérison, si, comme cet infortuné, ils sentaient leur malheur; recouraient comme lui, avec une volonté sincère, à la prière et employaient avec obéissance les moyens qu'on leur présente pour les guérir? Ah! que du moins, ils conservent pour nos saints Patrons une tendre dévotion, et qu'ils aient soin de recourir avec confiance à leur puissante intercession!

Un miracle si frappant transporta de joie l'assemblée. Bientôt, toute la ville fut instruite du prodige, et tous ceux qui n'étaient pas présents au moment où il s'accomplit, voulurent vérifier par eux-mêmes sa réalité. Le fait était trop évident pour être contesté. Aussi, moins endurcis que les juifs après une semblable guérison, aucun des habitants ne songea à le dénaturer. Au contraire, on n'entendoit partout que des acclamations, des actions de grâces, et le peuple, quoiqu'il ne fut pas instruit, s'écriait à haute voix, gloire à Dieu au plus haut des cieux; béni soit celui qui vient au nom du Seigneur. (*) Pour cette fois, Baal était renversé, et la puissance du vrai Dieu exaltée. Nous ne voulons plus de dieux mortels, s'écriait-on, et désormais nous n'adorerons plus que celui que nous annoncent ces pieux étrangers. Dans ce concert unanime de louanges, dans cette explosion de reconnaissance, nos Saints ne furent pas oubliés. Ils étaient bien éloignés sans doute de s'attribuer la plus petite partie de la faveur que Dieu venait d'accorder. Il ne se regardaient pas même comme les instruments de cette merveille. C'est pourquoi, comme le prophète, ils disaient; ce n'est pas à nous, Seigneur, mais à votre nom qu'est due toute cette gloire. (**) Le peuple partageait bien aussi leurs sentiments. Mais sans cesser de voir dans cet heureux événement l'intervention de la puissance divine, il ne pouvait non plus ne pas reconnaître que c'était à leur intercession qu'il la devait. Il ne trouvait donc aucune injustice et aucune faute à les remercier et à les proclamer ses amis, ses pères, ses

---

(*) Gloria in altissimis Deo. (S. Luc, c. 3, v. 14). Benedictus qui venit in nomine Domini. (S. Matth. c. 21, v. 9).

(**) Non nobis, Domine, non nobis, sed nomini tuo da gloriam. (Ps. 113, v. 9).

sauveurs. Les marques d'affection qu'il leur donnait lui paraissaient bien légitimes. Nos Saints seuls les voyaient avec déplaisir, toujours dans la crainte qu'on ne finît par dérober à leur maître cette gloire qui lui appartenait. Pour la détourner d'eux autant que possible, Lugle, alors, entonna à haute voix le cantique sacré d'actions de graces qui fut continué avec ferveur par tous les fidèles assistants.

Eventin ne fut pas le dernier à faire éclater les transports de sa joie. Il convenait, du reste, que celui envers qui Dieu avait usé d'une si grande miséricorde, lui témoignât aussi une plus grande reconnaissance. Marchant sur les traces de cet heureux lépreux que Jésus-Christ avait guéri, et qui publiait partout ses bienfaits, il glorifiait le Seigneur de toute l'ardeur de son âme. Ses paroles lui paraissaient impuissantes pour célébrer ses bontés à son égard, et les larmes de tendresse qui coulaient en abondance de ses yeux, disaient assez tout ce qu'il éprouvait dans son cœur et ce que sa bouche ne pouvait exprimer. Mais si sa gratitude pour le Seigneur était sans bornes, parce qu'il se reconnaissait redevable à lui seul de cette grâce, il se serait cru digne de reproches bien mérités s'il avait oublié ceux qu'il regardait comme ses bienfaiteurs et les auteurs, après Dieu, de son bonheur. Il vint donc se jeter aux pieds de Lugle et de Luglien, et dans l'impossibilité où il se trouvait de leur dire tout ce qu'il ressentait pour eux d'affection et d'amour, il les baisait avec des sentiments de respect et de vénération inconcevables.

C'est ainsi que la paix rentrait dans cette ville et

remplaçait le trouble et le désordre, parce que ses habitants, fidèles à correspondre aux bons desseins de Dieu sur eux, ne fermaient point leurs cœurs à ses inspirations et à ses grâces, et parce qu'en même temps, reconnaissants de ses bontés et de ses faveurs, ils avaient soin de l'en remercier. Car il n'y a rien qui arrête le cours des bénédictions du ciel et qui en dessèche plus facilement la source, que l'égoïsme et l'ingratitude, vices malheureusement trop communs de nos jours.

La réussite, la mission de nos Saints ne fut ni moins admirable ni moins complète à Boulogne qu'elle l'avait été en Angleterre et en Irlande. Tout y changea de face, et l'on vit se manifester un progrès très réel vers le bien. C'est qu'en effet, la religion en avait été le principe et la cause, et l'expérience prouve que sans elle il ne peut y avoir progrès que vers le mal. En vain l'homme épuise toutes les ressources de son génie pour trouver ce qu'il appelle le bien-être. Dès qu'il quitte la véritable route du bonheur, qui n'est autre que celle qui conduit à Dieu, il est sûr de ne rencontrer qu'un indéfinissable malaise qui, tôt ou tard, le mène à une ruine certaine et déplorable. Quand donc les progressistes de notre époque seront ils convaincus de cette vérité ?

CHAPITRE VIII.

Lugle et Luglien quittent Boulogne. — Leur arrivée à Thérouanne. — Miracle de l'incendie apaisé.

> Horum prece liberatur
> Ab igne quo succenditur
> Morinorum civitas.

> Par le secours de leur prière,
> Dans Thérouanne un feu soudain
> Menaçant la ville entière,
> Se trouve tout-à-coup éteint.

Il semble qu'à la vue des dispositions heureuses du peuple de Boulogne pour seconder les opérations de la grâce, et s'instruire plus particulièrement des principes de la religion et des devoirs sacrés qu'elle impose, nos pieux missionnaires n'auraient pas dû penser sitôt à l'abandonner. Il est vrai que Dieu se charge de faire pousser la semence quand elle a été répandue dans la terre. Mais cependant pour produire elle a souvent encore besoin d'une main qui l'arrose, et il paraissait nécessaire qu'ils prolongeassent leur séjour, au moins pour la protéger. Car ils devaient prévoir qu'un bien si récemment produit et si peu affermi, tiendrait peut-être difficilement contre les efforts que l'on pourrait faire pour le détruire. Ces motifs ne manquaient pas de fondement, et nos augustes Princes n'étaient pas sans les apprécier. Mais si d'un côté la raison leur faisait entrevoir l'avantage que ce peuple retirerait de leur présence; d'un autre côté, le besoin de correspondre aux desseins de Dieu sur eux les pressait si vivement, qu'ils auraient cru résister à sa voix que d'agir autrement. Après tout, ils ne laissaient pas ce troupeau absolument dépourvu de secours. Quelques prêtres en petit nombre, il est vrai, ayant à leur tête un saint Évêque, étaient là pour en prendre soin; pour maintenir et même augmenter le bien qu'ils avaient eu le bonheur de commencer. Quant à eux, le grand éloignement qu'ils ressentaient pour les honneurs et la gloire qui semblaient obstinément les accompagner partout, et auxquels ils ne pouvaient échapper que par la retraite, n'était-il pas un indice que Dieu voulait les préserver du poison qui y est attaché, et les mettre à l'abri de tout péril? Et puis, ils sentaient bien en eux-mêmes les combats qu'il leur fallait livrer à ces ennemis pour pouvoir les vaincre. Aussi ce fut en vain qu'on leur apporta mille raisons pour les retenir. Ils résistèrent à toutes les supplications, et donnèrent pour prétexte de leur départ, qu'ayant formé le dessein de faire le voyage de Rome, c'était pour eux une obligation de l'accomplir sans délai et de continuer leur route. Cette déclaration, qui avait toutes les apparences de la justice, suffisait pour écarter tous les mécontentements, en favorisant réellement leur inclination. Ils engagèrent ces bons néophites à persévérer dans la foi, les assurant qu'ils se souviendraient d'eux devant Dieu, et après une dernière exhortation dans laquelle ils leur laissaient entrevoir que peut-être à leur retour, Dieu les ramènerait parmi eux, ils sortirent de la ville.

Toutefois, comme on espérait toujours les faire changer de résolution, une grande partie des habitants sortit aussi pour les accompagner, en chantant des hymnes et des cantiques à la gloire de Dieu. C'était vraiment un spectacle ravissant de voir cette foule régénérée. Elle qui, naguère encore plongée dans les ténèbres, ne faisait entendre que des paroles impies et même obscènes en l'honneur de ses faux dieux, à cette heure qu'elle est éclairée de la divine lumière, ne fait plus monter au ciel que ses accents les plus purs. Ce fut seulement après une distance de quatre milles, (*) que les voyant déterminés à ne point retourner dans leur ville, ces pieux Boulonnais se décidèrent enfin à s'en séparer. Les adieux furent déchirants. Les larmes coulaient de tous les yeux, en même temps que les sanglots sortaient de tous les cœurs. C'étaient les adieux des enfants qui perdaient leurs pères, des brebis qui quittaient leurs pasteurs.

(*) Cinq kilomètres environ.

Il ne faut pas croire pourtant que Lugle et Luglien virent sans émotion une scène si attendrissante. Il faudrait ne pas connaître la tendresse et l'amour qui vivent dans le cœur d'un père pour ne pas apprécier tout ce qui se passait dans les leurs. Car eux aussi, ils étaient pères, puisque, par leurs paroles et leurs prédications, ils avaient engendré tout ce peuple à Jésus-Christ. Ils ressentirent donc tout ce qu'il y avait d'amer dans cette pénible circonstance. Mais, comme leur soumission à la volonté de Dieu l'emportait sur toute autre considération, ils en firent le généreux sacrifice. Levant alors les yeux et les mains vers le ciel, comme pour appeler par une fervente prière, une dernière bénédiction sur ces chers enfants prosternés à leurs pieds, ils la répandirent sur eux avec toute l'effusion de leurs cœurs. Puis ils s'éloignèrent en silence, ne gardant avec eux que les serviteurs fidèles qui les avaient suivis d'Irlande.

Il y avait longtemps que nos saints Apôtres, encore tout émus de l'impression que leur avait causée la triste séparation de leurs chers néophites de Boulogne, mais toujours calmes et recueillis, marchaient par des lieux arides et déserts à travers les montagnes et les bois, lorsqu'ils arrivèrent aux portes de Thérouanne. Déjà, le soleil précipitant sa course, avait vu pâlir sa lumière en s'enfonçant dans l'horison, et la nuit qui commencait à étendre son voile sombre et lugubre sur cette première cité des Morins, favorisait admirablement le dessein de nos voyageurs de rester inconnus. C'était une ville très ancienne et célèbre. Elle avait été bâtie par

Morinus, prince troien qui échappa avec Enée à l'embrasement de Troie, sa patrie. Située à environ dix lieues de Boulogne, elle était une des plus importantes de la contrée. Les Romains, en faisant la conquête de la Morinie, y avaient établi leurs forces. Mais elle perdit de son importance quand les vainqueurs, la trouvant un peu éloignée de la mer, résolurent d'agrandir le village ou plutôt le fort de Gésoriac qui devint la ville de Boulogne, afin de consolider leur conquête et de contenir dans le devoir les habitants de la Grande-Bretagne.

Thérouanne était le chef-lieu du diocèse le plus étendu de toute la France. Son siège épiscopal, fondé par saint-Omer qui en avait été le premier évêque, environ l'an 637, fut transferé à Boulogne, (1) (*) après que Charles-Quint, en 1550, ayant pris d'assaut cette ville déjà si malheureuse et si désolée depuis longtemps, l'eût détruite de fond en comble, ne laissant à la postérité que son souvenir et le champ sur lequel elle était bâtie. (**) Étrange vicissitude des choses humaines et leçon bien frappante de leur instabilité. C'était là ce qui occupait notre esprit en marchant sur cette terre désormais silencieuse et solitaire qu'avaient foulée nos saints Patrons ; en mesurant l'enceinte que l'on distingue encore d'une manière bien imparfaite, il est vrai, de cette cathédrale, où la pensée nous marquait peut-être l'endroit précis où ils s'étaient agenouillés pour

(1) Voyez la note n° 5.

(*) Tout le diocèse de Thérouanne, ne passa pas dans celui de Boulogne. Il fut démembré, et une partie forma celui de St-Omer.

(**) Et campos ubi Troja fuit...... (Enéide, l. ib. 3).

la prière. Nous aurions voulu aussi reconnaître la place de cette modeste hôtellerie, qu'ils adoptèrent de préférence pour voiler leurs vertus et leurs mérites et où Dieu se plut encore à exalter leur pouvoir, mais le soc impitoyable de la charrue en avait fait disparaître jusqu'aux derniers vestiges.

Parmi les saints évêques qui gouvernèrent cette église, et qui furent en grand nombre, il faut remarquer Théodoric Baïnus, ou de Baine, honoré sous le nom de saint Baïn. C'est ce pieux prélat qui était assis sur le siége de Thérouanne lorsque Lugle et Luglien y arrivèrent.

La première chose que firent les illustres Princes, ce fut d'aller à la métropole pour y adorer Dieu, et mettre leur voyage sous la protection de la Vierge immaculée à qui cette église était dédiée. Ils y auraient volontiers passé le reste de la nuit en prières; tant étaient grands leur ferveur et leur amour pour le divin maître qui avait choisi là sa demeure. Mais outre que par là ils auraient pu attirer sur eux l'attention des serviteurs de cette église, ce qu'ils voulaient éviter, la fatigue qu'ils éprouvaient à la suite du long voyage qu'ils venaient de faire, les força de sortir pour aller prendre ailleurs quelques instants de repos. Et tandis que d'autres bien inférieurs en condition, choisissaient les hôtelleries les plus commodes et les plus renommées, eux, au contraire, cherchèrent la plus humble et la plus éloignée de tout éclat. Serviteurs du Dieu qui n'avait trouvé à sa naissance qu'une étable pour retraite, il répugnait à leur foi d'être mieux traités que lui. Ils appréhendaient de plus d'être reconnus pour ce qu'ils étaient, et d'être dénoncés à Baïnus, qui n'aurait pas manqué de leur rendre tous les honneurs dûs à leur qualité et à leur naissance, et peut-être aussi de les retenir auprès de lui. Tous ces motifs les portèrent à se cacher, afin que la nuit étant passée, ils pussent sortir de grand matin et poursuivre activement leur voyage.

Mais Dieu, toujours impénétrable dans ses desseins, ne voulait pas que, malgré leur désir, ils demeurassent inconnus, et il ne tarda pas à les retirer de cet état d'obscurité volontaire, pour les glorifier par un nouveau prodige éclatant qu'il accomplit encore par leur entremise. Nous en aurions sans doute ignoré les heureuses circonstances, si un de leurs fidèles serviteurs, saint Erckembode, témoin oculaire de ce miracle, n'avait pris le soin de le rapporter.

Or, dans la nuit même de leur arrivée à Thérouanne, tandis que tous les habitants étaient plongés dans le plus profond sommeil, et qu'un morne silence régnait dans toute la cité, le feu prit dans une maison peu éloignée de l'hôtellerie où nos Saints logeaient. Concentré à l'intérieur, il avait déjà fait d'assez fâcheux ravages avant même qu'on s'en aperçut. Mais, tout-à-coup, la flamme se faisant un passage, envahit bientôt un grand nombre de maisons à la fois. Les habitants réveillés en sursaut à la lueur de l'incendie, et par les cris de ceux qui faisaient le guet, se précipitent hors de leurs demeures, et c'est alors seulement que chacun voit la grandeur du danger qu'il a couru et qui menace de détruire une bonne partie de la ville. Aussitôt l'alarme est donné partout. Tous arrivent en foule sur le théâtre du sinistre et s'empressent de donner un prompt secours. Les uns lancent l'eau qu'on leur apporte de tous côtés. Les autres arrachent ce qu'ils peuvent des maisons embrasées, pour isoler autant que possible celles qui sont encore intactes. Tout le monde est à l'œuvre. Mais tous les efforts paraissent inutiles. Le feu se propage avec une activité effrayante, et favorisé par un vent violent, il parvient à une intensité telle, que l'on désespère de pouvoir s'en rendre maître. La consternation était à son comble, et les cris de désespoir qui sortaient de toutes les bouches, excitaient un tumulte indescriptible.

Le maître de l'hôtellerie, réveillé comme les autres par la lumière et les clameurs, était aussi sorti de sa maison, et bientôt il vit que le feu s'y communiquait et en dévorait déjà la partie supérieure. Il n'y avait pas de temps à perdre, et le moindre retard ajoutait encore à sa ruine. Il travaillait donc avec ardeur à sauver du désastre le plus qu'il pourrait de sa fortune. Au milieu pourtant de sa préoccupation et de sa douleur, la pensée de ses hôtes se présente à son esprit. Il regarde partout, et ne trouvant pas ces étrangers qui étaient descendus chez lui, effrayé du péril qu'ils vont courir, les croyant endormis, il rentre avec précipitation et les appelle de toutes ses forces, pour les engager à se lever promptement et à sortir parce que le feu allait les atteindre.

Nos Saints voyageurs n'étaient pas endormis.

Mais absorbés dans une méditation profonde, ils ne s'étaient pas encore effectivement aperçus du malheur qui faisait couler déjà tant de larmes. Cependant, à la voix de leur hôte et aux cris qui maintenant venaient frapper leurs oreilles, ils s'empressèrent de descendre, entraînés, non pas tant par la frayeur de l'incendie que par la pitié et le désir de se rendre utiles. Alors, un horrible spectacle se présente à leurs yeux. Les maisons abimées et détruites, l'empressement que ces pauvres malheureux apportent pour arracher à la voracité des flammes les restes de ce qu'ils possédaient, leur font comprendre toute l'imminence du danger. Touchés de compassion en voyant cette grande infortune et la désolation de ce peuple, ils se sentirent pressés par la charité la plus ardente. Ils se prosternent tous deux à genoux, et font monter aux cieux leurs supplications et leurs vœux. Oh! admirable puissance de la prière! celle de nos Saints est déjà parvenue jusqu'au trône de Dieu; la grâce est obtenue. Lugle alors s'avance, et la main levée pour bénir, en même temps, que de ses regards animés de la plus ferme confiance, il fixe le ciel, il n'oppose à l'incendie que le signe de la croix. A l'instant, la flamme qui s'élançait par tourbillons dans les airs, se dissipa, et le feu même, comme s'il eût été sous l'influence d'une pluie abondante s'éteignit parfaitement. Et, pour ne laisser aucun doute à la merveille, la nuit devint si obscure que les habitants les plus voisins de ce lieu désolé purent à peine retrouver leurs logis.

A la vue d'une puissance qui force ainsi les éléments les plus terribles à obéir, qui se refuserait à reconnaître l'ascendant de la vertu? Parce que ces hommes avaient quitté leur patrie, les honneurs et les biens qui les y attachaient, c'est pour cela que Dieu, à qui seul ils voulaient plaire, leur communique en retour son pouvoir vainqueur sur toute la nature et jusque sur la mort même. Le secret de cette suprématie que les ambitieux envient tant, et pour la possession de laquelle ils ne craingnent pas de bouleverser le monde, ne se trouve donc que là. Oui là est la seule véritable; ailleurs ce ne peut être que la tyrannie.

CHAPITRE IX.

Lugle et Luglien sortent de Thérouanne. — Ils reçoivent la révélation de leur mort prochaine. — Le pays ravagé par une bande d'assassins et de voleurs. — Bérenger et ses complices. — Les Saints sont arrêtés. — Erckembode les accompagne. — Martyre de saint Lugle et de saint Luglien.

>Apud Ulmos decollantur,
>Et a Christo coronantur,
>In cœli palatio.

>Un fer cruel coupe leurs trames,
>Auprès du château des Ormeaux;
>Et Jésus-Christ donne à leurs ames,
>La palme due à leurs travaux.

ANCIENNE PROSE.

Tout naturellement, Lugle et Luglien devaient s'attendre qu'un prodige si subitement accompli et si favorable au peuple, occuperait les esprits aussitôt que le jour et la réflexion seraient venus. Il y avait là, en effet, quelque chose de trop frappant pour ne pas devenir le sujet de toutes les conversations. Bien que cet acte de charité et de puissance n'eût pas eu un grand retentissement pendant la nuit, parce que leur action n'avait pas été remarquée d'un grand nombre de personnes, l'événement pouvait paraître néanmoins assez singulier pour attirer l'attention générale. Malgré cela, ils étaient à ce moment environnés d'assez de témoins pour que l'on put s'apercevoir que Dieu, favorable à leur prière, avait accordé cette grâce à leur intercession. Par conséquent, il était hors de doute que dès le lendemain ils seraient préconisés partout et que les applaudissements ne leur manqueraient pas. Nos Saints, si humbles et si ennemis de ce fantôme que l'on appelle la gloire, ne voulurent pas s'exposer à les attendre. Aussi, à la première pointe du jour, avant même le lever d'aucun habitant et sans que personne en eût la moindre connaissance, ils sortirent de Thérouanne en toute hâte par la porte du Saint-Esprit, et prirent le chemin royal qui conduisait de cette ville en celle d'Arras, et qu'on appelait communément chaussée de Brunehaut.

Délivrés désormais de toute appréhension d'être reconnus, et n'ayant plus à craindre les louanges qu'ils fuyaient, aussi véritablement que bien d'autres les recherchent, nos saints Princes et bientôt saints martyrs, cheminaient ensemble l'esprit tout occupé de Dieu. Comme le motif de leur voyage était de satisfaire leur piété, ils avaient grand soin d'éloigner d'eux tout ce qui pouvait les distraire et les porter à la dissipation. Ici encore, ils pourraient servir de modèles à bon nombre de personnes qui, entreprenant de semblables voyages sous prétexte de piété ou de reconnaissance, les font avec des dispositions si peu convenables, qu'ils semblent plutôt les avoir entrepris en dérision de la piété et comme partie de plaisir, que par de réels motifs d'actions de grâces. Pour eux, leurs entretiens étaient saints, et n'étaient animés comme leurs cœurs que de l'amour de Dieu qui les consumait. Et quelle autre chose aurait pu désormais les occuper sur la terre ? N'avaient-ils pas tout quitté pour trouver Dieu et s'attacher à lui ? Leurs pensées se portaient donc nécessairement sur les biens de la vie future, et c'est pourquoi ils brûlaient du désir de les posséder. C'est ainsi que chacun des jours, chacun des instants de leur vie les conduisait à ce terme de perfection auquel, depuis longtemps, ils s'efforçaient de parvenir. A mesure qu'ils approchaient de ce bienheureux terme, ils en approchaient donc plus saintement disposés.

Rien, cependant, ne donnait à présager qu'ils y touchassent de si près. Aucun indice n'était là pour faire pressentir leur fin comme prochaine. Selon toute apparence, la mort semblait ne pas devoir les atteindre de sitôt. Forts et robustes, à la vigueur de l'âge, ils paraissaient destinés à travailler encore pendant de longues années à la vigne du Seigneur, et après avoir rempli les saints jours de leur pélérinage, à revenir dans leur patrie, pour combler les désirs et les vœux de leurs sujets bien-aimés. Ils avaient été si utiles à leurs frères par leur zèle et leur charité, qu'il y avait tout lieu de croire que Dieu, qui les avait remplis de sa sagesse et de sa lumière, les conserverait pour la consolation et le salut de tant d'autres. Car ils étaient vraiment de ces hommes excellents, que la bonté divine envoie par fois sur la terre pour le bonheur du genre humain. Mais Dieu en avait décidé autrement à l'égard de ses fidèles serviteurs. Ses desseins sur eux étaient accomplis. Le temps d'épreuve que sa divine Providence avait marqué pour leurs combats et leurs travaux, ils l'avaient généreusement et courageusement rempli, il ne lui restait plus qu'à leur distribuer les couronnes et les immortelles récompenses qu'ils avaient méritées.

Nos pieux Princes étaient donc prêts à recevoir le maître, qui devait leur demander compte de leur administration. Ils s'étaient accoutumés à envisager la mort comme une juste satisfaction envers la justice de Dieu, même pour les plus légères infidélités. Ils n'avaient par conséquent rien à redouter de ses surprises, puisque tous les moments de leur vie avaient été employés à les y préparer. Cependant le Seigneur, qui voulait encore les purifier par une acceptation volontaire et prévue, et par une soumission entière à ses volontés, daigna leur en faire connaître l'heure et les circonstances.

Tandis qu'ils méditaient les saintes vérités du salut, il révéla à l'un d'eux que ce jour était le dernier de leur vie mortelle, et que le martyre allait couronner le saint abandon qu'ils avaient fait pour lui de leur rang et de leur patrie. Les mémoires de leur vie ne nous disent pas quel est celui des deux à qui Dieu fit cette révélation. Tout nous porte à croire que, comme Lugle était son ministre, et en cette qualité le dépositaire de ses ordres, ce fut lui qu'il chargea de les annoncer à son frère. Quoiqu'il en soit, bien loin que cette nouvelle les jetât dans l'abattement et dans la frayeur, ils s'en réjouirent. Un prisonnier, enfermé dans un noir cachot, n'apprend pas avec plus de bonheur qu'il va revoir la lumière du jour et recouvrer sa liberté, qu'ils n'entendirent cette réponse de mort, comme l'appelle l'apôtre saint Paul (*) Cette parole, en effet, leur marquait la fin de leur exil, et leur donnait l'assurance d'entrer en possession de ces biens éternels, pour lesquels ils avaient quitté tous ceux de la terre. Par là, ils se voyaient au moment d'être réunis à Dieu, l'objet de leur constant et perpétuel amour, et c'était par l'effusion de leur sang qu'ils allaient lui rendre un glorieux témoignage et conquérir ce royaume si désiré.

Dès-lors leurs cœurs, comme ceux des disciples d'Emmaüs, devinrent plus brûlants, leurs désirs plus ardents et leurs entretiens plus animés. Ils ne parlaient que de cet heureux instant où ils devaient donner à leur divin maître cette preuve si authentique de leur amour pour lui. Leurs pensées n'étaient plus sur la terre. Elles les avaient transportés dans les cieux, et comme si déjà leurs voix se fussent mêlées aux concerts célestes, ils ne cessaient d'offrir à Dieu un sacrifice pieux de

---

(*) Sed ipsi in nobismetipsis responsum mortis habuimus (2. Epit. ad Corinth., c. 1, v. 9).

louanges, en attendant cette heure précieuse où ils devaient lui offrir le généreux sacrifice de leur vie.

Le pays de Thérouanne était plein de montagnes et tout couvert de bois et de forêts, ce qui rendait les chemins fort pénibles et très dangereux. Outre que les bêtes féroces y étaient en grand nombre, les malfaiteurs pouvaient s'y retirer, pour échapper plus facilement à toutes les recherches et à l'impunité. C'était dans ces lieux éloignés et sauvages, que nos deux Saints marchaient, tantôt méditant en silence, tantôt en chantant des cantiques et des psaumes. La peur qu'inspiraient ces endroits redoutés, faisait qu'ils étaient peu fréquentés. C'est pourquoi ils ne firent la rencontre de qui que ce fût, qui les avertit charitablement du danger, et les portât à se mettre sur leurs gardes. Au surplus, comme ils connaissaient leur fin prochaine, ils pouvaient bien se douter, à l'aspect de ces lieux terribles, qu'ils devaient être l'arène de leur dernier combat. Pourtant ils firent ainsi quatre milles, sans éprouver aucun accident, et ils arrivèrent en regard d'un village nommé Ferfay. (*) Le voyant situé à une certaine distance de la route, ils ne jugèrent point à propos de s'y arrêter; et ils préférèrent passer rapidement.

Cette contrée, du reste, ravagée autrefois par une armée de Vandales, qui avaient pillé, saccagé, brûlé tout le diocèse de Thérouanne et les pays circonvoisins, ne présentait aucune sûreté. Peu d'habitants y demeuraient, et encore comme c'étaient les restes malheureux de ces barbares, ils en avaient

---

(*) Canton de Norrent-Fontès, département du Pas-de-Calais.

tous les vices et toute la cruauté. Ils vivaient en bandits, pillant, rançonnant et massacrant tous ceux qui tombaient entre leurs mains. Trois frères surtout avaient acquis une redoutable célébrité dans ce commerce infâme, et ils étaient devenus l'épouvante de ces lieux. L'un, nommé Bérenger, chef de cette malheureuse troupe, résidait à Persy près Pernes; un autre, Bovon, à Bunet; et le troisième, Hescelin, auprès de Ferfay. Non loin de ce dernier village il existe une vallée profonde qu'on nommait alors vallée de Scyredal. (*) Elle était toute entourée d'une épaisse forêt presqu'impénétrable qu'on appelait la forêt d'Arrouaise, et qui s'étendait depuis Encre, (**) jusqu'à l'embouchure de la Sambre, (***) ce qui la rendait obscure et épouvantable. Malheur au voyageur qui s'y engageait, car il avait tout à craindre, puisqu'elle était la retraite la plus ordinaire de ces insignes voleurs et meurtriers, tandis que leurs satellites infestaient les bois environnants. C'était cette vallée, vrai cachot de l'enfer, que nos Saints devaient traverser. Ils y entrèrent en effet, mais pour n'en plus sortir. (****)

Ce lieu infâme, aujourd'hui si célèbre[1] par la mort de Lugle et de Luglien, avait donc été marqué par Dieu pour être le théâtre de leur sacrifice qui

(*) Aujourd'hui cette vallée se nomme vallée du Reu ou du Ruisseau.

(**) Ancien nom de la ville d'Albert.

(***) Rivière qui prend sa source près du village de Novion (Ardennes), et se jette dans la Meuse à Namur.

(****) Maillart, dit que ce chemin est appelé dans les anciens manuscrits: VIA SANCTORUM, chemin des Saints. (Mercure de France, 1737).

(1) Voyez la note n° 6.

devait s'accomplir par la main du plus scélérat des hommes. Bérenger, en effet, n'était pas seulement un insigne voleur, il était encore tout à la fois un homme inhumain et sans religion, un impie blasphémateur. Accoutumé dès l'enfance à tous les crimes, il ne reculait devant aucun. Comme un orage dévastateur, il portait la désolation et la terreur dans tous les pays depuis Thérouanne jusqu'à Péronne. On croit même que dans son origine, la ville de Bapaume était un fort qui lui servait de retraite et de cachot. Plus cruel que les bêtes féroces, il passait la plus grande partie de sa vie dans les forêts avec ses suppôts, qu'il envoyait sur les grands chemins pour l'avertir quand quelqu'étranger devait passer.

Et tel était l'effroi qu'inspirait son nom, que les sicaires qui l'accompagnaient s'en servirent longtemps pour continuer leurs brigandages. En effet, Gauthier, abbé d'Arrouaise, dans son histoire de cette abbaye, raconte que Bérenger étant mort, ses compagnons l'enterrèrent dans un endroit que l'on nomma la motte Bérenger. Auprès de cette motte, qui était son tombeau, se trouvait un gros arbre qu'ils s'imaginèrent de creuser pour y pratiquer une niche. L'un d'eux s'y plaçait de manière à n'être pas vu, et lorsqu'ils avaient fait quelque prisonnier, ils le traînaient à ce redoutable tribunal. Celui qui était logé dans le creux de l'arbre, stylé sans doute à ce manège, fixait la rançon du prisonnier, feignant que c'était Bérenger lui-même qui prononçait l'arrêt irrévocable. Delà ce tronc prit le nom de Bérenger. Ce fut en cet endroit de la forêt d'Arrouaise nommé la motte ou le tronc de Bérenger que fut fondée l'abbaye[1].

Nos Saints ne furent pas longtemps sans être aperçus, étant encore assez éloignés, par les émissaires du brigand. Cependant, comme ceux-ci les virent accompagnés d'un certain nombre de serviteurs qui auraient pu leur opposer une vive résistance, ils ne crurent pas prudent de les attaquer, avant d'en avoir donné avis à leur chef pour obtenir du renfort. A un signal donné, ils furent bientôt rassemblés en nombre suffisant pour rendre toute lutte impossible. Cette précaution, du reste, était parfaitement inutile. Car bien que Luglien fut courageux, et qu'en sa qualité de roi il portât l'épée pour punir le crime et venger l'innocent, l'avertissement du ciel qui lui avait annoncé sa mort, pouvait lui servir d'ordre de laisser l'épée dans le fourreau et de n'opposer à la violence que la prière. C'est pourquoi, exempts de toute crainte comme de toute présomption, les deux Princes s'avançaient résolument en chantant les louanges du Seigneur, et tout disposés à lui obéir quand il jugerait à propos de les appeler à lui. Les assassins néanmoins qui craignaient que leur proie ne vînt à leur échapper, s'ils étaient découverts, se cachèrent avec grand soin dans les buissons pour les attendre au passage. Comme le tigre guettant sa victime, s'élance en bondissant sur elle quand elle est à portée de ses coups, dès que Bérenger les vit près de lui, il sortit tout-à-coup du lieu où il se tenait caché, et fondant sur eux à l'improviste avec

(1) Voyez la note n° 7.

tous ses gens, il les garotta, et les entraîna hors de la route, dans la forêt, comme d'innocentes brebis que l'on mène à la boucherie sans résistance.(*)

Cependant, à la vue de ces hommes ou plutôt de ces démons, dont tout l'extérieur annonçait la férocité, les serviteurs qui accompagnaient Lugle et Luglien sont saisis d'épouvante. Les horreurs d'une mort qu'ils regardent comme certaine et inévitable les glacent d'effroi. Aussi profitant du tumulte, et tandis que ces brigands se jettent sur les bienheureux Princes, parce que marchant les premiers, ils avaient été facilement reconnus pour les maîtres, à cause de leur démarche noble et vénérable, ils prennent tous la fuite, à travers la forêt, cherchant de côté et d'autre des chemins et des détours pour échapper plus sûrement et se mettre à l'abri de toute poursuite.

Si Lugle et Luglien n'avaient point été les disciples de Jésus-Christ, qu'ils avaient choisi en tout pour modèle, une semblable lâcheté de la part de ceux qu'ils avaient comblés de biens était capable de leur percer le cœur. Mais, comme en cette circonstance ils se voyaient encore les imitateurs du divin maître qui lui-même avait été renié de ses apôtres au jour de sa détresse, ils offrirent à Dieu ce nouveau sacrifice.

Il fut sans doute agréable au Seigneur, car il fut bientôt récompensé. En effet, Erckembode qui les avait abandonné comme les autres, poussé par un sentiment d'humanité et tout honteux de sa fai-

---

(*) Cette forêt a pris depuis le nom de Bois de St-Pierre, qui existe encore en partie.

blesse, revient à l'instant même sur ses pas. Il court à l'endroit où sont ses maîtres, déterminé à mourir avec eux, et plein d'espoir de cueillir aussi la palme du martyre. Cette victoire que venait de remporter sur lui-même ce fidèle serviteur, et les larmes abondantes qu'il versait en témoignage du repentir sincère qu'il éprouvait de sa faute, furent une grande consolation pour nos Saints. Dans le délaissement général où ils se trouvaient, cette marque d'amitié les toucha sensiblement, et s'oubliant eux-mêmes, ils ne s'occupèrent qu'à le consoler par des paroles pleines de tendresse et de charité. C'était bien déjà pour lui aussi la récompense de son dévouement. Mais, si Dieu n'accepta pas son sacrifice en entier, parce qu'il le réservait pour publier la gloire de ses Saints et raconter les circonstances de leur bienheureuse mort, il l'associa au moins à leur triomphe. Ainsi, presqu'au même moment, un de ces bourreaux furieux lui porta au travers du corps un violent coup d'épée qui le renversa par terre et le laissa pour mort. Puis, comme il ne donnait plus aucun signe de vie, on le traîna, après l'avoir dépouillé, à quelque distance de là, dans les broussailles.

La blessure pourtant n'était pas mortelle, et malgré sa gravité, Erckembode ne tarda pas à revenir à lui et à reprendre ses sens, quoique ses forces ne lui permissent pas de se lever, ni de quitter l'endroit où on l'avait jeté. Le grand désir qu'il avait de voir encore ses pieux maîtres, le mettant même au-dessus de la douleur, il s'appliqua avec une extrême attention à discerner jusqu'à

leurs moindres mouvements. Il put le faire aisément en profitant pour regarder des intervalles que les branches d'arbres laissaient libres. C'est ainsi que sans être aperçu lui-même, il put assister à leurs derniers instants, comme s'il avait été présent à côté d'eux. « J'admirais, dit ce saint
» homme, la joie peinte sur le visage de ces deux
» aimables frères. Je voyais briller dans leurs yeux
» un contentement ineffable, tandis que les bour-
» reaux acharnés, comme des tigres sur leur proie,
» les meurtrissaient de coups ; j'entendais distinc-
» tement les paroles de consolation, qu'ils s'adres-
» saient l'un à l'autre, et de quelle manière ils
» s'exhortaient mutuellement à la persévérance.

« Quoi de plus glorieux, dit saint Cyprien, que
» de louer le Seigneur d'un esprit libre et d'un air
» tranquille au milieu des bourreaux ? Quoi de plus
» glorieux que d'avoir assez de résolution et de
» courage, pour mêler des cris de joie parmi ses
» derniers soupirs. Il n'y a que les généreux
» martyrs de Jésus-Christ, ces invincibles héros de
» sa religion, capables d'une telle fermeté et d'une
» si noble contenance au milieu des tourments. (*) »

Il ne faut pas croire pourtant que nos saints apôtres, si pleins de zèle pour la gloire de Dieu et le salut des âmes, se soient bornés à ne penser qu'à eux mêmes dans ce suprême moment. Pendant toute leur vie, ils s'étaient sacrifiés pour les autres, et si la vue de leurs misères corporelles excitait en eux la compassion la plus sensible, ils étaient encore bien plus profondément affligés des désordres qui

(*) S. Cypr., épist. 26.

les mettaient en si grand danger de se perdre pour l'éternité. Et comment auraient-ils pu voir l'infâme conduite de leurs persécuteurs, sans en être touchés et sans faire leurs efforts pour les retirer du profond abîme d'iniquités où ils les voyaient plongés ? A l'exemple de Jésus-Christ, qui pria pour ses bourreaux sur le calvaire, ils conjuraient le Seigneur de leur pardonner leur faute, (*) et ils ne craignaient pas de s'offrir en holocauste pour leur salut. On aurait cru aussi entendre Etienne, succombant sous les coups de ses ennemis, implorer la divine miséricorde. (**) Puis, à leur prière ils joignaient les plus pressantes exhortations. Toujours animés de cette charité ardente qui ne se recherche pas elle même, ils leur représentaient avec une sainte liberté les désordres de leur vie, le malheureux état de leurs consciences, et ils n'oubliaient rien pour retirer ces scélérats et ces impies du brigandage qu'ils exerçaient dans tout le pays. Aussi intrépides que les prophètes, ils annonçaient à ces enfants de Bélial que la mesure de leurs crimes était remplie et que la colère du ciel allait bientôt éclater sur leurs têtes coupables. Y a-t-il lieu, après cela, de s'étonner qu'un si saint zèle leur ait attiré la haine et la vengeance de ces hommes endurcis, et leur ait mérité, par une mort sanglante, cette glorieuse couronne du martyre de la charité que Dieu leur avait promise.

Aussi, rien ne saurait dépeindre la fureur dont étaient possédés Bérenger et ses satellites. Le

(*) Pater, dimitte illis, non enim sciunt quid faciunt. (S. Luc, c. 23, v. 34).

(**) Domine, ne statuas illis hoc peccatum. (Act., c. 7, v. 59).

démon qui les animait, les poussait envers eux aux actes de la plus révoltante inhumanité. Ces barbares les perçaient de coups, tandis que nos Saints, n'opposant à leur cruauté qu'une patience et une douceur admirables, ne cessaient de prier et de bénir le Seigneur. Une ardeur toute divine les embrasait, et plus ils voyaient approcher le moment où leurs âmes dégagées des liens mortels, allaient s'envoler vers le fortuné séjour, objet de tous leurs vœux, plus aussi, dans ces derniers instants, ils donnaient les preuves des plus héroïques vertus, et leurs souffrances achevaient de perfectionner leur amour. Ce fut alors qu'ils se montrèrent les véritables disciples du Sauveur et que leur sainteté jeta un éclat sans pareil. Je les entendais toujours, continue saint Erckembode, chanter les louanges du Seigneur, par ces paroles du psalmiste, si propres à encourager leurs espérances : « Bienheureux ceux dont la conscience est pure et qui marchent d'un pas fidèle dans la loi du Seigneur. (*) » Tout épuisés de forces et tout couverts de plaies, ils purent néanmoins achever cet admirable cantique, et quand ils en eurent prononcé les dernières paroles : Notre âme, ô mon Dieu, vivra avec vous, et vous bénira pendant toute l'éternité, (**) c'est alors que leurs impies meurtriers consommèrent leur martyre en leur tranchant la tête. Puis ils jetèrent leurs corps dépouillés au fond de la vallée de Scyredal. Leur bienheureuse mort arriva, comme on le croit, vers l'an 705.

(*) Beati immaculati in viâ qui ambulant in lege Domini. (Psal. 118).

(**) Vivet anima mea et laudabit te. (Psal. 118).

CHAPITRE X.

Fin tragique de Bérenger. — Lumière miraculeuse autour des corps saints pendant la nuit. — Baïnus est averti par Erckembode. — Pluie miraculeuse qui enlève les corps jusqu'à Hurionville. — Baïnus s'y rend. — Transport des corps saints au château d'Almer.

> Corpora Sanctorum in pace sepulta sunt, et vivent nomina eorum in æternum.
>
> Les corps des Saints reposent en paix et leurs noms vivront éternellement.
>
> ANTIENNE de l'Office de plusieurs martyrs.

L'œuvre de mort accomplie sur nos augustes et pieux Princes, par Bérenger et ses infâmes complices, semblait devoir réaliser cette lamentation du prophète : « Les impies ont versé comme » de l'eau le sang des Saints, et il ne s'est trouvé » personne pour leur donner la sépulture. Ils ont » livré leurs cadavres pour être dévorés par les » oiseaux du ciel, et leurs corps par les bêtes de

» la terre.(*) » En effet, il n'y avait point de doute que les dépouilles mortelles de nos illustres martyrs, ainsi abandonnées, ne fussent devenues la pâture des oiseaux de proie et des bêtes carnassières. Mais la divine Providence qui s'engage, selon que nous l'apprend le même prophète, à garder les ossements de ses Saints sans qu'aucun d'eux soit brisé ni détruit,(**) en prit soin en les couvrant d'une protection toute particulière. Elle voulait par là nous faire entendre que ceux qui se confient dans le Seigneur seront inébranlables comme les montagnes de Sion, et qu'en raison de leur foi ils ne seront jamais confondus.(***) Consolante perspective, bien propre à soutenir le courage et à ranimer l'espérance. Ah! que ne reste-t-elle devant les yeux de ceux que l'adversité visite, et que l'on voit presque toujours succomber si misérablement et parfois même si ignominieusement sous le poids du malheur. Elle les fortifierait et les empêcherait de se précipiter dans l'affreux abîme du désespoir. Mais ce n'est pas à cela seulement que s'arrête d'ordinaire son action toute puissante, car souvent elle va jusqu'à donner en même temps de terribles leçons. Si d'un côté elle se plaît à accorder sans délai la jouissance d'une récompense infinie quand elle voit la mesure des mérites une fois remplie, de l'autre elle laisse

---

(*) Effuderunt sanguinem servorum tuorum tanquàm aquam et non erat qui sepeliret. Posuerunt morticina eorum escas volatilibus cœli, carnes sanctorum tuorum bestiis terræ. (Psal. 68).

(**) Custodit Dominus omnia ossa eorum, unum ex his non conteretur. (Psal. 33).

(***) Qui confidunt in Domino, sicut mons Sion: (Ps. 224). In te speravi, non confundar in æternum. (Ps. 30).

agir librement la vengeance quand aussi la mesure des forfaits est comblée. Dieu lui-même nous apprend que sa patience a un terme et qu'il est dangereux de la pousser à bout et de l'irriter. Que de tristes et nombreux exemples ont déjà prouvé qu'il en était ainsi! C'est donc en vain que l'homme coupable croit, en s'enveloppant de ténèbres, se soustraire à la punition de son crime. Si, en apparence, il parvient à tromper quelquefois la justice humaine, toujours il est poursuivi et atteint même ici-bas par la redoutable justice de Dieu qui, pour le moins, en le livrant aux cuisants remords de sa conscience, lui fait payer par là, d'une manière peut-être plus douloureuse encore, son impunité passagère. L'histoire de la mort de nos Saints nous le prouve suffisamment. Car aussitôt que ces bourreaux eurent commis leur abominable attentat, Dieu leur fit sentir toute la rigueur de son courroux. Le plus coupable d'entr'eux, Bérenger, fut abandonné au démon, qui se mit en possession de son infâme corps, comme il possédait déjà depuis longtemps son âme immonde, et c'est alors qu'il subit la juste peine que méritait son iniquité.

En effet, ses membres furent agités des plus horribles convulsions. Il se roulait par terre, écumant de rage et se déchirant lui-même, il poussait des cris et des hurlements capables de jeter partout la terreur. Effrayés de ces violences et des épouvantables contorsions qui l'agitaient, signes hélas! trop certains de la colère de Dieu, ses malheureux compagnons prirent tous la fuite, comme s'ils eussent été poursuivis par un ange exterminateur.

Pour éviter un sort semblable et si cruel, ils l'abandonnèrent à sa fureur auprès des corps des glorieux martyrs, dont le sang encore fumant, criait à Dieu : Jusqu'à quand, Seigneur, différerez vous de nous faire justice et à venger le sang de vos serviteurs dont cette terre est inondée.(*) Cette voix fut bientôt entendue, car pour compléter son supplice, les bêtes sauvages dont ces bois étaient infestés, accoururent de toutes parts, et se précipitant avec acharnement sur ce misérable encore vivant et sans défense, le mirent en pièces et le dévorèrent avec une incompréhensible férocité, tandis qu'elles respectèrent les corps des martyrs sans oser en approcher.

La mort si subite du malheureux Bérenger, et la prompte fuite de tous ses gens, que ce tragique événement avait remplis de frayeur, permirent enfin à Erckembode de respirer un peu. Jusque là, comme on le croyait mort, il avait pris grand soin de ne faire aucun mouvement qui put le trahir, curieux qu'il était de voir la fin de ses glorieux maîtres. Sans doute, il aurait voulu partager avec eux leur sainte mort, qui déjà les avait mis en possession de la félicité éternelle. Mais comprenant aussi, éclairé d'une lumière divine, la mission dont il était chargé, de publier leur gloire et leurs mérites, il se crut alors heureux d'avoir pu échapper aux coups de ces insignes voleurs. Se trouvant donc seul et en quelque sorte exempt désormais de la crainte de ces brigands, il se leva péniblement et

---

(*) Usquequò, Domine, non judicas et non vindicas sanguinem nostrum. (Apoc., c. 6, v. 10).

se traîna le mieux qu'il put jusqu'à l'endroit où étaient étendus les corps des saintes victimes. Y étant arrivé, après leur avoir rendu ses devoirs de vénération et d'amour, il commença, selon ses forces, à les mettre dans un état décent, et comme le jour était sur son déclin, ne pouvant rien faire davantage, il résolut de rester auprès d'eux et d'y passer la nuit.

Cette compatissante charité, que la véritable amitié sait seule faire naître, lui mérita une nouvelle faveur bien précieuse, car Dieu lui fit bientôt connaître la gloire dont il avait couronné dans le ciel ses bien-aimés serviteurs. Pendant toute cette nuit, il fut témoin d'un prodige qui marquait leur bonheur. Il vit en effet une lumière brillante qui, partant du ciel, se prolongeait sans interruption jusqu'à terre. Cette lumière, dont les saints corps étaient tout environnés, formait une longue échelle de feu, par où les anges descendaient et remontaient, après s'être prosternés devant eux. Ce ne fut qu'au lever de l'aurore que cette merveilleuse clarté disparut.

Cependant il ne se trouva pas peu embarrassé quand le jour fut arrivé. Il répugnait à son cœur aussi bien qu'à sa piété, d'abandonner ainsi ces dépouilles chéries et de les laisser peut-être encore exposées aux injures des voleurs ou des bêtes. Et puis, il n'avait en sa disposition aucun moyen pour pouvoir les enlever. Il ne prévoyait pas même en avoir bientôt l'occasion, car comme ce lieu était un désert sauvage et redouté, fort peu de voyageurs osaient le traverser. Néanmoins, il ne pouvait rester là dans l'inaction. Lui-même avait besoin de secours, car sa blessure l'ayant épuisé de sang et de forces, il aurait succombé infailliblement, dépourvu, comme il l'était, de toute provision pour se soutenir. Il se contenta donc de les couvrir de quelque peu de terre, de broussailles et de feuilles, laissant à Dieu le soin de les protéger et de les défendre, tandis qu'il irait prévenir de tout ce qui s'était passé, l'évêque de Thérouanne, qu'il savait être alors à son château d'Almer ou des Ormeaux proche de là. Il partit donc, après s'être agenouillé encore une fois devant elles, et avoir baisé respectueusement la terre où elles gisaient.

Mais à peine fut-il en chemin, que la divine Providence, qui veille à tout, donna une preuve bien frappante du soin qu'elle prend de ses serviteurs. Et comment Dieu, en effet, pourrait-il délaisser après leur mort ceux qui, pendant leur vie, ont tout sacrifié pour sa gloire et son amour? Aussi ne les abandonna-t-il pas. Afin de mettre en lieu de sûreté ces corps sacrés, dont il voulait se servir pour en faire les instruments de sa puissance jusqu'à la fin des siècles, il ne dédaigna pas d'opérer un miracle. Pour cela, il fit tomber tout-à-coup une pluie très-abondante qui remplit assez le petit ruisseau du fond de la vallée, pour le rendre capable de recevoir à flot les corps des deux martyrs, qui furent ainsi entraînés doucement avec leurs têtes à côté d'eux, pendant l'espace d'environ une lieue, jusqu'au village d'Hurionville, dépendant de la paroisse de Lillers. (*)

(*) Les Bollandistes disent Heuronville ou Herronville, selon l'ancienne étymologie Teutonique.

Étonnés de voir ces corps qui flottaient ainsi sur l'eau sans s'enfoncer et sans que les têtes se séparassent d'eux, les habitants de ce village ne purent s'empêcher de voir dans cet événement quelque chose qui tenait du prodige. Ils s'empressèrent donc aussi de se rendre à Almer, pour en donner avis à Théodoric Baïnus.

Or, pendant que tout ceci se passait du côté d'Hurionville, Erckembode, qui avait pu lui-même arriver heureusement jusqu'au château, avait déjà raconté au prélat tous les détails de la mort glorieuse des deux illustres frères, et la merveille par laquelle le Seigneur s'était plu à honorer leurs saints corps pendant la nuit. Son intention était de l'engager à faire diligence pour donner à ces précieux restes une honorable sépulture. Mais lorsqu'il eût connu bientôt après la manière miraculeuse dont Dieu s'était servi pour conserver ce riche trésor, il fut comblé de joie, et il en bénit le Seigneur.

L'Évêque, de son côté, en voyant combien Dieu est admirable dans ses saints, se mit en devoir de leur rendre aussi tous les honneurs dus à leurs mérites et à leur sainteté. Il alla donc tout de suite à Hurionville, accompagné de toute sa maison. Lorsqu'il fut arrivé au lieu désigné et qu'il eût constaté la vérité du fait, il fit enlever les saintes reliques, et donna l'ordre de les porter avec une grande solennité dans son château d'Almer. Dieu les glorifia en cet endroit par de nombreux miracles, et elles y furent conservées très religieusement jusque vers l'an 950, époque à laquelle une partie, par une faveur inestimable, fut transportée à Montdidier, comme nous le dirons bientôt, et l'autre à Lillers, par suite de l'invasion des Normands qui détruisirent de fond en comble le château d'Almer.

La nouvelle de la mort de nos Saints ne tarda pas à se répandre, surtout dans les pays qu'ils avaient parcourus et où ils étaient déjà connus. Leur éminente sainteté qui avait jeté un si grand éclat, aussi bien que le bruit des merveilles qui s'opéraient chaque jour par leur intercession, y contribuèrent pour beaucoup. L'Irlande elle-même, qui était si près du théâtre de leur martyre, en fut bientôt informée. Cette mort y causa un deuil universel, qui devint encore plus grand par la pensée que l'on serait même privé de posséder leurs saintes reliques, dont la vue néanmoins aurait été si capable de calmer le chagrin. Car, si rien n'est plus propre à tempérer l'amertume de la douleur, que ce qui rappelle le souvenir de ce que l'on a aimé; quelle consolation n'eût pas apportée aux fidèles Irlandais la possession des objets mêmes qui leur avaient été si chers! Ce peuple, en effet, comme on l'a vu, aimait ses Princes qui, du reste, avaient bien aussi fait de leur côté tout ce qu'il fallait pour s'en faire aimer. Il ne les avait vus se séparer de lui qu'avec les sentiments du plus profond regret. Il est donc bien naturel de croire qu'il aurait tout fait pour jouir du bonheur de les avoir désormais toujours auprès de lui après leur mort. Mais tout espoir maintenant lui était enlevé, et il prévoyait bien qu'on ne lui restituerait pas facilement et de bon gré ce trésor, qui paraissait pourtant devoir lui appartenir, et qui, par des circonstances imprévues et malheureuses, était devenu la propriété d'un autre peuple. C'est ainsi que par un décret impénétrable, la divine Providence l'avait ordonné.

Nous nous abstiendrons ici de vouloir en connaître les causes, bien convaincu que Dieu, en permettant que les choses arrivassent ainsi, n'a agi que par des motifs dignes de sa sagesse et pour le plus grand bien de tous. C'est pourquoi nous nous bornerons à l'admirer en silence, et à bénir ses desseins qui, tout inconnus qu'ils nous sont, nous révèlent cependant ses bontés, en nous défendant aussi de chercher à les approfondir. Toutefois, ce que nous savons, c'est que leurs fidèles et bien-aimés sujets, loin de murmurer contre ce décret de la divine Providence, qui semblait les frapper comme d'un châtiment, s'y soumirent avec respect, espérant que Dieu les dédommagerait de ce pénible sacrifice par une protection particulière de ses bienheureux serviteurs, dont ils continuèrent d'honorer la sainte mémoire.

C'est, en effet, ce qui arriva pendant bien longtemps encore après, et c'est ce qu'il semble vouloir renouveler aujourd'hui, puisque dans ces derniers temps il a paru jeter un œil de miséricorde sur ce pays pour y répandre, comme par le passé, nous n'en doutons pas, par l'intercession de ses glorieux martyrs, ses abondantes bénédictions. Fasse le ciel que nous y ayons quelque part! Car, il y a quelques années il a permis, par un événement providentiel, qu'une petite portion de leurs saintes reliques y fut transportée, et nous sommes heureux, nous qui écrivons ces lignes, de penser que c'est par notre entremise. Ainsi nos saints Patrons sont rentrés, en quelque sorte, en possession de leur héritage, et désormais leurs sacrés ossements reposeront sur leur sol natal, après en avoir été éloignés durant onze siècles. (1)

(1) Voyez la note n° 8.

LA VIE
DES
SAINTS FRÈRES MARTYRS LUGLE ET LUGLIEN.

LIVRE DEUXIÈME.
Histoire des Reliques des saints Lugle et Luglien et de leur translation.

CHAPITRE I.
Les Reliques des saints Lugle et Luglien sont honorées au château d'Almer.

> Fit concursus populorum ;
> Lumen cæcis oculorum,
> Ægris salus redditur.
>
> On voit, d'une Province entière,
> Un fréquent et pieux concours
> L'aveugle y reçoit la lumière,
> Et le malade un prompt secours.
>
> ANCIENNE PROSE.

Ce n'est pas en vain que l'éternelle vérité a prononcé par la bouche du sage, que les justes deviendront tout resplendissant de gloire.(*) La mort avec ses horreurs et son lugubre appareil, qui semble n'avoir pour mission que d'éclipser et de réduire au néant l'orgueil et la fausse gloire des impies, semble aussi n'être envoyée aux justes que

---

(*) Fulgebunt justi sicut sol. (Sap., c. 3, v. 7).

pour les tirer de l'état d'obscurité et d'humiliation dans lequel ils ont passé leur vie. Aux yeux des insensés, leur fin a paru être un opprobre et un châtiment, mais elle n'était en réalité que l'aurore d'une vie pleine d'espérance, d'immortalité et d'honneur. (*) Que le monde, tant qu'il voudra, vante ceux qu'il appelle ses grands hommes, ses héros, ses conquérants; qu'il les élève sur le pavois, il n'a en son pouvoir, que de les doter d'une immortalité moribonde et d'un jour. Ce qu'il peut leur imprimer au front, ce n'est qu'une note de mépris, et il n'a à leur donner qu'un certificat pour attester leur faiblesse et leur impuissance. Jusqu'ici, il n'a collé sur leur étroit mausolée qu'une épitaphe, qui le plus souvent n'a tourné qu'à leur honte en dévoilant aux yeux de la postérité leurs turpitudes et leurs crimes. La vue de leurs tombeaux où gisent leurs ossements pour la plupart inconnus, silencieux et isolés, jette l'indignation dans les âmes, ou pour le moins laisse le cœur de ceux qui parfois ont la curiosité de les visiter, froid comme le marbre qui les recouvre. Ah! c'est qu'autour de la tête de ces hommes n'a pas brillé, pendant leur vie, l'auréole de la vertu. Leurs actions n'ayant point été marquées au coin de la sagesse et de la religion, ils ont reçu la récompense qui leur convenait; récompense éphémère, et qui aujourd'hui les condamne aux rebuts et à l'oubli. Cette vérité est palpable, et il ne faut qu'ouvrir les yeux pour en apercevoir l'évidence.

(*) Visi sunt oculis insipientium mori et æstimata est afflictio exitus illorum..... Spes illorum immortalitate plena est. (Sap., c. 3, v. 2, 4).

Il est loin d'en être ainsi de ceux dont le monde n'était pas digne. (*) En vivant et en mourant pour Dieu, ils n'ont point été confondus, et ils ne sont pas demeurés les jouets de leurs espérances trompées.(**) Ils ont acquis à leurs noms une impérissable gloire, et une immortelle existence, parce qu'ils sont écrits dans les cieux. (***) Devant leurs restes vénérés, enchassés dans l'or et les pierreries, dont on se dispute jusqu'aux plus petites parcelles, se prosterne une foule de suppliants qui leur adressent des vœux, qui implorent leur secours. « Les sépulcres des serviteurs de Jésus-
» Christ, disait saint Jean Chrysostôme, sont plus
» magnifiques que les palais des Rois; je ne parle
» pas seulement de la grandeur et de la beauté des
» bâtiments, car en cela même, ils les surpassent;
» mais je veux parler de ce qui est beaucoup plus
» considérable, savoir du respect et de l'empres-
» sement de ceux qui viennent en foule les visiter.
» On voit celui-là même qui est vêtu de pourpre,
» s'approcher de ces sacrés tombeaux, et les ho-
» norer par de tendres embrassements. Là, se
» dépouillant de tout son faste, il adresse aux Saints
» ses prières, afin qu'ils lui servent de protecteurs
» auprès de Dieu, et celui qui est revêtu du dia-
» dème recherche même, après leur mort, l'appui
» de ceux qui, pendant leur vie, fabriquaient des
» tentes ou s'occupaient de la pêche. Comment
» donc oserez-vous dire que ceux-là n'ont pas pour

(*) Quibus dignus non erat mundus. (Epit. ad Hebr., c. 11, v. 38).

(**) Domine, qui sustinent te non confundentur. (Psal. 24, v. 3).

(***) Quorum nomina scripta sunt in cœlis. (S. Luc, c. 10, v. 20).

» maître un Dieu vivant qui même, après leur
» mort, sont les protecteurs des Empereurs. Et ce
» n'est pas seulement à Rome, mais à Constan-
» tinople, où l'on voit les choses se passer ainsi.
» Car en ce lieu là même, le fils du grand Cons-
» tantin a cru faire beaucoup d'honneur à son père
» que de déposer son corps dans le vestibule du
» lieu ou repose un pêcheur; de telle sorte que les
» Empereurs au tombeau des pêcheurs, exercent
» les mêmes fonctions que les gardes dans le palais
» des Empereurs. » (*) C'est ainsi que Dieu a jugé
à propos de glorifier ses Saints, en les faisant entrer
en participation de sa propre gloire en même temps
qu'il les associait à son bonheur.

Lugle et Luglien jouirent amplement de cet admirable prérogative de la sainteté. Car, comme leur générosité les avait portés à donner beaucoup à Dieu, de son côté, le Seigneur les exalta sans mesure. En effet, leurs saints corps ayant été recueillis à Almer, par les soins de Baïnus, évêque de Thérouanne, ce pieux prélat les entoura de toute

---

(*) Ac sepulcra eorum, qui crucifixo servière, regias aulas splendore vincunt, non solùm magnitudine aut pulchritudine ædificiorum; nam hâc quoque parte illa superant; sed, quod multò majus est, coeuntium studio. Nam et ille qui purpuram gestat, ad sepulcra illa se confert, ut ea exosculetur; abjecto que fastu supplex stat sanctosque obsecrat, ut ipsi apud Deum sibi præsidio sint; atque, ut et tentoriorum opificem et piscatorem, et quidem fato functos, patronos habeat, precibus is contendit qui diademate cinctus est. Ergone, dic, quæso, horum Dominum mortuum dicere audebis, cujus servi, etiam defuncti, eorum qui universo orbi imperant, patroni sunt? Atque id non Romæ solùm fieri quispiam viderit, sed etiam Constantinopoli. Nam et hic quoque Constantini magni filius ita dèmum ingenti honore se affecturum existimavit, si cum in piscatoris vestibulo conderet: quodque Imperatoribus sunt in aulis janitores, hoc in sepulcro piscatoribus sunt Imperatores. (S. Joan, Chrys. Homilia 26, in ép. 2, ad Corinth).

la vénération possible, et il leur fit donner, dans la chapelle même de son château, une sépulture très honorable. Il fit plus, car ne doutant point de la sainteté de ces serviteurs de Dieu, il ne négligea rien d'abord pour remercier le Seigneur du bienfait qu'il avait accordé à son diocèse, en lui donnant de si puissants protecteurs, mais encore pour porter les peuples à recourir à leur intercession. L'exemple qu'il donna lui-même de sa piété envers eux, ne contribua pas peu à faire naître dans tous les cœurs la confiance en leurs mérites. Dès-lors leurs tombeaux devinrent célèbres, et les miracles qui s'y faisaient sans cesse par le moyen de leurs saintes reliques, prouvaient assez combien leur pouvoir était grand auprès de Dieu.

Tout le diocèse de Thérouanne fut bientôt instruit des prodiges dont Dieu favorisait le château d'Almer. Aussi, de tous les environs, on y accourait en grande affluence et il n'était aucun de ceux qui venaient apporter aux pieds des deux frères béatifiés leurs supplications et leurs prières, qui s'en retournât sans avoir éprouvé les effets de leur intercession. Le Seigneur, comme dit la Sainte Ecriture, se faisant en quelque sorte un devoir d'obéir à la voix de ses serviteurs (*)

Pendant environ 225 ans, Dieu continua à faire éclater sa puissance et à glorifier ainsi les bienheureux Princes. Leur renommée s'étendit chaque jour de plus en plus, et franchissant les limites du diocèse de Thérouanne, elle se répandit de tous côtés. Il n'était bruit partout que des miracles

---

(*) Obediente Domino voci hominis. (Jos., c. 10, v. 14).

éclatants opérés à Almer, par l'intercession de Lugle et de Luglien. La dévotion s'accrut donc sensiblement, et le grand nombre de pélerins qui s'y rendaient, attestait que là, plus sûrement qu'à la piscine probatique de Jérusalem, tous les affligés, quelqu'ils fussent, y recevaient un infaillible soulagement. C'est ce que prouve le fait que nous allons rapporter et qui fut l'occasion par laquelle Dieu manifesta sa volonté d'enrichir notre ville d'un trésor, que, selon toute apparence, elle ne devait jamais posséder.

CHAPITRE II.

Une partie considérable des reliques des saints Lugle et Luglien est transportée du château d'Almer en celui de Montdidier.

> Ab Ulmis hùc deportati
> In hâc aulâ sunt locati
> Dei providentiâ.
>
> Leurs corps, enlevés par surprise
> Et transportés d'Almer ici,
> Furent placés dans cette Eglise,
> Dieu l'ayant permis ainsi.
>
> ANCIENNE PROSE.

Les ossements sacrés de nos glorieux martyrs, comme nous l'avons dit, reposaient en paix au château d'Almer, au milieu des louanges et des bénédictions qui de toutes parts retentissaient en leur honneur, quand Dieu, qui ne se lasse jamais de glorifier ses amis, résolut de les en retirer du moins en partie. C'était une nouvelle preuve de l'intention qu'il avait de les faire connaître et par là de publier leurs mérites et leur crédit. Et voici de quelle circonstance il se servit pour cela.

Un certain Prêtre originaire de Bretagne, nommé Paul Morand, qui demeurait en ce temps là à Amiens, (1) se trouvant dans une assemblée, osa parler avec mépris et irrévérence d'un Saint dont on célébrait ce jour là la fête. (*) Sa témérité produisit un si grand scandale parmi le peuple, que Dieu qui défend de toucher à ses saints, déclarant que c'est le toucher à la prunelle de l'œil, (**) lui infligea sur le champ un châtiment exemplaire. En effet, ce malheureux Prêtre devint subitement aveugle et comprit, trop tard, combien il est dangereux d'offenser les amis de Dieu.

Ce funeste événement, qui ne lui faisait que trop bien sentir le mécontentement du ciel, le toucha vivement, et comme il n'était pas encore de ces hommes endurcis qui ont rempli la mesure de leurs crimes et pour qui la lumière ne doit plus briller, il reconnut sa faute, bien résolu de l'expier, en tenant une conduite contraire à celle qui lui avait attiré cette punition. Comme il avait péché par irrévérence et mépris pour les saints, il s'étudia désormais à les honorer de tout son pouvoir. Pour cela, il faisait de fréquents pélerinages, surtout dans les lieux les plus célèbres et où Dieu manifestait davantage sa puissance. Mais Dieu, soit pour

(1) Voyez la note n° 9.

(*) Ducange dit que c'est de St-Matthieu, ou bien de St-Machut, selon l'expression de Bretagne.

(**) Nolite tangere christos meos, et in prophetis meis nolite malignari. (1 Paralip., c. 16, v. 22). Qui enim tetigerit vos, tangit pupillam oculi mei. (Zach., c. 2, v. 8).

rendre sa pénitence plus salutaire en la prolongeant, et le donnant par là en spectacle à un plus grand nombre de peuples ; soit pour exalter davantage le mérite et la confiance en nos Saints, se montrait toujours sourd à ses prières, et il reprenait tristement le chemin de son pays, affligé de n'être point exaucé.

Cependant, comme le salut est promis à la persévérance, (*) sa foi devait être enfin récompensée. Ayant entendu parler des merveilles insignes qui se faisaient dans le pays d'Artois, par l'intercession des glorieux martyrs saint Lugle et saint Luglien, dont les corps sacrés reposaient au château d'Almer, résidence de l'Evêque de Thérouanne, il conçut de nouvelles espérances de sa guérison, s'il pouvait aller rendre ses hommages aux Reliques de ces nouveaux thaumaturges. Sa résolution fut bientôt prise, et, se confiant à un guide fidèle, il partit, pieux pélerin, plein de foi et de confiance en leurs mérites et en leur pouvoir. Après bien des fatigues, suites nécessaires d'un long voyage, il arriva enfin, et put se prosterner auprès de ces bienheureux tombeaux qui renfermaient ses espérances. Là, fondant en larmes et se frappant la poitrine en signe du profond repentir de sa faute, il conjura les Saints, par une prière fervente, de lui être propices et de lui obtenir la grâce qu'il sollicitait depuis si longtemps.

Sa prière, cette fois, fut entendue ; car à peine fut-elle achevée, que le pénitent aveugle recouvra

---

(*) Qui perseveraverit usque in finem, hic salvus erit. (Saint Matth., c. 10, v. 22).

entièrement la vue. Dire qu'elle fut sa joie et les sentiments que lui inspira la reconnaissance, serait chose tout à fait impossible. Nous laissons cela à l'appréciation de ceux qui ont eu aussi à se réjouir de faveurs plus signalées encore. Ce que nous pouvons ajouter, c'est que ce miracle inspira à celui qui en avait été l'objet un désir bien étrange et peut être inouï. En effet, non content, pour remercier ses bienfaiteurs, de vénérer là leurs Reliques, qui avaient été les instruments de sa guérison, semblable à un botaniste qui, dans ses herborisations, ayant fait la découverte d'une plante précieuse et salutaire, l'arrache au sol qui l'a vue naître pour en doter son pays, il forma le dessein de les enlever pour en enrichir sa patrie. Cette singulière idée, que l'on ne peut justifier qu'en admettant une espèce de bonne foi dans ce Prêtre, et une charitable intention d'être utile à son pays, il la communiqua à son compagnon de voyage. Ceci fait, il prit avec lui si bien ses mesures, pour exécuter son projet, qu'il parvint à soustraire, à la faveur des ténèbres, les deux chefs des saints Martyrs, avec une partie considérable de leurs corps. Puis, le jour étant à peine venu, pour échapper à toute recherche, il se remit incontinent en route chargé de son précieux butin.

On ne fut pas longtemps, toutefois, sans s'apercevoir de la fracture des tombeaux et de la disparition d'une partie des saints ossements. Le larcin qui pouvait être regardé comme sacrilège, excita l'indignation de tous les habitants du château, et, comme ces Reliques étaient leur sauvegarde et leur plus précieux trésor, sans perdre de temps, ils se mirent en devoir de les recouvrer, en poursuivant en toute hâte le Prêtre et son complice.

Mais Dieu qui avait ses vues, dont personne alors ne pouvait apprécier la portée, donna à cet événement, si criminel en apparence, un tout autre dénouement. En effet, il couvrit ce Prêtre d'une protection toute particulière, en l'empêchant d'être atteint par ceux qui le poursuivaient. Pour cela, il voulut bien renouveler en sa faveur le miracle qu'il avait fait, autrefois, pour les Israélites, lorsqu'ils sortirent de l'Egypte, chargés des richesses des sujets de Pharaon. Car, en peu de temps, il s'éleva un si épais brouillard, qu'ils le perdirent absolument de vue, et qu'il leur fut impossible de le trouver, quelque diligence qu'ils fissent. Ainsi, ils furent obligés de s'en retourner tristes et consternés, d'une perte pour eux si grande et entièrement irréparable.

Cette conduite de Dieu est tout-à-fait mystérieuse, et peut nous porter à faire de grandes réflexions. Elle doit aussi exciter en nous une juste reconnaissance. Car elle nous donne évidemment à comprendre qu'il n'a agi de la sorte, que pour nous donner de puissants protecteurs, et en même temps pour mettre ces sacrés ossements de ses saints plus en sureté, en les confiant à un autre peuple, dont le zèle, pour les conserver, a été si admirable, depuis qu'il a plu à Dieu de le rendre le dépositaire et le gardien de ce trésor.

Désormais, en apparence hors du danger qui le menaçait, mais, toutefois encore, sous l'impression de la crainte qu'il venait d'éprouver, le Prêtre poursuivit vivement sa route. Mais soit que Dieu voulût lui faire sentir qu'il y avait quelque chose de répréhensible dans son action, tout en l'ayant permise; soit qu'une vaine frayeur lui grossît le péril, auquel il croyait à peine avoir échappé, il ne put parvenir à maîtriser son émotion. C'est pourquoi il chercha le moyen de se débarrasser de son fardeau, et travaillé par une pensée mauvaise, il conçut le dessein de le vendre.[1] C'est en méditant dans son esprit comment il pourrait en trouver l'occasion, qu'épuisé par une marche forcée, il parvint jusqu'à Paillart, (*) village des environs de Breteuil, (**) et situé à quelques lieues de Montdidier, où il s'arrêta chez un homme de sa connaissance. Dès cet instant, il se crut tout-à-fait en sûreté, et prétextant un voyage à faire, il pria son hôte de lui prêter jusqu'à son retour un coffre, dans lequel il put renfermer un paquet d'une grande importance, dont il lui cacha soigneusement le contenu.

Mais Dieu, par son admirable Providence, avait ainsi disposé les choses, afin que ce pieux trésor qu'il destinait à la ville de Montdidier, et non ailleurs, y fut promptement apporté. Car, profitant, pour ainsi dire, de l'absence de ce Prêtre, dont il avait voulu se servir pour accomplir son dessein, et la nuit même qui suivit son départ, il dévoila le mystère. La chambre qui renfermait le sacré dépôt fut tout-à-coup éclairée d'une lumière éclatante et

---

(1) Voyez la note n° 10.

(*) Village du canton de Breteuil, à cette époque fort peu considérable.

(**) Bourg, chef-lieu de canton de l'arrondissement de Clermont en Beauvoisis.

surnaturelle. L'on entendit retentir dans le coffre un bruit étonnant et terrible, et l'on en vit sortir des globes de feu.

Un événement si extraordinaire remplit le maître de la maison de crainte et de frayeur. Ne sachant que penser de ce qu'il voyait, il alla tout tremblant raconter à ses voisins ce qui se passait chez lui. En hommes prudents, tous lui conseillèrent, puisqu'il n'y avait point de prêtre chez eux pour venir constater ce prodige, de se rendre à Montdidier, comme chef-lieu du gouvernement, pour avertir le clergé. Mais tandis que les envoyés étaient en chemin, Dieu daigna révéler lui-même, comme il le fit dans beaucoup d'autres circonstances à peu près semblables, que le trésor renfermé dans le coffre, était les chefs et plusieurs ossements de saint Lugle et de saint Luglien, martyrisés auprès de Lillers-en-Artois, dont il voulait honorer leur église. C'est pourquoi, comme cette révélation s'accordait parfaitement avec ce qu'on apprit, quelques instants après, de la merveille que l'on observait à Paillart, on députa quelques uns des prêtres qui apportèrent les Reliques avec beaucoup de respect et de vénération à Montdidier, dans le château qui existe encore en partie, sous le nom de Palais de Justice.

Ce précieux trésor fut ensuite transféré avec toute la pompe et la solennité qui convenait, dans l'église du Prieuré, que la comtesse Helwide fit bâtir exprès, et qu'elle dédia à la bienheureuse Vierge Marie et aux saints Martyrs. Cette translation eût lieu en l'année 950 environ, sous le gouvernement de Hilduin, comte de Montdidier, qui y assista avec la comtesse Helwide, sa femme, ainsi que tous les habitants de cette antique cité, qui alors était bâtie au bas de la montagne.(*)

Dieu ne tarda pas à favoriser de ses grâces la ville heureuse qu'il avait choisie pour devenir le nouveau lieu de repos de ses Saints. Bientôt sa puissance s'y déploya comme à Almer, et l'on vit s'opérer par le moyen de leurs saintes reliques un grand nombre de merveilles. Nous rappellerons le souvenir des plus importantes, en les mettant sous les yeux de nos lecteurs dans le livre suivant. Dèslors, saint Lugle et saint Luglien furent regardés comme les vrais protecteurs de la ville de Montdidier, et c'est avec justice qu'ils y sont honorés comme patrons.

(*) Nos lecteurs qui ne connaissent pas Montdidier, ne seront sans doute pas fâchés de trouver ici une petite description de cette ville. Nous la leur donnerons un peu plus loin.

CHAPITRE III.

Dissertation sur la vérité du fait de la translation des Reliques des saints Lugle et Luglien à Montdidier.

> Avete jàm sancti Fratres,
> Hujus loci pii Patres,
> Et Patroni seduli.
>
> Nous vous offrons, glorieux Frères,
> Les pieux respects de nos cœurs ;
> Recevez les comme nos Pères,
> Et nos vigilants protecteurs.
>
> ANCIENNE PROSE.

Nous ne nous attendions nullement à être obligé d'ajouter un chapitre pour traiter la question de la vérité du fait de la translation des Reliques de saint Lugle et de saint Luglien à Montdidier. Il ne nous serait pas venu à l'esprit de penser, qu'après 900 ans d'une croyance générale, appuyée sur le témoignage d'hommes instruits, dont la parole méritait certainement confiance, et que le caractère semblait mettre à l'abri de tout soupçon d'imposture ; témoignage qui, de siècle en siècle, s'est trouvé confirmé par des prodiges, et par les récits qu'en ont faits différents auteurs qui ne l'ont pas démenti, quoiqu'ils aient raconté le fait d'une manière diverse, on aurait pu formuler un doute sur ce point. On a cependant rencontré de tout temps des esprits inquisiteurs, disposés à tout contredire, à tout nier, à qui cette fausseté n'aurait pas échappé, puisqu'ils étaient plus près de l'époque où le fait eût lieu. Quelques-uns, il y a un siècle et demi, se sont amusés à contester à nos Saints leur qualité de martyrs. C'est ce qui engageait le Père Pagnon à leur opposer une dissertation, afin de révendiquer pour eux cet honneur. Après tout, c'était seulement leur contester une qualité qui n'ôtait rien à leur pouvoir et à leur sainteté, et qui n'empêchait pas qu'on put s'adresser à eux avec confiance et se prosterner devant leurs saintes Reliques. Sur ce point le temps a vaincu l'incrédulité. Nos Saints sont restés en possession de cet honneur, et personne aujourd'hui ne cherche à le leur ravir. C'est pour cela que nous n'avons pas jugé à propos de reproduire cette dissertation, ayant donné dans notre préface les raisons sommaires qui leur assuraient ce privilège. Mais en soulevant un doute sur l'authenticité même des Reliques que Montdidier possède, c'est attaquer la réalité de leur existence parmi nous ; c'est saper leur culte par sa base ; c'est anéantir notre confiance et notre espérance. C'est, en quelque sorte, dire que Dieu nous a trompés en faisant des miracles pour autoriser de fausses reliques. Et quand *on promène les Reliques des deux frères,* (*) comme on le dit d'une manière assez singulière, et avec une certaine expression qui ne nous paraît pas très heureuse ni très convenable dans cette circonstance, est-ce qu'il ne peut pas venir à l'esprit de quelqu'un de se demander si, au lieu de reliques de saints, ce ne sont pas les restes ignobles de certains individus mal famés et réprouvés des hommes et de Dieu que l'on promène?

Comme on le voit, la question est grave et tout-à-fait importante. C'est donc ce qui nous a déterminé à l'examiner avec soin; à chercher et à rapporter tout ce qui nous paraîtrait le plus propre à l'éclaircir et à la démontrer. Nous avouons qu'au milieu de la nuit des temps, il nous sera difficile de trouver autant de témoignages que nous en désirerions. Mais, après tout, quand tous les historiens de l'univers ne nous fourniraient pas leur part de renseignements, dès là que nous en trouvons assez, fut-ce même un seul, auquel nous puissions nous fier, pour faire impression sur un esprit sensé, c'est ce qu'il nous faut, et c'est ce que nous espérons que l'on reconnaîtra, quand on aura lu le présent chapitre.

Et d'abord, tout le monde sait que la tradition est un moyen certain de transmettre et de conserver la connaissance des faits. Qu'est-ce en effet que l'histoire elle-même, sinon la tradition, revêtue

---

(*) Nouvelle Histoire de Montdidier. (Tome 2, page 33).

NOTA. Nous avertissons le lecteur que tout ce qui est écrit, dans cette dissertation, en lettres italiques, ce sont les paroles mêmes de l'auteur de l'Histoire de Montdidier.

toutefois des caractères qui la rende vraie, rapportant les événements passés, soit qu'elle existe dans une simple transmission orale, soit qu'elle vive consignée dans les écrits ou dans les monuments.

Voici ce que dit un auteur à ce sujet : (*) « Le
» temps a toujours été regardé comme le père de
» la vérité : il la tire de l'obscurité quand elle est
» cachée, et lui donne une entière consistance
» quand elle est incertaine et douteuse. Il étouffe
» au contraire le mensonge quand il se pare mal à
» propos des couleurs de la vérité. C'est avec le
» temps que l'on examine, que l'on discute, que
» l'on approfondit. Ce qui a pu tromper les imagi-
» nations échauffées du vulgaire par les concours
» des diverses circonstances favorables à l'erreur,
» n'a plus le même effet quand ces circonstances
» ne sont plus les mêmes. La postérité réforme
» sans peine les faux jugements de ceux qui l'ont
» précédée. La succession des années et des siècles
» fait évanouir les fables et les chimères. La vérité
» se fait jour ; elle prend le dessus. Et quand un
» fait a passé par l'épreuve de plusieurs siècles,
» quand il s'est maintenu dans l'esprit et dans la
» mémoire des hommes, comme un fait certain et
» indubitable, on peut dire qu'un tel fait est par-
» venu à un degré de certitude que rien ne peut
» ébranler. »

Or, la tradition nous a conservé la mémoire non interrompue du fait de cette translation qui n'a jamais été ni révoqué en doute, ni contredit par aucun auteur. Car, si l'on peut en citer qui n'en

(*) Insuffisance de la Religion naturelle, par Griffet. (Tome I, page 311).

ont pas parlé, il est impossible d'en nommer un seul, de quelque pays qu'il soit, qui l'ait démenti. En effet, personne ne peut nier que depuis l'an 950 environ, époque où il eût lieu, on ait cru, constamment et généralement à Montdidier, à l'accomplissement de ce fait. La même tradition s'est conservée dans le village de Paillart, où l'on montre encore la maison qui occupe l'endroit où les saintes Reliques ont été déposées: Il n'y a sans doute pas même très longtemps que cette antique maison qui les a abritées, a fait place à la nouvelle, car on sait dans le pays, et un ancien nous l'a répété tout récemment encore, qu'elle était un peu enfoncée dans le sol. Chaque année, en faisant la procession au jour de la fête avec les saintes Reliques, on fait une station en face de cette maison. (1)

Un autre témoignage historique, qui ne nous semble pas à dédaigner et qui confirme cette tradition, c'est, jusqu'à ce jour, la présence d'un certain nombre d'habitants de Paillart à la procession de Montdidier. Une circonstance de très grande valeur se rattache encore à cette démarche des habitants de Paillart, c'est que dans cette procession, le bailly de cette commune précédait le lieutenant-général et les officiers de la ville. Et ceci, avait encore lieu à la fin du siècle dernier. Voilà assurément un fait incontestable. Maintenant ne serions nous pas en droit de demander, qui a propagé cette croyance dans ce village? Sur quoi s'est-elle appuyée? A quel moment a-t-elle pris naissance après cette époque, et

(1) Voyez la note n° 11.

surtout, qui a fondé pour le bailly ce privilége distingué de préséance officielle? Autant de questions sur lesquelles, nous le croyons, on aurait bien de la peine à répondre.

Voilà ce que dit une tradition orale séculaire.

Ce fait, toutefois, ne fut pas seulement transmis par tradition orale. Les religieux du Prieuré de Notre-Dame de Montdidier, l'ont consigné dans leurs recueils. Et qui pourrait contester la valeur de leur témoignage dans les récits historiques? Personne. Nous dirons plus bas pourquoi.

Les Bénédictins, en succédant aux chanoines de saint Augustin, qui, eux-mêmes, comme le dit une légende traditionnelle, avaient été établis exprès par la comtesse Helwide, en l'honneur des saints Martyrs, avaient reçu cette tradition. Ils l'ont conservée et transmise. Mais à quelle époque l'ont-ils insérée dans leurs écrits? L'auteur de la nouvelle Histoire de Montdidier semble vouloir trancher la question en disant: *Le seul manuscrit qui fit mention de la translation de nos Patrons, ne remontait qu'à 1597 environ*, et de là il conclut que *c'est un document bien moderne pour établir l'authenticité de faits qui se seraient passés 800 ans auparavant.*(*) Nous l'avouerions avec lui, s'il en était ainsi. Mais nous dirons que l'auteur a mal compris et interprêté ce que dit Dom Pagnon, sur les deux manuscrits de Lillers et de Montdidier. D'abord, il confond évidemment le manuscrit latin qui rapporte seulement la vie et la mort de nos Patrons, sans parler nullement du fait de la translation, par

---

(*) Histoire de Montdidier. (Tome 2, page 29).

la raison qu'il a été composé avant la translation, avec les écrits des religieux touchant ce fait majeur. Or, il est ici dans l'erreur, car ces deux objets ne sont pas du tout les mêmes. C'est donc à tort qu'il a mis le *seul manuscrit*, puisqu'il n'est point question du manuscrit publié par André Herby, en 1597.

Quant au recueil des religieux auquel on doit les détails du fait; recueil dont s'est servi le Père Bonaventure Fricourt pour publier, en 1656, en tête de sa tragédie, cette circonstance mémorable, et qui n'est pas assurément non plus le manuscrit traduit en français sur celui imprimé en latin, en 1597, qui lui a dit qu'il était *postérieur de plusieurs siècles à l'événement en question?* (*) Voilà une assertion qui nous paraît non seulement bien hasardée, mais encore dénuée de fondement, et que nous sommes en droit de nier avec autant d'assurance qu'on peut s'en donner pour l'affirmer. Comment, en effet, croire que les religieux aient laissé passer des siècles sans relater dans leurs mémoires particuliers, un fait de cette importance pour Montdidier? Il faudrait, pour cela, ignorer le zèle qu'apportaient ces hommes à qui la science doit tant, à rechercher, recueillir et transmettre tous les faits propres à intéresser l'histoire de tous les temps. Nous le dirons, c'est une chose inadmissible, puisque c'eût été de leur part une incurie impardonnable. Non, tout le monde le reconnaît et leur rend justice sur ce point. Les religieux ont sauvé trop de documents de toutes sortes, pour leur im-

(*) Histoire de Montdidier. (Tome 2, page 29).

puter une négligence dont il leur était facile de prévoir les conséquences pour l'avenir. Aussi, Dom Fricourt a soin de dire que c'est « d'après un vieux manuscrit qu'il a sous les yeux, » qu'il écrit. (*) Ces mots vieux manuscrit démontrent clairement, qu'il veut parler ici d'un manuscrit plus ancien que celui de 1597, qui avait été imprimé en latin presque de son temps ; plus ancien aussi que le manuscrit français, qui, au dire de Dom Pagnon, fut traduit sur celui en latin, et qui ne parlait pas, plus que lui, de la translation. D'après cela, il est de toute évidence que, bien avant 1597, il existait à Montdidier un manuscrit, dans lequel Dom B. Fricourt a puisé sa relation, quelque soit la langue dans laquelle il ait été écrit. Il est donc facile de conclure que s'il n'est pas possible de fixer au juste l'époque de l'insertion du fait dans les écrits des religieux, il est à peu près certain qu'elle date des premiers temps. Au chapitre précédent, nous avons rapporté le récit du Père Fricourt, tel que lui-même l'a trouvé et que Ducange dit aussi être conforme en tout au vieux manuscrit, et de plus parfaitement en rapport avec la tradition reçue jusqu'alors. Où sont les faits historiques entourés de plus de garanties?

Il n'est pas de si petit renseignement qui n'aide quand on cherche la vérité de bonne foi. Ducange, dans un autre endroit cité par Ghesquière, (**) nous fournit encore un moyen de preuve en faveur de la vérité du fait de la translation. Il rapporte, en

(*) Ex vetusto chirographo quod mihi etiamnùm volvitur in manibus.

(**) In actis Sanctorum Belgii. (Tome 6).

effet, une légende trouvée et publiée par Louis Niquet, religieux Célestin de Soissons, et bibliothécaire de son couvent. Il est bon de faire remarquer ici en passant que Ghesquière qui écrivait, en 1783, n'a fait que copier cette légende dans Ducange, qui la citait déjà en 1666, et que par conséquent il n'est pas *le premier écrivain qui ait rapporté cette particularité.*(**) En voici la traduction.
« Après que le prêtre Paul eût raconté de quelle
» manière et par quel moyen il était parvenu à
» soustraire les Reliques des saints Lugle et
» Luglien, conservées au château d'Almer, les
» prêtres de Montdidier qui étaient présents et les
» autres assistants, allumèrent un grand feu, et
» déposèrent au milieu des flammes les Reliques
» dans une enveloppe de parchemin, d'où elles
» furent retirées intactes à la vue de tout le monde.
» Frappée de ce miracle, la comtesse Helwide
» promit de bâtir à la gloire de Dieu, de la sainte
» Vierge et des bienheureux Martyrs, une église
» dans laquelle elle voulut qu'on célébrât les
» louanges de Dieu et des saints martyrs Lugle et
» Luglien, pour le salut de son mari et de ses
» ancêtres. Elle embellit cette église avec magni-
» ficence, et y établit un chapitre qu'elle dota avec
» une grande largesse. »[1]

L'auteur de l'Histoire de Montdidier paraît encore faire fi de ce document en disant *qu'il n'y a pas lieu de s'en occuper, parce qu'il n'est appuyé d'aucune preuve historique, et qu'il était inconnu des*

(*) Histoire de Montdidier. (Tome 3, page 36).

(1) Voyez le texte latin, note n° 12.

chroniqueurs montdidériens. (*) Cette assertion est loin de nous satisfaire, car, sur ce point, l'auteur qui l'avance est en désaccord avec lui-même, comme il sera facile de le voir à la page suivante. En attendant, nous ne pouvons nous empêcher de le dire. S'il ne s'agit, pour établir une opinion, que de révoquer les documents du passé, parce qu'ils sont restés inédits ou inconnus à certains auteurs, c'est faire bon marché de la vérité: c'est interdire l'approche de son sanctuaire, et avec ce système de dénégation, on est sûr de gagner toujours sa cause. En voici un qui, depuis longues années, conservé dans une bibliothèque de monastère, est transmis à nos ancêtres par le religieux bibliothécaire de ce même couvent, du nom de Louis Niquet. Présenté ainsi, qui ne serait vraiment disposé à penser qu'il mérite toute croyance, quand d'ailleurs Ducange, (et ne peut-on pas regarder cet auteur comme un véritable chroniqueur montdidérien, puisqu'étant amiénois, il demeurait presque aux portes de Montdidier), qui le rapportait, il y a deux siècles, en 1666, ne le taxe d'aucune fausseté? Si cet auteur, dont le témoignage est d'un si grand poids dans la critique, l'avait jugé incapable de faire foi, ou il l'aurait passé dédaigneusement sous silence, ou au moins, il aurait averti qu'il n'était appuyé sur aucune preuve historique. Il semble qu'il était à même de le faire, plus que tout autre. Cependant, il ne dit rien en défaveur. Mais que 200 ans après lui on vienne le dire, c'est ce qui nous paraît, et paraîtra

---

(*) Histoire de Montdidier. (Tome I, page 51, et tome 3, page 36).

sans doute aussi à beaucoup d'autres, bien étrange. Nous ne savons plus alors sur quoi on peut établir une juste appréciation des choses. Pourtant, ce qui est le plus vraisemblable, c'est que ce document contrariant l'opinion de notre nouvel historien, il a trouvé plus simple de ne pas l'admettre. Pour nous, nous ne faisons pas difficulté de le considérer comme une preuve concluante de la vérité du fait.

Puis, pour peu qu'on réfléchisse sur sa teneur, qui offre bien tous les caractères d'un écrit du moyen âge, (*) il paraît certain, sauf preuves à ce contraire, qu'il a été puisé dans une autre source que dans celle des Bénédictins. Il est donc plus que probable qu'il existait encore un autre manuscrit, qui ne nous est pas connu, comme, hélas! peut être bien d'autres, dans lequel Louis Niquet a puisé sa relation. La raison que nous voyons toute naturelle, est que cette légende présente une variante assez forte avec le récit de Dom B. Fricourt, ce qui n'aurait pas eu lieu, s'il était sorti de même source. Toutefois, cette variante n'est pas de nature à nuire à l'authenticité du fait; elle est plutôt propre à le confirmer.

Nous trouvons aussi, dans cette légende, la sanction de ce fait, puisque Dieu, pour prouver la vérité de ces Reliques, daigne opérer un miracle en leur faveur. Ici, nous entendons nous dire qu'il faut dégager ces faits de tout ce qui tient à un ordre supérieur. Nous y consentons volontiers. Mais, tout en avouant que ces légendes ont pu être quelque

---

(*) Le P. Vanhecke, continuateur du célèbre ouvrage des Bollandistes, pense comme nous.

fois embellies par des circonstances surnaturelles, que l'on ne peut encore, sans témérité, regarder toujours comme inventées à plaisir, sans en avoir des preuves irréfragables, nous dirons que tous les hommes sérieux aujourd'hui, s'accordent à voir dans ces documents de véritables preuves historiques. L'auteur lui-même ne peut pas penser autrement sans se contredire. Voici ce qu'il dit : *A côté de la légende, il y a le côté historique, et la vie des saints a toujours fourni d'utiles renseignements à l'histoire. Les cloîtres où l'on conservait ces pieuses traditions, étaient le seul refuge des connaissances humaines, et en dégageant ces légendes du merveilleux dont les auteurs se sont plu à les orner, on y trouve l'indication des faits dont l'exactitude ne saurait être contestée.* (*) Quoi de plus clair ? D'après ceci, qui pourrait refuser à la légende de Soissons un caractère historique ? Car avant de raconter que l'on fit subir à ces Reliques l'épreuve du feu, d'où elles sortirent intactes, ce qui est le côté merveilleux de la légende, ne dit-elle pas positivement qu'elles ont été apportées à Montdidier par le prêtre Paul, ce qui est le côté historique. Comme on le voit, ce document est indubitablement la preuve historique du fait ; donc, le fait est appuyé sur une preuve historique. Il s'accorde parfaitement, pour le fond, avec ceux de Montdidier, et comme nous le dirons plus bas avec ceux de l'Artois. Il présente le même résultat, à savoir que ces Reliques sont arrivées à Montdidier. La seule différence est qu'il ne parle pas du passage à Paillart, comme le

---

(*) Histoire de Montdidier. (Tome I, page 45).

dit Ducange, d'après le manuscrit de Montdidier, ce qui, après tout, n'est qu'un incident.

De quelque côté donc que l'on envisage cet événement, on n'y voit rien qui soit contraire à la vérité. Les deux récits même ne sont nullement contradictoires, et il n'a fallu, en effet, qu'une légère circonstance omise, pour les empêcher de se lier parfaitement. Ceci posé, on peut remarquer deux choses : 1° C'est que tous les auteurs qui ont parlé de cette translation la mettent sous Hilduin, comte de Montdidier. L'existence de ce personnage n'est niée de personne, et elle précise la date du fait. C'est le même, dit Ghesquière, à qui Hugues-le-Grand, père de Hugues Capet, mort en 956, fit présent de la terre de Cambis en Brie.(*) Or, continue Ghesquière, c'était plutôt dans le 10e siècle déjà avancé, (**) qu'avant, comme le dit le Père Guilbert de la Haye. 2° c'est que Dieu y a opéré des miracles, ce qui prouve que ces reliques étaient vraies, car Dieu ne saurait faire un miracle pour en autoriser de fausses.

Cette translation a donc eu lieu certainement,(***) dit Ghesquière.

La tradition montdidérienne, dont nous venons de parler, ne manque pas de force assurément. Elle peut même seule entraîner l'assentiment d'un esprit sérieux et impartial, ou il faut alors nier tout. Elle paraîtra cependant plus convain-

(*) Les Bollandistes disent COULANVILLE-EN-BRIE.

(**) Provecto jam sæculo decimo.

(***) Quæ tamen translatio facta fuit, cum Hilduinus mondideriensis esset comes.

cante encore, si nous ajoutons que ce n'est pas seulement à Montdidier qu'elle a été connue et qu'elle s'est maintenue, mais aussi dans l'Artois, au lieu même et à l'époque où le fait s'est accompli ; que là aussi, elle n'est pas restée à l'état de lettre morte, et qu'on la trouve rapportée dans un auteur presque contemporain de l'événement. Je dis contemporain, on en verra la raison dans peu. En effet, vers l'an 1179 au plus tard, selon quelques auteurs ; on pourrait même dire plus justement et sans compromettre en rien la vérité, bien avant le milieu du 12e siècle, un religieux nommé Gauthier, fut élu abbé du célèbre monastère d'Arrouaise. Ce monastère était bâti sur le théâtre même du martyre de nos Saints. C'était pour honorer leur mémoire et sanctifier ces lieux, que de pieux ermites étaient venus s'y fixer et avaient par là donné naissance à cet établissement. Or, Gauthier, qui habitait ces lieux mêmes où le fait s'était passé, qui, par sa position, devait le connaître mieux que personne, et qui, selon nous, était plus intéressé que qui que ce fut à le nier s'il avait été faux ; Gauthier, disons-nous, dont nous allons rapporter les propres paroles, a consigné dans l'histoire de son abbaye le fait de la translation de ces Reliques à Montdidier. Dira-t-on que Gauthier l'a inventé ? Pour quelle fin et pour quelle raison ? Ici, l'auteur de la nouvelle Histoire de Montdidier se trouve donc encore en défaut quand il dit « que ce *fait se serait passé* 800 *ans avant qu'on en ait entendu parler.* » (*)

Il semblerait même qu'en écrivant, il ignorait

(*) Histoire de Montdidier. (Tome 2, page 29).

ce témoignage de Gauthier, car il avoue, avec une espèce d'embarras, ne pas savoir *comment expliquer que depuis l'an 900, époque présumable,* dit-il, *à laquelle aurait eu lieu l'événement, jusqu'à la fin du 15ᵉ siècle, il ne soit pas fait mention de ces glorieux martyrs, si ce n'est dans une pièce de théâtre représentée en 1656, où l'on imprima pour la première fois la circonstance de la translation d'une partie de leurs Reliques de Lillers à Paillart, et de cette dernière commune à Montdidier.* (*) Cependant, nous avons quelque raison de croire que ce n'était chez notre auteur à ce moment qu'un simple défaut de mémoire, d'autant plus regrettable que, sans lui, nous aurions probablement ignoré nous-mêmes ces pages, sorties de sa plume, qui ont produit un sentiment si pénible dans tous ceux que nous connaissons qui les ont lues, soit montdidériens, soit autres. Quoiqu'il en soit, qu'il l'ait connu ou non, ce témoignage n'en explique pas moins très clairement la difficulté, puisque 500 ans avant l'année 1656, il faisait mention de ces glorieux Martyrs, et rapportait le fait de la translation. Ce qui prouve que ce n'était pas *la première fois* qu'à cette époque on parlait de cette circonstance.

C'est l'an 950 environ, selon Ghesquière, d'accord sur ce point avec la chronique montdidérienne, par conséquent au milieu du 10ᵉ siècle, qu'eût lieu l'enlèvement des Reliques par le prêtre Paul, et leur transport à Montdidier. Or, voici ce qu'écrivait Gauthier. Nous rapportons ici en entier le passage

---

(*) Histoire de Montdidier. (Tome 3, page 36).

dans lequel il décrit l'emplacement du monastère d'Arrouaise, et où il parle du fait qui nous occupe :
« Ce lieu traversé par le chemin public, est situé
» dans une forêt que l'on nomme Arrouaise, qui
» s'étendait depuis le fort d'Encre, jusqu'à la
» rivière de Sambre. Il avait été autrefois le repaire
» d'une bande de voleurs. De là vient que plusieurs
» l'appèlent ordinairement le tronc de Bérenger, leur
» chef, parce qu'après sa mort, disent-ils, ses satel-
» lites, quand ils avaient fait un prisonnier, avaient
» coutume de l'amener devant un tronc d'arbre
» qu'ils avaient creusé exprès et dans lequel l'un
» d'eux se cachant, fixait le prix de la rançon du
» captif, comme si c'était Bérenger lui-même, de
» telle sorte qu'il n'était permis à qui que ce fut de le
» diminuer ou de le changer. De même, dans l'his-
» toire du martyre des saints Lugle et Luglien,
» irlandais, DONT LES CORPS SONT EN VÉNÉRATION DANS
» L'ÉGLISE DU CHATEAU DE MONTDIDIER, on y lit claire-
» ment écrit que ces mêmes saints, passant par ces
» contrées, furent couronnés du martyre par la
» main des impies, à savoir : Bérenger et ses frères
» Bovon et Hescelin et leurs complices. Et comme
» il est certain que ce crime fut commis sur le
» territoire de Thérouanne, il n'est pas moins certain
» que ces mêmes impies ont continué à exercer
» leurs cruautés aussi longtemps qu'ils le purent,
» non seulement dans ce lieu, mais encore dans les
» environs qu'ils parcouraient en tous sens. » [1]
Il est impossible de trouver quelque chose de plus positif que ce qui est rapporté dans ce passage. Les

(1) Voyez le texte latin, note n° 13.

corps des saints Lugle et Luglien, martyrisés par Bérenger et ses complices, sont en vénération dans l'église du château de Montdidier, Gauthier l'a dit avant l'an 1179, et pour le dire, il fallait bien que cette tradition fut connue et que lui-même eût acquis la certitude que ce fait avait eu lieu.

La tradition orale du fait de la translation a donc existée aussi dès le commencement, en Artois. Ceci parait certain et incontestable, puisque un siècle et demi seulement après, Gauthier en parlait dans ses écrits, en sorte que l'on pourrait presque dire qu'il l'a puisée à la source même. Gauthier, en effet, avait pu connaitre saint Heldemare, l'un des trois ermites dont nous avons parlé plus haut, et qui fut le premier Prévôt de l'abbaye d'Arrouaise. Ce saint mourut en 1097, et si nous en croyons Ferry de Locre, Gauthier écrivait en 1090. De son côté, saint Heldemare a pu certainement vivre avec un témoin oculaire du fait et l'apprendre de sa bouche. Pour cela, il a fallu que ces deux personnages vécussent l'un et l'autre environ 80 ans, ce qui est loin d'être impossible. La conclusion est facile à faire. Il n'est donc pas juste d'avancer que le seul manuscrit qui en fit mention ne remontait pas au-delà de 1597. Dom Pagnon, lui-même, était aussi dans l'erreur ou au moins dans l'ignorance, s'il a cru, comme on le suppose, que le fait de la translation des Reliques à Montdidier, n'était relaté dans aucun autre écrit que dans les recueils des Religieux, ses prédécesseurs.

Ainsi, comme on le voit, le fait de cette translation ne se trouve pas consigné seulement dans les ouvrages des Bénédictins de Montdidier. Gauthier n'était pas bénédictin de Montdidier. Il ne donne pas, il est vrai, les détails qui concernent cette translation ; mais, au moins, il présente le fait comme accompli. Louis Niquet, de Soissons, n'était pas non plus bénédictin de Montdidier, et cependant son récit donne le même témoignage sur le fait en lui-même, quoiqu'il laisse apercevoir quelque différence dans les détails, ce qui, à notre avis, ne donne que plus de force à la vérité. Pourquoi dire alors qu'*on ne peut avoir une preuve solide en faveur de la vérité de la légende dont le souvenir se perpétue à Montdidier.* (*)

L'auteur de l'Histoire de Montdidier ne s'en tient pas là. Il ajoute que: *Le Père de la Haye, dominicain, en venant de Lillers dans cette ville, afin de chercher des renseignements pour composer la vie des saints martyrs, y apprit pour la première fois les particularités concernant cette translation, parce que les habitants de Lillers, ville voisine du lieu où les deux frères subirent le martyre, n'avaient jamais entendu parler de ce fait, leurs archives gardant le silence sur ce point délicat.* (**) Tout ceci, il faut l'avouer, paraît bien obscur et bien incohérent. Il est évident que l'auteur, ici, non seulement confond le fait en lui-même avec les détails du fait, ce qui n'est pas du tout la même chose ; mais qu'il est encore complétement en dehors de toute vraisemblance. Voyons ce qu'il dit :

(*) Histoire de Montdidier. (Tome 2, page 30).

(**) Histoire de Montdidier. (Tome 2, page 29).

Les habitants de Lillers ne connaissaient nullement le fait de la translation, ils n'en avaient jamais entendu parler. Il faudrait donc ajouter que le Père de la Haye lui-même l'ignorait, puisqu'il était de cette contrée. Mais, s'il en était ainsi, pourquoi, à la prière des chanoines de cette ville, qui lui demandent de composer la vie des bienheureux martyrs, se détermine-t-il à venir à Montdidier pour y chercher des renseignements ? Dira-t-on qu'il y vint sans avoir la connaissance du fait ? Mais sa démarche aurait été fort étrange et bien singulière. Il serait inexplicable qu'il fut venu à Montdidier pour s'instruire sur un fait qui lui aurait été tout-à-fait inconnu. Ne serait-ce pas dire, en quelque sorte, qu'il a été conduit par un heureux hasard, précisément et sans qu'il s'en doutât à l'endroit où étaient ces Reliques, sur lesquelles il cherchait des renseignements ? Et puis, comment faire croire aux habitants de Lillers, s'ils n'en avaient jamais entendu parler, qu'une partie considérable des Reliques de leurs patrons leur avait été dérobée et transportée dans une autre ville, sans qu'ils le sussent ? Comme on le voit, tout cela est inadmissible. Le Père Guilbert de la Haye connaissait le fait, aussi bien que les habitants de Lillers, qui ne firent aucune réclamation quand sa vie parut. Du reste, comment pouvoir le nier ? Le témoignage de Gauthier n'était-il pas là pour affirmer qu'une ancienne tradition lui avait appris à lui-même que les corps des saints Luglc et Luglien étaient à Montdidier ? Quand donc le Père de la Haye y vint, c'était tout simplement pour chercher des particularités locales d'un fait qu'il tenait pour certain.

D'autres auteurs sont cités comme n'en ayant point parlé. Ce sont Ferry de Locre, Gazet, Arnould de Raisse. Ces écrivains paraissent être appelés pour donner leur appoint et confirmer l'opinion que l'on s'est efforcé de rendre peu favorable au fait de la translation. Nous dirons que de cette liste, il faudrait d'abord retrancher Ferry de Locre, qui n'en a pas parlé, parce qu'il n'a pas voulu en parler. Ferry de Locre, en effet, comme nous l'avons déjà dit, cite l'ouvrage de Gauthier sous l'année 1090. Il le connaissait donc. Mais Dom Gose, prieur d'Arrouaise, dans l'édition qu'il donna en 1786, de l'histoire dudit monastère, par Gauthier, nous apprend qu'il en fit un extrait fort long et très défiguré, ce qui, par conséquent, le met au nombre des auteurs auxquels il n'est pas possible de se fier. Il retranche, en effet, entr'autres choses, ce qui a rapport à cette translation. Pourquoi s'est-il permis cette suppression? Il est fâcheux vraiment qu'il ne soit plus pour nous le dire. Serait-ce parce qu'il n'y croyait pas? Alors, il ne croyait pas non plus à la tradition, car, comme il vivait 400 ans après Gauthier, il ne pouvait donc pas être plus sûr de la fausseté du fait que Gauthier l'était de sa réalité.

Pour les deux autres, nous ne voyons pas qu'on puisse s'autoriser de leur silence, pour faire une objection sérieuse. Peut-on dire, en effet, que ces auteurs se sont constitués positivement et spécialement les historiens de nos patrons? Ils en ont parlé d'une manière générale; est-il étonnant alors qu'ils aient pu omettre le fait de l'enlèvement d'une partie de leurs Reliques, quand, d'ailleurs, il en restait encore assez dans le pays pour ne pas les faire oublier ? Cette circonstance pouvait bien ne pas être pour eux d'une grande importance. Qu'ils se soient appliqués à conserver leur souvenir, voilà ce qu'il leur importait de faire, laissant de côté tous les détails de ce qui pouvait les regarder. André Herby s'est contenté de publier, en 1597, le manuscrit latin tel qu'il l'avait trouvé. Or, ce manuscrit, que l'on croit avoir été composé peu de temps après leur mort, et par conséquent deux siècles avant la translation, n'en parlait point, c'est tout naturel. Il y a plus, c'est que ce même manuscrit latin ne parle d'aucune translation, pas même de celle qui eût lieu de l'endroit de leur martyre au château d'Almer, non plus que de celle du château d'Almer en celui de Lillers, translations pourtant que personne ne conteste. De là est-ce une raison pour dire qu'André Herby ignorait ces faits ou que ces faits étaient faux, parce qu'il ne les a point ajoutés au manuscrit, d'autant plus que rien ne nous dit que son intention ait été de faire une nouvelle vie? Comment donc en tirer une preuve capable d'infirmer le fait en question?

Et puis, en invoquant la simple raison et le bon sens, ne pouvons-nous pas dire : Tous les faits qui ont eu lieu, sont ils rapportés dans tous les auteurs? Un fait cesse-t-il d'être véritable, parce qu'il a été omis par ceux qui auraient dû, ce semble, en parler? Qu'est-ce, après tout, que ce silence prétendu des auteurs que l'on oppose comme principe de dénégation et de doute? Sinon un argument purement négatif qui a fort peu de valeur pour les faits historiques. Humainement parlant, le fait d'un vol de reliques a-t-il, aux yeux de tous, une telle importance qu'il occupe l'attention de beaucoup d'auteurs, qui ne rapportent ordinairement que ce qui peut servir à remplir le plan qu'ils se sont tracé? C'est plutôt pour cette raison là même que Ferry de Locre l'a retranché. Ces sortes de faits sont des faits de localités qui n'ont de conséquences que pour les lieux où ils arrivent, et on ne peut, selon nous, sagement en conclure rien de défavorable, quand, d'ailleurs, on les trouve rapportés par ceux qui y sont intéressés.

Que l'on dise donc ce que l'on voudra, et aujourd'hui on dit beaucoup, pour le seul plaisir de dire et de contredire, le fait de la translation des Reliques de saint Lugle et de saint Luglien nous paraît suffisamment prouvé. Ces Reliques ont été apportées à Montdidier. Les témoignages de Gauthier, de Niquet, des Benédictins, sont là. Ghesquière tient le fait pour certain. Elles ont été apportées des environs de Lillers, puisque c'était là qu'elles étaient, leur vie le dit; et j'espère du moins que personne ne contestera cette vie, que l'on regardait comme digne de foi, dans les temps les plus reculés. La vie des saints Lugle et Luglien, dit encore Ghesquière dans ses actes des Saints, (tome 6), était assurément regardée en Belgique comme digne de foi avant l'année 1179. Quant à moi, ajoute cet auteur : « Je pense qu'elle était » tenue pour authentique même avant l'année 956.

» Mais de combien de temps était-elle plus ancienne
» que 956; c'est ce que je ne saurais définir.(*) »

Il faut convenir que ceci ne s'accorde guère avec ce que dit l'historien de Montdidier, à savoir que : *La vie imprimée en 1597, par André Herby, a été la première qui ait révélé au public l'existence des deux frères Irlandais.* (**) Mais qu'entend ici l'auteur par ces mots : *La première qui ait révélé au public?* Il aurait été vraiment important de ne pas l'ignorer, car s'il a pensé que, jusqu'en 1597, leur existence a été complétement inconnue; pourquoi donc, dans toute la Gaule-Belgique, avant 1179, regardait-on déjà la vie de saint Lugle et de saint Luglien comme digne de foi? Pourquoi, à cette époque, Gauthier en parlait-il dans son histoire de l'abbaye d'Arrouaise, non pas comme d'une chose inconnue jusqu'alors, mais comme essentiellement attachée à la fondation de son monastère. C'est ce qui porta Ghesquière à croire que cette vie existait avant même 956. Voilà qui aurait mérité d'être expliqué pour éviter toute inconséquence.

Enfin, comme pour achever d'amener le lecteur à son opinion, le même auteur montdidérien, quelques lignes plus bas, parlant d'une traduction presque littérale du manuscrit livré au public, par André Herby, qui parut dans le légendaire de la Morinie, imprimé à Boulogne en 1850, ajoute : *Le traducteur a gardé un silence significatif sur la*

(*) Vita (SS. Luglii et Lugliani) servabatur certò in Belgio antè annum 1179, ut fide digna... et eamdem illam vitam etiam anno 956, antiquiorem esse censeo. Quantò autem tempore vita illa antiquior sit 956, non habeo quod definiam.

(**) Histoire de Montdidier. (Tome 3, page 334).

légende montdidérienne. (*) Ce mot significatif paraît être donné à dessein, pour faire croire que c'est avec intention que le traducteur de la vie rapportée dans le légendaire de la Morinie, a omis de parler du fait de la translation. Cependant, nous pouvons dire que c'est à tort qu'on semble lui prêter cette pensée. Car, s'il ne pouvait en parler, en se bornant à traduire un écrit antérieur au fait, et qui n'en parlait pas lui-même, il a eu soin, pour son compte, d'ajouter en tête de sa traduction, une note que nous lisons à la page 294, du même légendaire, et qui est ainsi conçue : « Montdidier-en-Picardie » rendit aussi un culte spécial à ces deux Saints, à » cause d'une translation qui y fut faite d'une » partie notable de leurs corps, les deux chefs et » plusieurs ossements. Cette translation ou plutôt » cette soustraction de Reliques eût lieu au 10ᵉ » siècle. » Ces paroles nous paraissent aussi très significatives, et nous ne faisons pas difficulté de croire que si l'auteur ne les a pas rapportées, c'est sans nul doute parce qu'elles lui ont échappé.

Maintenant, ces Reliques sont-elles les mêmes qui ont été apportées au 10ᵉ siècle ? Nous répondons que le témoignage des Bénédictins est là pour nous l'assurer aussi, et nous croyons qu'il en vaut bien un autre, car la conscience, chez eux, devait passer avant l'intérêt ; avant même le désir qu'on leur suppose *de donner par elles quelque lustre à leur couvent.* (**) Leur premier devoir était de ne point tromper le public en cherchant à lui inspirer une

---

(*) Histoire de Montdidier. (Tome 3, page 334).

(**) Histoire de Montdidier. (Tome 2, page 28).

dévotion pour des Reliques qu'eux mêmes n'auraient pas regardé comme certaines. Agir autrement, c'eût été tenir une conduite assurément indigne de prêtres et de religieux, et il répugne même de le penser. Aussi, Claude Brulé, prêtre-sacristain et gardien du trésor des reliques du couvent, donne-t-il une preuve de cette délicatesse, quand, dans l'énumération des reliques qu'il visitait les 25 et 26 mai 1660, il déclare que, pour celles dont aucun écrit ne constatait à ses yeux l'authenticité et dont il n'était pas assuré, il les a replacées dans les mêmes conditions, c'est-à-dire, sans y en mettre pour n'imposer rien à la vérité de ce qu'il avait rencontré. Ainsi, son procès-verbal, seule pièce sur laquelle est appuyé tout l'échafaudage du prétendu doute et que l'on dit *ne pouvoir faire autorité,* (*) prouve au contraire bien clairement qu'il n'en a point été ainsi à l'égard des Reliques de saint Lugle et de saint Luglien. Claude Brulé les a trouvées accompagnées de vieux écrits, remontant à plusieurs siècles. Ils étaient détériorés, il est vrai, jusqu'à un certain point. Cependant, comme ils pouvaient encore le convaincre que ces Reliques étaient bien celles des saints martyrs, il dit qu'il a jugé à propos de les renouveller en y apposant le sceau de la communauté: « Pour servir de mémoire à la postérité et
» rendre le souvenir de ce sacré dépôt autant authentique et vénérable, à ce que la piété de nos
» successeurs fut davantage satisfaite par la découverte et la connaissance de la vérité des choses
» contenues en ce présent procès-verbal. » Claude

(*) Histoire de Montdidier. (Tome 2, page 32).

Brulé pouvait-il s'expliquer plus nettement sur sa conviction? [1]

Du reste, cette conviction des Bénédictins existants alors, n'était pas seulement imaginaire, elle était réellement appuyée sur de bons motifs de crédibilité. Ce qui prouve encore qu'ils étaient bien convaincus, c'est que, dans un titre en parchemin déposé dans la châsse, en 1631, à la suite de la requête présentée à cette époque au prieur du couvent, par les marchands drapiers de la ville, à l'effet d'obtenir la permission de faire redorer la châsse des saints Lugle et Luglien, ils firent insérer ces mots après la visite de 1660 : « Toute cette châsse et
» cassette ont été visitées les 25 et 26 mai 1660,
» par les Révérends Pères Dom Eusèbe Thorillon,
» prieur claustral ; Dom Eustache Davesne et Dom
» Claude Brulé, sacristain, et trouvées conformes
» aux anciens billets de ce prieuré, puis fermées
» par Dom Claude Brulé, sacristain et secrétaire
» de la communauté, et scellées du sceau du cou-
» vent. » Or, qu'étaient-ils ces anciens billets, sinon assurément les authentiques, conservés dans les archives du couvent pour servir, au besoin, de pièces confirmatives des écrits qui, trouvés avec les reliques, ne faisaient qu'indiquer les noms des saints, de qui elles étaient ? Combien, en effet, n'y a-t-il pas de reliques déposées dans des châsses, dont les authentiques sont conservés ailleurs? Il n'y a peut-être pas d'église parmi celles qui en possédent qui ne soit dans ce cas. Ces paroles démontrent donc suffisamment qu'il y en avait.

(1) Voyez le texte n° 14.

En ajoutant ce témoignage aux précédents, qui disent que des Reliques des saints Lugle et Luglien, martyrs, ont été apportées de Lillers à Montdidier, en 950, et reçues par le comte Hilduin et sa femme, la comtesse Helwide, qui fit bâtir l'église en leur honneur, qui pourrait nier que ce sont les mêmes Reliques? Ce qui achève de le prouver d'une manière péremptoire et inattaquable, c'est que ce sont les chanoines de saint Augustin, établis exprès par la comtesse, et après eux les religieux de Cluny, leurs successeurs immédiats, qui les ont toujours eues sous leur garde. Le soin n'en a été confié qu'à eux seuls jusqu'à la révolution de 93. Il y a lieu vraiment d'être surpris, quand on entend dire après cela: *Il est évident qu'il y a deux siècles, les Bénédictins n'étaient pas mieux informés que nous ne le sommes aujourd'hui et qu'ils n'avaient aucun titre de nature à prouver l'origine et la sincérité de leur dépôt*(*). Mais, quant à l'origine, ces Reliques ne venaient-elles pas de Lillers? Ce sont, dit Gauthier, les corps des saints Lugle et Luglien mis à mort par Bérenger sur le territoire de Lillers, et vénérés dans l'église du château de Montdidier. Quant à l'authenticité, n'a-t-elle pas été confirmée par les miracles qui se sont opérés quand on les a reçues à Montdidier, puisqu'il y a eu miracle dans chacune des deux manières par lesquelles il est dit que cette translation a été faite, et puis encore par ceux qui, de siècle en siècle, ont eu lieu à leur occasion? Enfin, quant à la sincérité du dépôt, nous venons de dire, il n'y a qu'un instant, que Claude

(*) Histoire de Montdidier. (Tome 2, page 33).

Brulé, et ses confrères les Religieux, l'ont reconnu? Il certifie qu'il était conservé dans l'église du Prieuré, depuis sept à huit cents ans, et aucun document emané d'eux ne dit qu'il a été transporté ailleurs, bien que quelque petite portion ait pu en être distraite, comme il arrive quelque fois. *Leur certificat d'origine* est donc bien en règle, on le voit, et elles peuvent en toute assurance le montrer à quiconque *songerait à le leur demander*. (*)

L'époque de la révolution pouvait présenter une difficulté plus sérieuse. Il semble qu'il aurait été plus facile de créer des raisons, ayant quelqu'apparence de vérité, pour établir alors un doute sur l'authenticité de ces Reliques. Mais la divine Providence a disposé toutes choses de manière à ne pas laisser lieu à la moindre incertitude. Nous dirons, dans un autre endroit, le moyen dont elle s'est servi. Nous nous contenterons de dire ici, qu'après cette époque, il a été constaté qu'elles étaient restées intactes et qu'on n'avait point touché aux enveloppes ni aux sceaux qui les entouraient, et qui avaient été apposés par le prieur du couvent, en 1660.

On cite cependant la conduite de M. Clausel, grand-vicaire de l'Evêque d'Amiens, qui, dit-on, *en venant à Montdidier, en 1803, ne voulut pas vérifier leur authenticité, craignant de n'en pas trouver, et préférant s'en rapporter à la pieuse dévotion du peuple et des magistrats de la ville*. (**) Cette parole, attribuée à M. Clausel, est-elle bien authentique elle-même? Car, à dire vrai, elle nous

---

(*) Histoire de Montdidier. (Tome 2, page 33).

(**) Histoire de Montdidier. (Tome 2, page 33).

paraît assez bien déplacée dans la bouche d'un envoyé AD HOC, et pour l'honneur de M. Clausel, nous aimons mieux nous donner la permission d'en douter. Quoiqu'il en soit, et supposé encore que l'on veuille qu'elle soit telle, elle ne fournit pas une preuve très concluante du contraire. M. Clausel n'a pas voulu, soi-disant, visiter les Reliques. Mais, en sa qualité de visiteur, il devait le faire, et s'il l'avait fait, il aurait trouvé, comme nous, les sceaux du Prieuré et les écrits des Religieux, attestant que ces Reliques, qui étaient toujours restées en leur possession, étaient bien celles des saints Lugle et Luglien.

Pour nous, nous sommes intimement persuadé qu'elles sont authentiques, et nous nous faisons un plaisir et un devoir de le proclamer.

De plus, nous disons que le culte qu'on leur rend n'est pas *de fraîche date.* Elles ont été VÉNÉRÉES, dès l'année 950, DANS L'EGLISE DU CHATEAU DE MONTDIDIER. Il est encore ici assez difficile d'accorder ces paroles de Gauthier avec celles de l'historien précité, qui dit: *Qu'elles étaient peu en vénération et gardées obscurément au Prieuré* (*) On n'honore pas décidément ce que l'on ne connaît pas, comme on n'estime pas une personne dont on ignore le mérite et les bonnes qualités. (**) Or, quand Gauthier, dont le témoignage est du 11e siècle, selon Ferry de Locre, écrit que ces Reliques sont VÉNÉRÉES, (que l'on fasse attention à ce mot VÉNÉRÉES, qui est l'expression la plus forte après le mot adoré); il fallait bien, ce nous semble, que l'on

---

(*) Histoire de Montdidier. (Tome 2, page 28).

(**) Ignoti nulla cupido (Ovide).

connut dans son pays, non seulement le fait de leur translation, mais encore le culte qu'on leur rendait à Montdidier, et qui ne pouvait être qu'un culte distingué. Le mot VENERANTUR l'atteste. Il prouve en outre, par une induction rigoureuse, que ce culte de vénération ne pouvait pas être seulement celui d'un ou de quelques particuliers, mais bien un culte général dans le pays.

Si donc, avant le 15e siècle, nous ne trouvons plus à Montdidier de pièces explicatives touchant ce culte, il ne faut l'attribuer certainement qu'à la perte fâcheuse des documents qui, comme il est permis de le supposer, ne manquaient pas d'en parler. Que sont devenus, en effet, par exemple, les recueils rédigés par les Bénédictins avant cette époque? puisque le Père Dom Pagnon nous assure qu'il y en avait. Il faut donc nécessairement que ce soit par quelque document perdu, que Gauthier ait connu ce culte de vénération que l'on rendait, à Montdidier, aux Reliques des saints Lugle et Luglien. Le procès-verbal de Claude Brulé nous assure aussi: « Que la châsse qui » les contenait était exposée sur le maître autel, » au milieu et au-dessus du grand tableau d'y » celui, » c'était bien une place honorable. Toutefois, les honneurs qu'on leur rendait dans les premiers temps n'étaient peut-être pas aussi brillants qu'aujourd'hui, soit; car le culte des saints, selon la judicieuse réflexion des Bollandistes, dans la partie qui touche à la terre, éprouve nécessairement les vicissitudes de la terre. Il a, si l'on peut parler de la sorte, sa mauvaise comme sa bonne fortune. Il grandit ou décroit selon que la foi des peuples et leur reconnaissance jettent un plus grand éclat ou meurent dans les âmes. Mais ceci est-il applicable en défaveur au culte de saint Lugle et de saint Luglien, à Montdidier, et faut-il inférer de là qu'on n'avait pour eux *qu'une dévotion très modérée,* (*) ou en d'autres termes, à peu près nulle? D'après ce qui a été dit plus haut, il est évident que non. Ce culte a progressé, parce qu'il s'est trouvé appuyé sur des bienfaits nouveaux, et ce plus ou moins de solennité n'a jamais infirmé en rien la croyance que l'on a toujours eue en l'authenticité de ces Reliques, et la confiance en la protection des saints Martyrs.

Pour prouver encore, à sa manière, que la dévotion des habitants de Montdidier envers les illustres Patrons est récente, le même auteur établit d'abord une comparaison entre *le culte qu'on leur rend,* selon lui depuis quatre siècles seulement, ce qui n'est pas déjà pourtant une marque de nouveauté, *avec celui dont sont en possession les autres saints honorés dans l'Église.* (**) Ce raisonnement est évidemment plus spécieux que juste, et la comparaison cloche, car à quels saints veut-il les comparer? Est-ce à ceux qui ont paru jusqu'au 8e siècle? Alors, il est clair que le culte que l'on rend à saint Lugle et à saint Luglien, ne remonte pas si haut. Leur mort n'est arrivée qu'en 705, conséquemment ils ne pouvaient pas être honorés comme saints avant cette époque. Est-ce aux

(*) Histoire de Montdidier. (Tome 2, page 28).

(**) Histoire de Montdidier. (Tome 2, page 28).

saints qui les ont suivis? car il y en a dont le culte est effectivement de fraîche date. Alors, le leur est plus ancien. La tradition assure qu'ils étaient en vénération dans tout le pays d'Artois, à cause des miracles qui s'opéraient à leur tombeau, dès le commencement du 8ᵉ siècle. Ce ne sont pas les habitants de Montdidier qui ont inventé ce culte, puisque leurs Reliques ne furent apportées dans cette ville que deux cents ans après leur mort. Mais, il faut bien avouer que depuis ce temps, c'est-à-dire depuis 900 ans, elles y sont vénérées. Il est donc impossible de tirer de la comparaison aucune conséquence tant soit peu raisonnable.

L'ordonnance de l'échevinage du 4 septembre 1496, qu'il rapporte ensuite comme pièce à l'appui de ce qu'il avance, ne détruit en rien ce que nous disons. Voici comme elle était conçue: « Aujour-
« d'hui dimence, 4ᵐᵉ jour de septembre 1496, à
« l'hostel de la ville, à son de cloche et grand huis
« ouverts, où estaient assemblés mayeurs et esche-
« vins de ladite ville, ensemble tous ou la plus
« grande part des manans et habitants d'icelle,
« ausquel il a esté leu au long une requeste en
« papier, présenté par les religieux, prieur et
« couvent de l'église de Notre-Dame dudit Mont-
« didier, afin de fester et sollempniser les festes
« des glorieux corps saints, Monsieur saint Lugle,
« archevesque, et Monsieur saint Luglien, roy;
« ainsi que en ladite requeste est fait mention
« avec l'accord desjà fait par lesdits mayeur et
« eschevins. Et après ce que les d'habitants se sont
« bien conseillés et advisés, ont consenti et accordé

« le contenu en ladite requeste mesmement s'il
« plaist à révérend père en Dieu, Monseigneur
« l'évesque d'Amiens, les deux jours et festes
« desdits benoists corps saints soient festées et
« solempnisées de toutes œuvres par toute la ville
« et banlieue de Montdidier, et à ce, se sont
« submis. » De quoi s'agit-il dans cette pièce ?
D'établir deux jours chômés en l'honneur de ces
Saints, dans lesquels tout travail et tout commerce
devait cesser par toute la ville et banlieue de
Montdidier, et cela sous peine de faute et de châtiment. Il n'est donc pas étonnant que les habitants
aient réfléchi et se soient bien conseillés et avisés
avant de souscrire à cette mesure. Mais elle ne dit
nullement que c'était pour donner de la dévotion
envers ces saints, parce qu'elle était très-modérée et
pour faire sortir leurs saintes Reliques de l'obscurité
dans laquelle on les tenait captives au Prieuré. Nous
ajoutons même que cette pièce prouve le contraire.
Car, pour s'imposer ainsi deux fêtes d'obligation, il
fallait bien que ces deux saints frères Irlandais
eussent déjà *le droit de cité* (*) et qu'ils ne fussent pas
inconnus jusqu'alors. Il n'est pas, en effet, si facile
qu'on le pense de faire adopter ainsi instantanément
et à volonté, à un peuple tout entier, une dévotion
nouvelle et qui soit persévérante, sans qu'on ait
pu l'appuyer préalablement sur des motifs graves
et puissants. Or, le motif que l'on suppose aux religieux de donner par elles du lustre à leur couvent,
était-il de nature à produire un tel résultat ? La
négative est pour le simple bon sens.

(*) Histoire de Montdidier. (Tome 2, page 28).

Nous regrettons bien sincèrement de nous trouver ici en opposition de sentiment et d'opinion avec ceux du savant auteur de la nouvelle Histoire de Montdidier. Nous aurions voulu de tout cœur qu'il en ait été autrement. Si sa mission n'était pas, comme il le dit fort justement, du reste, d'examiner et d'approfondir cette question, il nous semble qu'elle n'était pas, non plus, de soulever un doute en l'air qui pouvait bien ne pas être sans fâcheux résultat. Comme nous croyons donc qu'il est allé un peu au-delà des bornes qu'il aurait pu se prescrire sur ce sujet, nous avons cherché à montrer les choses telles, qu'à notre avis, on doit les envisager. *A quoi bon, en effet, froisser inutilement le sentiment religieux des populations ?* (*) Nous pouvons l'assurer, pourtant. Nous n'avons été mû en cela que par une seule pensée, celle d'atténuer, selon la vérité, toutefois, un langage qui nous paraissait de nature à contribuer trop efficacement à affaiblir, peut-être même, à détruire ce culte auquel nous tenons par le fond des entrailles. C'était pour nous, prêtre et Montdidérien, plus que pour tout autre, un devoir de conscience avec lequel il ne nous était pas permis de transiger. Nous nous trouverons donc heureux si notre but est atteint, et si nous pouvons réussir à conserver intactes, au milieu d'un peuple dévoué, la foi et la confiance envers des Saints qu'il aime et qu'il vénère, et dont la protection et les faveurs seront toujours pour lui des motifs assurés d'espérance.

(*) Histoire de Montdidier. (Tome 2, page 34).

CHAPITRE IV.

Des diverses autres Translations des Reliques des saints Lugle et Luglien.

>Pacem nobis impetrate,
>Et pro nobis exorate,
>Salvatorem sæculi.
>
>Obtenez une paix profonde,
>A nous qui sommes vos enfants;
>Et priez le Sauveur du monde,
>Qu'il nous préserve d'accidents.
>
>ANCIENNE PROSE.

Le fait, que nous avons rapporté au second chapitre de ce livre, de l'enlèvement des saintes Reliques, et surtout l'impossibilité de les recouvrer jamais, ayant jeté la consternation dans le château d'Almer et dans tous les environs, il fallut aviser au moyen de préserver, à l'avenir, d'un pareil attentat, ce qui restait de ce pieux trésor. Du reste, ce pays, si souvent ravagé et toujours exposé aux incursions des peuples barbares qui y apparaissaient de temps en temps, ne présentait aucune sûreté. Le premier malheur en faisait donc appréhender un second, et celui-ci eût été plus déplorable encore, puisqu'alors tout aurait été perdu sans ressource. La confiance des bons habitants de ces contrées en leurs augustes protecteurs ne s'allarmait donc pas vainement. Que seraient-ils devenus, privés de ce soutien? A qui dans la suite auraient-ils eu recours dans leurs calamités? Ah! ils étaient bien éloignés de penser que Dieu et ses saints sont indifférents à tout ce qui se passe ici-bas. Au contraire, leur foi leur représentait que, puisque les maux viennent de la main de Dieu, pour punir le plus souvent les infidélités et les crimes, ils devaient en chercher les remèdes dans de puissants intercesseurs auprès de lui. C'est pourquoi, afin de mettre les saintes Reliques à l'abri, désormais, de toute insulte et de tout larcin, il fut résolu qu'on les transporterait du château d'Almer, [1] en celui de Lillers, comme étant plus fortifié et plus propre à leur conservation. Cette translation eût lieu aussi en 950.

Le peuple des environs d'Almer, tout en comprenant la nécessité de pourvoir à leur sûreté, ne les vit pas s'éloigner sans peine, et bien que la distance qui devait les séparer ne fut pas longue, il ne put se résoudre à les abandonner. Pour ne pas les perdre de vue, il les suivit donc à Lillers et s'y fixa. Bientôt un grand nombre d'autres personnes vinrent s'établir dans cet endroit. Il se forma ainsi autour du château un gros bourg, que l'on fut même obligé de ceindre de murailles pour le mettre

(1) Voyez la note n° 15.

à l'abri des attaques des Normands, et qui devint enfin, au onzième siècle, une ville assez importante. Ce fut alors que les Reliques furent déposées dans le trésor de l'Église de la paroisse, où elles continuèrent à être l'objet du respect et de la vénération.

Parmi plusieurs personnes de distinction qui se sont fait honneur d'aller rendre leurs hommages aux reliques de nos Saints à Lillers, on remarque particulièrement, Isabelle de Portugal, fille de Jean I, roi de Portugal, et femme de Philippe-le-Bon, duc de Bourgogne et comte d'Artois. Cette illustre dame allait souvent visiter ce sacré dépôt, surtout lorsqu'elle eût fixé sa demeure à Aire, après la mort du duc, son époux. Sa piété, appuyée sur une foi vive et pleine de zèle pour tout ce qui pouvait contribuer à procurer la gloire de Dieu et de ses saints, lui fit bientôt entrevoir toute l'inconvenance qu'il y avait à laisser de si précieuses Reliques renfermées dans une vieille châsse de bois doré, monument peu digne d'un si riche trésor. Elle se décida donc à en faire faire une d'argent d'une grande beauté, où les sacrés ossements furent mis avec beaucoup de solennité, le 20 du mois de mai 1471. Au bas de cette châsse, on lisait ces paroles : « Isabelle, fille du roi Jean I, de Portugal, du- » chesse de Bourgogne, a donné cette châsse à » l'église de Lillers, en 1471. Prions Dieu pour » elle. » On voyait aux deux côtés de ladite châsse les deux Saints en relief, savoir : Saint Lugle en archevêque, et saint Luglien en roi.

En 1633, Christophe de Morlet, évêque de Saint-Omer, fit ouvrir cette châsse, et la trouva pleine d'ossements fort grands. Il en ôta deux, l'un pour la chapelle d'Hurionville, l'autre pour le château de Ferfay.

En 1636, il y eût encore une autre translation des Reliques de Lillers. Ce fut à l'occasion de la guerre entre la France et l'Espagne. Dans ce temps de calamités, cette ville eût beaucoup à souffrir, puisque, comme nous l'apprenons par son histoire, elle fut prise et reprise plus d'une fois, ruinée, saccagée et brûlée. Les saintes Reliques n'y étant plus en sûreté, la châsse qui les contenait fut transportée dans la ville d'Aire, et confiée aux Révérends Pères Capucins. Quand la paix fut signée en 1660, le chapitre de la collégiale alla, en procession, la chercher pour la rapporter à Lillers, où elle entra en triomphe au son de toutes les cloches, et aux acclamations des habitants, non-seulement de la ville, mais encore des villages voisins. Depuis ce temps, les saintes Reliques demeurèrent en paix dans cette ville, honorées d'un culte spécial, dont nous dirons quelque chose dans la suite de cet ouvrage, jusqu'à la révolution, où elles disparurent sans qu'il soit possible de dire ce qu'elles sont devenues.

Toutefois, s'il y a lieu d'admirer la conduite de la divine Providence, qui, pour sauver de la profanation et d'une ruine certaine ces saints restes, a permis qu'une portion considérable fut transportée à Montdidier ; ne pourrions-nous pas dire aussi que c'est parce qu'il réservait à la ville de Lillers et à ses environs, pour des temps peut-être difficiles, des grâces et des faveurs qu'il ne veut leur accorder que par l'intercession de leurs anciens protecteurs? Il semble que nous pouvons le penser, avec quelque motif de certitude, puisqu'il a voulu, il y a quelques années, que leur Église fut dotée de nouveau de quelques unes de ces mêmes Reliques, qui avaient reposé autrefois dans leur sanctuaire.

En effet, en vertu d'une autorisation de Monseig^r Mioland, évêque d'Amiens, en date du 11 avril 1844, les bustes des saints Lugle et Luglien, déposés dans l'Église de Saint Pierre de Montdidier, furent ouverts[1] le 16 dudit mois, et il en fut extrait un morceau du crâne de chaque Saint. (*) Etaient présents à cette ouverture: M. Aubrelicque, curé-doyen, archiprêtre; MM. Jacob et Duneufgermain, vicaires; M. Chandon, maire de la ville, M. Dangez, gardien, et tous les conseillers de la Confrérie. Les fragments, enveloppés dans une étoffe de soie rouge, revêtue des sceaux du doyenné et de la mairie, ont été portés à Mgr l'Evêque, qui en a fait la reconnaissance. Lui-même, les divisa en deux parts, dont il fit deux paquets revêtus de son sceau. Il les transmit à l'évêché d'Arras pour que, reconnus de nouveau par l'Evêque du diocèse, ils fussent remis, l'un à la paroisse de Lillers, l'autre à la paroisse de Ferfay. (2)

Comme il avait été prévu et ordonné par le

---

(1) Voyez l'acte n° 16.

(*) Le morceau du crâne de saint Lugle a été tiré à l'occiput. Il avait 2 centimètres de long sur un centimètre de large; et celui de saint Luglien du pariétal droit. Il avait 3 centimètres de long sur 2 de large.

(2) Voyez la note n° 17.

Seigneur, la ville de Montdidier, choisie entre toutes les villes pour veiller sur les précieuses reliques des glorieux Saints, remplit admirablement la tâche qui lui avait été imposée. Depuis 900 ans qu'elle a été constituée gardienne de ces sacrés ossements, son zèle pour les conserver ne s'est jamais démenti. Peut-être même, dirons nous, présente-t-elle un exemple unique de cette fidélité qui sera pour elle, à jamais, nous n'en doutons pas, un gage assuré de la bienveillance de ses patrons. Hâtons-nous de le dire.

Sans doute, qu'à des époques bien reculées, les ossements glorieux reposaient dans des vases précieux où l'or, l'argent, les pierreries, avaient été semés avec profusion. La piété et la générosité de nos pères, si pleins de foi et si reconnaissants des bienfaits qu'ils recevaient, nous permettent de le croire. Toutefois, comme la beauté et la finesse du travail pouvaient céder à la richesse de la matière, ces vases devaient nécessairement subir, de temps à autre, des modifications. C'est ainsi, qu'en 1686, l'ancienne châsse fut remplacée par une nouvelle en argent, donnée par les moines. Dom Hennequin était alors prieur claustral. En 1719 et 1720, les anciens bustes qui renfermaient, l'un une partie du crâne de saint Lugle, et l'autre celui de saint Luglien en entier, furent aussi changés en deux bustes d'argent de magnifique travail, exécutés par Sommeret, orfèvre à Noyon, et donnés, le premier, par les habitants de la ville, et le second, par les religieux Bénédictins. La translation des Reliques, dans ces nouveaux reliquaires, fut faite par les religieux eux-mêmes, comme l'attestent les authentiques déposés dans la châsse.

Cependant, des jours funèbres semblaient déjà, à cette époque se faire pressentir dans l'avenir. La foi naïve des premiers âges allait s'affaiblissant de jour en jour. La Religion, attaquée sourdement par des ennemis qui avaient juré sa perte, et qui, dans leur extravagant délire, avaient osé déclarer la guerre à Dieu et à son Christ, commençait à éprouver de fâcheuses secousses.

Enfin, arriva l'épouvantable tourmente dont les effets se font encore sentir aujourd'hui. Alors, il n'y eut plus rien de sacré. Ordre fut donné à Dieu de ne plus descendre sur la terre. Ses sanctuaires si vénérables furent, ou détruits avec leurs autels, ou changés en des lieux de dissolutions et de débauches, et les ossements sacrés des Saints, qui faisaient sentinelles aux pieds du trône divin, furent brulés et jetés à la voirie. Qui couvrira d'un voile éternel de semblables horreurs ! C'est ainsi que, d'un bout à l'autre de la France, s'étendait la persécution contre les saints de Dieu, et que l'on s'efforçait d'effacer jusqu'à leurs noms bénis de tous les souvenirs.

Mais, honneur aux habitants de Montdidier. Gloire aussi et actions de grâces aux hommes qui étaient placés alors à la tête de la chose commune, et qui peut être partageaient activement les opinions de ces jours désastreux, parce qu'ils firent une belle action.

En l'année 1790, la suppression des couvents fut prononcée. C'était le premier coup de bélier donné pour essayer de renverser cet inébranlable édifice, commencé il y a dix-huit siècles, par une main divine. C'était la première pelée de terre, ôtée pour creuser autour de lui cet effroyable abîme, qu'une troupe d'hommes insensés autant que coupables, espérait remplir avec ses ruines. Mais la pierre angulaire était trop bien assise pour céder à des efforts de pygmées. Il resta debout, soutenu par la même main qui l'avait posé sur sa base, comme il y restera toujours en dépit de l'enfer et des hommes.

Bien des choses disparurent, cependant, et l'on pouvait, en quelque sorte, prévoir que les reliques des Saints protecteurs de Montdidier subiraient un pareil sort, et qu'elles seraient dissipées aussi par le vent du désordre. Dieu ne le voulut pas. La châsse et les bustes d'argent qui les renfermaient, furent transportés dans l'Eglise de St-Pierre, le 7 mars, réclamés par le peuple qui craignait de se voir privé de son trésor. Cette translation se fit avec une grande pompe. On y voyait le clergé des différentes paroisses, celui des communautés et les Capucins. La châsse était portée par M. Lefèvre, curé de Notre-Dame, et les bustes par MM. Coquerel, curé de Saint-Martin, et Bosquillon, ancien curé de Marquivillers, prieur de St-Faron, d'Esclainvillers. A leur côté marchaient le maire, les officiers municipaux et les membres du conseil général de la commune. La garde nationale formait l'escorte et tenait à distance l'immense concours du peuple accouru pour prendre part à cette pieuse solennité. Le clergé de St-Pierre s'avança processionnellement au devant des Reliques. M. de St-Fussien de

Vigneruel, maire de Montdidier, après un discours de circonstance, en fit la remise publique à M. Turbert, curé de la paroisse. Celui-ci, en recevant la châsse et les bustes, s'en déclara responsable, s'engageant à les remettre aux Bénédictins, dans le cas où leur congrégation serait rétablie. Mais ils n'y furent pas à l'abri du vandalisme révolutionnaire, car, en 1793, on reçut l'ordre de les livrer pour être fondus à la monnaie. Quant aux saintes Reliques, retirées de ces vases, monuments de la piété, elles furent portées à la mairie avec respect, par M. Le François, membre du directoire de district.

Là, sous la sauve-garde de la commune, elles furent conservées avec grand soin, jusqu'au moment où les églises furent rendues au culte. C'est alors que M. Levavasseur, maire de Montdidier, les remit à M. Guédé, curé constitutionnel de Saint-Pierre, le 31 octobre 1795. Ce ne fut, toutefois, qu'en 1800, qu'elles furent placées de nouveau dans une châsse et dans des bustes de bois argenté. M. Desbois de Rochefort, évêque intrus de la Somme, reconnut que les sceaux étaient demeurés intacts.

En 1810, eût lieu une autre translation, approuvée par Mgr Jean-François Demandolx, évêque d'Amiens. (1) Les bustes, en bois argenté, paraissant peu dignes, la Confrérie, dont les ressources étaient modiques, en fit faire de cuivre argenté. (*) M. Lefèvre, curé-doyen de St-Pierre,

(1) Voyez l'acte n° 18.

(*) Ces beaux bustes sont sortis des ateliers de M. Parent, orfèvre à Paris, et achetés par M. Capperonnier, conservateur des imprimés à la bibliothèque impériale de Paris. Ils ont coûté 600 francs chacun.

assisté de M. Pillon de la Tour, curé du St-Sépulcre, et en présence de MM. Coquerel, maire; Lendormy, sous-préfet ; Pucelle, président du Tribunal de 1re instance ; Capperonnier; Cauvel de Beauvillé, conseiller à la cour d'appel d'Amiens; Joly de Sailly; Moussette, officier de santé; Le Caron de Beaumesnil, conseiller à la cour des monnaies; Scellier, marchand de draps; Louis Morel, propriétaire; Lefèvre, notaire, y plaça les saints ossements qui sont dans des boîtes en ferblanc, de forme ovale, fermées par le haut d'un couvercle à charnières. Une de ces boîtes contient la tête presqu'entière de saint Luglien, posée sur un coussin de satin rouge. L'autre, un morceau, grand à peu près comme la paume de la main, du crâne de saint Lugle, aussi posé sur un coussin de satin rouge. Les sceaux de la mairie, du doyenné et de l'évêché, y ont été apposés. Il se trouve aussi, dans le buste qui représente saint Luglien en roi, un procès-verbal de 1720 [1] et deux brefs de Pie IX, du 22 juin 1846, touchant la confrérie. Dans l'autre buste, il y a un procès-verbal du 22 octobre 1719; [2] un de 1795; [3] un de 1810, et enfin quatre pièces de 1844, relatives à l'extraction des reliques pour Lillers. Le 3 mai 1844, [4] M. Martin, supérieur du collége de Montdidier, député *ad hoc* de Mgr Mioland, évêque d'Amiens, a reconnu les sceaux de ces boîtes, et a scellé les bustes où elles sont renfermées, du sceau de l'évêché. On laissa le

(1) Voyez l'acte n° 19.
(2) Voyez l'acte n° 20.
(3) Voyez l'acte n° 21.
(4) Voyez l'acte n° 22.

reste de ces précieux ossements dans la châsse de bois argenté, faute de ressource pour en avoir une plus convenable. Ils consistent dans les os tant des cuisses, des jambes, que des bras, avec d'autres plus petits des épaules, des reins et de la machoire. Il y a aussi deux dents séparées et trois jointes ensemble. Cet état de choses dura assez longtemps, lorsqu'enfin, M. Dobbé, orfèvre à Montdidier, en donna une autre de cuivre plaquée d'argent, qu'il fit lui-même sans moule, ni matrice, uniquement à l'aide du marteau et du repoussoir. Dans un des pieds se trouve un papier, où l'on voit écrit : *Donné par Dobbé, sa femme et sa fille.* Cette châsse a la forme d'un coffret bombé et godronné sur les côtés. A chaque angle il y a une petite tête d'ange, et au-dessus sont les insignes de l'épiscopat et de la royauté, la crosse, la mitre, le sceptre et la couronne.

La translation des Reliques, dans cette nouvelle châsse, a été faite le 27 octobre 1839, [1] par M. Aubrelicque, curé-doyen, assisté de MM. Jacob et Masse, vicaires, et en présence de MM. Luglien Chandon, maire, chevalier de la Légion-d'Honneur; Blériot et Cardenier, adjoints ; Charles-Simon Dangez, gardien, et de tous les conseillers de la Confrérie. Le paquet d'ossements trouvé dans la vieille châsse était dans de la toile cousue de toute part et revêtue du cachet de l'ancienne abbaye, sur laquelle toile était attaché un carré de parchemin portant cette inscription : Ossa Sanctorum Luglii et Lugliani. Le paquet est lié par deux cordons rouges à franges

---

(1) Voyez l'acte n° 23.

d'or, sur un coussin d'étoffe d'argent moiré et muni du sceau de saint Pierre et de celui de la ville. Le tout a été enveloppé de soie rouge, et le 11 juin 1842, Mgr Mioland a reconnu ces reliques, sur lesquelles il a apposé son sceau, et qu'il a remis dans la châsse, qui fut aussi scellée avec un cordon de soie rouge. [1] On y a renfermé, de plus, les procès-verbaux de 1660, 1686, 1800, 1839 et 1842, ayant rapport à diverses translations.

Cette châsse est déposée sous l'autel de la chapelle, à gauche du chœur, et les bustes sont placés dans deux niches de chaque côté du même autel. Cette chapelle, auparavant connue sous le titre de la Nativité, comme l'indique le beau tableau représentant l'adoration des bergers, fut dédiée, en 1837, aux saints Martyrs, qui n'étaient encore en possession d'aucune, depuis la translation définitive de leurs reliques dans l'église de St-Pierre. Pour la rendre digne des saints Patrons de la ville, la Confrérie songea à la faire restaurer. Déjà, des esprits un peu novateurs, aussi bien, peut-être, que peu connaisseurs, avaient donné le conseil de faire disparaître tous les ornements de la riche boiserie de Blasset, pour la faire semblable à celle de la chapelle de la Sainte-Vierge, mais le gardien s'y opposa, et sauva ainsi, de la mutilation, l'œuvre magnifique du célèbre sculpteur d'Amiens. La dépense, pour cette restauration, est montée à 1650 fr. En 1852, la Confrérie l'enrichit encore d'une verrière dont le dessin, représentant le miracle d'un incendie, est dû à M. l'abbé Duneuf-

[1] Voyez l'acte n° 24.

germain. Elle coûta 1500 fr., et sortit des ateliers de M. Lobin, de Tours.

Tous ces embellissements, ayant fait trouver l'autel lui-même, qui était de bois, trop pauvre et trop mesquin, le conseil de la Confrérie pensa qu'il était convenable de le remplacer par un autre plus riche et en marbre. C'est ce qui fut fait en 1861. La confection de cet important ouvrage fut confiée à M. Emile Boucher, marbrier-sculpteur à Arras, successeur de M. Mourue. Il a répondu loyalement et heureusement à la confiance qui lui avait été donnée. D'après son dessin, M. Xavier Fauville a exécuté, avec talent, un superbe autel en marbre blanc de Carrare d'Italie. Ce beau monument, fait sur la forme romaine selon le style Louis XV, orne maintenant la chapelle, qui n'attend plus que quelques ornements pour compléter sa richesse. Il a coûté 3717 francs. Cette somme a été fournie toute entière par la Confrérie. Elle provenait de la modique cotisation annuelle des confrères (25 c.), ainsi que de l'obole déposée, par la reconnaissance de tous les habitants, aux pieds des saints protecteurs de la cité, et conservée avec persévérance et dévouement par M. Dangez père, gardien trésorier de la confrérie. La bénédiction de cet autel a été faite par M. Debeaumont, curé-doyen de Saint-Pierre, le dimanche 8 décembre, en la fête de l'Immaculée-Conception de la Sainte-Vierge. Ce jour était bien choisi, et nos Saints, du haut du ciel, auront vu avec joie participer à leur gloire, celle que, pendant leur vie, ils ont honorée d'un culte spécial.

Deux grands tableaux à l'huile, qui représentent

les deux Saints frères dans leurs costumes de Roi et d'Archevèque, ont été exécutés par un peintre de Paris, nommé Laroche, et placés sur les piliers de chaque côté de la grille du chœur, où on les voit encore. Ils ont été donnés par Mme Fourment, veuve de M. Firmin Le Boucher, maire de Montdidier, en 1728. Sous l'un on lit ce vers hexamètre : FLAMMARUM CELERES PRECIBUS COMPESCUIT IRAS ; sous l'autre, est écrit ce vers pentamètre, qui complète le distique : SICCA SALUTIFERIS ARVA REFOVIT AQUIS. Cette inscription, qui résume en peu de mots la plupart des miracles de ces deux thaumaturges, fut composée en 1735, par Jacques Fourment, dernier prévot royal en exercice à Montdidier, neveu de la donatrice. Un autre tableau à l'huile, qui n'offre rien de remarquable, ni pour la composition, ni pour l'exécution, orne aussi la chapelle. Il a été fait par Delaporte, en 1775, et rappelle un miracle d'incendie.

M. Leroux, libraire à Montdidier, a fait faire par M. Jehenne, en 1849, une très belle lithographie de cette chapelle, qui a été imprimée par M. Hourdequin fils, imprimeur-lithographe.

LA VIE
DES
SAINTS FRÈRES MARTYRS LUGLE ET LUGLIEN.

LIVRE TROISIÈME.

Histoire des Miracles opérés par l'intercession des Saints Lugle et Luglien.

> Signa autem eos qui crediderint hæc sequentur ; in nomine meo, super ægros manus imponent et bènè habebunt.
>
> Voici les prodiges qui accompagneront ceux qui auront cru en mon nom ; ils imposeront les mains sur les malades, et les malades seront guéris.
>
> S. Marc (chap. XVI, v. 17,)

Si Dieu exalte ses saints, il semble qu'on peut le dire, c'est moins pour procurer sa propre gloire et la leur, que pour donner en eux des modèles, et surtout des protecteurs. Leur exemple encourage, leurs prières fortifient. Il les place entre lui et nous, pour qu'ils nous servent de médiateurs, et comme il ne punit qu'à regret, il veut que par leur intercession, sa justice se désarme pour ne laisser agir que sa miséricorde. Il n'est aucun de ces fléaux, qui s'abattent si souvent sur la nature humaine, qui ne soient des coups de sa vengeance ou des avertissements de sa bonté. Mais l'homme est tellement enclin à l'ingratitude; il porte en lui-même un tel fond d'insensibilité, que, s'il n'est réveillé par quelque chose d'extraordinaire et de merveilleux, il reste dans son apathie et demeure au plus profond de sa misère, sans seulement penser à en sortir. Au contraire, bien loin de chercher à apaiser la divine justice offensée, quand il reste livré à lui-même, il la blesse tout de nouveau par son indifférence et il finit presque toujours par périr dans son impiété. Quand donc Dieu, donne à une ville ou à un peuple quelques uns de ses saints pour patrons, il est certain que c'est parce qu'il a des grâces et des faveurs à accorder à cette ville ou à ce peuple, et c'est pour en convaincre qu'il opère par leur moyen les plus grands prodiges.

Si cette vérité est incontestable en général, elle l'est encore davantage pour la ville de Montdidier. Depuis qu'il a plu à Dieu de lui donner, par une miséricorde toute particulière, saint Lugle et saint Luglien pour patrons et protecteurs, qui pourrait nier les grâces qu'elle a obtenues par leur intercession, toutes les fois qu'elle a eu la bonne pensée de recourir à eux? Ces faveurs sont nombreuses, et la foule des miracles obtenus, atteste que leur pouvoir est grand auprès de Dieu, et qu'ils intercèdent sans cesse pour elle. Que si de nos jours ils sont plus rares, c'est moins à leur volonté de nous être utiles qu'il faut l'attribuer, qu'au manque de confiance et surtout de foi, qui est la plaie de notre siècle, et à la conduite si peu chrétienne que mènent les enfants de ces Saints. Ranimons donc notre piété; excitons notre foi, et bientôt nous éprouverons que leur pouvoir n'est point diminué, et qu'au contraire, il ne saurait que s'agrandir en raison même de nos besoins. Que les prodiges et les miracles qu'ils ont opérés pendant leur vie, aussi bien que ceux qu'ils ont faits après leur mort, dont nos pères ont été les heureux témoins, nous portent à en solliciter de nouveaux.

Il nous sera certainement bien impossible de les raconter tous ici. Combien d'écrits qui, sans doute, en rapportaient un grand nombre, que le malheur des temps a détruits? C'est ainsi que s'est perdu le recueil qu'en avait fait le révérend Père Dom Eustache Davesne, religieux bénédictin du couvent de Montdidier. Toutefois, il nous en reste assez à mettre sous les yeux de nos lecteurs, pour appuyer la recommandation que nous faisons à tous de recourir à leur intercession dans toutes les circonstances, puisque Dieu semble leur avoir donné l'empire sur tous les éléments, comme nous allons le voir d'après les monuments qui nous restent.

L'année 1567 fut tristement remarquable par les troubles qu'excitèrent, en France, les malheureux partisans du calvinisme. Ces sectaires, renouvelant les fureurs des Iconoclastes, brisaient partout les images, profanaient les plus augustes sanctuaires et en voulaient surtout aux reliques des saints. Montdidier, à cette époque, se trouvait infesté de cette hérésie dans quelques-uns de ses habitants. C'est pourquoi les Religieux du Prieuré, craignant que leur impiété en vint jusqu'à insulter le précieux trésor dont ils étaient les gardiens, le transportèrent secrètement dans la maison de M. Pierre de Baillon, seigneur d'Esclainvillers et maïeur de la ville. [1] Or, comme autrefois Dieu avait béni la maison d'Obédédom, parce qu'elle avait reçu l'arche d'alliance, il voulut aussi récompenser le seigneur d'Esclainvillers, qui avait fourni dans la sienne un abri aux précieux restes de ses serviteurs. Il ne s'attacha pas, il est vrai, à augmenter sa fortune, comme il l'avait fait à l'égard de cet ancien Israëlite, mais au moins il paya sa foi par un miracle. En recevant chez lui les saintes Reliques, M. de Baillon les avait déposées avec respect dans une armoire de la chambre où couchait son fils, âgé de dix-neuf ans. On était au milieu de la nuit, lorsque ce jeune homme fut éveillé soudainement par une lumière éclatante, semblable à celle que produirait un incendie. Saisi de frayeur, il se leva en toute hâte et vint avertir son père, qui, accourant à la chambre, put lui-même observer cette grande merveille.

Cette prodigieuse clarté ne demeura pourtant pas si cachée, qu'on ne l'aperçût au dehors de la maison, et les voisins croyant à un malheur, s'empressèrent, de leur côté, de venir en donner connaissance à M. de Baillon, lui assurant que le feu était dans la chambre de son fils. Comme il était instruit du fait, il les rassura, sans toutefois, par prudence, leur découvrir quelle en était la cause. Néanmoins, il fit connaître sur-le-champ aux religieux ce qui était arrivé. Ceux-ci vinrent aussitôt chercher le précieux dépôt pour le garder

[1] Voyez la note n° 28.

désormais eux-mêmes, se reprochant en quelque sorte leur défiance de la bonté et de la toute-puissance de Dieu, qui pouvait aussi facilement, s'il le voulait, le garantir de toute insulte chez eux, aussi bien que partout ailleurs.

Ce miracle, comme on le pense bien, ne tarda pas à être connu du public, et pour que son authenticité ne pût être contestée, Dieu permit que, pendant un certain temps encore après, cette chambre resta si lumineuse que personne n'osa l'habiter par respect.

Toutefois, il ne faut pas s'imaginer que Dieu veuille toujours se montrer bienveillant et mettre ses amis eux-mêmes à l'abri de tous les maux ; ou que les lieux qui lui sont consacrés soient toujours préservés de tous les malheurs. Ne semble-t-il pas, au contraire, que, parfois, il prend à tâche d'agir tout autrement ? Ici-bas, en effet, n'est-ce pas le méchant qui, le plus souvent, triomphe; qui possède; qui jouit? J'ai vu, dit le Prophète, l'impie glorieux, et élevé comme les cèdres du Liban, tandis que le juste gémit dans le mépris, dans l'abandon, dans la souffrance. Tout cela n'aura qu'un temps, il est vrai, et souvent même ce temps est encore abrégé ici-bas. J'ai passé, dit le même Prophète, et déjà il n'était plus ; je l'ai cherché, et la place même qu'il occupait ne s'est plus trouvée.(*) Ce serait donc ignorer que la divine Providence ne vise pas seulement à punir les pécheurs, mais qu'elle a aussi à cœur de

---

(*) Vidi impium superexaltatum et elevatum sicut cedros Libani. Et transivi, et ecce non erat, et quæsivi eum et non est inventus locus ejus.

Psal. 36, v. 37.

sanctifier les justes, et que ces épreuves sont bien propres à atteindre ce but. Cette doctrine paraîtra suffisamment prouvée par le miracle suivant.

En l'an 1599, le saint jour de Noël, sur les six heures du soir, le feu prit au lit de la sœur Marie de Cambronne, âgée de 68 ans, religieuse de Saint-François, autrement Franciscaine ou Sœur grise, qui ne dut la vie qu'à l'intrépidité de sa nièce Barbe Clérice, religieuse de la même maison, qui périt dans les flammes en sauvant sa tante. Le feu menaçait le couvent [1] d'une ruine entière. Déjà le dortoir, en fort peu de temps, avait été consumé, et le plomb des vitres de l'église était fondu. Un vent violent enlevait et jetait des charbons ardents au-delà des murs de la ville. Tous ceux qui habitaient aux environs de ce monastère étaient saisis de frayeur et ne pensaient qu'à mettre en sûreté ce qu'ils avaient de plus précieux, n'envisageant pour eux qu'une ruine prochaine. Telle était la consternation, que la vue du danger, toujours croissant, augmentait encore, lorsqu'on apporta sur le lieu du sinistre les chefs sacrés de nos deux Saints. La foi ne calcule pas avec les miracles et les prodiges; elle ne recule pas devant eux. On les trempa dans un vase d'eau, et cette simple goutte d'eau, sanctifiée par un attouchement si saint, qui lui communiqua leur puissance, ne fut pas plus tôt lancée sur le feu, qu'elle le força de s'éteindre au pied même d'une grange couverte de chaume et toute remplie de paille et de foin.

Le même moyen fut employé, avec un pareil

(1) Voyez la note n° 26.

succès, en 1625, pour arrêter le feu qui, déjà avait consumé douze maisons au faubourg de Becquerel.

Des exemples si frappants de la protection des saints Patrons, qui attestaient combien leur pouvoir était grand auprès de Dieu, ne faisaient qu'augmenter la confiance de nos Pères. Aussi, comme ils croyaient leur bonté inépuisable, ils ne laissaient échapper aucune occasion d'y recourir. C'était là leur ressource, et quand un malheur venait pour les atteindre et les frapper, ils ne balançaient pas de s'adresser à eux. C'est ainsi encore qu'il en arriva, quand en 1640, le feu prit dans la cave d'un boulanger. On sait qu'à Montdidier, ces souterrains profonds et creusés dans le roc, ne présentent aucune autre issue que l'entrée. Or, le feu concentré dans cette cave ne laissait aucun moyen d'y aborder, à cause de la fumée et de la flamme qui en sortaient à bouillons. Que faire en pareille circonstance ? A défaut de la force humaine, on employa la force divine. On fit pénétrer dans cette fournaise quelque peu d'eau où l'on avait plongé les saints ossements, et aussitôt le feu, ne pouvant résister à son approche, s'éteignit complètement.

Il en fut de même, en 1652, quand le feu consumait déjà une grange qui, pourtant, fut conservée intacte ; et, en 1662, lorsqu'il prit dans une cave pleine de fagots, de barils d'huile et autres matières combustibles.

A cette époque, où, à quelques exceptions bien rares, la religion vivait dans les cœurs, on n'était pas incrédule. Du reste, de nombreux témoins oculaires étaient là pour attester ces merveilles, et celles que nous venons de rapporter étaient bien capables de faire impression sur les esprits droits et candides de ce siècle. Toutefois, aucun de ces prodiges par lesquels Dieu glorifiait ses Saints et récompensait la confiance de nos ancêtres, ne fut plus remarquable que celui qui arriva en 1671. Sur les dix heures du soir, alors que le silence commençait à se faire dans la cité, et que les habitants se disposaient à se livrer au repos, d'un des quartiers les plus populeux de la ville, on entendit partir tout à coup des cris sinistres. Le feu venait de se déclarer au faubourg de Becquerel. Bien que l'on apportât, le plus promptement possible, tous les secours nécessaires pour s'opposer à sa voracité, il s'étendit néanmoins avec une telle rapidité, que, bientôt, 25 maisons attaquées toutes ensemble, s'abimèrent les unes sur les autres. On n'avait pas encore eu le temps, il est vrai, d'appliquer à ce malheur le plus efficace de tous les remèdes, qui était le recours aux Saints protecteurs. Mais à peine les saintes Reliques furent-elles arrivées sur ce lieu de désolation et portées à l'endroit où le feu donnait avec plus de violence, que la flamme, saisie, pour ainsi dire, d'épouvante, abandonna tout à coup la maison que déjà elle embrasait. Son activité, cependant, ne paraissait pas ralentie, car on la vit, en formant un voile immense au-dessus d'elle sans la toucher, comme vouloir s'abattre sur les maisons voisines. Mais, ce qui acheva de compléter ce miracle, c'est qu'elle se dissipa, et le feu s'éteignit totalement sur une des granges en paille qui étaient en grand nombre dans ce quartier, aussitôt que les Religieux les y portèrent. La vue de ce prodige jeta toute la ville dans l'admiration. De toutes parts on n'entendait que des actions de grâces. Les calvinistes eux-mêmes qui, dans beaucoup d'autres circonstances, s'étaient montrés incrédules aux merveilles opérées par les Saints, furent forcés d'admirer celle-ci, et d'avouer que Dieu est admirable dans ses élus.

Au mois d'août de l'année 1680, Dieu daigna encore exaucer les prières des Saints martyrs, et montrer qu'il était sensible à leur intercession, dans un incendie qui éclata dans une maison sur la place. Il fit même voir que le pouvoir divin qu'il leur communiquait, il leur permettait de le transmettre à tous autres objets selon leur bon plaisir. Jusqu'alors, en effet, nous avons bien pu remarquer que le feu s'arrêtait au contact immédiat de leurs précieux ossements ; mais ici, nous le voyons s'éteindre à l'instant même où l'on opposait à sa fureur de simples couronnes qui avaient reposé sur la tête des bustes où étaient renfermées les reliques. Et, comme pour ne laisser aucun doute au miracle, quand le lendemain on retrouva les couronnes, elles étaient intactes. Le fil seul avait été noirci pour attester le prodige. Ces couronnes furent conservées longtemps au Prieuré pour servir de témoignage.

La même faveur se renouvela en 1708 et en 1717.

Le 2 septembre de cette dernière année, le feu ayant pris dans le faubourg de Paris, menaçait ce faubourg d'un embrasement total. La foi de nos Pères était encore grande alors, cette foi qui chasse les montagnes devant elle. On courut donc en toute hâte chercher les chefs des deux Saints, et à peine furent-ils présentés aux flammes que, plus puissants que les pompes à incendie dans lesquelles on affecte aujourd'hui de mettre toute sa confiance, les flammes se détournèrent et le feu s'éteignit.

Le Père Daire, dans son histoire de Montdidier, rapporte aussi, qu'en 1763, dans la nuit du 2 au 3 décembre, un violent incendie éclata dans les écuries du nommé Blattier, messager de Montdidier à Amiens. A l'exception des chevaux, tout fut réduit en cendres. Comme tout ce qui entourait, présentait au feu un aliment facile, notamment une grange où étaient renfermés 3 à 400 fagots, on s'attendait à une immense ruine. Le maître de l'hôtel de la Hache, (*) le sieur Gueudet, qui voyait ses bâtiments contigus près d'être consumés par le feu, jeta au milieu des flammes deux couronnes qui avaient servi à orner les bustes des Saints aux processions de la fête Dieu. Aussitôt leur ardeur commença à se ralentir, et les couronnes furent retrouvées sans avoir reçu aucun dommage. On les porta à l'église du Prieuré. Le lundi suivant, on fit fête à la sollicitation des habitants, pénétrés d'un événement où le miraculeux s'était fait si visiblement sentir, et le corps de la ville donna l'exemple, en suivant processionnellement le clergé jusqu'à l'église du Prieuré, où l'on chanta une messe solennelle.

Ici se présente à notre esprit toutes les péripéties

(*) La maison de la Hache est située en face l'hôtel-de-ville.

d'un événement important qui tient assurément du merveilleux, et qui, effectivement, fut regardé comme tel par tous. Nous pouvons d'autant plus sûrement les remettre devant les yeux de nos lecteurs, qu'un bon nombre d'entr'eux en ont été les témoins. Qui ne se rappelle la fâcheuse année 1814, où des hordes de barbares, sortis du Caucase, les Cosaques, vinrent s'installer dans notre ville en y exerçant les vexations de tout genre? On aurait dit que nous n'étions plus, alors, cet invincible peuple français devant qui tout tremble, jusqu'aux extrémités du monde. Le Seigneur, comme dit le Prophète, avait lui-même rompu nos lances et renversé nos chariots dans les champs glacés de l'antique Sarmatie. De son doigt tout-puissant, il avait touché notre armée, et il l'avait poussée dans la mer, où elle resta engloutie comme un plomb. (*) La crainte et la stupeur avaient arraché nos armes de nos mains, et nous ne marchions plus, comme un vil troupeau d'esclaves, qu'au bruit de la menace et du fouet; c'est ce que nous avons vu de nos yeux. Nos rues et nos faubourgs n'étaient éclairés, la nuit, que par de grands et lugubres feux où s'anéantissaient chaque jour les provisions de plus d'une famille. Telle était la fâcheuse situation de la ville, quand quelques détachements de troupes françaises, vinrent de Beauvais et d'Amiens les y attaquer et les forcer, pour un moment, à déloger. C'est alors qu'en fuyant, on vit beaucoup de ces soldats ennemis, enfoncer dans les

---

(*) Currus Pharaonis et exercitum ejus projecit in mare... Submersi sunt quasi plumbum in aquis vehementibus. (Exode, c. 15, v. 4).

toitures de chaume des faubourgs, des tisons embrasés sans que le feu prit ; ce qui les surprit étrangement, comme ils l'avouèrent eux-mêmes quelque temps après. Mais cette première faveur devait être suivie d'une autre plus grande encore, et qui fut appréciée comme elle méritait de l'être. Personne ne s'y méprit, et l'on fut obligé de reconnaître qu'elle venait d'en haut. En voici les circonstances. A peine les troupes françaises furent-elles entrées dans la ville, qu'elles la quittèrent presqu'aussitôt. Cette désertion la replongea dans un plus imminent danger. En effet, les ennemis, que l'on avait cessé de poursuivre, revinrent bientôt dans des sentiments plus hostiles et avec de plus effrayantes menaces. Leur dessein était de la détruire, et l'ordre de leur général n'avait laissé que 24 heures pour l'évacuer. C'est alors que tous les habitants abandonnèrent leurs maisons et la plus grande partie de leurs richesses pour mettre leur vie en sûreté. Fort peu restèrent, exposés à tous les périls, pour voir le dénoûment de cette scène, car les vainqueurs avaient résolu de la réduire en cendres. Longtemps leur chef demeura sourd à toutes les propositions et inflexible dans son arrêt. On croyait donc tout perdu, lorsque, par la protection de Dieu et par l'intercession de nos Anges tutélaires, (*) il se laissa toucher, contre toute attente,

---

(*) D'après plusieurs rapports que nous avons reçus de différentes personnes, et qui se sont trouvés parfaitement identiques, nous avons acquis la certitude, qu'avant d'aller implorer la clémence du vainqueur, un vœu (quoiqu'on n'ait pas pu nous dire en quoi il consistait), avait été fait aux saints Patrons, au nom de la ville entière, par M. Lefèvre, curé de St-Pierre, pour la réussite de la démarche des députés auprès du général russe.

par la prière d'un généreux citoyen.⁽¹⁾ Ainsi la ville fut sauvée et l'ennemi se retira, après quelques semaines d'occupation, sans causer aucun dégât.

Ce n'est pas seulement sur le feu que la puissance de saint Lugle et de saint Luglien s'est montrée, puisque nous pouvons rapporter encore bien d'autres prodiges d'espèce différente.

En 1624, l'air se trouva si corrompu qu'il infecta toute la ville d'une peste dangereuse. A la vue du grand nombre de ceux qui succombaient sous les étreintes de ce terrible fléau, chacun s'attendait, à chaque instant, à devenir sa victime. Mais à côté du mal, Dieu avait préparé le remède. L'Ange de la paix combattait l'Ange de la terreur. On cria vers le ciel; on invoqua les Saints patrons. M. Pierre Le Caron, maïeur, présenta, au nom de tout le peuple, une requête aux Religieux pour faire descendre la châsse des glorieux Martyrs et la porter en procession par toute la ville. Une demande si juste fut accordée sans peine. On se prépara à cette pieuse et triste cérémonie par un jeûne universel de trois jours, pendant lesquels on fit l'éloge des Saints patrons, pour exhorter tous les fidèles à recourir à eux avec une entière confiance. Puis, le dimanche suivant, on descendit la châsse qui fut portée avec solennité, accompagnée d'un grand concours de peuple. Dès le jour même, la contagion cessa, et l'air fut entièrement purifié pendant la quarantaine. Cet heureux événement donna lieu à un acte authentique qui fut dressé par les autorités de la

---

(1) Voyez la note n° 27.

ville, et qui se conserve dans les archives de la commune, comme un monument précieux.

Les Espagnols, en passant par cette province en 1636, apportèrent aussi à la ville la contagion dont ils étaient eux-mêmes frappés, mais elle en fut délivrée après une procession semblable à la première.

Montdidier ressentit encore, en 1668, les effets du pouvoir et de la bonté de nos Saints ; car, tous les villages d'alentour étant affligés d'une maladie dangereuse et contagieuse tout à la fois, elle en fut préservée, quoique le commerce avec les habitants de ces villages n'eut point été interrompu. Or, il est à dire que tous les jours, après le salut que l'on chantait au Prieuré, on faisait la procession dans le cloître avec la châsse, que tout le peuple suivait.

Mais, pourquoi recourir à des temps si éloignés ? N'avons-nous pas eu sous les yeux un exemple frappant et plus récent ? Personne, j'espère, ne contestera qu'il a fallu une grande protection du ciel, pour préserver notre ville du terrible fléau du choléra, qui sévissait avec tant de fureur partout, en 1830, et qui a rempli de deuil tant de villes et de campagnes. Environnée d'une ceinture de douleur, n'était-il pas moralement impossible qu'elle échappât à ce fléau ? Aussi, peuple de Montdidier, aimez à le reconnaître, vous avez prié vos glorieux Patrons. Leurs ossements sacrés ont été portés à l'entour de vos murs, dans cette procession du 23 avril 1830, (*) à laquelle assistaient toutes les paroisses des environs, et les glorieux Patrons,

---

(*) Cette procession avait été autorisée par Mgr De Chabons, évêque d'Amiens, le 10.

sensibles à cet honneur, ont opposé au mal la bénédiction. Vous avez été préservé.

La même protection ne parut-elle pas encore bien visible, quand, en 1849, le même fléau, dont la fureur ne paraissant pas satisfaite par les nombreuses victimes qu'il avait immolées en 1830, reparut avec une nouvelle intensité. Amiens, Moreuil, Morizel, Pierrepont, Davenescourt, et beaucoup d'autres lieux voisins, auront, pendant longtemps, à déplorer ses ravages. C'est aux ecclésiastiques généreux, qui se sont dévoués au secours des malheureux frappés de l'épidémie, qu'il appartiendrait de nous dire, combien de pleurs ils ont vus couler ; à combien de scènes déchirantes ils ont assisté ; enfin, quelle désolation remplissait ces diverses localités. Aussi, nous aimons à le croire, n'oublieront-elles jamais leur dévouement, et leurs archives retiendront à toujours les noms de MM. Fricourt, à Amiens ; Tirmarche, à Moreuil ; Léger, à Pierrepont ; Cailleux, à Davenescourt ; mais surtout ceux de MM. Follet, curé du St-Sépulcre de Montdidier, et Masse, aumônier de l'hospice, qu'un sentiment de charité chrétienne et sacerdotale porta à aller s'exposer avec eux, à la contagion, pour venir en aide à tous les infortunés qui succombaient chaque jour.

Montdidier, cette fois, fut encore préservé, car le remède ordinaire tant de fois infaillible fut employé. Une neuvaine aux saints Patrons et protecteurs fut commencée, pendant laquelle on fit monter au ciel chaque jour des prières de pénitence et d'expiation, et le 7 juin, on la termina par une solennelle procession par toute la ville. Y eût-il donc miracle ? Notre intention n'est pas de l'affirmer ici plus que dans l'autre cas, puisqu'il n'appartient qu'à l'Eglise de prononcer sur les faits merveilleux et de les proposer à la croyance publique. Toutefois, il est loisible à chacun de reconnaître, plus ou moins, l'intervention divine, et tout le monde, nous le croyons, conviendra volontiers qu'il y eût vraiment protection. C'est sans doute, en vertu de cette liberté individuelle, que chacun a de juger des faveurs qu'il reçoit et de les apprécier, que, dans cette circonstance, on trouva ce billet anonyme déposé sur l'autel où les saintes Reliques étaient exposées : « Je vous remercie, ô grands saints Lugle et Luglien, du miracle opéré en ma faveur. Signé : N. E. »

Comme nous l'avons dit plus haut, il semble que Dieu ait donné à ses serviteurs l'empire sur tous les éléments, car si le feu et l'air furent contraints, dans bien des circonstances, de leur obéir, l'eau fut aussi soumise à leurs ordres pour rafraîchir la terre ou cesser de l'incommoder. En effet, la sécheresse fut tellement grande, au mois de juin de l'année 1652, que, pendant près de cinq mois, il ne tomba sur la terre ni pluie ni rosée. Le ciel était de fer. Aussi, les grains séchaient sur pied et jusqu'à la racine; ce qui faisait présager une exhorbitante cherté de vivres, et peut-être même une désastreuse famine. Les prières qui montaient au ciel semblaient n'y avoir plus d'accès. On eût dit que tout était perdu sans ressource. Dieu paraissait résolu de frapper son peuple, sans doute parce qu'il était pécheur. Ces appréhensions n'étaient que trop bien fondées, il est vrai, mais heureusement pourtant, on n'oublia pas qu'il y avait auprès de Dieu de puissants intercesseurs. On s'adressa donc à eux. L'arche précieuse qui contenait les ossements sacrés fut exposée à la vénération du peuple qui, comme autrefois les Israélites dans le désert à la vue du serpent d'airain, y trouva son salut. On institua au cinq juin une procession à l'église du Saint-Sépulcre, où la châsse fut portée par deux révérends pères Capucins.

On ne fut pas longtemps sans s'apercevoir que l'on était exaucé. Les Saints avaient déjà prié, et le ciel, propice à leur intercession, se disposait à accorder à la terre le rafraîchissement qu'elle désirait. Au retour même de cette église, comme tout le clergé et le peuple étaient à genoux devant les saintes Reliques, placées sur un reposoir que l'on avait élevé au milieu de la rue, on en sentit les effets. Le ciel se couvrit de nuages bienfaisants, et la pluie tomba en si grande abondance, qu'on eût peine à regagner l'église de St-Pierre, qui était proche, pour pouvoir s'y retirer. On n'en sortit pas, sans avoir rendu à Dieu de solennelles actions de grâces. Tous les cœurs étaient pénétrés de la plus vive reconnaissance, et toutes les bouches chantaient à l'envi la miséricorde du Dieu bon, qui s'était rendu si favorable aux prières de ses glorieux Serviteurs. On remercia aussi les puissants médiateurs qui, par leur crédit, avaient obtenu cette insigne faveur. Elle fut grande, en effet, car cette pluie si salutaire continua de tomber pendant plusieurs jours consécutifs, rendant par là, à la terre, sa fécondité, et au peuple ses espérances.

Il est certain qu'il n'y a rien de plus propre à nous montrer la bienveillance de Dieu et sa bonté à notre égard, que les moyens qu'il prend pour empêcher notre foi de s'assoupir, et pour exciter notre dévotion, quand elle tend à se ralentir. Il semble que, dans ces temps de foi, il prenait plaisir à multiplier les épreuves pour son peuple, afin qu'en multipliant les prodiges, cette foi demeurât toujours vive et la confiance toujours active. C'est ce qu'il est facile de remarquer dans les différents événements que nous avons décrits. Aussi, si la foi de nos pères était plus grande, leur religion était plus ferme et leur franchise moins tortueuse. Comme ils attendaient tout du ciel, pour peu qu'ils en détournassent la vue, le Seigneur les rappelaient vers lui. C'est ce qui explique la fréquence des malheurs qui leur arrivaient, et que pourtant nous voyons toujours suivis et corrigés par des effets heureux. Il n'en est plus ainsi aujourd'hui ; car, comme on n'attend tout que de la terre, quand la main de Dieu nous frappe, et elle nous frappe peut-être aussi souvent, au lieu de nous guérir, elle semble ne s'appesantir que pour nous endurcir.

Huit ans après la grande sécheresse qui a donné lieu au miracle que nous avons rapporté plus haut, c'est-à-dire en 1660, il en arriva encore une pareille. M. de Gomont, qui était alors gouverneur de la ville, et qui entrevoyait tout ce qui pourrait en résulter de gêne et de malheur pour le peuple, crut qu'avant tout, il était de son devoir de ne rien négliger pour y apporter remède. Il est à remarquer que, dans ces temps, les premières démarches que l'on faisait, pour obtenir un heureux succès dans les affaires importantes et utiles au public, se tournaient toujours du côté du ciel, et que ceux qui avaient en main le pouvoir, ne dédaignaient même pas de prendre l'initiative. Il pria donc les Religieux de vouloir bien exposer les saintes Reliques, et comme on avait accoutumé de le faire dans les circonstances fâcheuses, les porter en procession par la ville. Cette fois, la procession se dirigea vers l'église des religieuses Ursulines, qui avaient demandé cette grâce avec beaucoup d'instance et qui la reçurent avec reconnaissance et une édifiante piété.(*) Ce fut le neuvième jour du mois de juin. Quoique d'une manière moins prompte, la grâce n'en fut pas moins accordée; car, dès le lendemain, le ciel ouvrit ses trésors, et les répandit sur la terre avec abondance pendant plusieurs jours.

1718 fut encore une année qui pouvait devenir très calamiteuse, sans le puissant secours qui fut accordé à la ville par l'intercession des bienheureux Martyrs. La sécheresse ne fut pas, il est vrai, aussi longue que celles de 1652 et de 1660, et ne présenta pas le même danger pour les biens de la terre, puisque la récolte se fit assez heureusement; mais la chaleur fut si intense, que les eaux se corrompirent. L'air se remplit de miasmes fétides, et bientôt de dangereuses maladies s'engendrèrent dans quelques lieux assez voisins. Il était presque certain que la ville n'échapperait point à ce fléau. Aussi, dans la vue d'éloigner la contagion, M. de la

(*) Le couvent des Ursulines était vis-à-vis le grand Hôpital.

Villette, lieutenant criminel et maïeur de Montdidier, accompagné des autres officiers de la ville, alla, le 19 août, trouver les religieux du Prieuré. Il les supplia de vouloir bien descendre la châsse des saints Lugle et Luglien, et après une neuvaine en leur honneur, la porter dans une procession générale. La châsse fut donc descendue dès le jour même, et exposée à la vénération des habitants qui, pendant tous ces jours, donnèrent les marques les plus certaines de leur piété et de leur dévotion envers les glorieux Patrons.

Le 24 du même mois, en vertu de l'autorisation accordée par Mgr de Sabbatier, évêque d'Amiens, on fit la procession générale avec les cérémonies accoutumées et surtout avec la même confiance. Ce ne fut pas encore en vain que l'on fit monter, par l'entremise des Saints, au trône de la miséricorde et de la clémence divine, les prières et les supplications. Dieu, qui connaît le fond des cœurs, voulut sans doute accomplir, en cette circonstance, la promesse qu'il avait faite autrefois aux Israélites, par la bouche d'Isaïe, son prophète. Ils verront qu'avant qu'ils crient vers moi, je les exaucerai, et que lorsqu'ils parleront encore, j'écouterai leurs prières, (*) En effet, les premiers chants étaient à peine entonnés, que la pluie, dont quelques instants auparavant, on ne voyait nulle apparence, commença à tomber en grosses gouttes. Ce n'était là que le prélude de la grâce; car, au moment où les saintes Reliques parurent au dehors, cette pluie

---

(*) Erit que antequàm clament, ego exaudiam ; illis adhuc loquentibus, ego audiam. (Isaïe, c. 65, v. 24).

devint si abondante, que l'on fut obligé d'entrer dans l'église de Saint-Pierre. Mais ce qu'il y eût de plus remarquable dans cet événement, c'est que la pluie cessait de tomber ou diminuait notablement, quand les saintes Reliques entraient dans quelqu'église, tandis qu'elle redoublait quand on voulait en sortir. Pour continuer la procession, chacun chercha donc à s'abriter le mieux possible, préférant toutefois subir les conséquences de ce miracle, plutôt que d'en arrêter le cours, par une délicatesse à contre-temps. Le lendemain, le ciel continua de répandre pendant au moins cinq heures le bienfait de la veille, et plusieurs fois encore dans les jours suivants; c'est ce qui engagea les Religieux à remercier Dieu, par une messe solennelle, qui fut chantée dans l'église de Notre-Dame, et à laquelle tout le peuple assista. Cette pieuse neuvaine, qui avait été bénie d'une manière si admirable, fut terminée par une procession avec les Reliques, dans le cloître et jusqu'au calvaire (*), où un religieux prononça un discours en l'honneur des Saints, dans lequel, exaltant leur divin pouvoir, il exhorta tout le monde à la reconnaissance.

Un miracle tout autre, avait déjà réjoui nos pères en 1713, et n'avait pas peu contribué encore à leur montrer toute la part que Dieu donnait à ses bienheureux Serviteurs dans les événemens de la nature. Il leur avait fait voir avec quelle sollicitude il les associait à sa paternelle Providence, pour leur bonheur et pour éloigner d'eux les châtiments que, trop souvent peut-être, ils méritaient, par leurs

(*) Ce calvaire était placé sur la promenade dite du Prieuré.

infidélités. Pouvaient-ils donc ne pas le remercier d'avoir mis entre les mains des glorieux Protecteurs le remède à leurs calamités ? Nous les avons vus amollir le ciel, devenu d'airain, et l'ouvrir pour rafraîchir la terre desséchée. Ici, c'est le ciel trop prodigue qu'ils ferment pour raffermir la terre inondée.

Depuis quelque temps, des pluies continuelles compromettaient sérieusement les travaux des laboureurs. On perdait tout espoir de faire aucune récolte, et la perspective des malheurs qui accompagnent une année stérile, jetait dans le découragement. On ne voyait plus de remède que du côté de Dieu, et comme l'on savait que sa miséricorde n'a pas de bornes, pourvu que l'on s'adresse à elle avec confiance, on se tourna vers lui, et, selon la coutume, ce fut par l'entremise des Saints médiateurs. A l'exemple des Juifs, qui faisaient toujours marcher l'arche devant eux dans les circonstances importantes et dans leur détresse, on porta la sainte châsse autour de la ville dans une procession solennelle. Sa présence ne fit pas tomber les murs, comme autrefois à Jéricho, mais, comme l'arc-en-ciel des anciens jours, elle rappela à Dieu sa promesse de prêter l'oreille aux prières de ses Serviteurs et de les exaucer. Aussi la pluie cessa dès cet instant, et les habitants de la ville auparavant désolée, eurent encore à remercier les Saints libérateurs.

Nous n'en finirions pas s'il nous fallait rapporter toutes les marques de protection que les saints Patrons de Montdidier ont données à cette ville ; ce qui leur assure un droit, si justement acquis, à sa reconnaissance. Cependant, nous ne pouvons nous empêcher d'enregistrer encore et de mettre sous les yeux de nos lecteurs, sinon ce qu'on appelle un miracle, si l'on ne veut pas que nous nous servions de ce terme qui paraît effrayer, car les esprits de nos jours, entraînés, pour la plupart, par un déplorable scepticisme et orgueilleusement appuyés sur leur raison plus que sur la foi, sont fort peu disposés à croire aux miracles, mais du moins un bienfait que nous croyons tenir de la bienveillance des Saints martyrs. Qu'on l'appelle miracle ou autrement, peu importe, les mots ne font rien à la chose. Du reste, nous n'écrivons pas pour ceux qui veulent douter de tout, nier tout, raisonner sur tout ce qu'ils connaissent un peu et bien plus encore sur tout ce qu'ils ne connaissent nullement. Ceux-là aiment mieux se persuader qu'ils ne doivent rien ni à Dieu ni à ses Saints, et cela afin de n'être pas dans la nécessité de les en remercier. Mais nous écrivons pour la consolation de ceux qui ont de la foi, qui croyent à une Providence, laquelle préside à tous les événements du monde, et dont les faveurs se répandent en abondance par le canal des saints qu'elle en a établis les dépositaires et les dispensateurs, sur ceux qui l'invoquent avec confiance. Cette manière de juger des choses nous paraît, en effet, plus conforme à la raison que d'attribuer tout, comme ils font, à ce mot vide de sens qu'ils appellent le hasard, et qui, après tout, n'est que le rideau derrière lequel se cachent l'ignorance et peut-être plus souvent encore l'irréligion.

Or, nous disons qu'en 1845, Dieu, comme l'ont

reconnu les hommes à la croyance antique, manifesta sa bonté par une protection qui fut évidemment l'effet de l'intercession de nos glorieux Patrons. A cette époque, où la terre présente au courageux laboureur le spectacle d'une grande richesse, avec l'espérance de l'en mettre bientôt en possession, le ciel qui, toujours, n'est pas d'accord avec elle, à cause des prévarications dont elle se rend coupable, avait ouvert depuis quelque temps les trésors de sa colère, et la pluie, cet agent redoutable de ses vengeances, menaçait d'anéantir bientôt et les espérances et les richesses.

L'homme peut bien être indocile et parfois rebelle, mais son orgueil ne saurait longtemps lui cacher le sentiment de sa faiblesse. On vit donc la main qui frappait, et l'oubli de Dieu n'étouffant pas tout-à-fait la foi, on demanda secours et protection en invoquant saint Lugle et saint Luglien. Une neuvaine fut ouverte, pendant laquelle il y eût chaque jour un salut de pénitence et prédication, et on se prépara à la terminer par une procession solennelle en leur honneur. Pour cela, on s'adressa, le 9 août, à Mgr Mioland, évêque d'Amiens, afin d'y être autorisé. Il répondit favorablement le 11, et le 13, quoique ce fut un jour de travail, tous en habits de fête, se rendirent en foule auprès des saintes Reliques, pour les accompagner par la ville, avec cette confiance qui, du moins, n'a jamais fait défaut dans le peuple de Montdidier. Tout le monde sait que la confiance est la disposition qu'exigeait autrefois le Sauveur pour accorder ses grâces. Ici, elle ne fut pas non plus trompée. Les vents se sont calmés, et quoique l'atmosphère restât gros de nuages, comme si Dieu eût voulu montrer qu'en faisant miséricorde, les moyens de punir lui restent dans les mains, les grandes pluies cessèrent totalement, en sorte que la procession se fit sans eau, aussi bien que celle de l'Assomption quelques jours après.

Néanmoins, en terminant ce livre, plusieurs lecteurs chrétiens auront, sans doute, été amenés à faire quelques réflexions pénibles. Ils n'auront pas manqué de se demander à eux-mêmes, pourquoi l'on ne voit presque plus se produire de nos jours, les heureux effets que produisait si fréquemment chez nos pères, il y a deux siècles, la dévotion à saint Lugle et à saint Luglien, et pourquoi les merveilles sont si rares maintenant. Cette dévotion n'a pourtant pas changé de caractère, puisque les honneurs qu'on leur rend aujourd'hui, ne paraissent le céder en rien à ceux qu'on leur rendait autrefois. Le bras de Dieu serait-il donc alors raccourci, le pouvoir de nos Saints diminué ou leur volonté amoindrie de nous être utiles et de nous protéger ? Auraient-ils oublié leurs anciennes bontés pour une ville à laquelle ils se sont si longtemps intéressés, et auraient-ils cessé de vouloir les lui continuer ? A Dieu ne plaise, que nous admettions de semblables causes, qui nous paraissent tout à la fois éloignées de la vérité et injurieuses à Dieu et à ses Saints. Cependant, la véritable cause ne doit pas nous rester inconnue, et nous croyons déjà l'avoir touchée dans quelqu'endroit. Cette cause, elle ne vient évidemment ni de Dieu ni des Saints, que nous savons être toujours disposés à nous écouter favorablement et à nous faire du bien. Mais, disons-le, elle vient de nous, et la voici : La dévotion de nos pères était sincère, celle d'aujourd'hui n'est, pour ainsi dire, plus que superficielle et de circonstances. Leur premier soin, avant tout, quand ils étaient sous les étreintes du malheur, était de recourir à eux, d'implorer leur assistance. Ils demandaient les prodiges avec la foi qui toujours obtient ; aujourd'hui, on pense à peine à solliciter leur secours. L'indifférence est telle dans plusieurs, qu'ils ne croient presque plus à leur pouvoir, quand ils ne vont pas encore jusqu'à railler la foi des âmes honnêtes et religieuses. La foi de nos pères était vivante et accompagnée des œuvres ; c'est ce qui explique pourquoi ils étaient souvent exaucés. Au contraire, la foi d'aujourd'hui est, dans la plupart, une foi morte; car, comme elle ne vit que pour les intérêts d'ici-bas, elle est incapable de fléchir le ciel. Il n'y a donc plus lieu d'être surpris que les prières soient sans effet, que le ciel reste sourd et le bon vouloir des Saints paralysé. Si donc, nous voulons que la protection de nos Patrons si dévoués se manifeste encore, que chacun pense à mettre sa conduite en rapport avec sa croyance et sa confiance. Que la dévotion qu'ils nous inspirent, ne soit pas une dévotion éphémère, et que désormais elle ne vive plus entachée de ce reproche que le Sauveur faisait aux Juifs: « Ce peuple m'honore du bout des lèvres, mais son cœur est loin de moi. »(*) Et alors, leur bienveillance pour nous se fera sentir comme par le passé.

(*) Populus hic labiis me honorat, cor autem ejus longe est a me. (S. Mat., 15, 8).

LA VIE
DES
SAINTS FRÈRES MARTYRS LUGLE ET LUGLIEN.

LIVRE QUATRIÈME.
Histoire du Culte des Saints Lugle et Luglien.

> Quorum festa celebrando,
> Grates Deo gratulando
> Reddit hæc Ecclesia.
>
> Pour célébrer leur grande gloire,
> Chacun se rend au saint lieu,
> En repassant dans sa mémoire
> Les touchants bienfaits de Dieu.
>
> ANCIENNE PROSE.

Les bienfaits incontestables obtenus par les mérites des deux illustres et bienheureux frères Lugle et Luglien, ne pouvaient manquer d'exciter les sentiments de la plus légitime et tout à la fois de la plus active reconnaissance. Chacun des peuples privilégiés se crut obligé d'y répondre. L'Irlande, qui avait été leur première patrie, et Lillers, que Dieu avait marqué pour être le théâtre de leur triomphe et de leur sainte mort, leur devaient ce témoignage de gratitude. Mais il appartenait surtout à la ville de Montdidier, choisie entre toutes les autres, pour être la dépositaire de leurs restes précieux, de se distinguer par son zèle à les honorer. Les remercier en secret, n'était pas un moyen assez convenable pour exprimer toute la reconnaissance qu'on leur devait, et pour continuer de mériter leur bienveillante protection. Il fallait faire quelque chose qui répondit à l'éclat de ces bienfaits. C'est pour cela que, depuis onze siècles, les différents peuples se sont réunis dans la même pensée, de leur rendre de publiques et solennelles actions de grâces en proclamant leur sainteté. Aussi, leur culte devint célèbre dans ces différentes contrées. On peut le regarder comme le plus authentique témoignage de la vénération et de l'amour, puisque depuis ce temps, il est demeuré intact, du moins dans notre ville, au milieu des événements sans nombre qui ont tant modifié et les hommes et les choses.

Comme nous l'avons dit, les Irlandais étaient tellement persuadés de la sainteté de leurs Princes, dont ils avaient si souvent ressenti les faveurs, que, de leur vivant même, pleins de respect, ils leur auraient volontiers élevé des autels. Lugle et Luglien étaient, en effet, pour eux, des amis, des pères, des anges tutélaires, dont les avis, les conseils, les exemples, les portaient au bien et à la vertu, et répandaient parmi eux le bonheur et la paix. Ils éprouvèrent donc la douleur la plus profonde et la plus vraie, quand ils les virent s'éloigner d'eux. Toutefois, ils ne perdirent rien de la confiance qu'ils avaient en leur mérite, bien persuadés qu'en quelque lieu qu'ils fussent, ils leur obtiendraient du Ciel les grâces, que Dieu ne saurait refuser à leurs prières. Mais, quand ils eurent appris que Dieu avait glorifié leur sainte vie par une mort plus admirable encore, ils ne doutèrent pas qu'il ne les avait appelés à lui que pour leur donner de plus puissants protecteurs. C'est alors qu'ils ne mirent plus de bornes à leur piété envers eux. Ils leur élevèrent des autels d'où montaient à la fois, vers le Ciel, et l'encens et la prière. Surtout, ils manifestèrent leur dévotion envers leur grand roi Saint-Luglien, et bâtirent en son honneur une magnifique église, qu'ils dotèrent richement et dans laquelle fut institué un chapitre de 34 chanoines, pour y célébrer perpétuellement l'office divin.

Selon les chroniques, cette église devint un lieu de refuge. Jamais on n'y invoqua en vain le secours du bienheureux Roi. Il s'y opérait une infinité de miracles par son intercession. Elles disent que sous l'autel il y avait une fontaine dont l'eau, comme celle de Siloë, guérissait toutes sortes de maladies. Il n'était pas rare de voir des aveugles recouvrer la vue et des sourds l'ouïe. Souvent, après en avoir fait usage avec foi et confiance, des muets faisaient retentir l'église de leurs actions de grâces ; les boiteux étaient redressés. Enfin, Dieu se plaisait à y faire éclater sa puissance et à glorifier ses serviteurs.

Il est assez probable que cette église, et ce chapitre collégial, ont subsisté jusqu'au temps de la commotion politique et religieuse qui désola cette île infortunée, et qui enleva à l'Église catholique un si grand nombre de ses enfants. Néanmoins, nous ne pouvons rien affirmer sur ce point, n'ayant pu nous procurer aucun renseignement. Les événements désastreux qui bouleversèrent tout ce royaume étaient, il est vrai, de nature à faire oublier nos saints Princes, et c'était bien à cela que tendaient tous les efforts des tyrans qui l'opprimaient. Mais la vénération et l'amour qu'on leur avait témoignés, appuyés sur leur incontestable bonté, étaient trop enracinés dans les cœurs de leurs sujets, pour permettre que leur souvenir s'effaçât des esprits. Leur mémoire, en dépit des novateurs, traversa les siècles, et elle s'y conservait encore au commencement du dernier. Le P. Pagnon nous assure l'avoir appris de la bouche d'un Irlandais qui, passant par Montdidier, en 1714, vint rendre ses pieux hommages aux reliques des deux illustres Frères, et fit voir un livre de leur vie qu'il portait et qu'il conservait comme un précieux trésor. Si, depuis cette époque, il semble que leurs noms aient cessé d'être connus et vénérés dans ce pays, c'est à la sceptique indifférence, qui règne partout, qu'il faut l'attribuer. C'est elle, en effet, qui fait mourir dans les cœurs jusqu'aux plus légitimes sentiments de gratitude, car elle est, en quelque sorte, plus pernicieuse que l'hérésie elle-même. Ce serait donc pour nous un soulagement et une grande joie, si nous pouvions apprendre qu'il n'en est pas ainsi.

Le culte public que l'on rendit en Irlande à Saint-Lugle et à Saint-Luglien, s'établit presqu'en même temps dans le pays d'Artois. A la vue des prodiges qui s'opéraient chaque jour, et des grâces qu'ils recevaient par leur intercession, les peuples de cette contrée, qui était devenue leur seconde patrie, et qui avait été le lieu de leur naissance pour le

Ciel, leur consacrèrent bientôt aussi des autels. Lillers surtout et ses environs, reconnaissant que Dieu leur avait donné, dans Saint-Lugle et Saint-Luglien, de puissants protecteurs, honorèrent leur mémoire d'une manière toute particulière. Et tel en fut le commencement :

Théodoric de Baine, évêque de Thérouanne, qui avait recueilli leurs saints corps, voulut que le lieu où ces précieuses dépouilles, entraînées par le torrent de la vallée de Scyrédal, s'étaient arrêtées, fut un lieu saint et respecté. Pour marquer sa piété envers les saints Martyrs, il y fit construire une chapelle, qu'il visitait souvent lui-même, et qui demeura long-temps l'oratoire de fervents anachorètes. M. Delaunay, chanoine de la cathédrale d'Arras, y fonda une messe pour tous les dimanches et fêtes. Cette messe était dite par un prêtre de Lillers, après la grande messe de l'église collégiale. Il y faisait ensuite le catéchisme et des instructions, et recommandait les morts.[1] Cette chapelle devint l'occasion d'un dévot pélerinage, où l'on se rendait en grande affluence tous les vendredis. Chaque année, à la fête qui se célébrait à Lillers le 20 mai, en mémoire de la translation des Reliques, de la châsse de bois doré dans celle d'argent, donnée par Isabelle de Portugal, on y allait en procession avec cette châsse. Puis, après une messe solennelle en musique et un panégyrique (*) en l'honneur des saints

---

(1) Voyez la note n° 28.

(*) Il y avait auprès de la chapelle un énorme tilleul, tellement gros, disent les anciens qui l'ont vu, qu'on établissait à la naissance de ses branches la chaire du haut de laquelle le prédicateur faisait le panégyrique. Mais ce séculaire enfant de la terre est tombé avec la chapelle qu'il ombrageait.

Patrons, on bénissait l'eau d'une petite fontaine qui se trouve auprès, en y plongeant les saintes Reliques. Une tradition locale assure que cette eau avait jailli miraculeusement, lorsqu'on trouva les corps saints. Chacun en puisait, en invoquant la protection des glorieux Martyrs, et Dieu, souvent, fit voir qu'il approuvait cette dévotion, en opérant des miracles par leur intercession.

Dans la suite, c'est-à-dire en 1625, cette chapelle, tombant en ruines, Messire Antoine de Lières, chevalier, seigneur de Ferfay, la démolit et en fit rebâtir une autre fort belle, et très bien entretenue. Au-dessus de l'autel, était placé un tableau représentant l'histoire du martyre des deux Saints, et aux deux côtés, leurs statues avec les marques de leurs dignités. Elle subsista jusqu'à l'époque à jamais déplorable où tant de monuments, marques précieuses de la piété des anciens âges, succombèrent sous le marteau du vandalisme et de l'impiété. C'est donc avec un regret amère que, visitant, il y a quelques années, ces lieux qui n'étaient pas pour nous sans intérêt, nous n'y avons trouvé que le silence le plus profond et des ruines. Et encore, si ces décombres et cette petite fontaine, où nous avons pu puiser encore quelques gouttes de cette eau sanctifiée, avaient pu répéter les noms de nos glorieux Patrons, et redire à nos oreilles les louanges qu'ils entendirent en leur honneur, notre cœur, du moins, aurait été satisfait. Mais, hélas! ces noms bénis ne retentissent plus dans ce désert où ils sont presqu'oubliés. Nous savons pourtant que, dans l'octave du 23 octobre, bien que le pèlerinage eût cessé avec le culte divin, la foi y amène encore un certain nombre de pèlerins qui, sans doute, comme autrefois les Juifs, après la destruction du temple de Jérusalem, viennent pleurer sa désolation, et former des vœux pour son rétablissement.

Toutefois, le village de Ferfay, dont le noble seigneur avait contribué si puissamment à maintenir ce culte de nos Saints dans ce pays, par la construction, l'entretien et l'embellissement de la chapelle d'Hurionville, sembla, dans ces derniers temps, revendiquer encore cet honneur. En 1826, ce village, ayant été érigé en succursale, sur les instances de Mad° la comtesse douairière d'Hinnisdal et de ses enfants, ces descendants du noble châtelain, firent construire une église paroissiale sous l'invocation des Saints Lugle et Luglien. Les Reliques envoyées de Montdidier, en 1844, y reposent honorablement dans une châsse en cuivre doré de forme gothique, et sont exposées solennellement à la vénération du peuple pendant l'octave du 23 octobre.

La fête du martyre des Saints Lugle et Luglien se faisait autrefois, à Lillers, le 23 octobre. L'office y était Propre, sous le rit double de 1re classe avec octave. Cependant, après la correction du bréviaire romain, ordonnée par le Pape Saint-Pie V, on ne se servit plus que de l'office assigné pour le Commun des martyrs, en conservant, toutefois, les anciennes leçons du 2e nocturne. Ce jour là, on chantait dans l'église collégiale deux grandes messes en musique. (*) Une avant matines, pour trois ou quatre

(*) Ce Chapitre collégial n'était, en quelque sorte, qu'une Confrérie de dix

villages circonvoisins qui y venaient en procession; l'autre à dix heures pour la ville. L'affluence des étrangers était considérable dans ces solennités. Tous regardaient comme un devoir, et tenaient à honneur de venir rendre leurs hommages aux Reliques vénérées des illustres Saints, à qui l'on aimait à se reconnaître redevables de tant de grâces et d'une protection aussi assurée qu'elle avait été éclatante en bien des circonstances. La dévotion à Saint-Lugle et à Saint-Luglien fut donc, pendant long-temps, une dévotion chère aux Lilleriens.

Ce n'est pas, toutefois, sans un grand serrement de cœur que nous en rappelons ici les beaux jours, car alors le peuple de Lillers reconnaissait ces glorieux Saints pour ses Patrons et ses Protecteurs. Pourquoi faut-il qu'il ne reste plus maintenant de sa piété envers eux, comme des monuments qui les honoraient, qu'un souvenir? Espérons que, puisqu'une portion de leurs saintes Reliques repose de nouveau dans ces lieux qui ont ressenti si souvent les effets de leur pouvoir, les peuples de ces contrées recourront, comme autrefois leurs pères, et avec la même confiance, à la protection de ces puissants intercesseurs, et que, par la générosité des fidèles, les pieux sanctuaires sortiront de leurs ruines, pour redevenir les dépositaires des prières et des grâces. Nous ne pouvons, cependant, passer sous silence un fait qui nous console, et qui présage, pour l'avenir, un retour à cette précieuse et si juste dévotion qui a fleuri dans ce pays pendant dix siècles. Comme nous

Chanoines, préposés à la garde des Saintes Reliques, et qui avait été fondé à cette intention, en 1043, par Wnemarus, seigneur de Lillers.

avons pu le remarquer, leur office a été conservé et approuvé par Rome dans le Propre du diocèse d'Arras, où nous trouvons la fête fixée aujourd'hui au 26 octobre. D'après cela, il semble que si le peuple ne connaît plus, pour ainsi dire, ses Patrons, il ne tiendra qu'aux pasteurs de faire revivre chez lui leur mémoire, car c'est là, tout à la fois, un motif et un moyen pour y parvenir.

Comme on le voit, il y a environ un demi-siècle, le culte de Saint-Lugle et de Saint-Luglien était encore très-florissant dans les contrées de l'Artois et de la Flandre Belgique.

A la bibliothèque Mazarine de Paris, dans la collection des gravures n° 4778, folio 132, on en voit une qui représente Saint-Lugle tenant dans ses mains une église, d'où sortent des flammes. Serait-ce pour marquer son pouvoir dans les incendies, ou bien son zèle pour propager la sainte doctrine de l'Évangile qui est la lumière brillante de l'Eglise? Nous ignorons, absolument, qu'elle a été la pensée de l'auteur dans cette allégorie. Près de lui est représenté son frère, roi d'Hibernie. Elle porte pour titre, *S. Luglius,* évêque en Belgique au 8e siècle, honoré le 23 octobre, et paraît être la copie d'un ouvrage de sculpture attribué à J. Galle; c'est le nom qui figure au bas. Nous aurions bien voulu connaître le lieu de la Belgique qui conserve la pièce originale, car on nous a assuré que c'était là qu'elle se trouvait. Cette même gravure se voit aussi dans la grande collection des saints, du cabinet des estampes de Paris, folio 175 du 14e volume.

Mais ce n'est pas seulement dans les contrées d'Irlande et d'Artois, que le culte de Saint-Lugle et de Saint-Luglien jeta plus d'éclat et se maintint plus long-temps. Le pays de Montdidier, que Dieu avait favorisé d'une manière si particulière, ne se montra pas moins reconnaissant. En effet, il nous paraîtrait difficile de citer beaucoup de villes et d'endroits, où la vénération pour les saintes Reliques de leurs patrons, fut portée plus loin. C'est ainsi que, dans les temps anciens, nous les avons vus, comme nous les voyons encore aujourd'hui, honorés avec un respect qui porte avec lui l'édification. Les fêtes de ces Saints ont toujours été célébrées d'une manière tout-à-fait religieuse. Jamais, à notre connaissance, la dissipation, les parties de plaisirs, qui sont presque toujours inséparables du culte que l'on rend aux Patrons, et qui, le plus souvent, dégénèrent en dissolutions et en débauches, ne sont venues salir la vénération et la piété qu'on leur témoignait. Nous osons, en quelque sorte, ajouter que les honneurs qu'on leur rend de nos jours, l'emportent sur ceux que leur rendaient nos pères. Heureux, toutefois, si notre foi est égale à la leur! Nous ne voyons pas, en effet, que dans les temps reculés, les démonstrations extérieures aient été plus brillantes; ce qui peut bien tenir un peu, il est vrai, aux habitudes des temps modernes, quoique la confiance assurément ne fut pas moindre. Saint-Lugle et Saint-Luglien ont toujours été, pour les habitants de Montdidier, des Patrons familiers, sur lesquels ils se reposaient en toutes circonstances, et auxquels ils recouraient dans tous leurs besoins. Il était peu de familles même, et nous croyons qu'il en est encore ainsi, où l'on ne rencontrât au moins un membre qui ne portât le nom des vénérés Protecteurs ; tant était grande l'espérance qu'on en retirerait bonheur.

Cette dévotion naïve et populaire se montrait partout. Ce qui fait voir jusqu'à quel point l'amour pour ces Saints était entré dans les cœurs des habitants de cette vieille cité, c'est qu'on la retrouvait même dans les amusements et les plaisirs publics, ce dont on ne voit plus d'exemples. Les annales de Montdidier rapportent, en effet, qu'en 1656, le 21 juin, eût lieu la représentation d'une tragédie(*) en l'honneur des Saints Lugle et Luglien, qui remplit tous les habitants d'une sainte joie et à laquelle ils assistèrent en foule. C'était comme un panégyrique des glorieux Martyrs, et long-temps après, les pères aimaient encore à en rappeler l'éclat à leurs jeunes enfants. Telle était la simplicité religieuse de ces temps qui, après tout, valait autant que l'orgueil impie qui ne cherche aujourd'hui que ce qui blesse et la foi et les mœurs.

Comme nous l'avons dit, les Bénédictins de l'ordre de Cluny, après les chanoines de Saint-Augustin, qui avaient été établis les dépositaires et les gardiens des Reliques de Saint-Lugle et de Saint-Luglien, furent toujours fidèles à leur mission. Si l'on excepte la circonstance où, pour les sauver de la profanation qu'ils craignaient de la part des

(*) Cette pièce curieuse, dont les exemplaires sont extrêmement rares, a été imprimée à Paris : Apud Ludovicum Delafosse, via carmelitana, sub signo speculi.

hérétiques calvinistes, en 1567, ils les mirent, pour un moment, en lieu de sûreté chez M. de Baillon, homme de probité et d'honneur autant que de piété, elles furent toujours conservées religieusement et respectueusement dans l'église du Prieuré. Nous en trouvons la preuve dans un acte de visite faite, en 1508, par Jean de la Madeleine, prieur de la charité et visiteur de la province de France, où il est dit, en parlant des Reliques, « *Nous avons trouvé des Reliquaires très précieux et en grand nombre, conservés soigneusement et décemment dans la sacristie où ils sont déposés.* (*) » C'était là qu'elles étaient honorées par les habitants de Montdidier, qui s'y portaient avec affluence dans les jours de leurs fêtes et lorsqu'il s'agissait de solliciter le secours des saints Patrons, dans les temps de calamités et de détresse. Aussi, était-ce un événement pour la ville, quand il était question de découvrir ou de descendre et de porter en procession la châsse des bienheureux Martyrs, qui, ordinairement, comme l'arche d'alliance chez les Juifs, était cachée à tous les regards. Les préparatifs de cette solennité en revelaient toute l'importance. Ce n'était que sur une humble supplication des autorités de la ville, que les Religieux consentaient à appliquer ce remède aux maux dont on voulait se garantir. Le cérémonial était imposant et de nature à exciter dans les esprits, où régnait la foi, une haute estime du pouvoir que l'on venait invoquer. On peut lire, dans les pièces justificatives, les céré-

---

(*) Invenimus reliquaria pretiosissima in sacristiâ bené et decenter reposita et conservata in magnâ copiâ.

monies usitées dans ces grandes occasions. (1)
Nous regrettons un peu qu'aujourd'hui ce cérémonial ne soit plus suivi aussi exactement. Il nous semble que cet édifiant et pieux appareil pourrait contribuer à fortifier la confiance, qui, du reste, ne manque pas, mais qui a toujours besoin cependant d'être entretenue et encouragée.

« Il ne faut pas croire pourtant, nous dit l'his-
« torien moderne de Montdidier, à qui nous em-
« pruntons cet extrait, que dans les jours néfastes
« qui ont lui sur la France, quand une grande
« partie des églises furent fermées, et les persé-
« cutions les plus violentes suscitées contre les
« ministres des autels, alors que des représentants
« en carmagnole occupaient la chaire évangélique,
« et que les clubs proscrivaient toute idée reli-
« gieuse, la dévotion envers les Patrons de la ville,
« avait singulièrement diminué, il n'en était rien
« cependant. Le lundi 15 juillet 1793, on fit, pour
« obtenir la fin de la sécheresse, une procession
« solennelle en l'honneur des Saints Lugle et
« Luglien, la plus belle et la plus nombreuse qu'on
« eût vue depuis longues années. La procession
« sortit de l'église Saint-Pierre à sept heures du
« soir et ne rentra qu'à minuit. Elle parcourut tous
« les quartiers de la ville et se rendit aux églises
« supprimées de Saint-Médard et de Saint-Martin.
« Un concours immense d'habitants de la campagne
« se pressait dans les rues. Quatorze paroisses des
« environs, précédées de leurs croix, de leurs
« bannières et bâtons patronaux assistaient à cette

(1) Voyez la note n° 29.

« pieuse cérémonie. Près de douze mille personnes
« suivaient avec recueillement les Reliques de nos
« vénérés patrons. Toutes les autorités s'étaient
« fait un devoir de s'y rendre. Pendant près d'un
« mois, les paroisses voisines vinrent faire leurs
« stations à Saint-Pierre et au Sépulcre, et quoique
« cette dernière église fut devenue un simple ora-
« toire, on y chanta cependant la grand'messe. Il
« est consolant de voir, à cette époque, la religion
« exercer encore son influence salutaire sur les
« esprits. La dévotion que le peuple de Montdidier
« a toujours témoignée aux Reliques des Saints
« Lugle et Luglien ne souffrit presqu'aucune
« atteinte de la tempête révolutionnaire. Au plus
« fort de la terreur, un individu s'étant avisé, à la
« société populaire, de parler irrévérencieusement
« des deux bienheureux Frères, les têtes s'échauf-
« fèrent, et le malencontreux orateur fut obligé de
« s'esquiver pour éviter le mauvais parti qu'on
« voulait lui faire.

« Le registre de la permanence fait mention de
« cette procession de la manière suivante. Le lundi
« 15 juillet 1793, les corps des Saints Lugle et
« Luglien ont été portés processionnellement, tant
« dans la ville que dans les faubourgs, par les
« serviteurs de Dieu de Montdidier, et ont été
« suivis et accompagnés par un grand nombre
« de paroisses des environs, portant aussi chacune
« leurs Reliques, étant suivis d'une multitude de
« citoyens et de citoyennes de tout âge, précédés
« de la garde nationale de Montdidier et d'un déta-
« chement du 9me chasseurs étant en dépôt en cette

« ville, et assistés de tous les corps tant adminis-
« tratifs que judiciaires ; cette honorable proces-
« sion ayant pour but l'intercession des bons
« Patrons de la ville auprès de Dieu pour en obtenir
« de l'eau, et faire cesser toutes les calamités dont
« nous sommes menacés. Cette respectueuse pro-
« cession a commencé vers les six heures et demie
« du soir, et a été terminée vers les onze heures
« par un salut chanté à Saint-Pierre, et de suite les
« différentes paroisses se sont retirées de notre
« ville avec le même ordre qu'elles y sont entrées,
« chantant les louanges du Seigneur. Pendant tout
« ce temps, la police, la tranquillité ont régné, tant
« dans la ville que dans les faubourgs, et sur les
« cinq heures du matin, cejourd'hui 16 juillet, est
« venue en procession la paroisse de Faverolles,
« qui, après avoir été visiter les corps saints, s'est
« retirée de notre ville toujours processionnellement
« et chantant les louanges de Dieu. (*) » Depuis
cette époque, la vénération pour les protecteurs de
la cité n'a pas subi la moindre interruption.

Une semblable procession eût lieu le 19 août 1860, après une neuvaine en l'honneur des saints Martyrs, demandée par les habitants pour obtenir le retour du beau temps qui, depuis près d'un an, semblait fuir non-seulement nos contrées, mais presque toutes les contrées de la France, où les récoltes de toutes sortes étaient déjà gravement compromises. Nous estimons que près de six mille personnes, tant de la ville que des environs, assistèrent à cette pieuse cérémonie, malgré la pluie qui tombait en abondance.

(*) Histoire de Montdidier. (Tome 1, page 374).

Il se célèbre à Montdidier, en l'honneur de Saint-Lugle et de Saint-Luglien, deux fêtes, l'une le 23 octobre, jour de leur martyre. La solennité est remise au dimanche suivant, selon les prescriptions de la liturgie romaine, quoique la neuvaine soit ouverte le jour même de la fête. L'autre, en mémoire de la translation des Reliques du château d'Almer à Montdidier, se faisait autrefois le 27 juin. En 1628, Mgr François Lefèvre de Caumartin, évêque d'Amiens, la transféra au premier dimanche de juillet, jour auquel elle se fait encore, à moins qu'il n'y ait lieu de la remettre au second dimanche, comme il arrive quelquefois à cause de la fête de Saint-Pierre.

Aux premières vêpres de ces deux fêtes, le clergé se rend à la chapelle des Saints, et l'on expose les Reliques à la vénération du peuple. C'est alors que l'on commence une neuvaine qui est très suivie. Pendant la neuvaine, toutes les messes basses se disent à cette chapelle. Il est peu de personnes qui ne se fassent un devoir de venir rendre hommage aux précieux restes et solliciter quelque grâce. Les deux paroisses dont la ville est composée, sont animées des mêmes sentiments. Du reste, Saint-Lugle et Saint-Luglien sont les Patrons de Montdidier, et ils sont regardés et honorés comme tels par tous les habitants.

Les offices de ces jours se font avec autant d'éclat que dans les plus grandes solennités de l'année, et quand les cloches, avec leur bruyante harmonie, font entendre leurs voix pour les annoncer à la cité, ce sont vraiment des jours de fête, de bonheur et de joie. Grand nombre d'habitants des campagnes voisines s'y rendent, car eux aussi, ils espèrent remporter chez eux quelques-unes de ces faveurs, dont est si bien pourvue la généreuse bonté des bien-aimés intercesseurs. Le village de Paillart, surtout, auquel fut confié, pour un instant, le sacré dépôt, ne manquait jamais d'y envoyer une députation de ses habitants, pour s'y faire représenter, et, par un privilége particulier, elle était admise à l'offrande à la messe solennelle. Autrefois même, à la procession, le bailli de cette commune avait le pas sur le lieutenant-général au baillage de Montdidier et les officiers de la ville, mais, dès la fin du dernier siècle, il avait laissé périmer cette faveur.

Depuis quelques années aussi, une espèce de refroidissement paraît se manifester. Nous serions peut-être injuste de l'attribuer à l'affaiblissement de la confiance des habitants de Paillart envers les saints Patrons. Nous aimons mieux croire que le motif qui les porte à s'abstenir, n'est autre que la distance des lieux, et plus encore l'avantage qu'ils ont de posséder quelques-unes de ces saintes Reliques. (1) Nous regrettons pourtant vivement d'être obligé, en quelque sorte, de déchirer cette page historique qui, jusqu'ici, nous a paru très-précieuse.

Une si belle journée, commencée avec tant d'allégresse ne saurait se continuer avec moins de bonheur et aussi avec moins d'appareil. Aux vêpres, un panégyrique est prononcé en l'honneur des saints Patrons. Puis, vers la fin de l'office, le clergé du

(1) Voyez la note n° 30.

Sépulcre monte à Saint-Pierre, et aussitôt la procession se met en marche. La compagnie des sapeurs-pompiers sert d'escorte. La châsse et les bustes sont portés par des Confrères, tandis que d'autres les entourent, portant des cierges allumés. Les bannières sur lesquelles sont représentés Saint-Lugle et Saint-Luglien, en costume de roi et d'archevêque, figurent seuls à cette cérémonie. Le cortége, en partant de Saint-Pierre, fait une pose devant l'Hôtel-de-ville, et se rend à l'église du Saint-Sépulcre, [1] où l'on chante un répons, une antienne et quelques autres prières. Au retour, il fait une station à la place de la Croix-Bleue. Rien n'est émouvant comme cette procession, où l'on déploie toute la pompe possible, surtout par une de ces belles journées du mois de juillet. Mais ce qui donne à cette solennité un caractère tout particulier, c'est l'affluence et surtout l'attention et le recueillement des assistants. N'oublions pas de dire encore que l'éclat en est relevé par la présence de messieurs les premiers magistrats de la commune, qui se font un devoir d'y assister officiellement, continuant ainsi noblement cette longue chaîne de témoignages, qui attestent du respect et de la vénération de tous envers les saints Protecteurs, et qui, du reste, sont si bien en rapport avec ceux des aïeux. (*)

(1) Voyez la note n° 31.

(*) Cette démarche de messieurs les officiers de la ville paraît être le résultat d'une délibération du 6 mai 1639, qui ordonne, qu'en reconnaissance des faveurs insignes obtenues par l'intercession des SS. Lugle et Luglien, patrons et gardiens titulaires de Montdidier, on porterait leurs vénérables restes à toutes les processions générales qui s'y feraient, accompagnés des échevins, des torches des confréries, des corps des marchands et autres artisans.

On ne se borna pas, toutefois, à de simples marques extérieures. Une dévotion, quelque bonne qu'elle soit, si elle ne contribue à réformer les mœurs et à rendre plus chrétien, sera toujours une dévotion stérile, semblable à celle que Jésus-Christ lui-même condamnait dans les Pharisiens. Aussi, les pieux Religieux, à qui fut confiée si long-temps la garde des saintes Reliques, firent tous leurs efforts pour éviter ce danger et faire en sorte que la dévotion des peuples fût éclairée et fructueuse. C'est pour cela qu'ils établirent, en l'honneur de ces grands Saints, dans l'église de leur Prieuré, une Confrérie dont ils sollicitèrent la confirmation du Souverain-Pontife. Entrant dans leurs pieuses vues, Alexandre VII l'approuva, en 1660, par une bulle qui accordait à cette Confrérie, à perpétuité, de nombreuses indulgences. Nous la donnons ici comme un monument à conserver. (2) (*)

BULLE DU PAPE ALEXANDRE VII.

Alexandre, évêque, serviteur des serviteurs de Dieu, à tous les fidèles chrétiens qui verront ces lettres, salut et bénédiction apostolique.

En considérant la faiblesse de notre nature, la triste condition du genre humain porté au mal, et la rigoureuse sévérité des jugements de Dieu, nous désirons, de toute l'étendue de notre cœur, que tous les fidèles chrétiens, nos chers enfants en Jésus-

---

(2) Voyez le texte latin, note n° 32.

(*) Nous regrettons vivement que la pièce originale ait disparu du trésor des archives de la Confrérie, pour aller enrichir, probablement, le cabinet de quelque antiquaire, qui n'en retirera d'autre utilité que de satisfaire, sans doute, une certaine passion de tout accaparer.

Christ, travaillent de toutes leurs forces, par leurs bonnes œuvres et leurs saintes prières, à en prévenir toute la rigueur, et que, par ces moyens salutaires, ils puissent effacer leurs péchés et mériter plus facilement de parvenir à la gloire du bonheur éternel. Nous avons appris avec joie, qu'à Montdidier, diocèse d'Amiens, dans l'église du Prieuré conventuel de l'ordre de Cluny, dédiée à la bienheureuse Vierge Marie, on a érigé canoniquement, sous l'invocation et à l'autel des SS. Lugle et Luglien, frères et martyrs, pour la gloire de Dieu tout-puissant, pour le salut des âmes et l'assistance du prochain, une pieuse et dévote Confrérie en faveur de tous les fidèles chrétiens de l'un et de l'autre sexe, dans laquelle les Confrères, nos très-chers fils, pratiquent toutes sortes de bonnes œuvres.

C'est pourquoi, désirant que cette Confrérie prenne de jour en jour de nouveaux accroissements, et nous confiant en la miséricorde de Dieu tout-puissant et en l'autorité de ses bienheureux apôtres Pierre et Paul, nous donnons et accordons pour toujours, à tous et à chacun des fidèles chrétiens des deux sexes, qui, dans la suite, entreront dans la dite Confrérie, une indulgence plénière et la rémission de tous leurs péchés, le premier jour de leur entrée, pourvu que, vraiment contrits, et s'étant confessés, ils reçoivent avec respect le Très-Saint-Sacrement de l'Eucharistie.

Nous accordons aussi, dès maintenant et pour l'avenir, la même indulgence plénière aux Confrères de ladite Confrérie qui, aussi véritablement contrits et confessés, et ayant communié, s'ils le peuvent faire commodément, ou au moins qui, étant véritablement contrits, invoqueront à l'heure de la mort, dévotement de cœur, s'ils ne peuvent le faire de bouche, le Saint-Nom de Jésus.

Nous faisons la même grâce aux mêmes Confrères, qui, pareillement, vraiment contrits, confessés et ayant communié, visiteront chaque année, dévotement, le premier dimanche de juillet, depuis les premières vêpres jusqu'au coucher du soleil de ce même dimanche, l'église précitée, et dans cette église la chapelle ou l'autel de la Confrérie, et qui y adresseront à Dieu de ferventes prières pour l'exaltation de la Sainte-Eglise notre mère, pour l'extirpation des hérésies, pour la conversion des infidèles, pour la concorde entre les Princes chrétiens et pour la conservation du Pontife romain.

Si les Confrères, pareillement contrits, confessés et ayant reçu la Sainte-Eucharistie, visitent chaque année, dévotement, la dite église, la chapelle ou l'autel, le jour de la fête de l'Assomption de la bienheureuse Vierge Marie; de la fête de Saint-Benoît, le onzième jour de juillet, et le vingt-trois octobre, et qu'ils y prient comme il a été dit plus haut, nous leur donnons pour chacun de ces jours de fête une indulgence de sept ans et de sept quarantaines.

Enfin, toutes les fois que lesdits Confrères assisteront aux divins offices ou aux assemblées publiques ou particulières de la Confrérie, pour l'exercice de quelque œuvre pieuse, ou bien qu'ils accompagneront le Saint-Sacrement, lorsqu'on le portera à quelque malade, ou si, ne pouvant l'accompagner, ils récitent à genoux, au signal donné, une fois l'Oraison Dominicale et la Salutation Angélique pour ce malade ; toutes les fois qu'ils assisteront aux processions qui seront faites avec la permission de l'Ordinaire, ou au convoi des défunts; toutes les fois qu'ils auront réconcilié les ennemis, ramené quelqu'un dans la voie du salut, enseigné aux ignorants les commandements de Dieu et les choses nécessaires au salut, ou bien qu'ils auront récité cinq fois le Pater et l'Ave, Maria, pour les âmes des Confrères de la dite Confrérie, morts dans la paix du Seigneur, pour toutes et chacune des œuvres pieuses que nous avons énumérées, nous leur accordons miséricordieusement dans le Seigneur, par l'autorité et la teneur des présentes, aujourd'hui et à toujours, soixante jours d'indulgence.

Cependant, si la dite Confrérie est agrégée à une confrérie supérieure, maintenant ou dans la suite, ou si pour quelque raison ou cause que ce soit, elle est unie à une autre pour participer à ses indulgences, ou si elle est établie autrement de quelque manière que ce soit, ou bien, si d'autres lettres que les présentes ont été accordées par nos prédécesseurs, nous voulons que ces lettres ne lui servent de rien, mais que, dès maintenant, elles soient absolument nulles ; de plus, si les Confrères, à raison des bonnes œuvres que nous avons énumérées ou autrement, ont obtenu de nous, à perpétuité, ou pour un temps quelconque qui n'est pas encore écoulé, d'autres indulgences, nous voulons que ces présentes lettres que nous leur accordons, soient nulles et d'aucune valeur.

Donné à Rome, à Sainte-Marie-Majeure, l'an de l'Incarnation de N.-S., seize cent soixante, aux ides d'avril (13 avril), et de notre Pontificat, le 5me. Signé: F. Aubierus, P. Crottus, F. Setta, C. Bignorellus, et au-dessous, *gratis pro Deo*, Stenbrer, Iabralon, P. Potavena, avec paraphe, M. Ursinus.

(Place du grand sceau en plomb pendant à un lacs rouge et jaune, et représentant d'un côté Alexandre VII, et de l'autre les SS. Apôtres, Pierre et Paul.)

(Au bas de la bulle on lit):

FRANÇOIS, par la miséricorde divine et la grâce du Saint-Siége Apostolique, Evêque d'Amiens, conseiller du Roi en ses conseils et maître de son oratoire, vu les présentes lettres d'indulgences accordées à perpétuité, par N. S. P. le Pape, à la Confrérie des Saints Lugle et Luglien, érigée dans l'église du Prieuré de Montdidier, de l'ordre de Cluny, sous l'invocation de la bienheureuse Vierge Marie, nous les avons approuvées et les approuvons par ces présentes, ordonnant à tous les curés du diocèse d'Amiens, de les publier et les annoncer au prône de la messe paroissiale, et d'encourager tous les fidèles à faire tous leurs efforts pour gagner les dites indulgences.

Donné à Amiens, l'an du Seigneur, seize cent soixante, le cinquième jour du mois de juin.

† FRANÇOIS.

Par mandement, Guille.

Par suite des événements politiques qui ont renversé tous les monastères avec leurs églises, cette Confrérie cessa d'exister aussi, par cela même que le lieu où elle avait été établie, avait cessé d'exister lui-même. Il résultait de là une grande perte spirituelle pour les âmes véritablement pieuses. On fut donc dans la nécessité de solliciter, à Rome, l'érection d'une nouvelle Confrérie, et de l'établir, cette fois, dans l'église paroissiale de Saint-Pierre. La demande fut favorablement accueillie, et le 22 juin 1846, la secrétairerie de la Sainte Congrégation des Indulgences, envoyait, au nom du Pape Pie IX, un bref donné à perpétuité, portant l'érection de la nouvelle Confrérie. Nous transcrivons ici ce bref, qui fera connaître à chacun le trésor des grâces où il peut incessamment aller puiser. Fasse le ciel que ces faveurs contribuent à la sanctification de tous ceux dont les noms sont inscrits au livre de la Confrérie, en les rendant sincèrement chrétiens !

BREF DU PAPE PIE IX. [1]

Par ces présentes, qui auront leur effet à perpétuité, nonobstant tout ce qu'on pourrait faire à ce contraire, pourvu que l'on observe tout ce qui est prescrit par la constitution du Pape Clément VIII, d'heureuse mémoire, donnée à Rome, à Saint-Pierre, le 7 décembre 1604, et qui commence par ces mots : *Quæcumque a Sede Apostolicâ*, notre Saint-Père le Pape Pie IX accorde miséricordieusement et pour toujours, à tous les Confrères de la pieuse Confrérie, érigée canoniquement sous les noms des saints martyrs Lugle et Luglien, dans l'église paroissiale de Saint-Pierre de Montdidier, les indulgences ci-dessous désignées, qui pourront être appliquées aux âmes du purgatoire, à savoir :

(1) Voyez le texte n° 33.

1° Une indulgence plénière le jour de leur entrée dans la Confrérie, pourvu que, vraiment pénitents, après s'être confessés et avoir reçu la sainte communion, ils visitent l'église de Saint-Pierre, et y prient pendant quelque temps selon l'intention de sa Sainteté ;

2° Pareillement, une indulgence plénière à l'article de la mort, pourvu qu'ils aient les dispositions marquées ci-dessus, ou qu'au moins, ils invoquent dévotement de cœur, s'ils ne le peuvent de bouche, le Saint-Nom de Jésus ;

3° Une indulgence plénière le jour où l'on célébrera, avec la permission de l'évêque, dans ladite église, la fête principale de la dite Confrérie, depuis les premières vêpres jusqu'au soleil couché du dit jour ;

4° Une indulgence de sept ans et de sept quarantaines dans quatre autres fêtes de l'année, qui seront désignées, une fois pour toutes, par l'évêque actuel, pourvu que, disposés comme il est dit plus haut, ils visitent l'église et y prient ;

5° Enfin, une indulgence de soixante jours pour chacune des œuvres pieuses, quelles qu'elles soient, qu'ils feront, pourvu qu'ils les fassent dévotement et au moins le cœur contrit.

Donné à Rome, à la secrétairerie de la Sainte Congrégation des Indulgences, le 22 juin 1846.

Gabriel, cardinal Feretti.

Nous, vicaire-général et official du diocèse d'Amiens, avons examiné le susdit bref et avons ordonné qu'il soit mis à exécution. Pour gagner l'indulgence de sept ans et de sept quarantaines, nous avons assigné les quatre jours suivants :

1° Le dimanche où l'on célébrera la translation des Reliques ;

2° Le jour de la fête de St-Pierre et de St-Paul ;

3° Le jour de la fête de l'Assomption de la Sainte-Vierge ;

4° Le jour de la Commémoration des fidèles défunts.

Et pour l'indulgence plénière de la fête principale, nous avons désigné le dimanche où l'on célébrera la fête des saints Martyrs, dans le mois d'octobre.

Amiens, ce 28 juillet 1846.

H. MAILLARD, v.-g. off.

Un autre privilége, accordé aussi par le Souverain Pontife, ne paraîtra pas sans doute moins précieux aux membres de la Confrérie. Ici, ce n'est pas seulement aux vivants, mais aux morts qu'est appliquée cette faveur ; grâce importante qui consiste en une indulgence plénière communiquée, chaque fois que l'on célèbre la sainte messe dans l'église de Saint-Pierre, au membre défunt de la Confrérie, pour lequel la messe est dite. Voici le décret qui l'accorde. (1)

Notre Saint-Père le Pape Pie IX, écoutant favorablement les humbles prières du Curé de l'église paroissiale de Saint-Pierre de Montdidier, a bien voulu consentir à ce que, à perpétuité, nonobstant ce qu'on pourrait faire à ce contraire, toutes et

(1) Voyez le texte n° 34.

chacune des messes qui seront célébrées dans cette église à quelque autel que ce soit, pour chacun des Confrères défunts de la pieuse Confrérie, érigée canoniquement dans la dite église, sous l'invocation des saints martyrs Lugle et Luglien, jouissent du même privilége que si elles étaient dites à un autel privilégié, pourvu toutefois que l'on observe ce qui est prescrit par la constitution du Pape Clément VIII, donnée à Rome, à Saint-Pierre, le 7 décembre 1604, et qui commence par ces mots: *Quæcumque a Sede Apostolicâ*.

Donné à Rome, à la secrétairerie des Indulgences, le 22 juin 1846.

Gabriel, cardinal Feretti.

I. Gallo, secrét.

Vu et approuvé, à Amiens, le 28 juillet 1846.

Maillard, v.-g. off.

La Confrérie de Saint-Lugle et de Saint-Luglien compte un grand nombre de membres, ce qui témoigne hautement de la confiance générale que l'on a dans ces saints Patrons. Nous sommes donc heureux de le constater. Pourtant une réflexion nous vient. Tous ceux qui en font partie, sont-ils animés des sentiments qui donnent droit à leur protection? Nous les félicitons sans doute de leur empressement à vouloir que leurs noms figurent parmi les dévoués à leur culte. Mais nous dirons que, comme il ne suffit pas à un homme d'avoir son nom inscrit sur la liste des combattants pour être appelé soldat, quand d'ailleurs il reste les bras croisés au foyer domestique; ainsi, ceux-là porteraient en vain le nom de Confrère et ne pourraient prétendre aux avantages qui y sont attachés, et dont le premier est un secours assuré de la part des saints Protecteurs, si, de leur côté, ils ne faisaient rien autre chose pour le mériter. Nous nous réjouirons néanmoins toujours de ce zèle, tout imparfait qu'il puisse être, parce que nous nous réjouirons toujours de voir nos Saints honorés. Et tant que cette étincelle de foi laissera briller sa lumière, nous aurons lieu d'espérer qu'un jour, allumant un grand feu, elle servira à réchauffer tous les cœurs. C'est bien là ce qu'appellent tous nos désirs. Plus que jamais, nous devons le reconnaître, nous avons besoin de leur secours, et si notre dévotion nous porte à les honorer, il ne faut pas du moins qu'elle soit illusoire et qu'elle reste sans fruit. Il ne faut pas non plus oublier qu'ils ne sont que les ministres du Seigneur et les dépositaires de ses faveurs, et que c'est de Dieu seul qu'il faut attendre les grâces qu'il veut bien accorder à leur intercession.

Une peine nous restait au cœur, c'était de voir que l'office de nos saints Patrons qui, autrefois, faisait partie du Propre du diocèse, en avait été retranché par suite des changements survenus dans la liturgie. Cette omission vient d'être heureusement réparée. Notre Saint-Père le Pape Pie IX, l'a approuvé tout récemment par un bref, en date du 25 avril 1861, pour la ville de Montdidier et le diocèse, comme il l'avait déjà fait, il y a quelques années, pour le diocèse d'Arras. L'oraison est propre, ainsi que les leçons du 2ᵉ nocturne des matines.

Le reste de l'office est pris selon les prescriptions du rit, au Commun de plusieurs martyrs. Voici le bref de concession.

Notre Saint-Père le Pape Pie IX, prenant en bénigne considération la respectueuse supplique du Révérendissime évêque d'Amiens, a bien voulu consentir à ce que, dans le Propre des offices et des messes approuvé par le Saint Siége, pour l'usage du clergé d'Amiens, l'on puisse ajouter, au 23 octobre, la fête des Saints Lugle et Luglien, martyrs, sous le rit double, avec l'office et la messe concédés au clergé d'Arras, et en faisant dans la 6ᵉ leçon des matines les changements proposés.

Donné à Rome, le 25 avril 1861.

† Patrizi, card. du titre de Ste-Rufine, évêque de Porto et préfet de la Sacrée Congrégation des Rites.

Cette concession du Saint-Père, ayant éprouvé une certaine difficulté à cause de la fête de saint Domice, chanoine d'Amiens, qui se célèbre, à la cathédrale, le 23 octobre, sous le rit double majeur, une nouvelle décision de Rome permit de transférer la fête des Saints Lugle et Luglien au premier jour libre après le 23, dans tout le diocèse, excepté à Montdidier, où elle resta fixée à ce jour. [1]

Les prières de la procession, ne faisant point partie de l'office canonial, ont été approuvées par Mᵍʳ l'évêque d'Amiens. Elles sont on ne peut mieux en rapport avec l'esprit de la cérémonie. Les hymnes, surtout, que l'on chante ces jours-là, ont

(1) Voyez le texte latin, note n° 35.

tout ce qu'il faut pour plaire à un Montdidérien. La versification en est élégante et très-agréable. Leur chant joyeux et plein d'harmonie, élève l'âme et répond admirablement aux élans de la multitude. Pour les paroles, elles rappellent les différentes circonstances de la vie des saints Patrons, et sont tout-à-fait propres à exciter dans les cœurs la vénération et l'amour. La prose, qui ne se dit plus maintenant qu'au salut, est aussi d'une belle composition. Elle respire la piété et pourrait servir de panégyrique des deux saints Martyrs. La modestie de l'auteur de ces poésies nous a caché son nom, mais il est très-probable que nous les devons à Bon de Merbes, que l'on sait avoir travaillé sur cette matière. Du reste, Dom Pagnon nous assure qu'elles sont d'un savant ecclésiastique de la ville, à qui il convenait de célébrer la gloire des Protecteurs de la cité.

NOTICE

SUR MONTDIDIER

ET

LE PRIEURÉ DE NOTRE-DAME DE CETTE VILLE. [1]

Montdidier est une ville très-ancienne, dont l'importance était assez grande à une certaine époque de son histoire. Plusieurs veulent qu'elle soit celle que César appelait dans ses commentaires BRATUSPANCE. Sans nous arrêter à aucune opinion, ce qui n'est pas notre affaire, puisque tout examen sur ce point serait absolument étranger à notre but, il est au moins hors de doute qu'il a été autrefois une ville considérable. Son emplacement dans la vallée le prouve d'une manière incontestable. Bien qu'elle ait été presque entièrement déplacée, sa position paraît assez clairement dessinée par quelques indications qui la démontrent, et il

(1) Notre intention, en donnant cette notice sur Montdidier et sur le Prieuré de Notre-Dame, n'a pas été de faire une longue dissertation. Nous n'avons eu d'autre but que de faire connaître à nos lecteurs, d'une manière succincte, ce qu'était cette ville et ce qu'elle est, comme aussi l'origine, la situation topographique, les différentes péripéties et la décadence du Prieuré, qui fut le berceau du culte que nous rendons à nos Saints Patrons, et où ils furent honorés pendant tant de siècles. Si l'on désire, sur ces sujets, de plus longs détails, l'on pourra consulter très-utilement la nouvelle Histoire de Montdidier, en trois volumes in-quarto, par M. Victor de Beauvillé.

est encore facile de se faire une idée de ce qu'elle était il y a huit à neuf cents ans. Montdidier a subi toutes les chances et les vicissitudes de la terre, et il fallait bien aussi qu'il prouvât qu'il n'y a rien de stable sous le soleil. Point de mire de l'ambition et souvent de la tyrannie, il a éprouvé tous les fléaux que sèment sur leur passage ces funestes passions. Le fer et le feu y ont amoncelé des ruines qui couvriront peut-être à jamais son tombeau.

L'ancien Montdidier était entièrement dominé par la montagne sur laquelle était bâti le château qui servit, à ce qu'il paraît, d'exil et de prison à Didier, dernier roi des Lombards, après qu'il eût été vaincu par Charlemagne, en 774. C'est de cette circonstance que la ville prit le nom de Montdidier ou montagne de Didier, car auparavant, au dire de Ducange : « Quand elle était située au bas de la montagne, où l'on voyait l'église Saint-Médard, elle s'appelait Les Tournelles. C'était dans ce château qu'habitaient les comtes qui en étaient les seigneurs. Sa forte position dans le pays fit qu'il fût souvent attaqué, jusqu'à ce qu'enfin il tomba entre les mains de Philippe-Auguste. Certains auteurs ont soutenu que les Rois de France y avaient tenu leur cour.

Quand l'ancienne ville fut détruite par les guerres, les habitants vinrent se grouper autour du château pour y être plus en sûreté. Ce fut là ce qui donna naissance à la nouvelle ville qui, maintenant, est bâtie sur le penchant de la montagne tirant sur le midi. Cette nouvelle ville ne saurait être comparée à l'ancienne pour la grandeur. Elle est au contraire fort restreinte et ne compte guère plus de 4,000 âmes, répandues dans la ville et les faubourgs, au nombre de six. Celui d'Amiens, situé au plus haut de la montagne, se dirige, vers le nord, sur la route qui, à quelques pas de là, redescendait dans la vallée avec une effrayante rapidité. Depuis quelques années, cette route a été corrigée et rendue plus praticable et surtout moins dangereuse.

Celui de Roye, à l'est, est le seul qui conduise dans la plaine. Celui de Paris est bâti au bas de la montagne, et laisse la ville entièrement au nord. Le faubourg de Becquerel est assis sur le flanc du côté de l'ouest. C'est de ce côté que la ville présente une plus belle perspective. Au-dessus de lui est la ville, et au-dessous le faubourg de Saint-Médard, qui tourne au sud-ouest. Celui de Saint-Martin, qui fait suite à celui de Becquerel, se précipite dans le fond de la vallée en serpentant vers le nord-ouest. C'est dans cette vallée que l'on aperçoit une petite rivière qui coule du sud au nord en faisant de grands circuits. Elle s'appelle rivière des TROIS-DOMS, ou simplement du DOM, parce qu'elle prend sa source dans un village et qu'elle en traverse deux autres dont les noms commencent par cette même syllabe. Elle perd sa dénomination, après quelques lieues de parcours, pour prendre celle d'AVRE jusqu'à son embouchure dans la Somme.

Montdidier n'est pas ce qu'on pourrait appeler une belle ville, si l'on considère la beauté d'après l'étendue, d'après la grandeur et le luxe des bâtiments. L'emplacement qu'il occupe, sur une montagne escarpée de presque tous les côtés, met certainement un obstacle à son agrandissement, aussi bien qu'à son embellissement. Ses constructions, pourtant, un peu anciennes, s'améliorent chaque jour et lui font prendre un air de jeunesse qui ne lui va pas mal et le rend plus agréable. Vu à distance de quelques points, il est d'un fort bel aspect et se présente sur un amphithéâtre remarquable. Il y a aussi quelques promenades qui suffisent d'autant mieux que les alentours dans la vallée surtout, sans être trop éloignés, sont très-pittoresques. Ce sont : celle du Prieuré, qui offre une très-belle vue horizontale; celle du Chemin-Vert; celle de la Bouloire des Prêtres; celle du Rempart, qui paraît destinée à offrir bientôt, surtout à la partie basse de la ville, un lieu de délicieux délassements.

Comme chef-lieu d'un des arrondissements du département de la Somme, il possède une sous-préfecture et un tribunal de première instance.

Parmi les édifices publics, on distingue particulièrement le Palais de Justice, dont la salle d'audience est la plus belle du département; l'Ecole des Frères; l'Hôpital et le Collége. Tous méritent quelque attention et ne seraient pas déplacés dans des endroits même plus considérables.

Ainsi que la plupart des villes, Montdidier, avant la Révolution, comptait, outre l'Hôpital et l'Hôtel-Dieu, quatre couvents, savoir : les Sœurs grises ou Franciscaines; les Capucins; les Ursulines et les Bénédictins au Prieuré. Il y avait aussi cinq paroisses. Saint-Médard était la plus ancienne. Son église a été démolie en 1793. Saint-Martin, dont l'église existe encore hors du faubourg de ce nom. Elle est devenue la propriété de M. Cocquerel, par suite de l'achat qu'en fit, à la Révolution, un de ses parents, curé alors de cette paroisse. Néanmoins, il en laisse généreusement la jouissance aux habitants, qui, avec son secours encore, l'entretiennent soigneusement, on pourrait presque ajouter splendidement. Chaque dimanche, un prêtre du clergé de Saint-Pierre y va célébrer la Sainte Messe et faire l'instruction, pour la commodité des habitants, dont plusieurs pourraient en être privés, à cause de l'éloignement et de la difficulté à gravir la montagne. Il faut espérer que, par leur indifférence à en profiter, ils ne se montreront pas indignes de cette faveur, mais qu'au contraire, ils feront tous leurs efforts pour répondre au zèle qui a inspiré à M. le Doyen de la leur accorder.

La troisième paroisse était Notre-Dame du Prieuré. L'église a été entièrement ruinée, comme nous le dirons ci-après.

De toutes les paroisses, il ne reste donc plus aujourd'hui que celles de Saint-Pierre et du Saint-Sépulcre. La première est cure, doyenné et archiprêtré. La seconde n'a pas encore recouvré son titre ; elle est seulement succursale.

L'église Saint-Pierre est la plus grande, et elle est toute voûtée en pierres. Sa longueur est d'environ 50 mètres sur 25 de largeur et 15 de hauteur. Il est facile de voir que c'est un édifice incomplet et inachevé. Elle est bâtie au plus haut de la ville, pour ainsi dire entre deux précipices. Du côté du portail, qui regarde l'occident, elle est à peine à 15 mètres du bord du rocher, qui, de cet endroit presqu'à pic, jusqu'au niveau de la vallée, présente une profondeur d'au moins 55 mètres. Du côté du chevet, elle est encore bien moins éloignée du fossé des fortifications. Heureusement, ce fossé sera bientôt comblé, ce qui ôtera, pour la suite, tout sujet d'inquiétude. Elle est très massive. Des piliers de fortes dimensions promettaient à l'édifice une bien plus grande hauteur. Il est hors de doute que le plan de l'architecte a été grandement contrarié. L'architecture n'a rien de bien remarquable, et à l'exception du portail qui a de la valeur, elle n'offre, aux yeux du connaisseur, qu'un ensemble d'imperfections. Quoiqu'il en soit, un bon nombre d'autres ne la valent pas encore, et elle peut réellement passer pour une des plus belles du diocèse. Mais, en revanche, l'œil se trouvant satisfait par la vue de la richesse, oublie ses défauts, et, l'art est, pour ainsi dire, forcé de se taire. On y admire le sépulcre, le couvercle des fonts, l'autel des saints Lugle et Luglien, quelques verrières, le maître autel et toute la boiserie du chœur, et des chapelles latérales. Favorisé par l'élévation du terrain sur lequel l'église est bâtie, son dôme, qui est imposant, se voit de près de 16 kilomètres.

L'église du Saint-Sépulcre est un peu moins grande que celle de Saint-Pierre, mais, en retour, elle est beaucoup plus délicate. Elle est aussi toute voûtée en pierres. Il paraîtrait assez que, vu la légèreté de ses piliers, elle n'était pas destinée à recevoir une voûte de cette sorte qui la charge un peu, car la charpente, artistement travaillée et embellie de dessins sculptés, laisse à croire que c'était elle qui devait être vue. Sa longueur est de 43 mètres sur 16 de largeur. Le chœur et le transept ont 15 mètres de hauteur, tandis que la nef n'en a que 12. Son architecture est gracieuse. Elle n'est pas cependant sans imperfections; le bas côté droit est de 2 mètres plus étroit que celui de gauche. Cet édifice a un très beau portail qui vient d'être refait à neuf et il contient plusieurs autres belles choses, comme la chaire qui est admirable; le tombeau; les fonts et l'autel gothique du Sacré-Cœur. Autour du chœur, qui est très léger et percé de longues fenêtres ornées de verrières, on voit les statues des douze Apôtres en grandeur naturelle. En somme, l'église du Saint-Sépulcre est jolie et peut tenir une place honorable, même parmi les plus belles.

Le caractère du peuple de Montdidier est en général calme et pacifique, et il lui faut un levier encore assez fort pour le pousser aux éclats. Il ne faudrait pourtant pas en conclure qu'il est sans énergie. Il n'ignore pas ce que c'est que la bravoure et le dévouement, et sa conduite passée, qui, plus d'une fois, lui a mérité le nom de brave, prouve suffisamment ce que, dans les circonstances, on pourrait espérer de son courage. On ne lui refuse pas de l'aptitude dans l'esprit ; l'instruction, du reste, n'est pas refusée aux Montdidériens. On la donne abondamment aux enfants et à la jeunesse de l'un et de l'autre sexe, de toutes les classes, dans les salles d'asile, les écoles modestes des frères de la doctrine chrétienne et des sœurs de la charité, ainsi que dans des pensionnats très-distingués qui ne laissent rien à désirer. Montdidier a fourni son contingent à la haute intelligence, et il a grossi la liste des savants. C'est avec regret que nous ne pouvons la donner ici, parce qu'elle est trop longue pour figurer dans une courte notice. De lui sont sortis des hommes recommandables dans toutes les branches de la science. La Théologie, la Médecine, la Poésie, la Littérature, la Jurisprudence, peuvent faire leur choix parmi les noms qui les ont illustrées.

Montdidier se glorifie aussi d'avoir vu naître Parmentier, dont la statue orne une de ses places. C'est ce savant ami de l'humanité, qui a introduit et propagé en France le précieux tubercule qu'on nomme la pomme de terre, qui a été jusqu'ici d'un si grand secours et dont la découverte est assurément bien préférable à celle de la poudre à canon.

PRIEURÉ DE NOTRE-DAME.

L'origine du Prieuré de Notre-Dame de Montdidier remonte à une époque très-ancienne. Si l'on ne dédaigne pas d'interroger les plus petits documents, ceux-là même dont, en apparence, on ne devrait faire aucun cas, et qui pourtant, en bien des circonstances, ne laissent pas d'être d'un certain poids, la petite légende rapportée par Louis Niquet, bibliothécaire du couvent des Célestins de Soissons, qui porte assurément le cachet d'une bonne antiquité, peut nous déterminer à croire que cette fondation eût lieu sous le premier des Comtes de Montdidier. Il y est dit, en effet, positivement, qu'à l'arrivée des Reliques de nos Saints Patrons, la Comtesse Helwide, femme d'Hilduin, frappée du miracle que Dieu venait de permettre en leur faveur, en les préservant du feu, promit de bâtir une église en l'honneur de la Sainte-Vierge et des saints Martyrs. A défaut de pièces qui pourraient la contredire sérieusement et la mettre à néant, nous admettons volontiers celle-là, d'autant plus qu'elle ne présente rien d'opposé à la vérité, et qu'elle parait au contraire beaucoup s'en rapprocher. Et après tout, il nous semble, qu'avec elle, il nous est bien permis d'admettre cette opinion, avec plus de raison que ceux qui prétendent en admettre une autre sans donner aucune preuve à l'appui.

La translation des Reliques des Saints Lugle et Luglien, à Montdidier, fut donc ce qui donna occasion à cette fondation. C'est ainsi, du reste, que commencèrent, au moyen âge, presque tous les établissements religieux. Nous pourrions en citer beaucoup d'autres exemples. Celui-ci prit naissance dans la chapelle du château, où elles furent déposées. Par les largesses et la munificence des nobles châtelains, treize chanoines de l'ordre de Saint-Augustin, préposés à leur garde, remplissaient là leurs fonctions, en attendant la construction de l'église promise par la Comtesse, et destinée à les recevoir d'une manière plus digne. Elle fut bâtie dans l'enceinte même du château.

Il est assez probable que cette église, que plusieurs personnes de nos jours ont encore vue, était bien celle fondée par la générosité et la piété de ces seigneurs.

Les mémoires de Sellier, notre compatriote, nous apprennent « que quelques curieux et connaisseurs de la suite de « Louis XIV, lorsqu'il passa à Montdidier, le 17 avril 1676, « visitant cette église, dirent que sa forme et sa compo- « sition étaient d'un goût des plus antiques, et qu'on la « pouvait regarder comme un des plus anciens monuments « en ce genre de la province; qu'ils ne connaissaient que « l'église de Saint-Acheul, au faubourg d'Amiens, qui « puisse être de son temps, étant bâtie de la même façon. » Or, l'église de Saint-Acheul fut élevée en 1073. Ce n'était cependant là qu'une simple supposition d'archéologues, peut-être, dont les paroles n'ont pas toujours la valeur d'un article de foi, car Notre-Dame de Montdidier devait être plus ancienne, puisque la légende dit qu'elle était due à la comtesse Helwide. Quoiqu'il en soit de son ancienneté, il est du moins certain qu'elle fut dédiée à la Très-Sainte Vierge et aux Saints Martyrs.

Dans le principe, les chanoines de Saint-Augustin ne formèrent pas positivement ce qu'on appelle une communauté, un monastère régulier. Ils étaient seulement tenus, en vertu des libéralités des comtes, de desservir cette église, et d'y célébrer chaque jour l'office divin.

Pendant un assez grand nombre d'années, ils furent très-exacts à remplir leurs engagements avec fidélité. Mais comme il arrive toujours, quand le frein d'une sévère discipline n'est pas là pour maintenir dans le devoir, une trop grande liberté les poussa vers le relâchement, et peu à peu il s'accoutumèrent à se mettre au-dessus de la gêne. Dèslors, le service divin en souffrit, au point que les intentions des premiers fondateurs n'étant plus exécutées, l'autorité ecclésiastique crut qu'il fallait y apporter remède en songeant à une réforme. On n'en vit point de plus salutaire et de plus propre à opérer un heureux résultat, qu'en réunissant le chapitre à un ordre régulier.

Parmi les différents ordres monastiques qui édifiaient alors le monde par leur ferveur et leur exactitude à remplir les devoirs que leur imposait leur institution primitive, on distinguait celui des Bénédictins de Cluny. Ce fut sur lui que l'on jeta les yeux, pour regénérer, par une salutaire fusion, le chapitre de Notre-Dame qui tendait à une décadence prochaine.

Le projet fut soumis au Pape qui nomma, pour examiner cette grande affaire, Garin, évêque d'Amiens, et Simon, évêque de Noyon. Sur leur rapport et après s'être assuré du consentement du comte de Montdidier, dont la famille avait fondé le chapitre, le roi Louis-le-Gros confirma, par ses lettres, l'annexion de ce chapitre à l'ordre de Cluny. Ainsi, après cent quatre-vingts ans depuis la fondation, les chanoines furent remplacés par les Bénédictins. Ceci arrivait en 1130. Innocent II, qui occupait alors le Siége Apostolique, y donna une sanction solennelle par sa bulle qu'il signa, à Pise, le 13 mars 1136. (*)

En succédant aux chanoines, les Bénédictins succédèrent aussi aux dotations et revenus que les comtes leur avaient assignés. Les treize prébendes ou pensions leur furent données, parce que, dans le commencement, leur nombre fut égal à celui des chanoines. Ce nombre pourtant, ne fut pas toujours le même. Il diminua successivement au point, qu'aux approches de la Révolution, il n'y avait plus au couvent que cinq moines, y compris le prieur. Personne ne s'en étonnera sans doute, car, à cette époque, la Foi, qui se mourait sous les étreintes du philosophisme et de l'impiété, n'avait plus assez d'ardeur pour produire des vocations religieuses et ecclésiastiques.

Pendant un demi-siècle encore, après leur établissement à Montdidier, les Bénédictins continuèrent d'habiter le château. Mais cette antique demeure de nos comtes, où mourut le fameux Raoul de Crépy, ayant été détruite dans le 13e siècle, par les ordres de Philippe-Auguste, qui voulait par là assurer sa conquête et ôter tous les moyens de la lui ravir de nouveau, on construisit pour les religieux un monastère plus rapproché de l'église. Philippe-Auguste, néanmoins, ne voulut point en effacer toute trace, car on prétend

(*) Nous croyons devoir signaler ici une grave erreur qui s'est glissée dans le procès-verbal de Claude Brulé de 1660, rapporté par M. de Beauvillé dans son histoire. Nous l'attribuons tout simplement à la faute du copiste qui a mal lu la pièce originale. A la page 428 du 2me volume de l'Histoire de Montdidier, ligne 5me, du mémoire des Saintes Reliques du Prieuré, on lit : *La Communauté des Religieux de l'observance de Cluny, établie audit Prieuré dès l'an mil six cent quarante-sept.* Cette date de 1647 est évidemment fausse, puisque les Bénédictins occupèrent définitivement le couvent en 1130, quoique le projet d'annexion ait été tenté, en 1119, et même une première fois en 1080. Ce manque de rectification pourrait amener d'autres conséquences.

qu'avec les débris de l'ancien château, il fit construire, sur le même emplacement, l'édifice que nous voyons aujourd'hui et qui fut appelé pour cette raison la salle du Roi, parce que, selon l'opinion de quelques auteurs, ce prince y avait tenu quelquefois sa cour.

Ce qu'il y a de certain, c'est que cette résidence n'étant pas d'une très-grande utilité pour les Rois de France, le Prieur des Bénédictins obtint la faculté d'y demeurer, en souvenir des comtes, qui, à leur arrivée, les avaient installés dans leur propre demeure. Comme pour rappeler que le couvent avait été mis, dès le commencement, sous la protection de la mère de Dieu, on y voyait, sur une des portes principales, une image de la Vierge tenant son fils dans ses bras, avec ces mots écrits au bas:

Virgo Maria tenet Hominem, Regemque, Deumque,
Visceribus propriis natum de Flamine sacro.
La Vierge tient celui qui, né d'elle, est, en somme,
Conceu du Saint-Esprit et Dieu et Roi et Homme.

Dans le cours du 15ᵉ siècle, les guerres qui survinrent, ayant forcé le Prieur à s'éloigner pour quelque temps, les gens de justice profitèrent de cette circonstance pour l'expulser et s'y établir eux-mêmes, et c'est depuis cette époque que cet édifice devint ce qu'il est encore, le Palais de Justice. Ce fut probablement alors que se fit la séparation entre la salle du Roi et le couvent, car avant, le Prieuré comprenait tout l'espace occupé par le Palais de Justice, la promenade et le collége. En 1710, on voyait encore pratiquée dans le pignon de la salle d'audience, la porte par laquelle le Prieur passait de ses appartements dans l'église. Au midi, le Prieuré était entièrement isolé et séparé de la ville par un fossé avec pont-levis. Chaque soir on fermait la porte, et toute communication était interrompue entre la cité et les moines. De tous les autres côtés, les fortifications lui tenaient lieu de clôture. Entre la salle du Roi et l'église, il existait aussi un passage conduisant à une autre porte interdite au public, car le Prieur et le maire en avaient seuls la clef.

Le monastère bâti tout près de la salle du Roi, et proche des fortifications, eût beaucoup à souffrir pendant les guerres des Anglais au 14e siècle, aussi bien que de celles de Louis XI et du duc de Bourgogne. Tout dévasté et tombant en ruines, on ne pouvait s'attendre qu'à le voir bientôt abandonné pour toujours, quand Adrien de Hénencourt, qui fut nommé Prieur à la fin du 15e siècle, entreprit de le reconstruire et de restaurer l'église. Le nouveau monastère ne fut terminé convenablement que sous ses deux successeurs immédiats, Philibert de Baudreuil et Simon Le Gay. Il consistait en deux corps de logis avec des cloîtres qui entouraient des quatre côtés un préau ou petit jardin.

Le bâtiment du dortoir faisait angle avec l'église, et les cellules des religieux avaient jour sur le jardin qui se trouvait au levant. Mais, comme de ce côté, qui était le point le plus vulnérable, les murailles qui le fermaient, quoique entourées de fossés et garnies de petites tours, ne présentaient pas des moyens suffisants de défense, dans le plan général, adopté pour les fortifications de la ville, on s'en empara et on éleva, derrière la maison des moines, un énorme cavalier ou butte qui la dominait entièrement, ce qui était d'une extrême incommodité pour les religieux, qui se trouvaient ainsi exposés aux regards de bien des indiscrets. Cette butte ne disparut qu'au commencement de ce siècle, malgré leurs réclamations et leurs prières auxquelles il semble qu'on aurait pu faire droit, en adoptant certaines mesures. Ce n'est pas seulement de ce côté que l'on fit une brèche à la propriété des moines. En 1544, François de Vivonne, capitaine de Montdidier, ayant conçu le projet d'y construire une citadelle, prit encore une portion de leur terrain et la transforma en une esplanade qui est aujourd'hui la promenade dite du Prieuré, nom qu'elle porte en souvenir des Bénédictins.

Le Prieuré de Montdidier n'était point à bout de ses changements. Il devait subir encore une troisième transformation. Cette fois, c'était moins par nécessité que par le besoin de satisfaire un certain désir de luxe et de bien-être qui, à cette époque, commençait à s'infiltrer partout. Les anciens bâtiments ne paraissant plus convenables, on voulut les remplacer par d'autres plus en rapport avec les usages du jour. Les travaux de construction du nouveau couvent commencèrent en septembre 1784, et continuèrent sans interruption jusqu'en 1790, époque où ils cessèrent, foudroyés par la loi qui supprimait les couvents. Le monastère resta donc inachevé et les infortunés Bénédictins furent forcés de s'en éloigner sans avoir pu s'y installer.

L'auteur de l'Histoire de Montdidier nous permettra de lui emprunter la description de cet ouvrage, pour ainsi dire posthume, de nos derniers religieux et de leur église, que le terrible ouragan du jour de la Dédicace, 13 juillet 1788, acheva de détruire entièrement, et qu'ils se disposaient à rebâtir, tout étant préparé pour cela, au moment où éclata la Révolution.

« Le Prieuré est solidement construit de briques et de
« pierres. La façade principale, qui regarde le nord, a 139
« pieds de long ; elle est élevée d'un étage et percée de
« 14 fenêtres rectangulaires. Le milieu de la façade, tout de
« pierre, présente une légère saillie comprenant quatre
« fenêtres accompagnées de pilastres toscans et couronnées
« par un fronton triangulaire où se développait un écusson
« armoirié que l'on fit sauter à la révolution. Ce fronton,
« sans faire une saillie très en relief, rompt cependant
« l'uniformité de la façade qui n'a aucun ornement apparent.
« rent. Sur la cour, le bâtiment est terminé par un
« pavillon formant avant-corps ; la façade méridionale est
« de pierre et percée, au rez-de-chaussée, de deux fenêtres
« et d'une porte cintrée, flanquée de deux pilastres, qui
« donne accès dans le cloître. Au premier étage, une large

« fenêtre, garnie d'un balcon, surmonte la porte d'entrée.
« Elle est ornée de deux pilastres corinthiens faisant une
« légère saillie. Une fenêtre, pratiquée de chaque côté,
« correspond à celles du rez-de-chaussée. Un fronton
« triangulaire domine ce pavillon qui produit un assez bon
« effet. Le cloître était à jour, il a été fermé et prolongé,
« aussi bien que la chapelle bâtie depuis que le maison est
« convertie en pensionnat.

« Un bâtiment de 80 pieds de long sur 16 de large, à
« l'usage d'écurie, remises et autres dépendances, com-
« plétait l'ensemble du monastère. Le Prieuré servit
« pendant la Révolution de lieu d'assemblée au directoire
« du district et de caserne de gendarmerie. Depuis 1804 il
« a été transformé en collége.

« L'église de Notre-Dame était la première et la plus
« ancienne de la ville, l'église principale et matrice,
« comme disaient les Bénédictins. Elle occupait l'empla-
« cement de la chapelle du collége et une partie du terrain
« adjacent. Elle était à peu près aussi grande que l'église
« du Saint-Sépulcre. L'entrée était à six toises de la voûte
« du Palais de Justice. Du mur de l'église à l'ancienne
« prison il y avait trente-deux pieds. Le chœur regardait le
« levant. Le portail, dépourvu d'ornement et terminé par
« un pignon percé d'une rosace, faisait face à la promenade. Au
« milieu se trouvait la grande porte de l'église; on ne
« l'ouvrait que rarement. Habituellement on entrait par
« un petit portail pratiqué sur le côté gauche. A droite de
« ce portail, on voyait le grand crucifix de bois que l'on
« remarque à Saint-Pierre. Du temps d'Adrien d'Hénen-
« court, qui en avait fait don au Prieuré, il était placé dans
« la nef centrale et accompagné des statues de la Vierge et
« de Saint-Jean.

« Par suite de l'exhaussement du terrain il fallait, pour
« entrer par le grand portail, descendre huit ou neuf
« marches. Une flèche pointue s'élevait au-dessus du

« transept et servait de clocher, qui renfermait quatre
« cloches.

« L'église de Notre-Dame formait la croix latine, mais
« le bras droit avait été coupé ou peut-être n'avait-il
« jamais été élevé. Le bras gauche faisait une saillie de
« vingt pieds. La salle du Roi communiquait avec l'église
« au moyen d'une galerie, dont quelques arcades subsis-
« taient encore en 1720. L'intérieur de l'église était
« sombre, cela venait probablement, parce que les cloîtres,
« adossés contre la paroi extérieure, interceptaient le jour
« qui aurait pu venir par les fenêtres des bas-côtés. Il y
« avait trois nefs; celle du milieu était fermée par un
« plafond. » Il y aurait lieu de croire, qu'à son origine,
cette nef était voûtée, car les bas-côtés et le chœur l'étaient,
et la disparition de cette voûte en pierre, qui aurait été
remplacée par un plafond, est peut être ce qui a fait croire
que l'église avait été rebâtie par Adrien d'Hénencourt, au
commencement du 15e siècle. « La nef principale était
« séparée des nefs collatérales par des colonnes cruciales
« cantonnées de quatre colonnettes. Ces colonnes formaient
« cinq travées d'environ quinze pieds de largeur ; une
« galerie régnait au-dessus des arcades de la nef princi-
« pale. De petites arcades aveugles, pratiquées dans
« l'épaisseur de la muraille et séparées entr'elles par des
« colonnettes de cinq pouces et demi de diamètre, décoraient
« les murs des bas-côtés. Un banc de pierre enclavé dans la
« maçonnerie faisait le tour de l'église. Les bas-côtés
« avaient dix-sept pieds de large; ils étaient terminés par
« deux chapelles dédiées, l'une à Saint-Benoît, l'autre à la
« Sainte-Vierge. Anciennement on tournait autour du
« chœur, mais depuis l'établissement de ces deux chapelles
« la circulation fut interrompue. »

A l'exception de la pierre qui avait recouvert la tombe
de Raoul de Crépy, et qu'on voit aujourd'hui dans l'église
Saint-Pierre, à la chapelle du Sépulcre, l'église ne con-

tenait aucune antiquité. Dans le dernier siècle, tous les vitraux avaient disparu.

« Le chœur n'avait que vingt pieds de large; il était « plus élevé que la nef et se faisait remarquer par la déli- « catesse et la hauteur de ses fenêtres. Il était fermé, et « une grande porte brisée, surmontée d'une niche, ren- « fermant une statue de la Sainte-Vierge avec un cru- « cifix au-dessus, donnait entrée dans cette partie de « l'église. A droite et à gauche de la porte, étaient deux « petits autels de bois ornés de colonnes, de pilastres et « de frontons. Deux rangs de stales garnissaient le chœur. » Au-dessus du grand autel on voyait un tableau représentant une descente de croix, et les images de Saint-Lugle et de Saint-Luglien. La châsse était placée au-dessus du tableau et au milieu. Tout le chœur était orné d'un lambris à pilastres corinthiens.

L'église de Notre-Dame n'était pas seulement l'église des moines, elle devint aussi l'église d'une petite paroisse qui s'y forma, et qui se composait du Palais de Justice et de trois ou quatre maisons aux environs. C'était assurément la plus petite de la ville, qui, avec Saint-Pierre, Saint-Sépulcre, Saint-Martin et Saint-Médard, en comptait cinq. Elle avait son cimetière, qui était à droite de l'église, à quinze mètres environ du mur d'enceinte de la prison. On l'appelait le cimetière des Pendus, parce que c'était là qu'on enterrait les suppliciés. Sur son emplacement, vendu par la ville en 1849, on y a élevé plusieurs constructions.

Tels étaient le monastère et l'église du Prieuré, de cette communauté modeste, dont l'histoire se lie si intimement à celle de nos Patrons glorieux; qui, depuis six siècles et demi avait fixé sa tente au milieu de nous, et qui fut emportée en un jour dans une tempête. Mis à part quelques individus tarés, qui ne rêvaient que changements et ne se plaisaient qu'au milieu des ruines, et dont la vie ne s'alimentait que par les désastres, parce que leurs cœurs, tout remplis de passions et de désordres, répandaient leur trop plein sur la société, l'éloignement des moines causa à tout le monde une profonde tristesse. Car, après tout, les Bénédictins étaient des hommes de bien, et si dans la longue période de leur existence à Montdidier, on a pu, en exagérant peut-être encore, leur faire quelques reproches, c'était moins les simples religieux qui les méritaient que quelques ambitieux séculiers qui, poussés par la cupidité et l'avarice, que les usages de ce temps là ne favorisaient que trop, ne s'arrogaient l'autorité que pour les opprimer. Les Bénédictins furent regrettés; ils méritaient, de l'être, et Montdidier leur devra toujours une juste reconnaissance pour les soins qu'ils prirent de lui conserver, pendant tant de siècles, les précieux restes des Saints Protecteurs qui l'aident dans les jours de sa détresse.

Le Prieuré, bâti sur un emplacement magnifique, et jouissant d'un admirable panorama, était destiné à quelque chose de mieux qu'à servir de magasins ou d'écuries. Cependant, souillé comme il l'était par les orgies de la Révolution et par les sentences de spoliation et de mort, qui allèrent, pour ainsi dire, s'imprimer sur chacune des pierres de ses murs, il avait besoin d'une purification pour effacer ces sinistres traces. C'est ce que l'on songea à faire, quand l'atmosphère politique, devenu moins brûlant, laissa respirer un air plus doux.

En 1804, on en fit un collége dirigé par des religieux pleins de zéle, et dont le souvenir reste encore gravé dans le cœur de ceux qui ont eu le bonheur de vivre sous leur conduite. Alors, à l'agitation des passions, à la perversité de la conscience, au désordre de l'intelligence et de la raison, on y vit succéder les salutaires influences de la science, le calme que donne une conscience droite et une raison bien formée. Mais à peine cet heureux ouvrage était-il commencé, qu'une nouvelle persécution s'éleva, cette fois, au nom de la science, dont l'Université voulait alors s'attribuer l'indigne monopole, et força maîtres et disciples à abandonner ce lieu si délicieusement habité. C'était en 1811.

Depuis cette époque, le collége demeura, pour ainsi dire, inoccupé jusqu'en 1818, où les enfants de l'immortel Saint-Vincent de Paul, à la grande satisfaction de toute la ville, en prirent la direction avec un dévouement puisé dans le cœur de leur illustre père, et aussi avec une aptitude et un talent que les succès justifièrent pleinement. Depuis lors, de beaux jours ont lui sur cet établissement, et une nombreuse jeunesse en sortit pour aller grossir les rangs même les plus distingués et les plus élevés de la société.

Comme monument, le collége ne le cède en rien à aucun de la ville. Il en est même la gloire. Parfaitement entretenu, il offre toutes les conditions sanitaires, capables de satisfaire les plus minutieuses exigences. Une chapelle grâcieuse a été élevée sur le terrain de l'ancienne église des moines, et plusieurs autres bâtiments utiles, aussi bien que des jardins pittoresques, en rendent le séjour très-agréable. Espérons qu'il conservera, pendant de longues années, sa précieuse destination, et que ceux pour qui il a été une école de science et de vertu, le verront toujours avec plaisir s'accroître et prospérer.

NOTES

ET

PIÈCES JUSTIFICATIVES.

N° 1, page 5.

Un Irlandais nous disait, il y a quelques jours seulement, qu'il serait difficile de comprendre avec quelle fureur satanique le Protestantisme, à l'époque du schisme, s'était appliqué à rechercher, à dégrader et à détruire, en Angleterre et en Irlande, tous les monuments et documents qui avaient quelques rapports avec le culte catholique et le culte des Saints. Il n'est donc pas étonnant que nous manquions de toute espèce de renseignements de ce côté, même de ceux que nous aurions pu tenir de l'histoire générale de ce pays, dès là qu'ils touchaient à la religion. Or, comme la royale famille de nos Saints était parfaitement dévouée au catholicisme, qu'elle avait propagé et soutenu dans cette île, il importait grandement aux novateurs d'effacer et d'anéantir, même jusqu'à leur nom et leur souvenir, comme favorisant trop fortement la cause de la religion catholique, et présentant une preuve trop authentique pour eux, qu'elle avait été suivie, dans toute sa pureté, bien des siècles avant l'apparition des nouvelles doctrines. C'est ce qui explique clairement que nous soyons réduits à ne pouvoir nous appuyer que sur ceux conservés en France.

N° 2, page 7.

Vita SS. Luglii et Lugliani fratrum, auctore anonymo, ex pervetusto codice M. S. ecclesiæ Lilleriensis collata, cum viâ typis edita anno 1597. (*)

CAPUT UNICUM.

Sanctorum patria; gesta extrà Belgium; iter in Belgium ibi que gesta; violenta mors a prædonibus illata.

Post gloriosissimam Domini nostri redemptoris in cœlos ascensionem, ac Paracleti Spiritûs in terris beatissimam missionem, Sancti Apostoli divino Evangelii verbo igniti, per mundi climata ad humanæ creaturæ genus prædicatione restaurandum, quod per zelum (**) diabolicum perierat, sigillatim férè disperguntur; ne rationalis creatura, quæ post primi parentis culpam, ad damnationis cumulum ido-

(*) Cette vie de Saint-Lugle et de Saint-Luglien porte bien le caractère d'une très-haute antiquité. Elle ressemble, à ne pas s'y tromper, à ces actes des martyrs des premiers siècles, par sa composition et son laconisme. C'est pour cette raison que nous sommes si disposé à penser qu'elle pourrait bien être de Saint-Erckembode. Le naturel et la simplicité qui y brillent, pour employer les expressions dont s'est servi le P. Lacordaire, dans un autre endroit, rappellent fort bien le goût d'un siècle qui n'avait pas encore connu, à l'endroit des Saints, les vaines amplifications de la fausse rhétorique que nous impose celui où nous vivons. C'est ce qui fait qu'elle entre dans peu de détails. On estime qu'elle est de la première moitié du 8e siècle, c'est-à-dire, d'une époque où les monuments qui parlaient de nos Saints, étaient jeunes encore, où l'invasion des barbares et surtout la haine stupide du protestantisme, n'avaient rien détruit des titres de nos églises, et où, par conséquent, il avait été facile d'y puiser des actes vrais et certains. Néanmoins, dans ses paroles, l'auteur a laissé suffisamment entrevoir, au moyen de la réflexion, les circonstances qu'il n'a pas jugé à propos de rapporter.

(**) Invidiam.

lolatriæ adinventionis errorem incurrerat, perditioni penitùs subderetur. Eorum igitur spiritualibus eloquiis in omnem terram exeuntibus, Hibernensis regionis omnis plebs imbuta, idolorum servitutem respuit, depositoque perfidiæ fenio, sese baptismatis undis innovatam, studioso Dei servitio subjecit; et quantò magis in generationibus crescebat, tantò impensiùs divinis et ecclesiasticis studere devotionibus insistebat.

2. Quo tempore Rex quidam, nomine Dodanus, genere moribusque illustrissimus, et in fide catholicâ eruditus, habens mulierem modis prædictis sibi consimilem, nomine Relanim toti ipsius insulæ populo, justè quippè piùs, atque laudabiliter imperabat. (*) Hic atque sua Conjux reverentissima quoniam, Deo testante, arbor bona fructus malos non potest facere, ex sese progeniem Deo procreantes acceptabilem, ternos Trinitati militaturos, Luglium videlicet et Luglianum flores juvenum, pariterque Liliam, gemmam puellarum, Spiritûs Sancti voluntate genuerunt. Qui studiis litterarum dediti, supernâ illustrante Clementiâ, brevi

(*) L'auteur de la légende approuvée pour l'office du diocèse d'Arras et aussi pour celui d'Amiens, et qui, à peu de chose près, est la même que celle qui se lisait autrefois dans le bréviaire de Saint-Omer, édité par l'ordre de Mgr Alexandre de Bruyères Chalabre, ne représente Dodanus, et par conséquent Saint-Luglien, son successeur, que comme un des Rois de l'Hibernie. Nous ne savons sur quoi il s'est appuyé pour émettre cette pensée, puisque cette vie de nos Saints, qui paraît être la plus ancienne que l'on connaisse, dit positivement qu'il gouvernait toute l'île. Les Bollandistes, dans leur 10e volume des vies des Saints, qui vient de paraître, nous ont paru aussi avoir embrassé cette opinion, fondée, selon eux, sur ce que le nom de Dodanus ne figure pas dans le catalogue des Rois d'Irlande. Contrairement encore à ce que dit la vie ci-dessus rapportée, que Saint-Lugle fut élu par le concours unanime de tous les habitants de cette île, pour occuper la chaire archiépiscopale, en remplacement de l'archevêque défunt, et qu'il

tempore, diversarum artium disciplinis resarciuntur. Quorum memoratus pater, cum more mortalium cursum vitæ finierat, Luglianus, quamquàm junior, nondùm enim clericali jugo adstrictus, jure hæreditario tamen, regnum sub intravit. Luglius verò infirmitatem maculæ, causam scilicet vitæ melioris aggrediendæ, in uno oculorum patiens, clericus enim effectus, post positis sæcularibus, Dei servitio, in quo nemo perseverans fallitur, corpus et animam subjugavit. Lilia autem eorum germana, in fragili sexu tunc fortitudinem nacta, proùt potuit, a bonis operibus minimè cessavit. Cujus servitium Deo gratum extitisse, liquet ex miraculo, quod in ejus monasterio, quidam indigena nobis noviter (*), fieri intimavit. Dixit enim, præfatam virginem adhùc in corpore manantem, clericum quemdam, cui sibi sedulò famulanti omnia bona sua commisisset, secum habuisse, de cujus tribu semper unus in suâ serviens ecclesiâ, ab statuâ ad ejus virginis similitudinem compositâ, etiam infrà se particulam corporis ejusdem retinente, notitiam cujusque imminentis adversitatis seu famis, seu mortalitatis, seu belli, seu alterius periculi, pronus antè statuam, expletâ oratione, devotè tunc accepit; nec non etiam quomodò vitari queat, certissimus indè regreditur.

conduisit sagement le peuple qui lui était confié, *commissam sibi plebem*, ils font de lui simplement un évêque régionnaire et sans titre, et cela parce que le nom de son prédécesseur n'est point exprimé, et que, quelques années après, il se retira pour travailler à acquérir une plus grande perfection. Nous avouons que ces raisons nous laissent à désirer. Quant aux premières, on peut voir, dans la note qui précède, ce que nous avons dit à ce sujet. Pour ce qui est de sa retraite, elle pouvait être la suite d'une démission régulière. Tous les jours on en voit des exemples dans l'épiscopat, et ailleurs. Nous ajoutons, qu'à cette époque, il semble qu'Armagh était la capitale du royaume, car c'était dans cette ville que Saint-Patrice, 1er évêque d'Irlande, avait établi son siége métropolitain.

(*) Recenter factum.

3. Hujus autem prædictus frater Luglianus, simul annis quatuor cum admirabili gloriâ regnaverat ; ratus hanc sæcularem pompam sibi, cœlestia non mediocri animo flagitanti, fore offendiculum, ait enim Dominus, NISI QUIS RENUNTIAVERIT OMNIBUS QUÆ POSSIDET, NON POTEST MEUS ESSE DISCIPULUS, omnibus relictis, solus desertum adiit, ubi Deo acceptabiliter degeret, utens pro palatio, caveâ, pro divitiarum diversitatibus, foliis amaris et agrestibus radicibus, pro purpurarum copiâ, corporis nuditate. Neque hoc quidem brevis temporis, verùm, ut magis admiretur, sex annorum intervallo, cùm ex suâ præcedenti pateat vitâ, ex sequenti tamen manifestius cognoscitur miraculo. Nam cùm adire Hierusalem intenderet, atque ad id comitem neminem haberet, fratre suo Luglio, ab Angelo nuntiante, monito, eodem que docente, usque ad ipsum deducto, fraternâ junctâ societate et divinâ gratiâ conducente, quo tentabant, feliciter pervenerunt. Quibus indè cum alacritate regressis, Archipræsule interim illius insulæ defuncto, Luglius morum generisque eximietate clarus, totius populi electione, Spiritûs que Paracleti dispositione, Archiepiscopalem cathedram adeptus est. Qualiter autem sibi impositam curam rexerit, multis liquet miraculis, quorum narrationem modò in anteà tunc repetituri suspendimus. Sed quæ de Lugliano, relatione cujusdam loci illius incolæ didicimus, disserere diligentius operæ pretium duximus. Habetur igitur in ecclesiâ in Dei suîque honore ædificatâ, in quâ triginta quatuor canonici omnes serviunt jugiter, fons subter altare, cujus aqua cæcus aspersus visum, surdus quidem auditum, claudus verò gressum, mutus etiam verbum, vel quâlibet ægrimoniâ oppressus alacritatem recuperant.

4. His igitur de Lugliano singulariter explicatis, ad fratrem ejus Luglium, ut de utrisque communiter disseramus, redeundum est. Divulgatâ circumquàque Sanctitatis eorum excellentiâ, Luglius qui erat ipsorum primus natu, sicut a quodam sanctissimo abbate Hiberniæ nostris veteranis rela-

tum est, et ut suprà diximus, unanimiter ab omnibus supràdictæ insulæ habitatoribus, electus est archiepiscopus. Lucerna itaque super candelabrum posita Luglius, archiepiscopali honore sublimatus, in domo Dei gloriosè resplenduit; qui commissam sibi plebem a devio transitoriæ delectationis, ad directam æternæ patriæ vitam, verbo et opere revocare non destitit, imposito enim sibi terrenæ celsitudinis apice, minimè obligatur, quin ad cœlestis felicitatis beatitudinem toto mentis desiderio et multorum assiduitate beneficiorum anhelaret. Frequenti jejunio corpus macerans, carnis superbiam domabat, remunerari sibi a Domino in æternum confidens, quæ pro ejus amore temporaliter amitteret. Necessaria etiam sui corporis pauperibus impendebat. Noctu vigiliis et orationibus intentus, die ægros et in carceribus trusos, consolandi gratià visitans, nullatenùs a Dei servitio vacabat. Cujus frater Luglianus ab eo exemplar honestatis accipiens, et iisdem pietatis operibus sese exercens, nulla caduca, sola perenniter mansura diligebat.

5. Cumque eum nulla sæcularis dignitatis imposita sibi dispositio urgeret quamvis præcelsi meriti, divinæ contemplationi intentus assiduè manebat. Cum autem præfatus Archiepiscopus sub calore ecclesiastici honoris quædam sæcularium deliciarum blandimenta sibi velle obrepere sensisset, et quia populari favore, non solùm per Hiberniæ insulam, sed et per omnes quæ propinquæ erant regiones, ejus merita divulgabantur, ab antiquo hoste se per extollentiæ jaculum impeti animadvertisset, quærere cœpit, qualiter hujus mundi glorià nudaretur, ut æternam in Domino mereretur. Secretò igitur Fratrem allocutus, ad contemnenda sæcularia et ad promerendæ vitæ cœlestis præmia, devotum ipsius animum hujusmodi oratione accendit. « Si « veræ felicitatis sanctitatem, quæ sublata terris cœlorum « penetravit altitudinem, Frater charissime, adipisci desi- « deramus, necesse est ut ad eam, Dominica præcepta sec- « tantes, per viam veritatis gradiendo, cursum vitæ nostræ

« dirigamus. Non enim a desidiosis et somnolentis compre-
« henditur regnum Dei, sed a perseverantibus in mandatis
« Domini. Quæ siquidem qui scrutantur et in toto corde
« exquirunt, beati sunt, miseri procul dubio qui effugiunt.
« Hoc est autem viam veritatis deserere, Evangelicæ insti-
« tutioni et Apostolicæ doctrinæ malè vivendo contràire,
« non modò profuturæ, imò maximè nocituræ, vanitati
« sæculi hujus animam subjugare.

« Nos igitur quoniam, testante sacro eloquio, omnia quæ
« sub sole sunt, vanitates sunt, ad eum mentis oculum
« referamus, ad ejus æternitatem totis nisibus suspiremus,
« qui in sole posuit tabernaculum suum et tanquàm sponsus
« procedens de thalamo suo, hoc est, qui in sempiternâ
« claritate Patris permanens, de utero sanctæ et inteme-
« ratæ Virginis nosci dignatus est, factus Homo. Cum enim
« dives esset, non solum pro nobis effectus est pauper, ut
« nos paupertate suâ divites efficeret, imò mori voluit, ut
« resurgens mortis imperium destrueret, et sequentibus se
« januam immortalitatis aperiret. Qualiter autem eum se-
« qui oporteat, evidenter insinuat ubi ait, SI QUIS VULT
« VENIRE POST ME, ABNEGET SEMETIPSUM, ET TOLLAT CRUCEM SUAM
« ET SEQUATUR ME: Et iterùm, SI VIS PERFECTUS ESSE, VADE ET
« VENDE OMNIA QUÆ HABES ET DA PAUPERIBUS ET VENI SEQUERE
« ME. Hæc ergò, Frater, monita illius audiamus, et hæc
« ejus præcepta toto affectu amplectamur, nec quasi nimis
« difficilia præceperit, perhorrescamus, dabit enim ipse
« implere quæ jussit. Si verè nunc visibilia contemnendo
« sequamur eum, quamdiù colligamur fragilitate humanæ
« infirmitatis, apprehendemus eum veraciter, sicut est, in
« veritate salutis æternæ. »

6. Mox divino Spiritu accensus approbat consilium
Fratris beatissimus Luglianus. Nec mora. Sancti Fratres
substantiâ, quam sæculariter possidebant, egenis distributâ,
pretioque venundatarum possessionum similiter disperso,
se in peregrinationem tradiderunt. Romam itaque ire dis-

ponentes, Domino præmonstrante viam, cum paucis clientibus, Hiberniâ exierunt. Cum enim in principio comitaretur eos servorum suorum non pauca multitudo, elegerunt potiùs, quam plurimis ad propria remissis, in paucitate hominum, sine strepitu placere Deo, quam abundantiâ servientium fulciri, et eorum obsequiis extolli. Cùm verò egressi è Patriâ, in Anglorum regione parùm morarentur, ut verbum Dei annuntiando infidelibus, quos diabolicum blandimentum post Augustini sanctissimam prædicationem ad se retraxerat, ad fidem sanctæ et individuæ Trinitatis redire suasoriis compellerent sermocinationibus, pro mirâ comitatis eorum excellentiâ agniti, et rursùs, ac si in patriâ, a populo venerabiliter sublimati, noctu indè fugerunt, volentesque a viâ quam ceperant declinare, properato itinere ad mare pervenerunt, datoque nautis pretio, navim ingressi, inspirante aurâ, a portu discesserunt.

7. Prorâ quippè jam in mediis fluctibus discurrente, ut ubique Dei fidelium virtus claresceret, admirabilis tempestatis impetus exortus est, ita ut penè ab omni parte, navis latera mergerentur. Nautæ equidem cum ex improviso tam immensam tempestatis disturbationem exoriri, nec non procellarum turbines multiplicari percepissent, ac sese imminente naufragio in fluctibus mergendos, nisi per Dei misericordiam liberarentur, novissent, inenarrabili tremore confusi, navem, dimisso velo, per æquora, sicuti de vitâ desperantes, vagare permiserunt et in oratione dediti, Deum sanctumque Nicolaum exorare cœperunt, quatenùs ab illo mortis periculo, supernæ auxilio gratiæ eriperentur. Deus autem quantam apud se Sancti Luglius et Luglianus haberent gratiam, volens declarare, nautarum voces clamantium exaudire volebat, sed magis tempestatis fervorem convalescere faciebat. Quorum unus, cui jam cognita duorum Fratrum fuerat benignitas, cum parùm preces suas suorum que sodalium a Christo exaudire novissent, nec non procellarum turbines multiplicari percepissent, summo

cohortans alios admonitu, prædictos Fratres deposcere; ne navim suam mergi sinerent, ipse primus in oratione se antè pedes eorum prostravit. Quod nautis audientibus, (*) atque haud sine causâ dici et fieri posse credentibus, magnâ voce clamantes, Sanctos Luglium et Luglianum exorare cœperunt, ut suâ intercessione ab imminenti periculo liberarentur. Sancti Fratres inprimis Dominum pro illis invocare hæsitantes, sed tamen, si pro eorum negligentiâ perirent, esse crimen maximum autumantes, manibus ad cœlum erectis, supplici devotione Dominum poposcerunt, quatenùs suo interventu, navis illius rectores secum ipsis maris profunditas non absconderet; neque ibi, sive alicubi fidelis (**) necessitudo opprimeret, si quidquid per diem et per noctem admiserant, per pænitentiam et per eleemosinas, sive per alia hujus modi beneficia dignè satis non abluissent. Oratione nondùm finitâ, utpotè Dei voluntas suorum preces fidelium quantam apud se haberent potentiam ostendere volebat, maximus ille tempestatis impetus cessavit. Statimque expulso undiquè omni concursu venti nubiumque, aeris serenitas rediit, atque aurâ inspirante salutiferâ, nautis minimè remigio præ pavore auxiliantibus, navis ad portum salutis perducta est. Nautæ verò tam citò littori se restitutos per Sanctorum Fratrum intercessionem cognoscentes, valdè gavisi sunt. Domino et ipsis Fratribus pro liberatione suâ gratias reddiderunt, quos egressos navi et ipsi secuti sunt.

8. Beatissimi igitur Luglius atque Luglianus ubi suas preces quibus nautas seque de naufragio expedierant, a Christo exauditas cognoverunt, timentes ne divulgati, pro favore terrestri, cœlestem amitterent gloriam, soli decesserunt, suos que comites effugientes, nutu Dei Boloniam pervenerunt. Cumque ibi annuntiantes Evangelium Dei, gentes incredulas ad fidem veram revocarent, ecce prædicti

(*) Videntibus.

(**) Fatalis.

comites subsecuti eos, prædicantibus eis supervenerunt, atque illorum bonitatem et quantam salutem in mari per eos operari Dominus dignatus sit, hùc illùc referentes, per urbem eos exaltaverunt. Tunc omnis præmemoratæ urbis populus, ad eorum prædicationem properavit, audiens que Sancti Evangelii verbum, quod illi Luglius, omnibus audientibus prædicabat, pænitebat eum (populum), quod a Dei servitio per tot annos retractus, idolis servivisset, valdè lamentari cœpit, et corda sua quæ anteà incredula fuerant, fidei catholicæ substravit. Cumque omnes ibi intentis auribus, Fratres beatissimos evangelizantes auscultarent et pro divini eloquii dulcedine cordibus compuncti lacrymis diffluerent, ecce quidam a natali die cæcus, Eventinus nomine, cujus aures fama prædicationis Sanctorum attigerat, intelligens advenit ad Sanctum Luglium sermocinantem, et ad eum, quamvis cæcus, per mediam turbam cucurrit et ad ipsius genua provolutus, eum exorare cœpit, ut sibi visum exorando restitueret, quem a die nativitatis suæ amisisset. Archiepiscopus autem in eum aspiciens, commotus que pietate, ingemuit et ait illi, dimitte me, frater, non est nostrum posse talia, sed per divinam dispositionem, si credis, fiet tibi quod postulas.

9. Communicato autem cum Fratre consilio, intellexit cæcum supradictum nisi postulata impetraret, simulque adstantem populum permanere incredulum: et prostratus in terram devotà mente Dominum orabat, dicens, « Domine
« Jesu-Christe, qui cæco secùs viam sedenti et clamanti,
« Jesu Fili David, miserere mei, visum restituisti; cujus
« crucis patibulum a perditione istud eripuit sæculum; qui
« ad similitudinem Jonæ in ventre ceti triduò conservati,
« tribus diebus ac tribus noctibus in corde terræ quievisti,
« et resurgens posteà in cœlum ascendisti, sedens que ad
« dexteram Patris, Spiritum Sanctum Paraclitum in disci-
« pulos effudisti; Te ergò, quamvis peccator indignus, Rex
« piissime, supplici mente expostulo, ut nostrà intercessione

« non videntis oculos digneris aperire; simulque ab ads-
« tante populo incredulitatis tenebras expellere, ut per
« omnia, et in omnibus, Tui pretiosissimi Nominis gloria
« celebretur, qui vivis et regnas cum Deo Patre et Spiritu
« Sancto in sæcula sæculorum, Amen, » Finitâ oratione
exurgens Archiepiscopus aquam sibi jussit afferri, lotis que
manibus, ut Deus vocem suam exaudiret, divinum missæ
sacrificium suppliciter celebrare cœpit.

10. Intercà præmemoratus Eventinus, clamore admirabili vociferans, haud dicere talia cessabat, Domine Lugli, pater piissime, memorare mei. Eccè unus clericorum qui adstabat audiens quod vox illius tam magnum super ecclesiam faceret tumultum, et adstantes populi a percipiendis mysteriis impediret auditum, vasculum in quo aqua fuerat, undè manus suas Archiepiscopus abluerat arripuit, satisque confidens, quod viri Dei benedictio salutem fidelibus restituere posset, blandis Eventinum alloquiis, affatus est, et symbolum fidei ordinatim exponens, interrogabat eum per singula an crederet. Cumque ille hæc se omnia credere sæpiùs iteraret, clericus in fide catholicâ confirmatum agnoscens, aquam in vasculo ante Sanctum Luglium divino peracto officio attulit et ut eam benediceret postulavit quam posteà cæco porrexit, hortans eum, aquâ undè manus Archiepiscopus abluisset, linire oculos, ut salutem quam postulabat, Domino annuente, recipere mereretur. Ipse autem recuperandæ sanitatis avidus, manus ex improviso in porrecto vasculo mittit, lotisque oculis visum continuò recepit. Quod ut Sanctus Luglius percepit, TE DEUM LAUDAMUS clarâ voce incœpit, omnis que clerus qui adstabat, cum ipso alacriter perfinivit; plebs quoque laica, parte ex aliâ secundùm scire, laudes Deo referens, flexis genibus, terram pro tanto miraculo osculata est et resurgens, quamvis illitterata, illi exclamavit, HOSANNA IN EXCELSIS, BENEDICTUS QUI VENIT IN NOMINE DOMINI. Finitis clericalis et laicæ multitudinis hymnis et laudibus, ille quem coram omnibus Dei virtus

illuminaverat, cedente turbà, ante beatissimum Præsulem venit, et ad ejus pedes provolutus, osculari incœpit, Deo que gloriam et Sancto Luglio, qui ei sanitatem orando impetraverat gratiam reddidit.

11. His actis, Beatissimi fratres Luglius atque Luglianus, Boloniæ amplius morari nolentes, sed quod Deo voverant, libenti animo complere desiderantes, ab eà omni clero et populo comitante, egressi sunt. Cumque ad locum a præfatà urbe quatuor distantem milliaribus cum tantà multitudine pervenissent, ibi a populo eundi accipientes licentiam, comitibus quos è Patrià deduxerant secum retentis, per villas, per vicos et per loca satis aspera, usque Teruanam iter tenuerunt. Finitis orationibus, a templo festinanter egressi subito præ nimio fessi labore hospitati sunt. Nolebant enim ut per urbem illam fama illorum crebrescens aures Domini Theodorici Baïni, tunc temporis Pontificalem Cathedram præsidentis attigisset, ne divulgati ibi a prædicto Præsule retinerentur. Illud autem nostro tractui inserere credimus operæ pretium, qualiter præfata urbs eorum meritis incendium evaserit, sicut quidam suorum viventium clientum retulisse dicitur qui se cum illis ad martyrium etiam fuisse testatus est. In subsequenti enim illius diei nocte, quo Teruanam intraverant, compressis sopore civibus, Sanctis autem Fratribus murmuratim in lecto psalmos cantantibus, domus quæ eorum hospitio jungebatur, incenditur. Expergefacti illicò cives à custodibus civitatis ad incendium restinguendum, pariter concurrerunt, quorum alii culmina domorum conscendunt et diruunt; alii aquam in ignem projiciunt; alii haurientes projicientibus suggerunt. Convalescenti autem flammæ et magis ac magis sese dilatanti resistere non valentes, in pavorem nimium conversi, totius urbis concremanda esse ædificia metuebant. Cumque ignem multas vici illius ædes occupare prospexissent, maximum tumultum lugendo facientes, hospitem Sanctorum Fratrum sopore inundatum excitaverunt. Ipse

autem tanto clamore exterritus, a lecto surrexit, currens que scrutandi causâ, quid hic tantus significaret tumultus, ostium aperuit. Admiratus autem, undè noctis priùs tenebrosæ tam superba claritas exorta fuisset, exiliit, vidensque quia jam domûs suæ loca superiora impetus flammæ succenderet, undè exierat, rediit, Fratres que Sanctos sopori deditos autumans, voce horribili exclamavit dicens, « o vos Scoti, festinantes surgite, fugientes discedite, domus enim mea incensa est. » Cumque Sancti Fratres, vocem sui hospitis clamantis audivissent, illius charitate, non ignis timore commoti, ad ostium quantociùs pervenerunt, et ambo ad terram prostrati, ad orationum præsidia recurrerunt. Dehinc Sanctus Luglius surrexit, et Archiepiscopali auctoritate procedens, dexterâ erectâ, confisus in Domino, crucis signaculum contrà incendium opposuit, sic que flamma, quæ anteà nimis convalescebat, statim ad nihilum redacta est, ac si multa pluvia desuper aspergeretur. Qui verò in magnâ claritate ad incendia venerant, vix ad hospitia, relapsis tenebris, redire potuerunt. Noctis autem illius transacto spatio, Sancti Fratres celeriter ex urbe egredientes, ne agniti disturbarentur, iter quod cœperant, abiverunt.

12. Divinâ autem inspirante gratiâ cognoscentes, quia die illâ martyrii palmam adepti forent, sicut unaquâque die soliti fuerant psalterium incœperunt et ad vallem, quæ Scyredala dicitur, quatuor a prædictâ urbe interpositis milliaribus, cantando per devia nemora et inculta loca pervenerunt. Illis verò diebus, totius Morinensis Pontificatûs territorio Wandalorum excursu depopulato, rari remanserant coloni, et qui supererant, magis in latrocinio quam in terræ culturâ corpora exercebant. Tunc temporis etenim tres fratres in latrocinio excompti in hoc prædicto pago habitantes, unus videlicet Bovo apud Bunetum; alter verò Escelinus juxtà Fracfagium habitans; tertius scilicet Berengerus secus villam Percetum nomine, refugium habens,

in saltibus satellites plurimos habebant, illosque die ac nocte ad custodienda nemora et viarum transitoria mittebant, ut pertranseuntes vestibus et aliis quæ ferrent, despoliarent. Prædictorum latronum satellites ad viam quæ per Scyredalæ vallis medium porrigitur custodiendam, die illà quà Sancti Martyres a prædictà urbe exierant missi, eos a longè discedentes viderunt, atque inter fruteta absconditi, donec propiùs accederent, expectaverunt. Gloriosi nempè Fratres nihil metuentes, ut supra memoravimus, cantando Psalterium, insidias inciderunt et a satellitibus iniquè aggressi, procul a semità deducti sunt. Mox omnes qui advenerant discipuli, ut eos aggressos perspexerunt, pavore arrepti maximo, per devia nemora fugerunt. Unus tamen illorum ad se, stimulante pietate, reversus, quod fugisset valdè condoluit, et quid de magistro fieret, toto cordis affectu scire desiderans, ubi eos dimiserat recurrit ; citòque ab apparitoribus perforatus et spoliatus semivivus relictus est.

13. Beatissimi autem Luglius atque Luglianus coràm famulo, consolandi gratià, adstantes, ad finem psalterii festinantes et multùm martyrio congaudentes, in oratione perseverabant. Cumque VIVET ANIMA MEA ET LAUDABIT TE cum sequenti versu pronuntiassent, ecce a persecutoribus percutiuntur, ac capitalem subeuntes sententiam, pariter vità spoliantur ac vestibus. Quorum animæ ab Angelis susceptæ, æterni remuneratoris offeruntur aspectui et cum candidato martyrum exercitu laudant Dominum in æternum. Continuò igitur qui in Beatissimos Martyres ictum miserat læsionis, maximus que instigator ut occiderentur extiterat, arreptus a diabolo, evidenter vexatur; et in eodem loco, aliis fugientibus derelictus, a feris discerpentibus consumitur. Præfatus autem famulus haud procul a Sanctis Martyribus vulneratus jacens, surrexit, et, pro posse, felicia Sanctorum corpora colligens ex parte cooperuit, ac juxtà ea, tenebris jam relabentibus, per totam noctem discumbens custodivit. Qui nocte illà continuà patefactum cœlum super

beatos Martyres testatus est se vidisse, ac per scalam a terrâ usque ad firmamentum porrectam, Angelorum choros, cum ingenti lumine descendisse, Sanctorum que corpora venerabili obsequio visitasse. Nec dubitandum quia eorum animas per se ipsum Dominus multiplici retributionum genere mirificet in cœlis, qui ita eorum corpora per suos cœli ministros glorificat in terris, ad laudem et gloriam nominis sui quod est benedictum in sæcula. Amen.

N° 3, page 16.

La pénurie des renseignements sur nos Saints Patrons nous fait aussi presque soupçonner que les noms de Lugle et de Luglien, que nous leur donnons, pourraient bien ne pas être exactement ceux qu'ils portaient en Irlande. La différence de langage, n'aurait-elle pas contribué à altérer ces noms en les formant sur un autre idiome? Nous trouvons, en effet, plusieurs exemples de ces noms défigurés dans les Saints de la Morinie. Cela vient, dit l'auteur du légendaire, qu'après l'invasion des Normands et autres barbares dans cette contrée, beaucoup de noms furent changés au point de devenir presque méconnaissables. Il cite, entr'autres, Erckembode, Ghisleberg, dont on fit Archambaud, Isbergue. Il est donc probable, aussi, que les noms de nos Saints ont subi quelque changement qui empêche, qu'en Irlande, on puisse les reconnaître sous ces noms nouveaux. Nous n'avons pu obtenir là-dessus aucun éclaircissement. Cependant, une note écrite en latin que nous avons trouvée dans Golgan, nous présente, au 22 octobre, un saint appelé Killenus, et au 23, un autre nommé Killianus, filius Dodnani, ce qui annoncerait, peut-être, que leurs noms étaient Kille et Killian; les Irlandais prononçant les i comme ou. De là, vient probablement la formation, dans notre langue, des noms de Lugle et de Luglien. Ce qui fortifie notre supposition, c'est que dans plusieurs auteurs, même français, qui ont parlé de nos Saints, nous lisons Luglian au lieu de Luglien.

N° 4, page 83.

Je crois qu'il n'est pas inutile de donner ici une petite notice sur Saint-Erckembode, puisque c'est de lui que nous tenons toutes les particularités de la vie de nos Saints Patrons. Elle servira à faire voir le cas que l'on doit faire de son témoignage, car, c'est sous ses yeux que se sont accomplis tous les faits qu'il a rapportés.

Saint-Erckembode, qui est aussi connu sous le nom de Saint-Archambaud, était Irlandais. Le Père Malbrancq, dans son ouvrage sur les Morins, le déclare positivement, car, dit-il, son nom a une analogie frappante avec bien d'autres noms usités dans la vieille Angleterre. (*) Il était de famille noble, puisqu'il fut constamment attaché à nos Saints, comme leur ami plutôt que comme leur serviteur. Marchant sur leurs traces, il se donna tout entier à la piété. Il fut élevé au sacerdoce, et il remplissait, auprès de Saint-Lugle, son archevêque, les fonctions d'archidiacre. Il est évident, dès-lors, qu'il fut son confident et qu'il l'accompagnait dans ses courses apostoliques. C'est pour cette raison que les deux Saints le retinrent auprès d'eux quand ils quittèrent l'Irlande. Témoin de tous les miracles qu'ils opérèrent, il fut aussi le témoin de leur sainte mort, ayant, en quelque sorte, partagé leur martyre. Quand, par cet événement, il se vit empêché de suivre son idée première, qui était la prédication de l'Evangile, il se retira au monastère de Sithiu, dans les environs de Thérouanne. Ce monastère prit ensuite le nom de Saint-Bertin, qui en fut le fondateur et le premier abbé, et à qui fut donné, d'après le conseil de Saint-Omer, la terre de Sithiu, par Adroald, qui en était le seigneur. Ceci se passait sous Clovis II. Saint-Erckembode, dont la vie était admirable de perfection et de piété, en même temps qu'il était très savant et très érudit, fut élu

(*) Les Bollandistes, trouvant que le nom d'Erckembode tient de l'idiome allemand, pensent que son origine était allemande et qu'il était allé en Irlande pour s'instruire.

dans la suite abbé de ce monastère, qu'il gouverna avec une grande sagesse, jusqu'à ce qu'il fut élevé, sous le règne de Chilpéric II, en 720, sur le siége de Thérouanne, dont il fut le 5e Evêque. On voit encore aujourd'hui son tombeau dans l'église de St-Omer, où il est en grande vénération.

N° 5, page 123.

La chute et le renversement de Thérouanne furent probablement très-favorables à l'agrandissement de Boulogne, qui est devenu une ville très-importante. C'est une des plus belles parmi celles qui sont assises sur les côtes de la Manche. Elle se divise en haute et basse ville. La partie qui borde la mer forme la basse ville. C'est le centre du commerce et ses constructions annoncent assez bien sa jeunesse. La haute ville est escarpée. Tout dénote que c'était bien là l'emplacement du fort de Gésoriac. Du haut de ses falaises on jouit du magnifique spectacle de la mer, et l'on peut apercevoir les côtes blanches d'Albion. C'est dans cette partie de Boulogne que se trouvent un musée très-intéressant et qui promet de devenir fort riche; la colonne commémorative du camp qu'établit en cet endroit, en 1804, l'Empereur Napoléon 1er. Elle est bâtie toute de marbre du pays, et présente une hauteur de 40 à 45 mètres. L'on y voit aussi deux superbes couvents, l'un d'Ursulines, l'autre de Religieuses de la Visitation, et enfin la belle cathédrale que fit bâtir M. l'abbé Haffreingue, et qui paraît attendre la restitution de son siége épiscopal, supprimé par le concordat du 10 septembre 1801. Mgr Asseline fut le dernier évêque de ce diocèse. La restauration avait conçu le projet de le rétablir et le futur prélat était nommé. C'était M. l'abbé de Riencourt, d'Andechy. Mais sa mort l'empêcha d'être sacré et de prendre possession, et le siége ne fut pas érigé. L'ancien diocèse de Boulogne est donc resté réuni à celui d'Arras.

N° 6, page 135.

En l'an 1090, comme l'indiquent ces vieux vers :

Anno milleno Domini, deciès que noveno.
Norma Berengarii trunco, nova cœpit haberi.

ce lieu étant entièrement purgé de tous les brigands qui l'infestaient, trois pieux hermites y jetèrent les fondements du célèbre monastère d'Arrouaise. Ils se nommaient Heldemare, Conon et Roger. Les deux premiers étaient prêtres, et le troisième laïque. Déjà ils habitaient auprès de la chapelle d'Hurionville qui leur servait d'oratoire. Heldemare fut le premier prévôt de cette abbaye, et il est honoré comme saint dans l'église.

N° 7, page 137.

« Il y a lieu de douter, dit Dom Gose, prieur d'Arrouaise, dans l'histoire qu'il donna de cette abbaye en 1786, que cette motte, sur laquelle encore, en 1756, on voyait un calvaire, soit le véritable tombeau de Berenger, car elle ressemble assez à ces monticules sous lesquels on trouve des tombeaux des Romains. On l'a fouillée, en 1784, et on y a découvert des ossements humains d'une grandeur extraordinaire et quelques morceaux de cuivre dorés. Mais on doit d'autant moins rapporter ces restes équivoques à Berenger, qu'on les a rencontrés à une grande profondeur, épars çà et là, dans un puits qui parait avoir été l'ouverture d'une carrière, et dont les déblais ont formé la motte qui porte le nom de Berenger. » Cette opinion de Dom Gose ne parait pas elle-même être appuyée sur des raisons bien décisives.

N° 8, page 152.

En 1853, au mois d'octobre, les reliques des Saints Lugle et Luglien furent apportées à Amiens, par ordre de Mgr de Salinis, pour embellir la cérémonie de la translation des reliques de Sainte-Theudosie, et déposées dans la chapelle des Ursulines. Mgr Cullen, archevêque de Dublin, primat d'Irlande, qui se trouvait alors à Amiens pour la même cérémonie, ayant entendu parler de ces saintes Reliques, eût la dévotion de venir les vénérer. Mais il ne put avoir cette satisfaction, parce qu'elles venaient d'être retournées à Montdidier. C'est pour dédommager sa Grandeur de cette privation, que je lui offris une petite portion de ces Reliques dont j'étais en possession, et qu'elle emporta avec elle en Irlande.

N° 9, page 160.

Nous embrassons ici l'opinion de Dom Bonaventure Fricourt et de Ducange, qui disent qu'Amiens était la demeure de Paul Morand, AGENS ID TEMPORIS AMBIANI. Quant au village d'Amienès, dont parlent le père Guilbert de la Haye et Dom Pagnon, nous ignorons où il était situé, si toutefois il a existé un village de ce nom assez voisin de Montdidier, car aucun indice ne nous révèle son existence. Il y a tout lieu de croire, plutôt, que c'est vraiment Amiens lui-même dont ces auteurs auront mal expliqué la position. Cette opinion, pourtant, présente au premier abord une certaine difficulté. On pourrait demander, peut-être, comment il s'est fait que ce prêtre, en revenant de Lillers pour rentrer chez lui avec ses Reliques, ait été jusqu'à Paillart, puisqu'Amiens est plus près de Lillers que Paillart. A quoi bon ce circuit ? On peut répondre aussi, ce semble, que c'était probablement pour échapper plus aisément à toute poursuite, comme il paraît assez naturel de le croire dans la circonstance délicate où il se trouvait, en se réfugiant secrètement chez une personne de sa connaissance dans ce village, éloigné de huit lieues d'Amiens. La suite du récit paraît autoriser ce sentiment.

N° 10, page 164.

Tout ce récit est de Dom Fricourt, rapporté par Ducange; on nous permettra cependant de faire dessus une observation. Nous avouons que nous avons peine à croire cette manière d'agir dans ce prêtre. Il nous paraît en effet singulier que, devant être si reconnaissant de la grâce qu'il venait de recevoir, et si joyeux de posséder un tel trésor, il songeât à s'en défaire et fut devenu tout-à-coup un prêtre simoniaque et ingrat. Hélas, cependant, de quoi l'homme n'est-il pas capable quand il est sous l'empire de la frayeur ou poussé par la passion!

N° 11, page 171.

Cette maison est située dans la grande rue qui est proche de l'Église et qui conduit directement à la chapelle dédiée à Saint-Lugle et à Saint-Luglien. Elle se trouve à droite et à moitié chemin environ en allant de l'église à cette chapelle. C'est probablement par là que Paul Morand arriva avec les Reliques, car cette route se dirige vers le nord, et l'on sait que c'est de ce côté là même qu'il venait à la suite de son voyage de Lillers.

N° 12, page 175.

Adstipulatur idem Cangius schedula anno 1666, a P. D. Ludovico Niquet, cœlestino suessionensi et bibliothecæ præfecto, ad majores nostros transmissa, in quâ insuper narratur quomodò sacræ illæ Reliquiæ per ignem probatæ fuerint. (Verba audi). Vix presbiter Paulus verba finierat quibus nempè ablatas a se SS. Luglii et Lugliani reliquias fassus erat, cum adstantes sacerdotes mondidericnsi et laici ignem accenderunt et Sanctorum reliquias pergamento involutas prunis ardentibus imposuerunt, quæ videntibus cunctis, illesæ exierunt. Proindè comitissa Helwidis, perterrita vehementer, basilicam Deo ejusque S. Genitrici et beatis Martyribus, se facturam adpromisit, de mariti sui ac prædecessorum salute præmeditans, et in ecclesiâ quâ Deo et martyribus Luglio et Lugliano servitutis redderetur obsequium, clericos reditu ampliavit præbendarum ac de suorum ditavit largitate prædiorum et gloriâ decoravit ornamentorum.

N° 13, page 182.

Hic itaque locus super stratam publicam constitutus, in silvâ quæ dicitur arida gamantia situs, quæ quidem silva a castro quod Encra dicitur usque ad fluvium Sambræ tunc temporis continua protendebatur. Olìm spelunca latronum fuerat, undè et hunc quidam truncum Berengarii ab ejusdem nominis latronum principe vulgò denominant, pro eo quod post mortem ejus solitos esse ferunt satellites illius trunco quem cavaverant captos a se quoslibet præsentare, infra quod quidam ex ipsis quasi idem Berengarius loquens, summam captivis redemptionis imponebant quam nulli minuere vel mutare liceret. Sed in historiâ passionum Sanctorum Luglii et Lugliani Hibernensium QUORUM CORPORA APUD CASTRUM QUOD MONSDESIDERII DICITUR, IN ECCLESIA VENERANTUR, perspicuè scriptum legitur quod idem Sancti per has regiones transeuntes, per manus impiorum, prædicti videlicet Berengarii et fratrum suorum Bovonis et Hescelini et eorum complicum fuerint martyrio coronati. Sed quia hoc scelus in pago Taruennensi fuisse asseritur perpetratum, luce clarius apparet eosdem impios non in hoc tantùm loco, sed et in finitimis longè latè que discurrentes quamdiù licuit suam exercuisse et protelasse malitiam. (*)

N° 14, page 192.

PROCÈS-VERBAL

DES SAINTES RELIQUES CONSERVÉES DANS L'ÉGLISE DU PRIEURÉ DE NOTRE-DAME DE MONTDIDIER, RÉDIGÉ PAR CLAUDE BRULÉ, RELIGIEUX BÉNÉDICTIN DE L'ORDRE DE CLUNY, EN 1660.

Le vingt-cinquième jour du mois de mai, l'an de grâce mil six cent soixante, à l'occasion du quartier de la voulte de l'église directement sur le maistre autel, laquelle voulte menaçant ruine, il falut refaire à neuf, il convint descendre la chasse des Saintes Reliques exposées sur ledit maistre autel, au milieu et au-dessus du grand tableau de y celui; ce qui fut cause que la communauté des Religieux de l'observance de Cluny établie audit Pricuré dès l'an mil cent

(*) On lit les mêmes paroles dans les Bollandistes, tome 1er, page 832, en la vie de Saint-Heldemare, mort en 1097

trente, estant chargée desdites Saintes Reliques que le public assuroit avoir esté mal conservées et mesme plusieurs parties d'icelles prises et données comme il y avoit grande apparence par les anciens religieux dudit Prieuré; la ditte communauté des religieux de la ditte observance de Cluny composée pour lors des révérends pères Dom Eusèbe Thorillon, prieur claustral, Dom Eustache Davesne, et moi soussigné Dom Claude Bruslé, sacristain et secrétaire de la ditte communauté; pour s'asseurer d'un si précieux dépost pendant la réfection de la susditte voulte et que les dittes Saintes Reliques seroient exposées en bas au milieu du chœur sur un petit autel préparé à cet effet et qu'aucunes des dittes Saintes Reliques fut furtivement enlevez auroit résolu de visiter exactement tant le contenu en la ditte chasse que les chefs et autres reliquaires de la ditte église et donné charge à moi soubsigné de netoier toutes les dittes reliques et d'en dresser le présent procès-verbal pour servir de mémoire à la postérité; c'est pourquoi nous estant tous trois revestus en aubes, l'estole au col, et deux cierges allumés, nous aurions ouvert la susditte chasse qui contient en dehors, en son tour le tout de bois doré, les figures en demy relief des principalles actions des SS. Lugle et Luglien, martirs, et de la translation de leur ossements en ce lieu. Laquelle chasse nous n'aurions trouvée autrement fermée qu'avec deux petites bandes de fer fort menues et simplement clouées sur la porte de la ditte chasse au fond d'icelle laquelle ouverture ayant esté faite par nous, et après avoir faict nos prières à basse voix devant icelle nous aurions trouvé et tiré de la ditte chasse ce qui suit :

Premièrement : à l'emboucheure d'icelle un gros paquet enveloppé de toile blanche et forte, cirée et cousue partout, et en icelle toile le même paquet enveloppé en taffetas bleu, cousu presque partout dans lequel gros paquet doublement ainsi enveloppé en toile et taffetas, nous découvrimes les ossements des SS. Lugle et Luglien frères martyrs, archevêque et roy d'Hibernie, patrons tutélaires de cette ville de Montdidier, desquels ossements sacrés l'église dudit Prieuré avoit esté rendu dépositaire depuis plus de sept à huit cents ans soubs Hilduin, premier comte de Montdidier, ledit Prieuré estant encore occupé par des chanoines séculiers; avec lesdits ossements nous ne trouvâmes aucun mémoire ni procès verbal en forme sinon les escripts dont sera parlé cy dessoubs; et y ceux ossements fort grands et beaux font le nombre suivant : scavoir cinq os environ de longueur de pied et demy ou peu moins qui sont des cuisses et jambes, tous cinq entiers et sans fracture, un os entier d'un bras, deux larges ossements entiers de hanches ou des épaules, un os des reins joignant aux lombes, un os de la machoire supérieure où paraissent encore les trous des dents; deux dents séparez un peu jaunastres par la racine et trois autres dents jointes ensemble fort blanches et qui ont de longues racines; huict autres petits ossements des dits Saincts et un sachet de toile de la Chine figuré représentants plusieurs escussons my partis de France et autres alliances qui pourroient avoir esté donné par quelque grand Seigneur pour y conserver les ossements des susdits Saints qui sont en iceluy au nombre de sept dont trois paraissent estre des testes des dits Saincts du moins un du crasne et les autres des deux joues, desquelles sacrées reliques ayant faict le présent extraict, et inséré dans le gros paquet d'icelle un billet en parchemin signé de mon nom par ordre du susdit R. P. prieur claustral et scellé du grand sceau de la communauté; le billet contenant ces mots : Hæc sunt ossa sanctorum Luglii et Lugliani fratrum et martyrum. J'aurois décemment recousu ledit paquet dans les dits taffetas et toile cirée après y avoir apposé un second billet signé et scellé au dessus pour suppléer au deffaut de l'autre, si corruption y arrivoit, nous aurions rèveremcnt remis et replacé ledit gros paquet dedans la ditte chasse; et en continuant la visite d'icelle, nous aurions tiré une quaisse ou cassette faite en forme d'escriptoire de cuir ou maroquin de Levant rouge et figuré par des signes dorées, fermant a clef dont la petite clef est de fer doré attaché avec une soye verte à la manivelle du dessus de la cassette, laquelle cassette nous aurions trouvé enveloppé dans une grosse toile blanche cirée et cousue tout autour, laquelle ayant ouverte nous y avons trouvé et révéré les Saintes Reliques qui en suivent; un petit paquet de papier dans lequel il y a un fort petit morceau d'estoffe, tissu de fil ou soye tant soit peu jaunastre et violette avec un billet qui étoit si ancien que moi soubsigné auroit esté obligé de le renouveller entièrement. Je l'ay mis dans un morceau de tabis rouge; il portoit encore en caractère gothique ce commencement de mots : De vest Domini Jhu Christi, lequel j'aurois escrits tout entier en ces termes : De vestimentis Domini Jesu-Christi. Item, un paquet petit dont le billet porte en français ces termes: Des cheveux de la Sainte-Vierge, et y en ay mis un second de ma main. Cette très-vénérable Relique est une tissure de cheveux fort déliez de couleur rousse très semblable au rouge cramoisy tirant sur le noir qui estait la couleur plus belle des cheveux des Juifs, et cette tissure de cheveux est aussi délicatte qu'une toile d'araignée; le morceau n'en est pas bien grand, mais néanmoins, il est assez considérable pour que sa tradition fort ancienne le rende digne de particuliers respects. Item, dans une layette de la ditte cassette se serait trouvé une petite phiole de verre platte, enceinte d'un galon de tissure d'or qui paraissait avoir esté autrefois cousu et cacheté, et dans la ditte phiole se voit d'une liqueur rougeastre congelée comme du laict que la tradition et la piété des fidèles croit estre du lait effectif de la très Sainte-Vierge, mais n'y ayant trouvé aucun billet, nous l'avons replacé sans y en mettre pour n'imposer rien à la vérité de ce que nous aurions rencontré en la ditte cassette. Item, un morceau d'estoffe de l'habit de Saint-Jean l'évangéliste, la ditte estoffe toutte pareille et de semblable fil ou soye peu jaunastre et violette comme celle du morceau de l'un des vestements de Nostre-Seigneur cy dessus cotté, cette relique a double billet. Item, un petit paquet de la robe tunique ou chemise de Saint-Barthelemy, apostre, laquelle est une tissure fine de toile très claire de couleur blanche, ce paquet a son billet escrit et renouvellé de ma main, l'ancien s'estant trouvé tout effacé et déchiré. Item, trois ou quatres ossements de Saint-Jacques, apostre, en un paquet enveloppé du linge avec son billet. Item, un seul petit ossement du devant de la jambe de Saint-André, apostre, avec son double billet ainsi escrit: De tibia Sancti Andreæ.

Item, un paquet de petites pierres blanches avec billet portant ces mots; De mensa in coena Domini. Item, un autre paquet de fort petites pierres et peu de poussière avec billet portant ces termes; Sepulcrum Domini. Item, quatre ossements en un seul paquet savoir un morceau d'un test ou crasne des SS. Martirs Cosme et Damiens, un os entier d'un gros orteil ou autre doigt du pied, un autre morceau de cuisse ou jambe et un morceau de l'os du bras, ces ossements sont blancheastres enveloppez premièrement en papier et dans un morceau de vieille tapisserie de Bergame avec billets portant les noms desdits Saints Frères Martirs. Item, un petit paquet des os de Saint-Jean Chrisostome avec billets escripts de son nom. Item, de Sainte-Prothasie, Vierge et Martire et non de Saint-Protbais martir, comme on l'avait crue jusqu'alors, car l'ancien billet que nous y avons laissé avec le nostre escrit de notre main porte cette inscription: De ossibus Sanctæ Prothasiæ V. et Martiris quæ inventa sunt in ecclesia divi Petri.

Item, un paquet avec billet ainsi intituler: De ossibus Sancti Sebastiani: Item, un paquet avec billets escripts: De ossibus beati Georgii. Item, un paquet d'os dont les billets sont marqués de ces mots: De Sainte-Florence. Item, un paquet avec billets escripts de cette sorte: Des os des

Saincts Jean et Paul martirs. Item, un autre paquet avec son billet portant ce titre : De Sancto Eutropio. Item, un petit paquet d'ossements portant cet autre tistre : De Sancto Agapito martire. Item un paquet d'un morceau d'estoffe avec billets portant ce tistre : Du tappis sur lequel Saint-Remy célébrait la Sainte Messe. Item, un petit paquet de grosse toile plein de poussières de diverses reliques sans aucun billet et nous ne en aurions mis aucun pour la raison que dessus, les dittes Reliques nous estant inconnues. Item, dans la layette du milieu des trois petites de la ditte cassette nous aurions trouvé plusieurs autres petits ossements sans billets et sans noms, auxquels moi soubsigné aurais donné si je m'en souviens ce seul billet et inscription : De plusieurs Saintes Reliques inconnues. Et en continuant de visiter la ditte cassette après avoir veü et reverez toutes les susdittes sacrées Reliques des Saincts et ycelles garnis de billets savoir d'un second billets celles qui en avaient un ancien encor valable et d'un nouveau celles dont l'ancien billet estait ou a demy effacé ou presque tout gatté dont on ne le pouvait presque plus lire l'escripture, sinon en devinant à moitié les noms des Saincts, nous aurions trouvé un velin attaché au couvercle de la ditte cassette en dedans d'icelle, ledit velin y attaché avec de la cire d'Espagne rejointe de nostre sceau et yceluy parchemin peint en forme de branches de rameaux dorez contenant les titres et billets des susdittes sacrées Reliques, lequel velin ou parchemin paraist avoir esté escrit soubs feü monsieur Dom Charles de Cohorne, prieur religieux dudit Prieuré, lorsque les marchands bourgeois de Montdidier par l'adveu dudit sieur de Cohorne firent redorer la ditte chasse en 1631, ce que les anciens habitants disent estre le procès-verbal des dittes Saintes Reliques quoique le mémoire instructif et qui n'est pas toutefois si exact que le cy dessus ne soit signé de personne, il porte sur les deux colonnes divisées par une ligne a droite et a gauche les inscriptions suivantes : De sepulcro Domini : De Saint-Jean Chrisostome : Sancti Protasii, mots qui font une erreur, parce que sur l'ancien billet comme est marqué cy dessus, lequel nous aurions trouvé avec la relique il y a bien escrit: Sanctæ Prothasiæ; des cheveux de la Sainte-Vierge; de Saint-Jacques; De ossibus Sancti Sebastiani: De ossibus beati Georgii: De vestibus beati Bartholomei ; De Sainte-Florence; Des os de Saint-Cosme et de Saint-Damien: Des os de Saint-Jean et de Saint-Paul martirs; Sancti Eutropii; De tibia Sancti Andreæ et plusieurs autres reliques sans noms ni billets qui sont celles contenues dans la susditte petitte layette de la susditte cassette cy dessus cottéez et au bas au milieu dud. parchemin ou velin est escrit: Du vestement de Saint-Jean évangéliste, laquelle relique nous aurions trouvé estre celle dont est faict mention cy dessus et encor au dessoubs au bas dudit velin est marqué ce chiffre : 1631. Ce qui nous aurait faict voir que le dit mémoire transcrit du temps de feu le dit sieur de Coborne, prieur régulier, n'aurait pas esté si exactement dressé que le suivant, par ce qu'il ne s'est pas trouvé contenir les noms de certaines reliques que nous aurions veu et manié dans la ditte cassette et que le dit suivant et plus ancien mémoire, comprend ainsi que s'ensuit. Dans la septiesme et plus spacieuse layette qui est seule et s'ettend au dessoubs et tout le long de la ditte cassette nous aurions trouvé un petit et plus ancien mémoire en parchemin si vieil que par son inscription il paraist estre d'environ six vingt ou cent cinquante ans, escrit en caractère approchant du gothique, qui estait la manière d'escrire a peu prèz de ce temps, lequel contient le première et plus ancienne liste apparemment dessus cottéz Saintes Reliques escrit en cette façon, au milieu du dit parchemin et au dessus en teste d'iceluy se voyent ces mots; Hæc sunt Reliquiæ et plus bas à la ligne jusqu'au bout en bas: Primo de tibia Sancti Andreæ, item de ossibus Sanctorum Cosmæ et Damiani. Item de ossibus SS. Joannis

ET PAULI. ITEM DE OSSIBUS SANCTI SEBASTIANI. ITEM DE OSSIBUS MANUS SANCTI GEORGII. ITEM DE VESTIMENTIS DNI NOSTRI JESU CHRISTI. ITEM DE VESTIMENTIS BEATI BARTHOLOMEI. Icy y a un mot a demy effacé et qui semble estre abregé, comme si l'on avait voulu escrire ce mot (GLOBUS) et tout de suite: DE CRATICULA SANCTI LAURENTII, que nous n'aurions reconnu ni veü en aucun endroit de la ditte cassette, ny autre billet dans la ditte layette qui nous l'indiquat, sinon que dans la petite layette des reliques inconnues nous y vismes et touchames une petite boule ou globe de la grosseur d'environ deux noix tout rond et qui semble estre de fer à raison de la pesanteur, couleur de fer et dureté, qui pieusement pourait estre creü avoir esté une des quatres pommes des quatres pieds ou soustiens du gril sur lequel Saint-Laurent fut martirisé de quoy n'estant pas asseurez comme dit est, moy soubsigné n'y aurait mis aucun billet, ayant au surplus trouvé touttes les autres Sainctes Reliques dont est fait mention dans l'un et l'autre mémoire au procez verbal cy dessus par moy transcrit à l'exception de cette seule relique dudit Saint-Laurent dont nous eussions souhaité ardemment rencontrer quelque certitude, ainsy que nous avons trouvé dès deux reliques, DE MENSA IN COENA DOMINI, DE SAINTE AGAPITE et de la troisième de Saint-Remy non cottées èsdits mémoires, et achevant lad. visite de lad. cassette et joignant le couvert d'icelle au dedans nous aurions encor apperceü, leü et examiné un troisième parchemin ou procès verbal justifiant que la susditte chasse aurait étté redorée aux frais des marchands de cette ville, desquels les noms s'y trouvent escrits par l'adveu du prieur régulier et religieux dudit Prieuré en la susditte année 1631; il est conceü en ces termes : « De l'auctorithé des vénérable prieur et religieux du Prieuré de Nostre Dame de Mondidier et suivant la requeste présentée par les honnestes marchands drappiers de la dicte ville qui ont esleu pour patrons les benoits Saincts martires Sainct-Lugle et Sainct-Luglien patrons tutelleres de la dicte ville et dont les Sainctes Reliques reposent en une chasse en l'église dudict Prieuré, laquelle chasse a esté de l'auctorité cy dessus redorée et enrichie par les dits marchands drappiers dont les noms sont cy après: Alexandre Bucquet, François Bucquet frères; Jean Bucquet, Antoine Bucquet leurs enfants : Jean le Boucher , François Fourment ; Antoine Daugy ; Jean Parmentier ; Jean Roussel ; Bon Galand, Jean Fournier et François de Rouvroy; faict le huictième aoust mil six cent trente et ung. » Ce qu'estant le tout contenu en lad. cassette, moy soubsigné en qualité de sacristain et secrétaire susdit de lad. communauté ayant adjouté aux dits parchemins ou procès verbaux le grand sceau de la ditte communauté imprimé sur un papier séparé dedans lad. cassette, l'aurait refermé à la clef avec révérence, reattaché la clef d'icelle avec la soye verte à l'anse ou manivelle de la ditte cassette icelle recousüe dedans la susditte grosse toile blanche cirée comme elle avait esté auparavant, reserré la ditte cassette en sa place dedans la chasse et refermé la ditte chasse avec les deux platines de fer clouez aux deux extrémités et le long d'icelles, et exposé la ditte chasse au milieu du chœur sur un petit autel dressé par moi à cet effet pour satisfaire à la dévotion du public par l'ordre des sud. Révérends Pères tout ce que j'aurais attesté véritable les jour et datte soubscrittes du présent procez verbal, et les dits jours après la ditte closture de la ditte chasse j'aurais inséré par une fente qui nous aurait apparu au dessus de l'un des collatéraux d'icelle sur son second plafonds, un exemplaire relié en papier marbré d'une tragédie composée en l'honneur des susd. Saincts-Luglo et Luglien, et représentée le 21 de juin 1656 auquel temps nous occupions le collége de la ditte ville de Mondidier , icelle tragédie composée par Dom Bonaventure Fricourt et par nous, et procédants le 26 du susd. mois de may 1660 à la continuation de la visite de touttes les autres reliques de l'église du dit Prieuré, nous aurions découvert dans une grande armoire au dossier du maître autel et dedans la sacristie une petite croix processionale d'argent vermeil doré et au dessoubs des pieds du crucifix se voit une petite croix du bois de la croix de Nostre Seigneur avec son billet probablement au dessoubs du linge sur lequel la petite croix est cousue avec de la soye.

Item, dans lad. armoire nous aurions trouvé deux chefs, le premier desquels représentant un Saint Archevesque mittré et la croix en main, lequel chef est de bois doré, nous l'avons reconnu estre très mal fermé avec deux ou trois gros clous seulement à l'ouverture d'iceluy, laquelle ouverture au dos dud. chef ou en figure d'un enfoncement quarré, fermé d'une petite porte de pareille figure, dans lequel buste ou chef nous aurions rencontréz trois parties d'ossement considérables environ comme du tiers de la paulme de la main tirées selon qu'il paraist des deux crasnes ou testes desd. Saincts-Lugle et Luglien, ces trois ossements ou Reliques sont les os des temples entre les yeux et les oreilles des chefs, et il y a apparence que l'on en aurait enlevé le quatrième, qui ne s'y est pas trouvé, lesd. ossements estaient enveloppez dans un taffetas de couleur de feuille morte, nous aurions trouvé les dits os et le taffetas tout couverts de limon verdastre qui aurait procédé de ce qu'on plonge les dits reliquaires en l'eau lorsqu'on les porte aux incendies qui arrivent quelque fois malheureusement en la ville et aux faubourgs pour les opposer à la violence des flammes, et les ayant réenveloppez et mis un billet scellé du sceau de la communauté pour servir de mémoire et de rechef enveloppé d'un linge blanc. J'aurais adjouté un petit paquet de fortes petites particules et poussières des autres ossements des dits martirs trouvé ailleurs dans un vieil bras rompu cassé et poury et du tout n'ayant faict qu'un seul paquet envelopé dans ledit linge blanc et attaché un second plus petit billet en parchemin au dessus du dit paquet pour suppléer au cas que le plus grand vint à se corrompre ou s'effacer, ainsy qu'aurions trouvé les vieux tout pouris et bien anciens d'environ deux cents années en gothique, nous aurions remis les d. Saintes Reliques dedans le dit chef ou buste de bois doré, iceluy refermé de la même façon que nous l'avions trouvé, la clef d'une petite serrure ou passe partout, dont la serrure y est encore attaché s'estant trouvé perdue par les anciens religieux du dit Prieuré qui auraient beaucoup négligé les d. Saintes Reliques.

Et dans le second des deux chefs ou bustes, lequel second a le visage et le demy corps couvert de lames d'argent représentant un roy à l'antique, nous aurions trouvé dans le creux de la teste un gros crasne entier, faisant touste la calotte d'une teste, enveloppé dans un vieil taffetas blanc et dans ce grand crasne un autre ossement considérable du devant d'une teste qui est le front tout entière d'un mesme chef descendant jusqu'à la moitié des trous des yeux ; ledit second ossement pareillement enveloppé dans un taffetas blanc, le limon ou la crasse de couleur verdastre contracté apparemment comme à l'autre chef par humidité des eaux qui avaient pénétré avaient comme collé les deux ossements avec le taffetas et poury le billet ou l'escriteau qui n'estait qu'un papier où l'on ne pouvait presque plus rien connaistre que quelques lettres des noms des deux Saints-Lugle et Luglien, ce qui aurait esté cause qu'après les avoir bien nétoyé j'y aurais mis deux nouveaux billets ainsy que dans l'autre chef l'un plus grand de papier seulement scellé du sceau de la communauté et signé de mon nom comme sécretaire d'ycelle par ordre comme dessus du R. P. Prieur claustral et l'autre plus petit en parchemin ce qui estant fait, aurions replacé les d. Saintes Reliques dans le dit chef et iceluy refermé avec une petite claveste de cuivre comme il estait auparavant à l'un des deux costés de la teste ou de ses oreilles et referré les dits deux chefs dans l'armoire où ils sont gardez ordinairement et la raison pourquoy le dit Religieux et sacristain secrétaire soubsigné y aurait aussi bien que partout ailleurs ou il s'en trouverra deux, inséré un second billet a esté pour ce que partout l'un suppléa pour l'autre en cas de corruption de l'un plus tost que de l'autre, et pour rendre le souvenir de ce sacré dépot autant authentique et vénérable, à ce que la piété de nos successeurs qui pouraient de temps en temps les visiter selon les necessitez publiques qui en arriveront, fut davantage satisfaicte par la decouverte et la connaissance de la vérité des choses contenues en ce présent procez verbal.

Sur la visite et inscription que nous aurions faicte des ossements contenus en ce second chef aussi bien qu'en celuy de bois doré lequel a la face couverte de lames d'argent, nous avons remarqué qu'il y a lieu de douter que ces deux Reliques soient deux parties d'un seul et mesme chef de l'un des deux Saints-Lugle et Luglien, mais bien qu'elles pouraient estre deux différentes parties des deux diverses teste et front de l'autre, à cause que cette dernière partie paraist trop estroiste et petiste pour être le front sinciput de la teste ou crasne de l'autre qui est fort gros et bien large; et il pourait estre que cette partie du sinciput front ou devant de la teste, n'ayant pu continuer ny entrer dans l'ouverture du chef ou buste de bois doré laquelle est assez petite, on aurait resserré la ditte partie avec ce gros crasne dans ce second chef couvert de lames d'argent, quelques chirurgiens et médecins anatomistes jugeraient plus seurement de l'apparence et fondement de ce doute; après lequel il convient remarquer en second lieu que ces ossements de l'un et de l'autre chef ou de l'un seul, estant fort beaux et vénérables, c'est un très grand dommage et mesme contre la bienséance, le respect et l'honnesteté qu'on leur doit de les plonger en de l'eau, le plus souvent bourbeuse, sale vilaine et la première que l'on peut trouver alors qu'il arrive quelque incendie en la ville ou aux fauxbourgs auquel cas on les porte pour les opposer comme dit est cy dessus, à la violence des flammes dont on a vu de nos temps plusieurs succez miraculeux, et la raison pourquoy on deverait pas user ainsy, est parce qu'en visitant les dits chefs nous aurions observé que les dits ossements se rompent et se séparent à l'endroit des sutures et coustures du test ou crasne, ayants esté premièrement emmolli par l'eau fangeuse puis après deschassez entre la crasse et le limon que nous avons marqué cy dessus s'y accumuler par les dittes eaux dans le laps et la suite des temps, pourquoi il faudra que nos successeurs sacristains et religieux de ce Prieuré prennent soigneusement garde quand on sera obligé de les porter pour le feu (ce qu'à Dieu ne plaise) de ne permestre pas qu'on les plonge ny les plonger eux mesmes dans les eaux que l'on voudra verser sur les flammes, sinon les extremitez du bas de chacun des dits chefs, en sorte que l'eau n'entre aucunement jamais à l'endroit où reposent les dits sacrés ossements de nos Saints tutélaires qui sont certainement dignes de beaucoup de vénération.

D'où il convient faire une troisième remarque, scavoir, que parce que souvent la ville ne traicte pas souvent avec assez de respect les Sainctes Reliques, ainsy qu'on fait nos devanciers, peut estre ne recoit elle pas aussy souvent toutes les consolations qu'elle espère de Nostre Seigneur par leur mérite dans ces fascheux accidents car ca tousjours esté la coustume de nos ancestres et moy soubsigné l'ay veu pratiquer plusieurs fois que l'on ne doit les sortir de nostre église que accompagnez du sieur maieur de la ville ou au moins de l'un de ses échevins, lesquels doivent toutes les fois faire apporter deux torches ou flambeaux, par qui bon leur semble, lesquels brulent aux costez desdittes Sainctes Reliques tant et si longtemps qu'elles restent opposées aux flammes et doivent conduire icelles depuis nostre église jusqu'au lieu du feu et de ce lieu les reconduire jusqu'à nostre église ce que cependant le peu de dévotion des gens d'aprésent leur fait presque maintenant tousjours négliger d'accomplir; nous avons encore observé qu'en la partie du devant de la teste ou sinciput on en avoit coupé quelques petites particules avec un cousteau ou autre instrument à ce propre.

Nous aurions de plus ouvert un bras de bois dont la main étoit toute couverte de lames d'argent avec le devant dudit bras pareillement d'argent dont le dos en avoit esté dépouillé, la vitre en étoit enlevé, et le letton fermant au bas ledit bras ne tenoit plus qu'à un seul méchant cloux, duquel bras ainsy ouvert nous en aurions tiré premièrement contre la platine de letton un petit paquet d'un os seul en figure a peu près quarré enveloppé en taffetas feuille morte avec un petit billet tout effacé presque et pouri sur lequel ne se leût que ces mots : De numero SS. Lugl. et Lug. ce qui marquoit assez que c'estoit un ossement des espaules de l'un ou de l'autre de nos deux saints martyrs, cet os s'est trouvé d'une couleur un peu plus blanche que les autres, environ large de la moitié de la paulme de la main, puis nous aurions ensuite tiré un os presque entier d'un bras des susdits saints Lugle et Luglien qui paroist le plus petit d'un os des bras, plus au dessus diceluy, la teste ou le nœud dudit os separé de l'autre, tout cassé et lié en parcelles attachéez ensemble avec de la soye et nous a paru par les fractures que l'on en avoit pris quelques particules, que ce nœud ou teste d'os avoit esté reserré au haut dudit bras de bois couvert de lames d'argent dans la concavité de son paquet.

Enfin nous en aurions tiré deux planches ou tablettes d'ossements limez et tout plats de longueur de six poulces ou environ et largeur d'un poulce, provenants de deux autres bras ou costes desdits Saints lesquels paroissent avoir estés ainsy limés et rendus tous plats ou pour pouvoir les insérer avec lesdits autres os cy dessus dans ledit bras de bois couvert de lames d'argent ou pour en donner des limures à quelques personnes qui pouroient en avoir demandés cy devant aux anciens religieux et à tous ces ossements moy soubsigné, j'aurois mis un billet scellé du sceau de la communauté et cela faict nous aurions remis tous lesdits ossements dans le bras d'argent décemment accommodé pour estre exposé à la veue du peuple avec les autres reliques.

Et procédants enfin à la conclusion et cloture de nostre dit présent procès verbal, le soubsigné netoyant soigneusement dessus dessoubs devant et derrière ledit grand armoire de la sacristie, où se resserroit les autres Sainctes Reliques auroit aperceü entre ladit. armoire et le maistre autel contre terre un vieil bras sans main couvert deston tout noir, lequel ne peut estre tiré de ce lieu où il estait tombé qu'en levant le marche pied du dit autel, ce qu'ayant esté faict le dit soubsigné aurait relevé le dit bras de terre trouvé la main d'iceluy rompu et le dit bras ne rien valoir qu'à bruler excepté que dans un large ovale au milieu du dit bras, après en avoir levé un verre cassé par le milieu il aurait découvert six particules d'ossements comme collées ensemble par la fange que l'humidité y avait causée et les dits six particules trouvées dans un petit paquet au quel les billets marquaient encor tant soit peü les noms des Saints desquels estaient ces Saintes Reliques, a scavoir: un seul billet pour les deux particules les premières qui portaient; DES OS DES SS. LUGLE ET LUGLIEN. Le second billet portait escrit: DE ESTIENNE, PREMIER MARTYR ; le 3ᵉ DE SAINT-GUINEFORT aussi martir et evesque; le quatriesme DE SAINT-QUENTIN MARTIR ; et le 5ᵉ avec le 6ᵉ DES SS. JULIEN ET AGAPIT MARTIRS, et ayant nétoyé toustes les dittes particules bruslé les vieux billets et des nouveaux y inserez, ledit soubsigné aurait divisé les dittes particules en deux différents reliquaires dont l'un est d'argent sur un pied de leton doré qui est un vieil Melchisedech ou porte Christ qui avait servi depuis deux cents tant d'années à exposer le Très-Saint-Sacrement et l'autre tout de cuivre autrefois tout doré qui estait encore un Melchisedech ou porte Christ plus ancien que le précédent, dans lesquels deux reliquaires, attendant qu'on les pourait mieux placer, ledit soubsigné aurait enchassé les susdittes particules, tout ce que estant faict nous aurions reserré le tout dans leur lieu ordinaire en la sacristie dudit Prieuré après avoir une seconde fois rendu nos respects aux dites Sainctes Reliques, et fait nos prières devant icelles dont et de tout ce que dessus je soubsigné religieux prestre sacristain de lad. église et secrétaire de la ditte communauté pour servir de tesmoignage à la vérité du faict, certifié en ces qualités et par ordre cy devant dit, avoir dressé le présent procez verbal ces vingt cinquiesme et vingt sixiesme jours de may 1660 et y apposé le grand sceau de la communauté, ainsy signé, Dom Claude Bruslé indigne religieux prestre sacristain et secrétaire susdit avec paraphe.

La marque du grand sceau est presque entièrement effacée.

N° 15, page 202.

Le château d'Almer, dont on ne voit plus vestiges, puisque la charrue y passe, était situé à un kilomètre environ, au nord, de la chapelle d'Hurionville. Le Père de la Haye dit que quand il fut détruit par les Normands, M. Delaunoy fit élever, à cet endroit, une croix en pierre devant laquelle aussi, chaque année, on allait chanter le REGINA COELI avec les Reliques que l'on y portait en procession, et cela en mémoire du lieu où elles avaient été conservées si longtemps. Ce calvaire a aussi disparu.

N° 16, page 205.

AUTORISATION DE MONSEIGNEUR L'ÉVÊQUE D'AMIENS, DU 11 AVRIL 1844.

Mgr l'Evêque d'Amiens autorise M. l'abbé Aubrelicque, curé-doyen de St-Pierre de Montdidier, et à son défaut,

M. l'abbé Jacob, son vicaire, à ouvrir, du consentement des Confrères des Saints Lugle et Luglien, la chasse qui contient les Reliques des deux saints martyrs, et à en extraire quelques parcelles desdites Reliques pour en doter l'église de Lillers, au diocèse d'Arras.

Signé : H. MAILLARD, vic.-gén. official.

(Sceau de l'Évêché).

PROCÈS - VERBAL

Du 16 avril 1844, constatant l'ouverture des Bustes des Saints Lugle et Luglien, par autorisation de Monseigneur l'Evêque d'Amiens, en date du 11 avril présent mois, donnée a M. Aubrelicque, Curé-Doyen.

Au nom du Père, et du Fils, et du Saint-Esprit.

A LA MÉMOIRE DE TOUS LES SIÈCLES.

L'an de grâce mil huit cent quarante-quatre, depuis la naissance de Notre Seigneur Jésus-Christ ; du Pontificat de Notre Saint Père le Pape Grégoire XVI, la treizième année; du règne de Louis-Philippe 1er, Roi des Français, la quatorzième ; Mgr Jean-Marie Mioland, occupant le siége épiscopal d'Amiens, le mardi seize avril, sur les cinq heures du soir, dans la chapelle dédiée à Saint-Lugle et à Saint-Luglien, patrons de la ville de Montdidier (Somme). Le sieur Louis-Marie-Martin Aubrelicque, curé-doyen de la paroisse de St-Pierre dudit Montdidier, chanoine honoraire de la cathédrale d'Amiens, et archiprêtre, en vertu d'une autorisation en forme de Mgr l'Evêque d'Amiens, en date du 11 avril présent mois, le susdit curé, assisté de M. Hippolyte-Edouard-Camille-Luglien Chandon, maire de ladite ville de Montdidier, chevalier de la Légion-d'Honneur, et membre du conseil général de la Somme ; en présence de M. Charles-Simon Dangez, gardien de la Confrérie desdits Saints, de MM. Jacob et Duneufgermain, vicaires de la paroisse de St-Pierre, et de MM. Longuet, Bertrand,

Fissier et Brainne, membres du conseil de la même Confrérie, et conformément à l'autorisation susdite, a ouvert les bustes qui contiennent les reliques des Saints Lugle et Luglien, à l'effet d'en extraire quelques parcelles pour en doter l'église de Lillers, au diocèse d'Arras.

Et ouverture faite du buste de Saint-Luglien, a été trouvée une boîte en ferblanc, forme ovale, fermée par le haut d'un couvercle à charnière, et revêtue de trois sceaux apposés sur une ligature de soie rouge, les deux premiers de la Sous-Préfecture de Montdidier, et le troisième du sieur Lefèvre, ancien curé de la paroisse Saint-Pierre, et de ladite boîte a été retiré un procès-verbal en parchemin constatant la translation, en mil huit cent dix, des précieux restes des Saints Lugle et Luglien dans de nouveaux bustes de cuivre argenté, lequel est également revêtu des sceaux de la Sous-Préfecture et de M. Lefèvre, ainsi que le crâne presque entier de Saint-Luglien, qui était posé sur un coussin de satin rouge et enveloppé, en dedans, d'une bande de soie verte, puis a été sciée une parcelle du pariétal droit de la longueur d'environ cinq centimètres, et de la largeur de près de deux centimètres vers le milieu, et immédiatement insérée dans un morceau de damas cramoisi, sur lequel a été apposé le sceau de l'église paroissiale de St-Pierre et celui de la mairie de la ville de Montdidier.

En second lieu, ouverture faite du buste de Saint-Lugle, a été trouvée, comme dans le précédent, une boîte en ferblanc forme ovale, fermée par le haut d'un couvercle à charnière et revêtue de trois sceaux apposés sur une ligature de soie rouge, les deux premiers de la Sous-Préfecture de Montdidier, et le troisième du sieur Lefèvre, ancien curé de la paroisse Saint-Pierre, dans laquelle boîte ont été trouvés : PREMIÈREMENT, un procès-verbal de mil sept cent dix-neuf, constatant la translation de la Relique de St-Lugle dans un buste d'argent, lequel est revêtu des signatures des Religieux Bénédictins du Prieuré de Montdidier, et des principaux membres de la Confrérie de la même ville. Secondement, un procès-verbal daté de mil sept cent vingt, constatant aussi la translation de la relique de Saint-Luglien dans un buste d'argent, et revêtu de même des signatures des Bénédictins du Prieuré de Montdidier et des principaux membres de la Confrérie de la même ville. Troisièmement, un procès-verbal de mil sept cent quatre-vingt-quinze, constatant le placement, dans des bustes de bois argenté, des Saintes Reliques extraites des bustes d'argent massif réclamés pour être fondus à la Monnaie, lequel est signé par tous les membres de la municipalité et les principaux de la ville. Quatrièmement, une commission en forme, signée et scellée de Mgr Jean-François Demandolx, évêque d'Amiens, et contresignée par M. Gravet, secrétaire de l'évêché, le 27 septembre mil huit cent dix, délivrée à M. Lefèvre, curé de Saint-Pierre de Montdidier, à l'effet d'ouvrir les bustes des Saints Lugle et Luglien, de reconnaître l'authenticité des précieuses Reliques et de les replacer dans de nouveaux bustes de cuivre argenté. Cinquièmement, un paquet couvert de parchemin revêtu de deux sceaux de la Sous-Préfecture et de celui de M. Lefèvre, curé de Saint-Pierre, renfermant un inventaire, daté de mil six cent soixante, et muni du grand sceau de la communauté des Bénédictins, où se trouvent désignées, en détail, les différentes Reliques du Prieuré de Notre-Dame de Montdidier, et notamment celles des Saints Lugle et Luglien, lequel inventaire s'étant trouvé si détérioré par les ans, qu'il a été replacé dans son enveloppe de parchemin et scellé des sceaux de la mairie et de la paroisse Saint-Pierre.

Enfin, ces différentes pièces étant retirées des bustes de Saint-Lugle, on a trouvé un morceau de crâne dudit Saint, de la grandeur de la paume de la main, posé sur deux coussins de satin rouge garnis, en dedans, d'une bande de satin rouge à galons dorés, de laquelle relique fut extraite une petite parcelle de l'occipital de la longueur d'environ deux centimètres et d'environ un centimètre de largeur. Cette précieuse relique fut immédiatement enveloppée dans un morceau de damas cramoisi et muni des deux sceaux sus-désignés, puis cette double portion des ossements des Saints-Lugle et Luglien fut envoyée à l'évêché d'Amiens pour être, de là, portée à Lillers, ville du diocèse d'Arras, et exposée en leur église à la vénération des fidèles.

Fait et clos à Montdidier, les dits an, mois, jour et heure susdits, en l'église paroissiale de Saint-Pierre de la dite ville. Signé : AUBRELICQUE, curé; CHANDON, maire; JACOB, DUNEUFGERMAIN, vicaires; DANGEZ, gardien; LONGUET, BERTRAND, FISSIER et BRAINNE, conseillers.

N° 17, page 205.

Ces Reliques sont parvenues à leur destination, comme nous l'avons appris par une lettre de réception, datée du 3 juillet 1844, dont copie suit, et ont été reçues par M. Demont, vicaire de Lillers, et enfermées, par ses soins, dans une chasse de fonte dorée, style gothique, qui repose à un autel de l'église de Lillers, et qui est dédié aux Saints Patrons. L'autre portion fut remise aussi à M. Delforge, curé de Ferfay, qui l'a déposée dans une chasse de cuivre doré, de forme gothique, pour être conservée dans l'église de la paroisse. Quelques autres petites parcelles se trouvent pareillement entre les mains de quelques particuliers.

Lillers, 3 juillet 1844.

Monsieur le Doyen,

Chargé, par notre ancien curé, de demander à Mgr l'Evêque d'Amiens quelques parcelles des Reliques de nos Saints Patrons Lugle et Luglien, je le suis également pour vous témoigner aujourd'hui toute notre reconnaissance. M. l'abbé Dangez a eu la bonté de me remettre ce dépôt précieux, que j'ai soumis à l'approbation de son Eminence le Cardinal notre Évêque, et enfin nous les possédons, pour les exposer désormais à la vénération des fidèles.

Je n'ai tardé à vous en informer, Monsieur, que parce que portant moi-même ces Saintes Reliques à Arras, je les ai reçues définitivement au retour de ma vacance.

Recevez, Monsieur le Doyen, l'assurance de toute notre gratitude et du profond respect de votre très-humble et très-obéissant serviteur.

Signé: Demont, vicaire, pour M. le Curé, empêché.

N° 18, page 209.

COMMISSION

De Monseigneur l'Évêque d'Amiens, a M. Lefèvre, Curé de Saint-Pierre de Montdidier, du 27 septembre 1810.

Nous, Jean-François Demandolx, par la miséricorde divine et la grâce du Saint Siége Apostolique, Evêque d'Amiens, à M. Lefèvre, curé de Montdidier, de notre diocèse, salut et bénédiction en N.-S. Jésus-Christ.

Nous avons commis, comme par ces présentes, nous vous commettons à l'effet d'ouvrir les chasses qui renferment les Reliques des Saint Luglc et Luglien, patrons de la ville de Montdidier, visiter les dites Reliques, vous assurer de leur authenticité et de leur identité avec celles énoncées dans l'acte que vous devez trouver inséré avec les Reliques dans les dites chasses, et après sérieux examen, enlever les dites Reliques et les placer dans les nouvelles chasses que vous bénirez auparavant, clore d'un ruban et sceller les dites nouvelles chasses, après y avoir renfermé avec les dites Reliques, copie exacte de votre procès-verbal de visite et l'authentique que vous aurez trouvé dans les anciennes chasses ; et enfin déclarer que nous permettons d'exposer publiquement les dites Reliques à la vénération des fidèles. Dont et de tout, vous dresserez procès-verbal triple, pour l'un être, comme il est dit ci-dessus, déposé dans les chasses avec les Reliques; un autre dans les archives de la fabrique de la paroisse Saint-Pierre de Montdidier, et le troisième être envoyé au secrétariat de notre évêché.

Donné à Amiens, sous notre seing, le sceau de nos armes et le contre-seing de notre secrétaire, le 27 septembre 1810.

† JEAN-FRANÇOIS, évêque d'Amiens.

Par mandement, GRAVET, secrétaire.

ACTE DE LA TRANSLATION DES RELIQUES
DANS LES BUSTES ACTUELS.

Au nom du Père, et du Fils, et du Saint-Esprit.

A LA MÉMOIRE DE TOUS LES SIÈCLES.

L'an de grâce mil huit cent dix, depuis la naissance de Notre-Seigneur Jésus-Christ; du Pontificat de notre Saint Père le Pape Pie VII, la dixième année; la sixième du règne de Napoléon 1er, Empereur des Français et roi d'Italie; Mgr Jean-François Demandolx, occupant le siége épiscopal d'Amiens, Noyon et Beauvais, le jeudi, quatrième jour d'octobre de l'année susdite, sur les dix heures du matin, le sieur Lefèvre, prêtre, curé de l'église paroissiale et du canton de Montdidier, en vertu d'une commission de son dit seigneur évêque, à l'effet d'ouvrir les chasses qui contiennent les reliques des Saints Martyrs Lugle et Luglien, patrons de la ville de Montdidier, et s'assurer de leur authenticité et identité avec celles énoncées dans les anciens actes insérés dans les dites chasses et les placer dans les nouveaux bustes. Le susdit curé, assisté de M. Delatour, desservant de la succursale de la dite ville, accompagnés l'un et l'autre de leur clergé, est venu processionnellement de la sacristie dans le sanctuaire de l'église, où à genoux sur le marche-pied du grand autel, il a entonné l'hymne VENI CREATOR, qui a été continuée par l'orgue, le chœur et les assistants, et après l'oraison du Saint-Esprit, le dit sieur curé est monté à l'autel où étaient déposés les nouveaux bustes de cuivre argenté, faits aux dépens des habitants de la dite ville, dont la pieuse libéralité devient un monument éternel de profonde vénération et de juste reconnaissance envers des Saints, dont leurs ancêtres, ainsi qu'eux, ont reçu constamment des marques éclatantes de protection, depuis près de neuf cents ans que leurs sacrées Reliques sont conservées dans leur ville.

Après la bénédiction faite desdits bustes, le dit sieur curé les a fait porter sur une table à cet effet préparée et décorée au bas du sanctuaire; au même moment il a tiré des anciens bustes qu'on avait ouverts quelques jours auparavant, en présence de M. Delatour, desservant de la dite succursale, et de M. Lefèvre, ancien curé de Notre-Dame de Montdidier, témoins nommément désignés par Mgr l'Evêque susdit, et de M. Cocquerel, maire de la ville, les deux Reliques précieuses des Saints Lugle et Luglien, consistant l'une en une partie du crâne de Saint-Lugle de la grandeur au moins de la paume de la main; l'autre étant le crâne entier de Saint-Luglien, ainsi qu'il est porté dans les procès-verbaux du ci-devant Prieuré. Le dit sieur curé les a déposées chacune séparément sur un bassin d'argent, couvert de taffetas cramoisi placé sur l'autel, après quoi les dits sieurs curé et desservants les ont portées processionnellement par toute l'église, pour la consolation des fidèles qui n'avaient pu trouver place dans le chœur et les y contempler.

Au retour de la procession, le dit curé ayant enveloppé les Saintes Reliques dans des morceaux de taffetas vert, les a placées avec le procès-verbal et les autres plus anciens qui se trouvaient dans les anciens bustes, ainsi qu'un inventaire ancien des Reliques presque pourri de vétusté, dans les boîtes de ferblanc préparées à cet effet, scellées de son sceau et de celui de la Sous-Préfecture, et les a insérées dans les nouveaux bustes. Après les encensements on a entonné le LAUDATE DOMINUM OMNES GENTES, en réservant le TE DEUM pour le salut et la clôture de la cérémonie. Pendant le chant du LAUDATE, le célébrant et autres ont baisé respectueusement les cristaux qui couvrent les Saintes Reliques. On a terminé par la lecture, à haute et intelligible voix, du présent procès-verbal fait par nous, en conformité aux ordres dudit seigneur évêque. Il a été signé, le même jour et an que ci-dessus, de nous, des prêtres assistants, de M. Cocquerel, ancien juge au bailliage de Montdidier et maire de la dite ville ; de M. Lendormy, ancien avocat et sous-préfet du 4e arrondissement ; de M. Pucelle, ancien avocat du Roi et président du Tribunal de 1re instance ; de M. Du Puy, commandant de la garde nationale et président de canton ; de M. Capperonnier, conservateur, administrateur de la bibliothèque impériale ; de M. Cauvel, président d'arrondissement et conseiller en la Cour d'appel à Amiens ; de M. Charles-Clément Joly de Sailly, propriétaire ; de M. Moussette, officier de santé et gardien de la Confrérie des Saints-Lugle et Luglien ; de MM. les Marguilliers de l'église Saint-Pierre ; de M. le Caron de Beaumesnil, ancien conseiller à la Cour des Monnaies ; de M. Sellier, marchand de draps et président du Tribunal de commerce ; de M. Louis Morel, propriétaire ; de M. Lefèvre, notaire impérial à Montdidier, et de plusieurs autres notables de cette ville.

N° 19, page 210.

PROCÈS-VERBAL

DRESSÉ PAR LES RELIGIEUX EN 1720.

Au nom du Père, et du Fils, et du Saint-Esprit.

A LA MÉMOIRE DE TOUS LES SIÈCLES.

L'an de grâce mil sept cent vingt, depuis la naissance de N.-S. Jésus-Christ ; du Pontificat de N. S. Père le Pape Clément XI, la vingtième année, et la cinquième du règne de Louis XV, roi de France et de Navarre, âgé de onze ans, sous la régence de son Altesse Royale Mgr Philippe de France, duc d'Orléans; M gr Oswald de la Tour d'Auvergne, étant abbé commandataire, chef et général de l'abbaye de tout l'ordre de Cluny; Mgr Pierre Sabbatier, occupant le siége épiscopal d'Amiens ; et ce Prieuré de Notre-Dame de Montdidier, de l'ordre de Saint-Benoit et de la réforme de Cluny, ayant pour prieur commandataire Mgr Melchior de Polignac, cardinal de la Sainte Église romaine, ambassadeur du roi très-chrétien Louis XIV, en Pologne, en 1697, et son ambassadeur plénipotentiaire à la paix d'Utrecht, en 1711, abbé de Corbie, Anchin, Mouzon, Begarre et Bonport, le trentième jour du mois de juin, après les vêpres chantées, le Révérend Père Dom Jean Pagnon, prêtre religieux réformé du susdit ordre de Cluny, et prieur claustral de ce Prieuré de Notre-Dame de Montdidier, étant accompagné des autres Religieux dudit Prieuré, savoir: Dom Charlemagne Legrand, procureur ; Dom François Dechiavary ; Dom Charles Trouvain, sacristain, et Dom Antoine Petit, religieux du même ordre, qui se trouvait pour lors au dit Prieuré, est venu processionnellement de la sacristie dans le sanctuaire de l'église, où s'étant mis à genoux avec les diacre, sous-diacre, et chantres revêtus d'aubes et d'ornements, il a commencé l'hymne VENI CREATOR, qui a été continuée par le chœur et le peuple, et après l'oraison du Saint-Esprit, le dit Révérend Père Prieur est allé au côté droit de l'autel, où il a fait la bénédiction d'un buste d'argent, du poids de neuf marcs, représentant Saint-Luglien, roi d'Hybernie, un des patrons de cette ville de Montdidier, qui a été fait dans la présente année, aux dépens de la communauté du dit Prieuré de Notre-Dame.

Après la bénédiction faite du nouveau buste, le dit Révérend Père Prieur l'a apporté sur une table dans le sanctuaire et l'a placé sur un piédestal de bois doré, et ayant pris l'ancien buste cy devant couvert de feuilles d'argent, il a ouvert une calotte de cuivre qui couvrait la tête du susdit buste et qui était fermé par une charnière, il en a tiré, en présence d'une illustre et nombreuse assemblée de l'un et de l'autre sexe, le crâne entier dudit Saint-Luglien, enveloppé d'un taffetas blanc fort usé; dans ce crâne était renfermé un paquet couvert de parchemin et cacheté en plusieurs endroits, lequel ayant été ouvert, on a trouvé un ancien inventaire ou procès-verbal et presque tout pourri, pour avoir été trempé souvent dans l'eau avec la Sainte Relique quand elle a été portée au feu; le procès-verbal contient le nom et les qualités des Saintes Reliques conservées dans cette église, parmi lesquelles sont exprimées et particulièrement remarquées celles de nos glorieux Patrons renfermées dans la châsse, dans les deux bustes d'argent et autres reliquaires de bois doré. Il y est fait mention expressément du crâne entier de Saint-Luglien renfermé dans un buste de bois couvert sur le visage, et presque tout le corps de feuilles d'argent, d'où nous venons de le retirer et placé décemment sur un petit coussinet de taffetas rouge, et attaché sur une planche de cuivre, et a été ainsi porté en procession dans le chœur et dans la nef de l'église, afin que chacun eût le bonheur de voir cette précieuse Relique. Au retour de cette procession le Révérend Père Prieur a pris la planche de cuivre sur laquelle était le crâne de Saint-Luglien, et l'a introduite dans son buste nouveau, au milieu duquel il a placé la dite Sainte Relique, pour être vue par le cristal qui y est enchâssé, et après l'avoir encensée, il a commencé l'hymne TE DEUM LAUDAMUS, qui a été suivie des oraisons de la Très-Sainte Trinité et des glorieux Martyrs, et enfin la pieuse cérémonie s'est terminée par la lecture, qui a été faite à haute et intelligible voix, du présent procès-verbal, fait par nous Prieur claustral, et signé de nous, des Religieux composant la communauté et de tous ceux des assistants, habitants de cette ville et étrangers qui ont voulu signer avec nous le jour et an que dessus.

N° 20, page 210.

PROCÈS-VERBAL
Dressé par les Religieux en 1719.

Au nom du Père, et du Fils, et du Saint-Esprit.
A LA MÉMOIRE DE TOUS LES SIÈCLES.

L'an de grâce mil sept cent dix-neuf, depuis la naissance de N.-S. Jésus-Christ; du Pontificat de Notre Saint Père le Pape Clément XI, la dix-neuvième; et la quatrième du règne de Louis XV, roi de France et de Navarre, âgé de dix ans, sous la régence de son Altesse Royale Mgr Philippe de France, duc d'Orléans; Mgr Henry Oswald de la Tour d'Auvergne, étant abbé commandataire, chef et général des sacrées abbayes et ordre de Cluny; Mgr Pierre Sabbatier, occupant le siège épiscopal d'Amiens; et ce Prieuré de Notre-Dame de Montdidier, de l'ordre de Saint-Benoit et de la réforme de Cluny, ayant pour prieur commandataire Mgr Melchior de Polignac, cardinal de la Sainte-Eglise romaine, ambassadeur extraordinaire du roi très-chrétien Louis XIV, en Pologne, en 1691, et son ambassadeur plénipotentiaire à la paix d'Utrecth, en 1711, abbé de Corbie, Anchin, Mouzon, Begarre et Bonport, le vingt-deux du mois d'octobre, veille de la fête consacrée au martyre des glorieux Saints Lugle, archevêque, et Luglien, roi d'Hybernie, patrons de cette ville de Montdidier, après les premières vêpres chantées solennellement, le Révérend Père Dom Jean Pagnon, prêtre religieux réformé du susdit ordre de Cluny, et prieur claustral de ce Prieuré de Notre-Dame de Montdidier, étant accompagné des Religieux du dit Prieuré, savoir: Dom Charles Legrand, procureur; Dom François Dechiavary; Dom Charles Trouvain, sacristain, et de quelques autres Religieux Bénédictins des maisons voisines, invités à la solennité, est venu processionnellement de la sacristie dans le sanctuaire de l'église, où s'étant mis à genoux avec les officiers sur le marche-pied, il a commencé l'hymne Veni Creator, qui a été continuée par le chœur et le peuple, et après l'oraison du Saint-Esprit, le dit Révérend Père Prieur est allé au côté droit du grand autel où il a fait la bénédiction d'un buste d'argent représentant Saint-Lugle, archevêque d'Hybernie, un des susdits patrons, qui a été fait aux dépens de la plus grande partie des habitants de cette ville de Montdidier, pour être un monument éternel de leur profonde vénération et de leur juste reconnaissance envers des Saints, dont leurs ancêtres et eux ont reçu, depuis près de neuf cents ans que leurs sacrées Reliques sont conservées dans cette église, des marques éclatantes d'une protection sensible, et particulièrement dans cette année et dans la précédente, remarquables par la sécheresse extraordinaire dont Dieu a voulu affliger la terre, mais dont la clémence s'est laissée fléchir pour donner de la pluie à nos terres, quand on lui en a demandé par la puissante intercession de nos glorieux Patrons.

Après la bénédiction faite du susdit buste d'argent, le dit Révérend Père Prieur, l'a pris entre ses mains et l'a porté au bas des degrés de pierre du sanctuaire, et l'a placé sur un piédestal neuf de bois doré, et ayant pris l'ancien buste aussi de bois doré, il a ouvert avec un marteau et un ciseau la petite porte de bois qui était au dos dudit buste, il en a tiré et développé un paquet à la vue d'une célèbre et nombreuse assemblée, dans lequel s'est trouvé un morceau du crâne de la tête de Saint-Lugle, large environ comme la paume de la main, et dans un autre paquet se sont trouvés trois ossements des tempes enveloppés d'un vieux taffetas décoloré, parmi lesquels il y avait quelques fragments des os du Saint en poussière, le tout suivant le procès-verbal de ce Prieuré, fait en 1660, signé et scellé du sceau de la communauté renfermé dans la chasse d'argent, et conformément à l'extrait qui en a été fait dans ce temps-là et qui est registré dans le livre capitulaire de la communauté.

Tous ces différents ossements de la tête de Saint-Lugle, ayant été retirés de leurs enveloppes, ont été mis sur un bassin d'argent et portés en procession dans le chœur et dans la nef, pour être montrés au peuple qui ne pouvait approcher du sanctuaire, après quoi le dit Révérend Père Prieur a pris les dits sacrés ossements et les ayant enveloppés dans de nouveaux taffetas de couleur verte, chacun en particulier et ensuite tous ensemble dans un morceau de (ICI LACUNE) il les a renfermés dans la tête du buste d'argent en ôtant la mitre du Saint Archevêque. Ensuite, pour satisfaire la piété des peuples quand ils viendront rendre leurs hommages au glorieux Saint et baiser son chef, le Révérend Père a mis un ossement du même Saint, de la grosseur d'une noix, dans un petit coffret d'argent soudé à l'endroit de l'agrafe de la chape et doublé de velours rouge, et l'y a renfermé par un cristal blanc, lequel ossement a été tiré d'un ancien reliquaire d'argent en partie brisé, ayant cette inscription : Os DE SANCTO LUGLIO. Toutes ces Saintes Reliques ayant été placées dans le nouveau buste, le Révérend Père Prieur les y a encensées en commençant l'hymne TE DEUM LAUDAMUS, qui a été suivie des oraisons de la Très-Sainte Trinité et des Saints Martyrs, après quoi le Révérend Père Prieur s'étant approché du nouveau buste, en a baisé le visage à l'endroit où paraît un ossement du Saint Archevêque, et a été suivi de tous les Religieux et de tous ceux qui en ont eu la dévotion, pendant lequel temps, s'est faite à haute et intelligible voix la lecture du procès-verbal, en présence du Prieur et Religieux de la communauté, de Dom Jean Bouizol, procureur de Saint-Nicolas ; Dom Brissard, religieux de Crépy ; du Révérend Père François Lenormant, célestin d'Amiens ; de M. Audoy, avocat et bailly de ce Prieuré ; de MM. Darras, avocat et lieutenant-général de ce Prieuré ; Dufeu, procureur d'office dudit Prieuré ; Boucher, marchand de fer et gardien actuel de la Confrérie ; de M. De Parviller, procureur du Roi au grenier à sel; de M. Pierre Pinguet, ancien avocat fiscal de la ville; de Bourville, officier de Madame; de M. Trudelle, officier du Roi; Darimant, garde du Roi; de Vincent, garde du Roi; de M. Romain Devienne ; de Rouvroy, procureur; Trouvain, marchand, ancien échevin; de Rouvroy, ancien gardien; Benoist, procureur; Trouvain, bourgeois; Scellier, bourgeois; Parmentier, ancien gardien; Froissand, docteur en médecine ; Benoist, bourgeois ; Daugy, bourgeois ; Courtois, marchand ; Molenbel, huissier ; de Rouvroy et Denizart, qui ont signé le présent procès-verbal.

N° 21, page 210.

PROCÈS-VERBAL DE 1795.

Au nom du Père, et du Fils, et du Saint-Esprit.

A LA MÉMOIRE DE TOUS LES SIÈCLES.

L'an de grâce mil sept cent quatre-vingt-quinze, depuis la naissance de N.-S. Jésus-Christ; du Pontificat de Notre Saint Père le Pape Pie VI, la dix-neuvième année; et la quatrième de la République Française une et indivisible, le trente vendemiaire, septième heure du jour ou le vingt-deuxième du mois d'octobre de l'an mil sept cent quatre-vingt-quinze, quatre heures quarante-huit minutes du soir, vieux style, veille de la fête consacrée au martyre des glorieux Saints Lugle, archevêque, et Luglien, roi d'Hybernie, patrons de la commune de Montdidier, qui, dans tous les temps, a senti l'effet de leur puissante protection auprès de Dieu.

Le citoyen Charles-Edouard Guédé, prêtre et principal du collége de Montdidier, paroisse Saint-Pierre de la dite commune, assisté du clergé du dit lieu, est sorti, revêtu d'habits sacerdotaux et en chape, de la sacristie, a été se placer au pied du maître autel où, s'étant mis à genoux, il a commencé l'hymne Veni Creator, qui a été continuée par le chœur et les fidèles assistants, et après l'oraison du Saint-

Esprit, le citoyen Guédé est monté à l'autel, où étaient déposés deux bustes de bois argenté, l'un posé au côté droit du grand-autel, représentant Saint-Lugle, archevêque d'Hibernie, et l'autre du côté gauche, représentant Saint-Luglien, roi d'Hibernie, faits par les talents du citoyen Damay, sculpteur, demeurant à Montdidier, pour remplacer les bustes en argent qui ont été donnés, en 1719 et 1720, suivant les procès-verbaux qui ont été dressés à ces époques, et qui, à cause des besoins de la République, ont été remis l'an deux républicain dans le mois de brumaire, à l'administration du district de Montdidier, par la municipalité de la dite commune, en exécution des lois de la Convention et de l'Assemblée législative nationale, qui ont obligé de porter à la Monnaie tous les bustes, toutes les chasses des Saints pour servir au soulagement de la Patrie.

Après la bénédiction faite des dits bustes de bois argenté par le citoyen Lainé, doreur à Montdidier, le citoyen Guédé les a pris en ses mains et les a portés au bas des degrés de pierre du sanctuaire, et les a placés sur une table à cet effet préparée et décorée pour les recevoir, et ayant pris les précieuses Reliques des Saints Lugle et Luglien que renfermaient les bustes d'argent, suivant les procès-verbaux des années 1719 et 1720, qui, depuis l'envoi à la Monnaie des dits bustes, avaient été précieusement conservées, par les soins des membres de la municipalité de Montdidier, en activité pendant les deuxième et troisième années de la République, il a développé à la vue des fidèles assemblés, un paquet fait avec du taffetas de couleur verte, dans lequel se sont trouvés deux morceaux des crânes des Saints Lugle et Luglien, larges environ comme la paume de la main, le tout suivant procès-verbal des Reliques du ci-devant Prieuré de Montdidier, fait en 1660, signé et scellé du sceau de la communauté du ci-devant Prieuré, trouvé dans la chasse d'argent lors de son envoi à la Monnaie, conformément à l'extrait qui en a été fait dans ce temps là, et qui est rapporté avoir été registré dans le livre capitulaire de l a dite communauté et en son suivant procès-verbal passé en 1719, le 28 octobre, par les personnes y désignées et trouvé dans les dits bustes d'argent.

Tous ces différents ossements des têtes des Saints Lugle et Luglien, ayant été retirés de leurs enveloppes, ont été mis sur un bassin et portés en procession dans la nef de l'église de Saint-Pierre, pour être montrés aux fidèles qui ne pourraient approcher du sanctuaire.

Après que le citoyen Guédé a pris les saints ossements et les ayant enveloppés dans un morceau de taffetas vert, il a déposé ceux de Saint-Lugle dans le buste représentant le Saint Archevêque, et ceux de Saint-Luglien dans celui qui le représentait. Ces Saintes Reliques ayant été placées dans les nouveaux bustes, le citoyen Guédé les y a encensées en commençant l'hymne TE DEUM LAUDAMUS, qui a été suivie des oraisons de la Très-Sainte Trinité et des Saints Martyrs, après quoi le citoyen Guédé s'étant approché des nouveaux bustes, en a baisé les endroits où on pouvait voir un ossement des Saints Lugle et Luglien, il a été suivi de son clergé et de tous les fidèles chrétiens qui en ont eu la dévotion. Pendant lequel temps s'est faite à haute et intelligible voix la lecture du présent procès-verbal, que le citoyen Guédé a signé avec les citoyens Germain, Lugle-Luglien; Eléonor Scellier fils, négociant; Robert Cardenier père, tous deux officiers municipaux; Hippolyte-Victor Chandon, docteur médecin; Pierre-François Decourcelles fils, tous deux membres du conseil général de la commune de Montdidier; Jean-Charles Decourcelles père, marchand, juge du tribunal de commerce de la dite commune; Pierre-Claude Hippolyte Pucelle, homme de loi, juge de paix du canton intérieur du dit Montdidier, et officier de police de sureté du dit canton; Pierre-Félix Lainé, secrétaire-greffier du dit juge de paix; Noël-Pierre De Parviller, notaire public; Nicolas-François

Mesnard, marchand de fer au dit lieu, pour servir et valoir ce que de raison, les dits jour, mois, heure et an que dessus.

N° 22, page 210.

COMMISSION

De Monseigneur l'Evêque d'Amiens, du 22 avril 1844, a M. Martin.

Nous, Evêque d'Amiens, donnons à M. l'abbé Martin, principal du collége de Montdidier, la commission de reconnaître 1° les sceaux apposés par M. Aubrelicque, curé de Saint-Pierre, à la chasse des Saints Lugle et Luglien, dans la dernière ouverture qu'il en a faite avec notre autorisation;

2° De sceller de nouveau de notre sceau les dites chasses, après y avoir inséré le procès-verbal de la dernière opération ;

3° De dresser procès-verbal de cette dernière apposition des sceaux, et généralement de faire, en notre nom, toutes les dispositions nécessaires pour assurer la conservation de ce précieux dépôt.

Signé : † JEAN, évêque d'Amiens.

PROCÈS-VERBAL

De reconnaissance des Sceaux, du 3 mai 1844.

Je soussigné, Nicolas Martin, prêtre de la Congrégation de la mission de Saint-Lazare, et supérieur du collége de Montdidier, en vertu de la commission de Mgr Jean-Marie Mioland, évêque d'Amiens, en date du 22 avril 1844, ai reconnu les sceaux de la paroisse Saint-Pierre et de la Mairie, apposés sur les chasses des Saints Lugle et Luglien, le jour de l'extraction des Reliques destinées à l'église de Lillers au diocèse d'Arras; et en présence de M. Aubrelicque, curé-doyen et archiprêtre de Montdidier, de M. Chandon, maire de la dite ville, et des principaux membres de la

Confrérie, apposé le sceau de Monseigneur, celui de la Paroisse et de la Mairie, ainsi que celui de la Confrérie, sur les deux boîtes renfermant les restes précieux des chefs des Saints Lugle et Luglien, afin d'en garantir l'authenticité.

En foi de quoi, j'ai fait le présent procès-verbal, que j'ai signé avec M. le curé doyen; M. le maire et les principaux membres du conseil de la Confrérie, réunis dans la chapelle de Saint-Luglien, le troisième jour du mois de mai, l'an de Notre-Seigneur, mil huit cent quarante-quatre. Signé: Martin; Aubrelicque, curé; Chandon, maire; Jacob, Duneufgermain, vicaires; Dangez, gardien; Longuet, Bertrand, Fissier et Brainne.

N° 23, page 211.

PROCÈS-VERBAL
De la Translation des Reliques dans la chasse actuelle.

Nous, Louis-Marie-Martin Aubrelicque, curé de la paroisse de Saint-Pierre de Montdidier, archiprêtre de l'arrondissement du dit Montdidier, en présence de M. Hippolyte-Edouard-Camille-Luglien Chandon, maire de la dite ville, chevalier de la légion-d'honneur, membre du conseil général du département de la Somme, accompagné de ses adjoints, MM. Blériot et Cardenier, et de M. Charles-Simon Dangez, gardien de la Confrérie, de M. Jacob, vicaire de la paroisse, de MM. Fissier, Bertrand, Longuet, Hardouin, Brainne, conseillers et confrères soussignés.

Avons, le dimanche vingt-septième jour d'octobre mil huit cent trente-neuf, avant la grand'messe, pendant le chant solennel du Veni Creator, ouvert la chasse de bois argenté qui contenait les Reliques de nos Saints patrons Lugle et Luglien, y avons trouvé une enveloppe de toile cousue de toutes parts, revêtue du cachet de l'ancienne abbaye de Montdidier, sur laquelle était attaché un carré de peau de velin muni de trois autres sceaux et qui portait cette inscription : Ossa Sanctorum Luglii et Lugliani, laquelle, liée par deux cordons rouges frangés d'or, reposant sur un coussin d'étoffe azuré d'argent, et avons, après l'encensement de la vieille chasse, retiré les précieuses Reliques, pour les déposer en une chasse neuve en cuivre plaqué d'argent, qu'une personne donnait généreusement à l'église Saint-Pierre et à la Confrérie, et les avons enfermées, toujours également scellées, dans une enveloppe de soie rouge munie du cachet de la paroisse Saint-Pierre et de celui de la ville, et après l'encensement, avons fermé la chasse et l'avons reportée solennellement dans la chapelle des bienheureux Patrons, où elle est exposée à la vénération des fidèles.

Fait et signé, séance tenante, le procès-verbal, revêtu des sceaux de la paroisse et de la ville, jour et an que dessus dits, vingt-septième jour d'octobre mil huit cent trente-neuf. Suivent les signatures : Aubrelicque, curé ; Chandon, maire ; Blériot et Cardenier, adjoints ; Dangez, gardien ; Jacob, vicaire ; Fissier, Bertrand, Longuet, Hardouin, Brainne, conseillers.

N° 24, page 212.

PROCÈS-VERBAL

De la visite de la Chasse contenant les Reliques des Saints Lugle et Luglien, faite le 11 juin 1842, par Monseigneur Mioland.

Nous, Jean-Marie Mioland, évêque d'Amiens, visitant la paroisse de Saint-Pierre de Montdidier, dans le cours de nos visites pastorales, et voulant constater l'authenticité des Reliques vénérables de Saint-Lugle et de Saint-Luglien, avons fait ouvrir, devant nous, une chasse de cuivre argenté et ciselé, et nous avons trouvé les dites Reliques enveloppées dans une étoffe de soie rouge, scellée des sceaux de la paroisse de Saint-Pierre et de la ville ; sous les dites Reliques trois procès-verbaux, dont l'un accuse le dépôt des Reliques, en l'an mil six cent quatre-vingt-six, dans une chasse d'argent donnée par les moines de l'ordre de Cluny, alors résidant au dit Montdidier; un autre parle du transport des mêmes Reliques en l'an mil huit cent, dans une chasse de bois argenté, la chasse d'argent ayant été enlevée en mil sept cent quatre-vingt-treize, et le dépôt des Saintes Reliques étant resté intact et revêtu de tous les sceaux, comme l'atteste l'évêque intrus de la Somme, nommé Des Bois, qui vint faire alors la reconnaissance des dites Reliques; un troisième procès-verbal rappelle leur transport récent, en mil huit cent trente-neuf, dans la chasse de cuivre argenté où nous les avons trouvées. Les dits procès-verbaux bien conservés, revêtus de toutes leurs signatures et des sceaux ci-dessus mentionnés.

Nous avons ensuite replacé toutes choses comme elles étaient, sans rompre les sceaux apposés sur la dite enveloppe de soie qui recouvre les Reliques et sans ouvrir cette enveloppe, et nous avons appliqué le sceau de nos armes sur deux liserés rouges entourant les quatre faces de la dite chasse de cuivre argenté, faisant munir ces sceaux de petits médaillons, pour les préserver de l'humidité et de tout contact.

Donné à Montdidier, dans le cours de nos visites pastorales, sous notre seing, le sceau de nos armes et le contre-seing de notre secrétaire particulier, le onze du mois de juin, de l'an de Notre-Seigneur, mil huit cent quarante-deux.

Signé : † JEAN, évêque d'Amiens.
Par mandement de Mgr. Signé: GORET, prêtre.

N° 25, page 218.

Cette maison est celle qui fait le coin de la rue des Cuisiniers avec celle des Capucins. Elle est ornée d'une petite tourelle octogone, couverte par une calotte en plomb, qui remplace la flèche que l'on y voyait autrefois, et dont chaque face est percée d'une fenêtre cintrée entourée de pilastres ioniques cannelés. Au-dessus règne une frise en feuillages.

N° 26, page 220.

Ce couvent était situé en face de l'ancien Hôtel-Dieu, sur le terrain où l'on voit aujourd'hui l'hôtel du Grenadier. Il occupait à peu près la moitié de la rue d'Amiens et une partie de la rue du Bourget, autrefois rue du Bourbier.

N° 27, page 227.

Cet homme généreux, à qui Montdidier devra une éternelle reconnaissance, était M. Du Puy, qui, après s'être exposé, déjà une première fois, à une mort certaine,(*) en allant jusqu'à Roye solliciter le pardon de la ville, et qui, voyant alors tous les efforts impuissants pour apaiser la colère du vainqueur, osa s'avancer de nouveau au milieu des lances ennemies, jusqu'aux portes de la ville, au devant du général irrité, le baron Frédéric de Guesmar, au moment où il y faisait son entrée, et là, il lui dit: « Général, ici, j'espère, vous ne refuserez pas de m'entendre, et vous me permettrez de faire appel à votre humanité et à votre justice. Puisque vous venez au nom de notre roi Louis XVIII, voulez-vous donc qu'il ne règne que sur des cendres? Vous voulez faire un exemple, dites vous; eh bien! prenez ma maison, c'est une des plus belles de la ville; brûlez-là, mais épargnez les autres. » Conduisez-moi chez vous, dit le général. — Dès qu'il fut arrivé à cette habitation, où il entra avec tout son état-major, se retournant vers M. Du Puy: — Monsieur, vous êtes un courageux citoyen; je vous accorde le pardon de Montdidier, et je vous prie de me considérer désormais comme votre ami. Puis, comme dans

---

(*) Le baron de Guesmar avait, en effet, donné l'ordre de fusiller l'ambassadeur opiniâtre, s'il ne se retirait immédiatement.

la conversation, il témoignait à M. Du Puy qu'il ne pouvait expliquer comment il avait pu éprouver des sentiments pacifiques, dès qu'il mit le pied dans Montdidier, bien qu'il fut parti de Roye dans le dessein, bien arrêté, de le ruiner de fond en comble. — Ah! lui répondit M. Du Puy ; — Je le sais, moi, c'est que nous avons de puissants protecteurs dans Saint-Lugle et dans Saint-Luglien.

On nous reprocherait, assurément une faute, contre la justice, si, à côté du nom de M. Du Puy, nous omettions de citer celui du respectable et très pieux curé de Saint-Pierre, M. Lefèvre, véritable pasteur qui, marchant sur les traces du divin maître et de nos Saints Patrons, aurait volontiers donné sa vie pour sauver son troupeau, et qui, dans une première démarche pleine de péril, s'était joint à M. Du Puy pour sauver la ville, ainsi que MM. Balin, adjoint au maire, et Bajet, receveur des finances. La conduite de ces Messieurs est sans doute au dessus de tout éloge et de toute récompense, et si la conscience, dans l'homme de bien, lui dit que c'est assez qu'elle même les lui décerne, la reconnaissance publique ne le dit pas. Aussi, sa voix fut entendue. Par une délibération qui l'honore et qui dégage sa responsabilité aux yeux de la postérité, le conseil municipal a décidé, tout récemment (mieux vaut tard que jamais), que la rue où se trouve la maison du courageux libérateur, porterait désormais le nom de rue JEAN DU PUY. Jamais justice ne fut mieux faite, et c'est de grand cœur que nous l'approuvons, car elle ne pourra manquer d'être d'un exemple salutaire. Pourtant, nous ne pouvons nous empêcher de le dire, elle nous paraît incomplète, car, sans vouloir ôter la plus petite parcelle au mérite de celui qui en fut l'objet, nous aurions désiré (et en cela nous croyons ne pas être le seul), voir associés à sa gloire et au même honneur, ceux qui, non moins courageusement, se sont associés à ses périls et qui ont concouru à son triomphe.

N° 28, page 245.

Nous savons, de source certaine, que cette messe se dit encore maintenant, tous les dimanches, dans l'église de Lillers, à la chapelle des Saints Lugle et Luglien, sans doute en vertu de cette fondation. C'est M. le comte de Foullers, propriétaire du terrain sur lequel était bâtie l'ancienne chapelle d'Hurionville, dont on voit encore l'enceinte et les fondements, qui en donne généreusement les honoraires et qui s'est chargé, nous a-t-on dit, de restaurer cette chapelle. Nous formons le vœu pour que sa générosité et sa foi aillent aussi jusqu'à rétablir la chapelle d'Hurionville.

N° 29, page 253.

ORDRE

Des Cérémonies et Prières qui s'observent dans la découverte et après la découverte de la Chasse des Saints Lugle et Luglien, dans la descente et après la descente d'icelle, dans la procession et après la procession.

Cérémonies qu'on observe dans la découverte et après la découverte de ladite Chasse.

Messieurs du Bailliage et de la Mairie de Montdidier, dans les nécessités publiques, excités par la voix du peuple, recourent à Dieu par l'intercession des Saints Lugle et Luglien, leurs patrons, et viennent requérir les Prieur et Religieux du Prieuré de Notre-Dame de Montdidier, que, pour apaiser la colère de Dieu, la chasse des Saints Lugle et Luglien soit découverte et ensuite descendue et portée en procession, si le cas le requiert.

La chose proposée par le Révérend Père Prieur à la communauté, et, par elle agréée, le même jour ou le lendemain de la réquisition, on découvre la dite chasse après la messe ou après vêpres. Cette cérémonie s'annonce par le carillon des cloches du Prieuré; le Révérend Père Prieur, revêtu en aube et étole, après qu'on a découvert et ouvert l'armoire du trésor où est la chasse, il l'encense en entonnant le Veni Creator, qui, étant fini, le chœur entonne le répons, Gaudent in cœlis, et ensuite l'hymne et l'oraison, Ad piam cives, après lesquels le dit Prieur dit le verset desd. Saints, et dès ce jour là on fait un salut, après complies, qui se chante sur le 8e ton, environ sur les huit heures, en été, et immédiatement après vêpres, en hiver ; lequel salut est annoncé par le carillon des dites cloches du Prieuré, où tous les Religieux assistent en froc, et le Révérend Père Prieur dit les versets et oraisons de sa place, les six cierges de l'autel allumés et quelques chandelles dans la nef. Pendant lad. neuvaine, on continue led. salut pendant neuf jours. On y chante le Miserere mei, Deus, sur le 2e ton, le trait, Domine, non secundum, un répons selon la nécessité du temps, l'antienne, Sub tuum, le répons, Gaudent in cœlis et l'hymne, Ad piam cives, et ensuite le Prieur dit les versets de la pénitence, Domine non secundum peccata nostra facias nobis. Neque secundum iniquitates nostras retribuas nobis. Le verset selon la nécessité du temps. Le verset de la Sainte-Vierge, Ora pro nobis, Sancta Dei genitrix. Ut digni efficiamur promissionibus Christi. Le verset desd. Saints, Exultabunt Sancti in gloria. Lætabuntur in cubilibus suis. Domine, exaudi orationem. Dominus vobiscum, etc., ensuite les oraisons, Deus, qui culpa offenderis. L'oraison selon la nécessité du temps; l'oraison de la Vierge, Famulorum tuorum, quæsumus, etc., et l'oraison des Saints, Auge in nobis, Domine, resurrectionis fidem, etc.

Cérémonies qu'on observe dans la descente et après la descente de la dite Chasse.

Quelques jours de la neuvaine des saluts étant déjà passés, et les nécessités publiques continuant, lesd. Messieurs du Bailliage et de la Mairie viennent de nouveau requérir les dits Prieur et Religieux, pour que la chasse soit descendue et portée en procession, sans aucunement parler du lieu où elle se doit faire, étant une coutume inviolable que lad. chasse et les chefs sont toujours portés dans l'église du Saint-Sépulcre et non ailleurs. Dans des semblables occasions, la ville obtient une permission de Mgr l'Evêque d'Amiens, pour lad. procession générale, que lesd. Prieur et Religieux indiquent de leur autorité, à certain jour, et autant que se peut un jour de fête ou de dimanche, et la veille de lad. procession on descend la chasse après les vêpres, qui se disent à trois heures, où se trouvent les corps de ville et grand nombre d'habitants.

Cette cérémonie s'annonce, avant et pendant les vêpres, par le carillon des cloches du Prieuré. Les vêpres et tout l'office du lendemain se disent, ainsi qu'au jour de la translation desd. Reliques, et les Religieux étant revêtus en aubes, afin d'être prêts à la fin desd. vêpres, d'aller ensemble, au pied de l'autel, où étant arrivé le Père Prieur, en étole rouge, encense lad. chasse et les deux chefs; ensuite deux Religieux, revêtus d'aubes et étoles, montent au trésor pour descendre la dite chasse, et le chantre entonne, HÆC EST VERA FRATERNITAS, et l'hymne, AD PIAM CIVES, et lad. chasse étant descendue, elle est portée par le Révérend Père Prieur et le plus ancien Religieux, sur une table disposée au pied du sanctuaire, du côté de l'épître, et deux Religieux portent les chefs sur une autre table disposée au même pied du sanctuaire, du côté de l'évangile, après quoi le Père Prieur encense lad. chasse et lesd. chefs, et ensuite les salue et les baise, le premier, et après lui, les Religieux, chacun à son rang. On permet à ceux qui sont dans l'église de les venir baiser. Les corps de ville commencent, et led. répons et l'hymne achevés, le Prieur dit le verset et l'oraison desd. Saints. On met un bassin et un cierge proche des Reliques. On fait le salut le même jour après complies, comme dessus.

Cérémonies qu'on observe dans la procession et après la procession de la dite Chasse.

La veille ou le jour de lad. procession, lesd. Prieur et Religieux envoyent avertir, par leur bedeau en robe et avec la baguette, comme de coutume, les cinq curés, vicaires perpétuels; les Révérends Pères Capucins, M. le Gouverneur, M. le Maire, M. le Président de l'élection, M. le Prévot et M. le Président du grenier au sel, tous chefs des corps de justice, que la procession générale se fera à l'issue des vêpres dud. Prieuré, qui se disent environ sur les trois heures, les Prieur et Religieux étant revêtus en aubes.

On annonce lad. procession, avant et pendant vêpres, par le carillon des cloches dud. Prieuré, et les vêpres finies, et tout le clergé et les corps de justice arrivés, le Révérend Père Prieur, en étole violette, monte, avec les Religieux, au grand autel pour commencer la procession. La chasse y est portée par deux Pères Capucins revêtus d'aubes, étoles de diacre et dalmatiques, et les chefs, autrefois portés par deux prêtres en surplis, sont présentement portés par deux confrères de lad. Confrérie des dits Saints, lesquels porteurs étant prêts et tout disposés, les chantres entonnent, DE JERUSALEM EXEUNT RELIQUIÆ. La procession commence à partir; les Pères Capucins vont les premiers, suivis des églises paroissiales, chacune avec sa croix, ensuite le bedeau du Prieuré, l'enfant de chœur qui porte l'encensoir, le porte-croix au milieu des céroféraires, les Religieux deux à deux et le supérieur au milieu qui ferme la procession. Suivent enfin les différents corps de justice.

La susd. antienne, DE JERUSALEM, étant finie, le chantre entonne, VENI CREATOR, lequel fini, il commence les sept psaumes pénitentiaux, sur le 4º ton, jusques à l'église du Saint-Sépulcre. En y allant, on trouve un reposoir devant l'hostel-de-ville, où l'on s'arrête, et on y chante l'antienne,

Hæc est vera fraternitas, ensuite le Révérend Père Prieur dit les versets et oraisons desd. Saints, après quoi on reprend les sept psaumes, à l'endroit qu'on en était resté, et qu'on poursuit jusques à l'église du dit Saint-Sépulcre, où étant au pied du maître autel, les Religieux entonnent l'Exaudiat, le trait, Domine, non secundum peccata nostra, le répons des Saints, Lux perpetua, au commun des martyrs; ensuite le Père Prieur dit les versets, Ostende nobis misericordiam tuam. Et salutare tuum da nobis, le verset du Saint-Sépulcre de Notre-Seigneur, Surrexit Dominus de Sepulcro. Qui pro nobis pependit in ligno; des Saints Lugle et Luglien, Exultabunt Sancti in gloria. Lætabuntur in cubilibus suis. Du Roi, Fiat manus tua super virum dexteræ tuæ. Et super filium hominis quem confirmasti tibi, et les collectes, Deus qui culpa offenderis, du Saint-Sépulcre, Omnipotens sempiterne Deus qui Angelum; desd. Saints, Auge in nobis, du Roi, Quæsumus, omnipotens Deus. Après lesd. oraisons finies, on commence les litanies des Saints, sans les doubler, on les continue jusques à la Croix-Bleue, où il y a un reposoir, où l'on chante le répons Gaudent, et le Révérend Père Prieur dit le verset et l'oraison, ensuite le chantre reprend les litanies à l'endroit qu'on en était resté, elles durent jusque dans notre église, où étant arrivés, après qu'on a dit trois fois, Agnus Dei, l'on dit l'antienne, selon la nécessité du temps, et le supérieur les versets et oraisons; le même soir on fait le salut après complies comme cy-dessus.

Cérémonies qu'on observe en remontant la Chasse à la fin de la neuvaine.

Après la susd. procession, la chasse et les chefs demeurent exposés, dans le sanctuaire, jusques à la fin de la neuvaine, pour donner temps aux actions de grâces et dévotion du peuple qui, en pareille occasion, fait paraître sa grande confiance pour lesd. Saints Patrons de la ville, au bout de laquelle neuvaine, on remonte lad. chasse, et soit qu'elle ait été seulement découverte ou descendue et portée en procession, on chante le TE DEUM en actions de grâces avec la collecte et le verset, après complies et le salut, où les Religieux (supposé que la chasse ait été descendue), sont habillés en aubes, et le Révérend Père Prieur en étole; afin qu'après complies et le salut, ils soient prêts d'aller au pied de l'autel, où le supérieur encense la chasse et les deux bustes. Il est précédé du bedeau, des céroféraires et thuriféraires, ensuite il revient au maître autel, et pendant qu'on achève de chanter le TE DEUM, les Religieux remontent la chasse et lesd. chefs, et le TE DEUM fini, le Révérend Père Prieur dit les versets et oraisons d'actions de grâces, ET MISSÆ SINT. On sonne toutes les cloches à la volée pendant le TE DEUM.

N° 30, page 257.

La paroisse de Paillart possède quelques Reliques des Saints Patrons, comme l'atteste un procès-verbal que nous avons vu dans les archives de son église, et dont voici un extrait: « Le 4 mai 1815, M. Lefèvre, curé de St-Pierre de Montdidier, avec l'autorisation de Mgr l'Evêque d'Amiens, a détaché quelques ossements pour en doter la paroisse de Paillart. Cette extraction se fit en présence de M. Michel, vicaire, et de quatre députés de Paillart, Jean-Jules Mareschal, Jean-Baptiste Bégue, Sellier, Galoppin. » Ces Reliques sont renfermées dans de petits bustes déposés dans une chapelle dédiée à Saint-Lugle et à Saint-Luglien, comme on le voit écrit sur le frontispice. Cette chapelle a été bâtie pour en faire le lieu de leur sépulture, par les soins et aux frais de MM. Mareschal frères, natifs de Paillart, et décédés, l'un curé de Rogy; l'autre ancien curé d'Harbonnières, et puis chanoine titulaire de la cathédrale d'Amiens. Au jour de la fête et de la translation, l'office y est célébré avec le même rit et les mêmes cérémonies qu'à

Montdidier, et il est terminé aussi par la procession avec les Saintes Reliques.

N° 31, page 258.

L'église du Sépulcre est aussi en possession d'une petite portion des Reliques des Saints Lugle et Luglien, conservée autrefois au Prieuré dans un bras de bois doré, dont il est fait mention dans la vie de nos Patrons, par Dom Pagnon: Lorsqu'en 1790, on transporta leurs Reliques de Notre-Dame à Saint-Pierre, les Bénédictins, avant la translation, disposèrent d'une partie de leur trésor en faveur de plusieurs églises et de différentes personnes pieuses. L'église de Marquivillers, qui avait eu pour curé M. Bosquillon, originaire de Montdidier, en obtint un fragment. Un bras fut envoyé à Amiens à une communauté de Religieuses, et un reliquaire, en forme de bras, fut donné à l'hôpital de Montdidier. Le 25 juillet 1795, les sœurs, pour le mettre en sureté, en firent la remise à M. Lefèvre, notaire, qui le déposa dans l'église du Sépulcre, que l'on avait rouverte le mois précédent. Ce bras fut placé derrière le grand autel, dans une niche proprement décorée où il était exposé aux regards des fidèles. Depuis cette époque, les Religieuses de l'hôpital, n'ayant point réclamé, l'église du St-Sépulcre est restée propriétaire de cette relique. M. le Curé actuel, d'après l'autorisation de Mgr Mioland, l'a partagée en deux et renfermée dans des reliquaires de cuivre doré qui sont placés sur l'autel les jours de grandes fêtes. J'ai été assez heureux, néanmoins, de pouvoir offrir une parcelle des Reliques des Saints Patrons à l'hôpital général, en dédommagement de celle qu'il avait perdue à la révolution. Enfermée dans un reliquaire de cuivre argenté, dû à la générosité de M. Brainne, ancien maître de pension à Montdidier, et entourée de tous les authentiques nécessaires, elle fut reçue par M. Masse, aumônier, le 10 juillet 1859, et déposée par lui dans la jolie chapelle de l'établissement, à la grande satisfaction de tous les habitants de l'hospice. Pour perpétuer le souvenir de cette nouvelle faveur, M. Masse, dont le zèle est si connu pour procurer la gloire de Dieu et augmenter la dévotion et la confiance envers les Saints Protecteurs, fit faire, dans cette chapelle, en grande partie à ses frais, des petites verrières. Deux représentent Saint-Lugle et Saint-Luglien, dans des médaillons entourés de grisailles fort agréables.

Avant la révolution, le couvent des Chartreux de Paris possédait quelques ossements des Saints Lugle et Luglien, que lui avait légués, au commencement du seizième siècle, un chanoine de l'église Sainte-Opportune de la même ville; on ignore où celui-ci les avait eus, si c'est à Lillers ou à Montdidier.

N° 32, page 259.

BULLE DU PAPE ALEXANDRE VII.

Alexander Epus, servus servorum Dei, universis Christi fidelibus præsentes litteras inspecturis, Salutem et Apostolicam benedictionem.

Considerantes nostræ mortalitatis fragilitatem et humani generis conditionem, districtique severitatem judicii, percupimus fideles nostros judiciorum ipsorum bonis operibus et piis precibus prævenire, ut per illa, eorum peccata deleantur, ipsique æterna felicitatis gaudia faciliùs consequi mereantur, cùm itaque, sicut accepimus, in ecclesiâ prioratûs conventualis beatæ Mariæ Mondiderii Cluniacensis Ordinis, Ambianensis Diæcesis, una pia et devota utriusque sexûs Christi fidelium Confraternitas, sub invocatione seu ad altare Sanctorum Luglii et Lugliani fratrum martyrum, ad Dei omnipotentis laudem et animarum salutem proximique subventionem canonicè, non tamen pro hominibus unius specialis artis instituta existat, cujus dilecti filii Confratres in piis operibus se student exercere. Ut igitur ipsa Confraternitas majora in dies suscipiat incrementa, de ejusdem omnipotentis Dei misericordiâ, ac beatorum Petri et Pauli apostolorum ejus auctoritate confisi, omnibus et singulis utriusque sexûs Christi fidelibus, vérè pœnitentibus et confessis qui dictam Confraternitatem de cæterò ingredientur, die primâ eorum ingressus, si Sanctissimum Eucharistiæ Sacramentum sumpserint, ac nunc et pro tempore existentibus dictæ Confraternitatis Confratribus etiam vérè pœnitentibus et confessis ac sacrâ communione, si id commodè fieri poterit, refectis vel saltem contritis, in eorum mortis articulo Nomen Jesu corde, si ore nequiverint, devotè invocantibus, præstereà eisdem Confratribus similiter vérè pœnitentibus et confessis et sacrâ communione refectis, qui in ecclesiam præfatam et in eâ sitam capellam, vel altare dictæ Confraternitatis in primâ Dominicâ mensis Julii, a primis vesperis usque ad occasum solis diei Dominicæ hujusmodi, singulis annis devotè visitaverint et inibi pro sanctæ Matris Ecclesiæ exaltatione, hæreseum extirpatione, infidelium conversione ac inter christianos Principes conciliandâ pace nec non Romani Pontificis salute pias ad Deum preces effuderint, Plenariam omnium et singulorum peccatorum suorum indulgentiam ac remissionem perpetuò concedimus et impertimur.

Præstereà eisdem Confratribus similiter vérè pœnitentibus et confessis ac sacrâ communione refectis, qui ecclesiam seu capellam vel altare hujusmodi, in Assumptionis ejusdem beatæ Mariæ Virginis et Sancti Benedicti festivitatibus ac undecimâ Julii nec non vigesimâ tertiâ Octobris mensium diebus, singulis annis etiam devotè visitaverint, et ut præfertur oraverint, quâ die hujusmodi quatuor posteriorum festivitatum et dierum hujusmodi id pro tempore fecerint septem annos et totidem quadragenas.

Postremò eisdem Confratribus quotiès divinis officiis aut congregationibus publicis vel secretis ipsius Confraternitatis pro quocumque opere pio exercendo interfuerint, aut ad ipsum Sanctissimum Eucharistiæ Sacramentum dùm ad aliquem infirmum defertur associaverint, vel qui impediti, ad id signo dato, genibus flexis, semel Orationem Dominicam et Salutationem Angelicam pro eodem infirmo recitaverint aut processionibus de licentiâ Ordinarii faciendis, vel sepeliendis mortuis interfuerint, aut pacem cum inimicis composuerint, seu aliquem ad viam salutis reduxerint et ignorantes Dei præcepta et quæ ad salutem sunt docuerint, aut quinquiès Orationem Dominicam et totiès Salutationem Angelicam pro animabus Confratrum dictæ Confraternitatis in Christi charitate defunctorum recitaverint, totiès pro quolibet præmissorum piorum operum exercitio, sexaginta dies de injunctis eis seu aliàs quomodòlibet debitis pœnitentiis, auctoritate et tenore præmissis, misericorditer in Domino relaxamus, præsentibus perpetuis futuris temporibus duraturis. Volumus autem quod si dicta Confraternitas alicui archiconfraternitati aggregata sit vel in posterum aggregatur, seu quâvis aliâ ratione vel causâ pro illius indulgentiis consequendis aut de illis participandis uniatur, seu aliàs quomodòlibet instituatur prioribus, seu quævis aliæ litteræ desuper obtentæ præter præsentes, nullatenùs ei suffragentur, sed extunc prorsùs nullæ sint eo ipso; quodque si Confratribus præfatis ratione præmissorum aut aliàs aliqua alia perpetuò vel ad certum tempus nondùm elapsum duratura per nos concessa fuerit, eodem præsentes litteræ nullius sint roboris vel momenti.

Datum Romæ apud Sanctam Mariam Majorem anno Incarnationis Dominicæ millesimo sexcentesimo sexagesimo, Idibus Aprilis, Pontificatûs nostri anno quinto.

AU BAS DE LA BULLE ON LIT: FRANCISCUS, Dei et Sanctæ Sedis Apostolicæ gratiâ, Ambianensis Episcopus, Regis a sanctioribus consiliis ejusque oratorii magister præfectus, visis præsentibus indulgentiarum litteris a Sanctissimo Domino nostro Papa, in ecclesiâ prioratûs beatæ Mariæ

Mondiderii Cluniacensis Ordinis, ad perpetuum concessis, illas approbavimus et approbamus, mandantes omnibus rectoribus Diæcesis Ambianensis ut illas in pronis missarum suarum solemnium publicent et annuntient, omnes moventes in Domino, ut dictas indulgentias toto studio curent acquirere.

Datum Ambiani, anno Domini millesimo sexcentesimo sexagesimo, die verò vigesimâ quintâ. † FRANCISCUS.

De mandato præfati illustrissimi ac reverendissimi Domini mei Diæcesis Ambianensis Episcopi, GUILLE.

N° 33, page 264.

BREF DU PAPE PIE IX.

Ex audientiâ SS. P. M.

Sanctissimus Dominus noster Pius PP. IX, omnibus sodalibus piæ Confraternitatis, sub titulo SS. MM. Luglii et Lugliani in parochiali, de quâ in precibus, ecclesiâ, canonicè erectæ, indulgentias ut infrà fidelibus quoque defunctis applicabiles, benignè in perpetuum concessit; Plenariam nempè die primâ eorum receptionis in eamdem piam Confraternitatem, si verè pœnitentes, confessi, sacrâque communione refecti, dictam ecclesiam juxtà mentem Sanctitatis suæ, per aliquod temporis spatium orando, visitaverint et similiter Plenariam in mortis articulo acquirendam, dummodò ritè ut suprà sint dispositi, vel saltem Sanctissimum Jesu Nomen corde si ore nequiverint, devotè invocaverint, et pariter Plenariam die quâ in eâdem ecclesiâ Festum principale prælaudatæ Confraternitatis, de Ordinarii pro tempore licentiâ, celebrabitur, incipiendam a primis vesperis usque ad ejusmodi diei solis occasum et septem annorum totidemque quadragenarum indulgentiam quatuor aliis infrà annum festis diebus per actualem Ordinarium semel tantùm eligendis, si ut suprà ritè dispositi fuerint, visitaverint, et oraverint, ac tandem sexaginta dierum indulgentiam pro quolibet pio opere quod corde saltem contrito et devotè peragerint, præsentibus valituris, servatis tamen servandis, juxtà constitutionem SS. Clementis PP. VIII, sub datam Romæ apud S. Petrum die 7 decembris 1604, quæ incipit : QUÆCUMQUE A SEDE APOSTOLICA, nonobstantibus quibuscumque in contrarium facientibus.

Datum Romæ ex secretariâ S. Congregationis indulgentiarum die 22 junii 1846.

GABRIEL, card. FERETTI.   JACOBUS GALLO, sec.

Suit le visa du Vicaire général official du diocèse d'Amiens.

Vidimus et executioni mandamus, et ad indulgentias septem annorum et totidem quadragenarum lucrandas designamus.

1° Diem Dominicam quâ celebrabitur festum Translationis Reliquiarum.

2° Diem festum Sanctorum Petri et Pauli.

3° Diem festum Assumptionis Beatæ Mariæ.

4° Diem Commemorationis fidelium defunctorum.

Ad lucrandam verò indulgentiam Plenariam Festi Principalis Sanctorum Martyrum, assignamus Diem Dominicam quâ celebrabitur Festum eorumdem Martyrum mense octobri.

Ambiani die 28 julii 1846.   H. MAILLART, vic. gén. off.

N° 34, page 266.

Decretum ex audientiâ SS. P. M.

Ad humillimas preces Rectoris de Parochiali ecclesiâ loci Montdidier nuncupati, Ambianensis Diœceseos, SSmus Dominus noster Pius PP. IX annuens, ut omnes et singulæ missæ quæ pro quibusvis sodalibus defunctis piæ Confraternitatis sub titulo SS. MM. Luglii et Lugliani in dictâ ecclesiâ canonicè erectæ ad quodlibet ipsius ecclesiæ altare, perpetuis futuris temporibus celebrabuntur, eodem gaudeant privilegio ac si in altari privilegiato celebratæ fuerint, clementer indulsit, servatis tamen servandis, juxtà constitutionem SSmi Clementis PP. VIII, sub datam Romæ apud S. Petrum die 7 Decembris 1604, quæ incipit : Quæcumque a Sede Apostolica, nonobstantibus quibuscumque aliis in contrarium facientibus.

Datum Romæ ex Secretariâ, S. Indulgentiarum die 22 junii 1846.

Gabriel, card. Feretti.   J. Gallo, Secret.

Visum et approbatum Ambiani die 28 julii 1846.

H. Maillart, vic. gen. off.

N° 35, page 269.

BREF DU PAPE PIE IX.

Ex audientiâ SS. P. M.

Sanctissimus Dominus noster Pius Papa IX clementer deferens supplicibus votis Reverendissimi Episcopi Ambianensis, indulsit ut in Proprio officiorum atque missarum in usum Cleri Ambianensis a Sanctâ Sede approbato, apponi queat die XXIII octobris, SS. Luglii et Lugliani Martyrum ritu duplici, cum officio et missâ concessis Clero Atrebatensi, admissis propositis variationibus in sextâ lectione.

Datum Romæ die XXV aprilis 1861.

† Episc. Portuen. et S. Rufinæ, card. Patrizi, S. R. C. Præfect.

Vidimus et Approbavimus.

† JACOBUS Ant. Episc. Ambianensis.

Officium SS. Luglii et Lugliani Mart., quod tantùm petitum fuerat pro Parochiâ S. Petri civitatis Montisdesiderii, concessum fuit toti Clero Ambian. Porrò cùm dies XXIII oct. jam occupata fuit ab Officio S. Domitii can. Amb. de quo etiam fit sub ritu Dupl. Maj. in ecclesiâ cathedrali cujus item translatio nemini certò arrideret, quæritur an in solâ prædictâ Paroch. agi possit de SS. Luglio et Lugliano, concessâ facultate eorumdem officium assignandi pro diæcesi primæ diei sequenti liberæ.

Affirmativè quoad omnia.

Ex Secret. Sacræ Rituum Congregationis.

Concordat cum originali.

A. Lefèvre,

Can. hon. sec. gen.

NEUVAINE

PRÉPARATOIRE A LA FÊTE

DES SAINTS LUGLE ET LUGLIEN,

ou

SUITE DE RÉFLEXIONS POUR CHAQUE JOUR.

L'Eglise n'a institué les fêtes des Saints, qu'afin de nous rendre meilleurs, par la considération de ce qu'ils ont fait pour parvenir à la sainteté. C'est donc avoir mal célébré ces fêtes, que de les avoir laissées passer sans en tirer aucun profit. Les Saints nous sont donnés comme des modèles à copier et à imiter, et non pas comme de simples portraits à admirer. Quelques actes de piété en leur honneur, ne suffisent pas, et seraient peu propres à attirer leur protection, si, du reste, l'ensemble de la conduite n'y répond pas. Il faut étudier leur vie pour la pratiquer soi-même. C'est pour cela que nous avons ajouté, à cet ouvrage, une suite de réflexions en rapport avec les principales vertus qu'ils ont pratiquées. Nous les présentons avec l'espoir qu'elles seront de quelqu'utilité aux personnes pieuses qui désirent les honorer sincèrement et en vérité. Cette neuvaine pourra servir aussi de préparation à leur fête ou bien d'exercices pendant les jours qui suivent. Nous engageons les vrais fidèles qui la feront à y ajouter, le matin et le soir, quelques prières en leur honneur, et surtout à la terminer par une communion fervente. Ces prières pourront être celles-ci: PATER, AVE, CREDO, et cette oraison jaculatoire qu'on pourra répéter plusieurs fois dans la journée: SAINT-LUGLE, SAINT-LUGLIEN, PRIEZ POUR NOUS; ou bien encore les litanies que l'on trouvera à la suite de la neuvaine.

1ᵉʳ JOUR.

La Vocation.

Le Salut, étant la fin dernière de l'homme placé par Dieu sur cette terre, il est indispensablement nécessaire qu'il connaisse, d'une manière certaine, les moyens qui doivent l'y conduire. Tous ne sont pas propres à lui faire atteindre ce but, et toutes les voies ne sont pas également sûres; car, selon l'oracle du Saint-Esprit, il peut arriver qu'il en choisisse une qui lui paraisse bonne, et qui, pourtant, le conduise à la mort. EST VIA QUÆ VIDETUR HOMINI RECTA ET NOVISSIMA EJUS DUCUNT AD MORTEM. (Prov. 16-25). Une seule chose peut le préserver d'une erreur si dangereuse et tout à la fois si irréparable, c'est de connaitre celle que Dieu lui-même a tracée, et dans laquelle il a déposé les ressources et les moyens infaillibles pour cela. Le Prophète-Roi était si persuadé de cette vérité qu'il adressait sans cesse à Dieu cette prière: Seigneur, faites-moi connaître le chemin dans lequel vous voulez que je marche. NOTAM FAC MIHI, DOMINE, VIAM IN QUA AMBULEM. (Ps. 142-8).

Fidèles imitateurs du Saint Roi, Saint-Lugle et Saint-Luglien, dès leur plus tendre enfance, demeurèrent convaincus que le salut était impossible sans cela. Quoiqu'ils eussent eu le bonheur de naître de parents fort chrétiens, et que la grâce les eût prévenus de ses plus douces faveurs, dans la crainte que l'éclat des grandeurs, dont ils étaient environnés, ne vint à les éblouir et que les honneurs ne leur fissent faire fausse route, sans cesse ils demandaient à Dieu d'accomplir sa volonté sur eux. Heureuse la jeunesse qui marchera sur leurs traces et qui, se défiant d'elle-même, écoutera la voix de Dieu plutôt que celle de ses penchans et de ses passions.

ORAISON.

O bienheureux Saints Lugle et Luglien, vous qui avez été assez heureux pour comprendre que vos cœurs ayant été faits pour Dieu, il ne devait pas y avoir un seul instant dans toute votre vie où ils dussent cesser de l'aimer, et qui n'avez point hésité à lui en consacrer les premières ardeurs, obtenez-nous de préserver les nôtres du souffle empoisonné du vice, et de ne vivre, comme vous, que pour celui qui ne désire rien tant que de nous couronner avec vous dans le séjour de l'éternelle béatitude. Ainsi-soit-il.

Pater, Ave, Credo. Oraison jaculatoire: Saint-Lugle, Saint-Luglien, priez pour nous.

2ᵉ JOUR.

La Correspondance à la grâce.

Samuel, Samuel; c'est ainsi que le Seigneur appelait ce jeune enfant, quand il voulait répandre sur lui l'onction de sa grâce divine et faire de lui un prophète. Et Samuel se levait promptement et courait vers le Grand Prêtre, ignorant que c'était Dieu qui l'appelait. Sainte obéissance qui lui valut la communication des secrets de Dieu. Parlez, Seigneur, lui répondit Samuel, quand il eut connu sa voix, parce que votre serviteur écoute, Loquere, Domine, quia audit servus tuus. (1. Reg. 3-9). Et en même temps Dieu répandait dans cette âme si pleine de bonne volonté, une grande abondance de lumières et de faveurs. La grâce est un don gratuit; un riche trésor que Dieu ne donne qu'à qui il lui plaît, et qui est le principe de toute sainteté; qui fructifie au centuple par la fidélité à y correspondre, tandis qu'au contraire elle consomme la ruine de ceux qui en sont les infidèles dépositaires. C'est la grâce conservée avec soin qui a fait parvenir Saint-Lugle et Saint-Luglien à ce haut degré de vertu que nous admirons en eux. Chaque jour, chaque instant de leur vie l'ont vue croître et se fortifier. C'est par elle qu'ils ont triomphé du monde, de ses vanités et de ses passions. C'est elle qui les a portés à sacrifier tout ce qui pouvait être un obstacle à leur sanctification et à leur salut, et c'est elle aussi qui a couronné en eux une sainte vie par une mort précieuse. Saint Paul reconnaissait que tout lui venait de la grâce, GRATIA DEI SUM ID QUOD SUM. (1 cor. 15-10).

ORAISON.

Saints Patrons, qui, par l'estime que vous avez eue de la grâce et le bon usage que vous en avez fait, dès les premières années de votre vie, avez mérité que Dieu la répandit sur vous avec tant de complaisance et d'abondance, obtenez-nous, puisque nous nous glorifions de vous regarder comme nos Pères, d'être fidèles aussi à profiter de tant de faveurs qui nous sont accordées par la bonté et la miséricorde de Dieu, qui, en nous couronnant dans le Ciel, trouvera sa gloire à récompenser notre fidélité à sa grâce. Ainsi-soit-il.

PATER, AVE, CREDO. Or. jac. SAINT-LUGLE, SAINT-LUGLIEN, PRIEZ POUR NOUS.

3ᵉ JOUR.

La Fuite du Monde.

Le monde, c'est la patrie des pécheurs; c'est le repaire du vice et de l'iniquité; c'est le lieu des injustices, de la violence et de l'ambition; c'est le théâtre de la vanité et du mensonge; c'est l'héritage du Prince des ténèbres; c'est l'empire de Satan. C'est là qu'il règne sur autant d'esclaves qu'il y a de pécheurs et de prévaricateurs contre les saintes lois divines. Jésus-Christ l'a frappé d'anathème, et ce Dieu de patience, de bonté, de douceur, de miséricorde et de pardon, n'a pas trouvé dans sa suprême prière une parole en sa faveur. Il a déclaré même qu'il ne voulait pas intercéder pour lui, NON PRO MUNDO ROGO (Joan. 17-9). Et si je cherche la raison de cette horrible malédiction qui pèse sur lui, je trouve qu'elle est dans cette fatale vérité, que le monde est non seulement l'ennemi de Dieu, mais encore qu'il veut persévérer dans son inimitié avec Dieu. Est-il étonnant que Dieu le maudisse et l'abandonne, et qu'il y ait entr'eux une séparation infranchissable. QUÆ CONVENTIO CHRISTI AD BELIAL. (2 cor. 6-15). Tous les Saints qui sont les enfants de Dieu, ont dû imiter la conduite de leur Père à son égard; tous aussi l'ont fui. Lugle et Luglien, plus encore que tous les autres, n'ont pas cru pouvoir se fier aux caresses qu'il leur prodiguait de toutes parts; et bien qu'ils parussent n'avoir rien à redouter de son approche, ils ont jugé son contact si dangereux que, comme saint Paul, craignant de se perdre eux-mêmes, tout en cherchant à lui faire du bien, d'après l'inspiration du Ciel, ils pensèrent qu'il y avait plus de sûreté pour eux de le quitter tout-à-fait. Imitons leur exemple, et si nous ne pouvons entièrement rompre avec lui, usons du moins de la plus grande circonspection à son égard.

ORAISON.

Grands Saints et illustres Martyrs, vous dont le Seigneur a couronné dans le Ciel la parfaite innocence, que vous avez pris tant de soin de conserver au milieu des dangers et des sollicitations empressées du monde; et qui, pour la mettre de plus en plus à l'abri de toute souillure, avez tout quitté, obtenez-nous de ne pas être assez téméraires pour nous exposer à perdre la grâce, si nous avons le bonheur de la posséder, et au contraire de faire tous nos efforts pour la recouvrer si nous avons eu le malheur de la perdre. Ainsi-soit-il.

Pater, Ave, Credo. Or. jac. Saint-Lugle, Saint-Luglien, priez pour nous.

4ᵉ JOUR.

La Retraite et le silence.

Les paroles de la Sainte Écriture sont formelles. Si quelqu'un veut trouver le Seigneur, il faut qu'il fuie le tumulte, car le Seigneur n'habite point au milieu du bruit et du fracas. Non in commotione Dominus (3 Reg. 19-11.) Il ne parle qu'à l'âme qui a soin de se retirer dans la retraite; qui aime le silence et le recueillement, Ducam eam in solitudinem et loquar ad cor ejus (Osée 2-14.) Le monde, avec ses plaisirs, ses entraînements et ses folles joies, étant incapable de procurer le calme, ne saurait non plus donner la paix qui en est le fruit. Aussi éphémère que ses joies, le bonheur qu'il donne n'est que passager, futile et trompeur. La paix de Dieu, au contraire, est solide, vraie ; elle surpasse tout ce qu'on peut éprouver de plus doux et de plus consolant, Pax Dei exuperat omnem sensum (Phil. 4-7.) Or, cette paix ne s'acquiert que par la réflexion, et la réflexion ne se nourrit que dans la solitude. Voilà pourquoi la terre est dans la désolation, c'est parce que les hommes entraînés par le torrent de la dissipation et ennemis de la retraite, ne savent plus réfléchir. Desolatione desolata est terra quia nullus est qui recogitet corde (Jér. 12-12.) Ces vérités ont tellement frappé les Saints, qu'on voit briller en eux tous l'amour du silence. Le Sage, en effet, leur avait appris que le péché accompagne toujours l'infidélité à le garder, In multiloquio non deerit peccatum (Prov. 10-19.) Cette vertu du silence, cet amour de la retraite, n'ont pas manqué à Saint-Lugle et à Saint-Luglien. Pour pratiquer l'un et l'autre, ils ont quitté et les honneurs et les richesses, et ils se sont séparés des compagnies bruyantes. Telle doit être la conduite de ceux qui, comme eux, aspirent à sanctifier leur âme et à faire leur salut.

ORAISON.

O aimables Saints Lugle et Luglien, vous dont les paroles et les exemples ont été si utiles au prochain, pour le porter au bien, et qui l'avez encore plus édifié par votre silence et votre recueillement ; obtenez-nous, qu'à votre exemple, nous soyons tellement circonspects dans nos paroles, que rien en nous ne blesse la charité ; mais qu'au contraire, tout ce que nous dirons et ferons contribue à procurer la gloire de Dieu et le salut de nos frères. Ainsi-soit-il.

PATER, AVE, CREDO. Or. jac. SAINT-LUGLE, SAINT-LUGLIEN, PRIEZ POUR NOUS.

5ᵉ JOUR.

L'amour de la Prière.

L'Apôtre a dit vrai, en représentant l'homme sur la terre comme pauvre, privé de lumières et dans le plus parfait dénûment, ET PAUPER, ET CÆCUS ET NUDUS (Apo. 3-17), car, en effet, tout ce qu'il a, il ne peut se glorifier de l'avoir en propre. Ce ne sont que des choses d'emprunt dont il peut être dépouillé à chaque instant, par la volonté de celui de qui il les tient. Dieu seul est le maître, à lui seul il appartient de donner à l'homme ce qui lui manque. De là, l'impérieuse obligation pour l'homme de demander tout ce dont il a besoin. Dieu ne refuse rien de ce qu'on lui demande, c'est pour cela que Jésus-Christ insiste si souvent sur la nécessité de la prière, demandez et vous recevrez, PETITE ET ACCIPIETIS. (Joan. 16-24). D'après ces principes, ne pas prier, c'est un insupportable orgueil, puisque c'est prétendre pouvoir se passer de Dieu, de qui seul tout dépend ; c'est une insulte faite à sa Providence que l'on force à changer ses desseins de bonté sur sa créature ; c'est une insigne folie, puisque c'est s'exposer à périr dans la misère et dans le dénûment de toutes les choses, soit temporelles, soit spirituelles. Il ne faut donc pas s'étonner si la prière, revêtue des qualités sans lesquelles elle n'est plus qu'une dérision, est toute-puissante, si elle ouvre le ciel et en fait descendre toutes sortes de secours. Voilà pourquoi les Saints, dont la prière était fervente, humble, pure, persévérante, étaient entourés de tant de lumières. Voilà pourquoi Dieu leur obéissait, en quelque sorte, et les comblait de tant de biens, la prière exerçant sur son cœur un pouvoir irrésistible. Aussi, n'y eût-il jamais un Saint qui ne fut un homme de grande prière. Si Lugle et Luglien quittent le monde et se retirent dans la solitude, c'est pour trouver plus de temps pour se livrer à la prière ; c'est pour éviter toutes les distractions qui pouvaient entraver leurs prières. Prions donc nous-mêmes comme il faut, et le succès de nos prières ne tardera pas à justifier cette promesse de Jésus-Christ. Toutes les fois que vous demanderez quelque chose à mon Père en mon nom, il vous l'accordera, SI QUID PETIERITIS PATREM IN NOMINE MEO, DABIT VOBIS. (Joan. 16-23).

ORAISON.

Nous avons éprouvé tant de fois l'heureux effet de vos prières, glorieux Saints Lugle et Luglien, que nous nous empressons encore de nous adresser à vous. Ah ! continuez de jeter sur nous un regard favorable et propice ; protégez-nous toujours. Au milieu des misères qui nous accablent de toutes parts, faites que nous ne perdions pas de vue que c'est de Dieu que doit nous venir tout secours. Aidez-nous à le demander et à l'obtenir par la ferveur de nos prières, afin que nous puissions le glorifier ici-bas et dans l'éternité. Ainsi-soit-il.

Pater, Ave, Credo. Or. jac. Saint-Lugle, Saint-Luglien,
priez pour nous.

6ᵉ JOUR.
LE ZÈLE.

Fils de la charité, dont il est la plus belle image, le zèle est un feu divin qui embrase de ses ardeurs tout ce qu'il touche. Bien différent de cette philanthropie froide, et tout à la fois orgueilleuse et égoïste, qui, naissant de la terre et sur la terre, ne s'élève pas non plus au-dessus de la terre, le zèle est un enfant du ciel ; il naît dans le sein de Dieu, il vit de la vie de Dieu, car la vie de Dieu étant l'amour le plus pur, le zèle aussi ne s'alimente que par l'amour le plus généreux et le plus désintéressé. Procurer la gloire de Dieu avant toute chose, en s'oubliant soi-même ; se dépenser tout entier et sans réserve ; sacrifier tout ce que la nature a de plus cher et jusqu'à sa propre vie, sans autre vue que celle de prouver à Dieu qu'on l'aime ; voilà les effets de cette sublime vertu qui ne peut trouver ici-bas de récompense digne d'elle, et qui n'en attend point d'autre que celle dont Dieu seul peut disposer. Aussi, selon le Prophète, cette récompense, qui sera le partage de ceux qui auront pratiqué le zèle, les fera briller comme des étoiles pendant les perpétuelles éternités, Et qui ad justitiam erudiunt multos, fulgebunt quasi stellæ in perpetuas æternitates. (Dan. 12-3). Saint-Lugle et Saint-Luglien ont pratiqué cette vertu dans un degré éminent. Pendant toute leur vie, ils ont mis tous leurs soins et tout leur bonheur à enseigner aux peuples qui leur étaient confiés, la voie du bien ; à leur apprendre à connaître Dieu et à l'aimer ; à travailler à leur salut sans relâche. Jusqu'à leur dernier moment ils n'ont cessé de faire des efforts pour arracher les pêcheurs au vice, et ils sont morts dans l'acte même de la charité la plus parfaite. Imitons ces modèles. Si nous ne pouvons travailler au salut des autres, ah! du moins, que notre zèle s'enflamme pour assurer le nôtre; pour détruire en nous les passions et les vices; pour réformer nos mœurs, et par nos bonnes œuvres mériter la même couronne dans le ciel.

ORAISON.

Gloire à vous, ô Saints Lugle et Luglien. Il est bien juste que nous vous glorifions sur la terre, quand déjà le Seigneur vous a glorifiés dans le ciel. Tous les peuples que vous avez évangélisés chantent vos louanges. Nous nous unissons à eux, nous que vous avez choisis pour être vos enfants adoptifs. Inspirez à chacun de nous une véritable charité pour les autres et un saint zèle pour la réforme de notre conduite; nous vous en conjurons par les mérites de N.-S. Jésus-Christ. Ainsi-soit-il.

PATER, AVE, CREDO. Or. Jac. SAINT-LUGLE, SAINT-LUGLIEN, PRIEZ POUR NOUS.

7ᵉ JOUR.

L'HUMILITÉ.

Dieu, étant le maître de tous les biens, soit dans l'ordre temporel, soit dans l'ordre spirituel, et l'homme ne pouvant rien par lui-même, s'il n'est aidé du secours de Dieu, il se rend donc coupable de la plus grande injustice, quand, emporté par son orgueil, il s'attribue à lui-même ce qui ne lui appartient pas, et qu'il tient uniquement de la libéralité de Dieu à son égard. Aussi, le Seigneur s'irrite-t-il quand il rencontre dans l'homme une disposition si perverse. C'est alors qu'il le traite en ennemi, qu'il lui résiste, et qu'il le poursuit sans cesse, jusqu'à ce qu'il l'ait écrasé sous le poids de sa colère et de son indignation. Deus superbis resistit. (Jac. 4-6). Dieu résiste aux superbes. Rien, en effet, ne paraît exciter sa vengeance comme la rapine dans ses dons. C'est, qu'en effet, il aperçoit dans cet acte un mépris de sa puissance et une révolte contre son autorité. Mais autant il punit avec rigueur le coupable qui s'élève et qui semble dire, dans son cœur, comme l'Ange infidèle, je serai semblable au Très-Haut, Similis ero Altissimo, (Isa. 14-14), autant il met sa complaisance et son bonheur à protéger celui qui, plein de reconnaissance, le remercie de ses dons et lui en renvoie toute la gloire. Humilibus autem dat gratiam. (Jac. 4-6).

L'Humilité est donc une vertu aussi précieuse qu'elle est conforme à la justice. Toujours elle est présentée dans le Saint Evangile, comme la base et le principe de toute sainteté. Son pouvoir est si grand, qu'elle a eu la force d'ouvrir le ciel et d'en faire descendre le Verbe de Dieu, dans le sein de la bienheureuse Vierge Marie, où elle avait établi son tabernacle. Saint-Lugle et Saint-Luglien se sont montrés les fidèles imitateurs de cette Reine de l'humilité. Bien persuadés que toute gloire n'est due qu'à Dieu seul, ils ont toujours été fidèles à la lui renvoyer, répétant sans cesse cette parole du Prophète: Non nobis, Domine, non nobis, sed Nomini tuo da gloriam. (Ps. 113-8).

ORAISON.

Grands Saints, qui n'êtes devenus véritablement grands devant Dieu, que par le soin que vous avez pris de vous rendre petits à ses yeux, faites qu'à votre exemple, nous concevions une haute estime de cette sainte vertu de l'humilité, et que nous mettions aussi tous nos soins à la pratiquer, puisque par elle nous aurons le bonheur de vous être associés dans la bienheureuse éternité. Ainsi-soit-il.

Pater, Ave, Credo. Or. Jac. Saint-Lugle, Saint-Luglien, priez pour nous.

8ᵉ JOUR.
LE MARTYRE.

Depuis que l'homme, révolté contre Dieu, a été souillé par le péché; depuis qu'il porte sur son front un anathème, une dette immense pèse sur lui. La Majesté infinie, outragée, exige de lui une réparation qu'elle a, elle-même, infligée au coupable. MORTE MORIERIS. (Gen. 2-17). Tu mourras de mort, lui a-t-elle dit au jour de sa rébellion. L'homme a compris, dès cet instant, qu'ayant cherché à attenter à la vie de Dieu, puisque le péché renferme réellement un attentat de cette nature, il devait réparer son crime par la perte de la sienne. De là l'institution du sacrifice, qui n'est autre que l'abolition et la destruction de la chose offerte à Dieu en expiation, car l'apôtre Saint-Paul ne craint pas de dire qu'il ne peut y avoir de rémission des péchés sans effusion de sang. SINE SANGUINIS EFFUSIONE NON FIT REMISSIO. (Heb. 9-22). L'offrande volontaire que l'homme fait de sa vie à Dieu, est donc le moyen le plus sûr d'apaiser la divine justice, puisque l'homme ne peut rien offrir de plus précieux que sa vie. C'est pour cette raison que le divin Rédempteur, pour donner à ce sacrifice de l'homme un mérite infini, capable de réparer l'outrage infini que le péché avait fait à Dieu, se fit homme, et put ainsi, par l'effusion de son sang, offrir à Dieu une réparation digne de lui. La mort, soufferte pour Dieu, en union avec celle de Jésus-Christ, qu'elle soit sanglante ou non, est donc, de la part de l'homme, un acte héroïque qui honore Dieu et le rend infiniment agréable à ses yeux. Saint-Lugle et Saint-Luglien ont eu le bonheur d'offrir à Dieu ce glorieux holocauste. Toute leur vie a été employée à glorifier le Seigneur et à lui prouver leur amour. Par leur sainte mort, ils ont confirmé cet éclatant témoignage. Le martyre qu'ils ont souffert doit être pour nous une exhortation au martyre.

Chacun peut aspirer à cette gloire, sinon en répandant son sang comme eux, du moins en supportant sans murmure toutes les adversités de la vie, et en offrant à Dieu, chaque jour, le généreux sacrifice de ses penchants et de ses passions.

ORAISON.

Illustres martyrs Lugle et Luglien, votre sang versé pour Dieu, vous a mérité la gloire ineffable dont vous jouissez dans le ciel. Ah! du trône où vous êtes assis, intercédez pour nous, et obtenez-nous le courage de vaincre les ennemis de notre salut; d'être prêts, s'il le faut, à donner notre vie en témoignage de notre foi, et pour la gloire de Dieu, afin que nous soyons récompensés comme vous au séjour de l'éternelle béatitude. Ainsi-soit-il.

Pater, Ave, Credo. Or. Jac. Saint-Lugle, Saint-Luglien, priez pour nous.

9ᵉ JOUR.
La Mort du Juste.

Est-il une assurance plus consolante que celle-ci, sortie de la bouche de la vérité elle-même: Beati mortui qui in Domino moriuntur. (Apoc. 14-13). Bienheureux les morts qui meurent dans le Seigneur. Déjà N.-S. Jésus-Christ, dans son divin sermon sur la montagne, avait proclamé bienheureux un certain nombre d'hommes: Bienheureux, avait-il dit, les pauvres de cœur et d'affection; ceux qui sont doux; ceux qui pleurent; ceux qui aiment la justice, qui sont miséricordieux; ceux qui ont le cœur pur, qui sont pacifiques; ceux qui souffrent persécution pour la justice; à la condition toutefois qu'ils seront toujours tels. Or, cette béatitude, ils peuvent la perdre en cessant d'être ce que le divin Sauveur demande qu'ils soient. Mais, la béatitude de l'homme qui meure juste, est une béatitude désormais impérissable, car elle doit suivre nécessairement l'heureux moment où l'homme meure en grâce avec Dieu. Alors, plus de crainte de la perdre. Voilà pourquoi la mort du juste est précieuse aux yeux du Seigneur. Pretiosa in conspectu Domini mors Sanctorum ejus. (Ps. 115). Oh! qui ne désirerait de faire cette précieuse mort? Si l'on est vraiment sage, que ne doit-on pas faire pour se la procurer? Est-il peine qui puisse coûter, privation qu'on ne puisse endurer, sacrifice qu'on ne doive s'imposer pour mériter ce bonheur, qui doit-être le prélude du bonheur éternel? Et cependant, le rêve de l'homme, c'est d'être heureux. Saint-Lugle et Saint-Luglien ont donc été des hommes vraiment sages, parce qu'ils ont compris que c'était à atteindre ce but qu'ils devaient diriger tous leurs efforts. Aussi, répétaient-ils sans cesse avec le Prophète: Moriatur anima mea morte justorum. (Nomb. 23). Que mon ame meure de la mort des Justes; c'est-à-dire qu'en quittant sa dépouille mortelle, elle aille jouir de Dieu dans la terre des vivants, et ils ont pris la voie la plus directe pour y arriver, en donnant leur vie pour celui qui, pour eux, avait donné la sienne.

ORAISON.

Nous nous réjouissons de votre bonheur, Saints protecteurs Lugle et Luglien, puisqu'il est la récompense d'une vie toute de dévouement et d'une mort précieuse devant Dieu. Du haut du ciel où vous régnez avec lui, ne cessez pas de nous bénir. Que par vos prières nous obtenions la grâce de vivre en parfaits chrétiens, afin qu'après avoir mené une sainte vie, nous méritions de faire une sainte mort. Ainsi-soit-il.

Pater, Ave, Credo. Or. jac. Saint-Lugle, Saint-Luglien, priez pour nous.

LITANIES

DE

SAINT-LUGLE ET DE SAINT-LUGLIEN.

Seigneur, ayez pitié de nous.
Jésus-Christ, ayez pitié de nous.
Seigneur, ayez pitié de nous.
Jésus-Christ, écoutez-nous.
Jésus-Christ, exaucez-nous.
Père Céleste, qui êtes Dieu, ayez pitié de nous.
Fils, Rédempteur du monde, qui êtes Dieu, ayez pitié de nous.
Esprit-Saint, qui êtes Dieu, ayez pitié de nous.
Trinité-Sainte, qui êtes un seul Dieu, ayez pitié de nous.
Sainte-Marie, Mère de Dieu et Reine des Martyrs, priez pour nous.
Saints Lugle et Luglien, nos glorieux Patrons.
Saints Lugle et Luglien, que Dieu fit naître de parents chrétiens.
Saint-Lugle, qui avez renoncé au trône de vos ancêtres pour vous consacrer à Dieu.
Saint-Luglien, qui n'avez accepté la couronne que par obéissance et soumission aux ordres de Dieu.
Saint-Lugle, qui avez préféré la pauvreté de Jésus-Christ, aux délices du monde.
Saint-Luglien, Roi plein de justice et d'équité.
Saint-Lugle, qui fûtes l'honneur du Sacerdoce.
Saint-Luglien, qui avez fait les délices de vos sujets.
Saint-Lugle, qui avez été appliqué à une continuelle et fervente oraison.
Saint-Luglien, qui avez médité sans cesse la loi de Dieu pour en faire la règle de votre conduite.

PRIEZ POUR NOUS.

Saints Lugle et Luglien, Pères des pauvres.

Saints Lugle et Luglien, si zélés pour faire connaître à vos peuples le nom de Jésus-Christ.

Saints Lugle et Luglien, qui avez fui la gloire du monde.

Saints Lugle et Luglien, qui avez crucifié votre chair par la mortification et la pénitence.

Saints Lugle et Luglien, amateurs de la retraite et du silence.

Saints Lugle et Luglien, qui avez été fidèles à suivre Jésus-Christ crucifié.

Saints Lugle et Luglien, modèles de la vraie piété.

Saints Lugle et Luglien, qui avez été remplis de charité pour les pécheurs.

Saints Lugle et Luglien, qui avez été ennemis des louanges.

Saints Lugle et Luglien, apôtres de l'Evangile.

Saints Lugle et Luglien, qui avez été animés d'une grande ardeur pour propager la gloire de Dieu.

Saints Lugle et Luglien, qui avez été si désireux d'être inconnus et méprisés.

Saints Lugle et Luglien, parfaits modèles d'humilité.

Saints Lugle et Luglien, dont les cœurs brûlaient de la divine charité.

Saints Lugle et Luglien, qui avez désiré le martyre.

Saints Lugle et Luglien, triomphants dans les cieux.

Saints Lugle et Luglien, que Dieu a honorés par tant de miracles.

Saints Lugle et Luglien, qui vous êtes montrés tant de fois notre refuge dans nos misères.

Saints Lugle et Luglien, qui êtes nos consolateurs dans nos afflictions.

Saints Lugle et Luglien, qui êtes nos guides assurés dans le chemin de la vertu et de la perfection.

Saints Lugle et Luglien, qui êtes la gloire et les gardiens de notre ville, priez pour nous.

Saints Lugle et Luglien, qui avez procuré tant de soulagements aux peuples qui ont eu recours à vous, intercédez pour nous.

Saints Lugle et Luglien, qui nous avez obtenu si souvent de la pluie dans les sécheresses, obtenez-nous la rosée du ciel pour la fertilité de nos âmes.

Saints Lugle et Luglien, qui nous avez préservés bien des fois du feu de la terre, obtenez-nous la grâce d'échapper aux feux de l'enfer.

Agneau de Dieu, qui effacez les péchés du monde, épargnez-nous, Seigneur.

Agneau de Dieu, qui effacez les péchés du monde, exaucez-nous, Seigneur.

Agneau de Dieu, qui effacez les péchés du monde, ayez pitié de nous.

Priez pour nous, bienheureux martyrs, Lugle et Luglien.

Afin que nous devenions dignes des promesses de Jésus-Christ.

ORAISON.

O Dieu, pour l'amour de qui les bienheureux Lugle et Luglien, fuyant la gloire terrestre, ont embrassé le chemin de la perfection évangélique, faites que, par leur intercession, nous méprisions les faux attraits du monde pour suivre Notre-Seigneur Jésus-Christ, et que nous imitions ceux qu'une même foi et un même martyre a rendus véritablement frères. Par N.-S. Jésus-Christ.

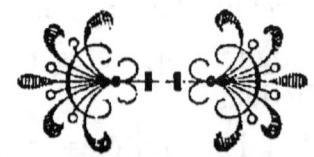

PRIÈRES PENDANT LA MESSE.

AU NOM DU PÈRE, ET DU FILS, ET DU SAINT-ESPRIT.
AINSI - SOIT - IL.

Au commencement de la Messe.

Je vais assister, ô mon Dieu, au plus saint comme au plus redoutable de tous les sacrifices. Je vais être témoin de la grandeur de votre amour et de la sévérité de votre justice. Pourrais-je être insensible à l'un et à l'autre? Ne permettez pas que la dissipation m'y accompagne. Faites-moi la grâce d'entrer dans les dispositions que vous demandez de moi. Je veux vous l'offrir en union avec Jésus-Christ, qui s'y immole, pour rendre à votre divine Majesté l'hommage souverain qui lui est dû; pour vous remercier de vos bienfaits, pour l'expiation de tous les péchés du monde, et pour m'obtenir toutes les grâces dont j'ai besoin.

Au CONFITEOR.

Malgré la douce et puissante invitation que vous m'adressez de m'approcher de vous, ô mon Dieu, je ne puis me défendre d'un sentiment de frayeur et de crainte. Ah! c'est que j'ai péché, ô Seigneur; c'est que j'ai violé vos saints commandements. Vous m'avez comblé de bienfaits, et au lieu de me rendre agréable à vos yeux par ma reconnaissance, en les méprisant je me suis rendu coupable de la plus noire ingratitude. J'ai méconnu votre amour. Je me suis élevé audacieusement contre vous. Je ne saurais me cacher à moi-même la grandeur de mon iniquité. Aussi, je ne cherche point à me justifier devant vous. C'est par ma faute, oui, c'est par ma faute que j'ai péché. Je ne saurais trop le redire pour rendre hommage à la vérité et pour confondre mon orgueil, et c'est à la face du ciel et de la terre que je fais cet aveu; du ciel que j'ai provoqué; de la terre que j'ai profanée. A qui recourrai-je donc, dans mon malheur. Ah! Sainte Mère de Dieu, Saints Anges, Saint Précurseur, Saints Apôtres, Saint-Lugle, Saint-Luglien mes protecteurs, et vous toutes âmes bienheureuses qui le possédez dans le ciel, joignez-vous à moi pour obtenir ma grâce. Intercédez pour moi et je serai exaucé.

Quand le Prêtre monte à l'autel.

C'est pour me réconcilier avec vous, Seigneur, que le prêtre que vous avez établi médiateur, monte à l'autel. Ah! ne permettez pas que je mette plus long-temps un obstacle à cette réconciliation par mon attachement au péché.

*A l'*Introït.

Eloignez de moi toutes les iniquités, ô mon Dieu, afin que je sois digne de paraître en votre présence. Je vous conjure de me pardonner mes péchés par votre Fils Jésus, et par les mérites de tous vos Saints, et particulièrement de Saint-Lugle et de Saint-Luglien dont je vénère les Saintes Reliques en ce jour.

Au Gloria in excelsis.

Gloria in excelsis Deo, et in terrâ pax hominibus bonæ voluntatis. Laudamus te. Benedicimus te. Adoramus te. Glorificamus te. Gratias agimus tibi propter magnam gloriam tuam. Domine Deus, Rex cœlestis, Deus, Pater omnipotens : Domine Fili unigenite, Jesu Christe. Domine Deus, Agnus Dei, Filius Patris. Qui tollis peccata mundi, miserere nobis. Qui tollis peccata

Gloire à Dieu dans le Ciel, et paix sur la terre aux hommes de bonne volonté. Nous vous louons; nous vous bénissons; nous vous adorons; nous vous glorifions; nous vous rendons grâces dans la vue de votre gloire infinie, ô Seigneur Dieu, Roi du ciel; ô Dieu Père tout puissant : Seigneur, Fils unique de Dieu, Jésus-Christ. Seigneur Dieu, Agneau de Dieu, Fils du Père,

mundi, suscipe deprecationem nostram. Qui sedes ad dexteram Patris, miserere nobis. Quoniam tu solus Sanctus; tu solus Dominus; tu solus altissimus Jesu Christe, cum Sancto Spiritu in gloriâ Dei Patris. Amen.

vous qui effacez les péchés du monde, ayez pitié de nous; vous qui effacez les péchés du monde, recevez notre prière; vous qui êtes assis à la droite du Père, ayez pitié de nous, car vous êtes le seul Saint, le seul Seigneur, le seul Très-Haut, ô Jésus-Christ, avec le Saint-Esprit dans la gloire de Dieu le Père. Ainsi-soit-il.

Aux Oraisons.

Accordez-moi, ô mon Dieu, votre amour. Je vous fais cette demande par l'entremise de la bienheureuse Vierge Marie, de tous les Saints, et en particulier de Saint-Lugle et de Saint-Luglien, dont cette Eglise célèbre aujourd'hui la fête. Ecoutez favorablement ma prière, selon votre promesse. Mais en même temps ne permettez pas que, par ma tiédeur, je la rende inutile et infructueuse.

A l'Epitre.

Quel n'eût pas été l'étonnement des Patriarches et des Prophètes, ô Divin Sauveur, s'ils eussent été comme moi les témoins des merveilles que vous daignez opérer en ma faveur. Oui, je possède ici en réalité celui qu'ils ne pouvaient appeler que par leurs brûlants désirs. Il y a plus, ô bien-aimé Sauveur; car, il est une faveur dont je jouis et qu'il ne leur est pas même venu à la pensée de désirer, tant elle est au-dessus de toute conception humaine, c'est celle de jouir continuellement de votre auguste présence dans le divin Sacrement, et même de vous recevoir dans mon cœur. Non, la pensée de l'homme ne pouvait aller si haut. Ce prodige était le secret de votre amour. Lui seul était capable de le concevoir et plus encore de le réaliser. O Jésus! que ferai-je pour vous remercier de ce bienfait?

Puisque mon cœur est incapable de vous en rendre de dignes actions de grâces, permettez du moins que je vous offre, avec mes faibles désirs, ceux de tous les Saints de l'ancienne loi et que je vous dise avec eux: Veni, noli tardare. Venez, Seigneur, ne tardez pas.

Au Graduel.

Je vais me lever, ô mon Dieu, pour entendre votre divine parole. C'est la même qui a opéré le prodige que je vénère. Faites que j'apporte le même empressement pour venir à vous et me nourrir de votre saint corps.

A l'Evangile.

Je vous entends, ô vérité infaillible. Vous me dites que si je veux prétendre avoir part à votre récompense et à votre gloire, il faut que je vous suive en prenant part aussi à vos humiliations et à vos souffrances; qu'il n'y a qu'un seul chemin qui conduit au ciel, c'est celui que vous avez tenu vous même; que celui qui marche à votre suite ne marche point dans les ténèbres; que celui qui vous possède a la vie. Oh! que ces paroles sont consolantes, puisqu'elles m'apprennent qu'avec vous je puis tout; qu'en vous suivant je n'ai point à craindre ni de m'égarer ni de périr. Protégé par vous, qui serez le témoin de mes combats, je suis assuré de la victoire. Conduit par vous au milieu des ténèbres qui environnent le monde, je ne puis manquer d'arriver au bienheureux terme. Nourri par vous, vous ne me laisserez point tomber dans la faiblesse et dans le besoin. Après de telles assurances de votre part, qu'ai-je encore à vous demander sur la terre? Je puis compter sur vous, Seigneur. Ah! que ne puis-je aussi bien compter sur moi! Ne me suis-je pas assez souvent éloigné de vous pour que je craigne encore de vous quitter et de vous abandonner. Cependant, aujourd'hui, je me sens plus de courage. Continuez de m'éclairer, ô lumière éternelle! et que votre Saint Evangile soit toujours le flambeau qui me guide pour me conduire au ciel, où pendant l'éternité, je continuerai de vous bénir et de vous remercier.

Au Credo.

Credo in unum Deum Patrem omnipotentem, factorem cœli et terræ, visibilium omnium et invisibilium. Et in unum Dominum Jesum Christum, Filium Dei unigenitum. Et ex Patre natum ante omnia sæcula. Deum de Deo, Lumen de Lumine, Deum verum de Deo vero. Genitum non factum consubstantialem Patri per quem omnia facta sunt. Qui propter nos homines et propter nostram salutem descendit de cœlis. Et incarnatus est de Spiritu Sancto ex Mariâ Virgine : ET HOMO FACTUS EST. Crucifixus etiam pro nobis sub Pontio Pilato, passus et sepultus est. Et resurrexit tertiâ die, secundùm scripturas. Et ascendit in cœlum ; sedet ad dexteram Patris. Et iterùm venturus est cum gloriâ judicare vivos et mortuos : cujus regni non erit finis. Et in Spiritum Sanctum Dominum et vivificantem : qui ex Patre Filioque procedit. Qui cum Patre et Filio simul adoratur et conglorificatur : qui locutus est

Je crois un seul Dieu, père tout puissant, qui a fait le ciel et la terre, et toutes les choses visibles et invisibles ; et en un seul Seigneur Jésus-Christ, Fils unique de Dieu qui est né du Père avant tous les siècles, Dieu de Dieu, Lumière de Lumière, vrai Dieu de vrai Dieu, qui n'a pas été fait, mais engendré ; qui est consubstantiel au Père, par lequel toutes choses ont été faites ; qui pour nous hommes et pour notre salut, est descendu des cieux ; qui a pris chair de la Vierge Marie, par l'opération du Saint-Esprit ET S'EST FAIT HOMME ; qui a été aussi crucifié pour nous, sous Ponce Pilate, qui a souffert et a été enseveli ; qui est ressuscité le troisième jour, selon les Ecritures, qui est monté au Ciel, est assis à la droite du Père ; qui doit encore venir avec gloire juger les vivants et les morts, dont le règne n'aura pas de fin. Je crois au Saint-Esprit, Seigneur et vivifiant qui procède du Père et du Fils, qui est adoré et glorifié conjointement avec le Père et le Fils; qui a parlé par les Prophètes. Je crois l'Eglise Une, Sainte, Catholique et Apostolique. Je confesse un seul Baptême pour la rémission des péchés, et j'attends la résurrection des morts et la vie du siècle à venir. Ainsi-soit-il.

per Prophetas. Et Unam, Sanctam, Catholicam et Apostolicam Ecclesiam. Confiteor unum Baptisma in remissionem peccatorum. Et expecto resurrectionem mortuorum, et vitam venturi sæculi. Amen.

A l'Offertoire.

Un amour qui se sacrifie demande en retour un amour qui se donne. Est-il rien de plus juste, ô mon divin Sauveur? Si tel est l'ordre de la justice, que ne dois-je pas faire pour vous? Que ne dois-je pas vous donner et vous offrir? Pour réparer mes péchés, vous vous êtes offert à la justice de votre Père; vous lui avez dit me voici : Ecce venio. Vous vous êtes donné pour moi, dès votre plus tendre enfance, à toutes les privations, à toutes les douleurs, à tous les sacrifices. Votre vie toute entière, vous l'avez offerte en holocauste, vous l'avez sacrifiée sur la croix, et tous les jours vous l'immolez sur l'autel. — Pour répondre à tant de bienfaits, permettez que je vous offre un amour généreux. Je vous offre donc tout ce que je suis, tout ce que j'ai sans réserve. Quelque grande que soit pour moi cette offrande, elle sera, il est vrai, bien peu de chose pour vous : que dis-je? Elle deviendra précieuse, réunie à celle que vous faites en ce moment à votre Père. Changez-la donc, comme le pain et le vin vont être changés en votre corps et en votre sang. Sanctifiez-la par votre grâce, afin qu'elle vous soit agréable.

Au Lavabo.

Qui montera à la montagne sainte? qui approchera de l'autel? qui habitera dans votre sanctuaire? Celui, dit le Prophète, dont le cœur sera pur. Cette parole, ô mon Dieu, est terrible. Je vois en moi tant de souillures. Je me trouve déjà, à mes propres yeux, si coupable ; que dois-je donc être devant vous, qui êtes la sainteté même ? Lavez-moi, Seigneur. Purifiez ce qu'il y a en moi d'impur, afin que désormais vous n'y trouviez plus rien qui vous déplaise.

A la Préface.

Ce qui m'éloigne de vous, Seigneur, c'est qu'au lieu de tenir mes regards et mon cœur fixés vers le ciel, le plus souvent je les tiens attachés à la terre. C'est cependant de votre demeure sainte que je dois attendre mon secours. Oui, c'est du ciel que vous daignez descendre chaque jour sur nos autels, les mains pleines de grâces pour les répandre sur moi. Par la voix du prêtre qui tient ici votre place, vous venez encore de m'inviter à oublier tout ce qui passe pour élever mon âme jusqu'à vous. Faites donc que je sois fidèle, ô mon Dieu, et que tout mon bonheur, je le mette désormais à vous bénir, à vous remercier, à vous louer, répétant sans cesse, de concert avec tous les chœurs des Anges le cantique de l'éternité : Saint, Saint, Saint est le Seigneur, notre Dieu ; gloire, amour, bénédiction à celui qui vit et règne dans tous les siècles des siècles.

Au Canon.

En voyant approcher le moment où Jésus, obéissant à la voix du prêtre, va descendre sur l'autel, je me sens pénétré d'un vif sentiment de ferveur. Il me semble, ô mon Dieu, que je comprends mieux toute l'étendue de la grâce que vous voulez m'accorder, et du besoin que j'ai de votre assistance. Oh ! oui, Seigneur, j'ai bien besoin de vous. Père des miséricordes, au nom de ce Fils qui vous est si cher et qui va s'immoler réellement sur cet autel, ayez pitié de votre serviteur ; par ses mérites, daignez exaucer mes vœux.

Mais n'ai-je pas à craindre, Seigneur, que ma froideur ne paralyse l'effet de ma prière et que vous me trouviez encore indigne d'être exaucé. Oh ! alors j'oserai vous présenter des prières plus saintes, celles de la glorieuse Vierge Marie votre mère, de vos bienheureux Apôtres, des Saints Martyrs Lugle et Luglien, et de tous vos Saints. Vous ne les rejetterez point, celles-ci, ô mon Dieu, j'en ai la douce confiance, et ainsi appuyé de leur protection, vous me regarderez d'un œil plus favorable.

Au Memento *pour les Vivants.*

Souvenez-vous, Seigneur, de mes parents, de mes amis, de mes bienfaiteurs, donnez-leur part aux mérites de ce divin sacrifice, et comblez-les de vos bénédictions en ce monde et en l'autre.

A *l'Elévation de l'Hostie.*

Les cieux se sont ouverts. Le mystère est accompli. Quelle étonnante merveille! O mon âme, loue, bénis, adore. Le ciel est sur la terre: la Majesté du Très-Haut remplit ce temple. Jésus est descendu sur l'autel, et il désirerait aussi descendre dans mon cœur. O amour infini! Je m'humilie, je me prosterne, je m'anéantis devant vous.

A *l'Elévation du Calice.*

Sang divin, qui avez été répandu sur le calvaire pour effacer mes péchés, et qui êtes renfermé dans ce calice, je vous adore; coulez sur mon âme pour la laver, la purifier de toutes ses souillures, la sanctifier. Faites germer en elle toutes les vertus, et soyez-lui un gage du bonheur éternel.

Après *l'Elévation.*

Vous êtes sur l'autel, ô mon divin Sauveur, et bien que mes sens ne puissent vous y apercevoir, la foi me le dit. Je crois donc fermement qu'à la place du pain et du vin, c'est votre corps, c'est votre sang, c'est tout vous-même. Je vous y vois dans un état de victime et d'anéantissement; mais cela ne m'empêche pas de vous y reconnaître pour mon Créateur et pour mon Dieu. O Jésus, Dieu et homme tout ensemble! oserai-je vous demander ce qui a pu vous porter ainsi à venir partager mon exil? Ah! je vous entends, c'est votre amour. Oui, dans le ciel, au milieu de votre bonheur et de votre gloire, vous pensiez à moi, pauvre créature, et, pour ainsi dire épris de ma misère, vous avez résolu de quitter le bienheureux séjour pour venir habiter auprès de moi et me combler de vos faveurs. Demeurez-y donc, ô Seigneur Jésus, et ne m'abandonnez jamais, car, sans vous, je ne saurais trouver le bonheur et la vie.

Au MEMENTO *pour les Morts.*

Souvenez-vous, Seigneur, des âmes qui souffrent dans le purgatoire, et surtout de celles pour qui je suis plus étroitement obligé de prier. Achevez de leur faire miséricorde et accordez leur la paix et la gloire que vous leur avez méritées par le sacrifice de votre croix.

Au PATER.

Ce nom que vous me mettez dans la bouche, ô mon Dieu, apporte à mon âme une grande consolation. C'est un titre de gloire et d'honneur auquel ne devait pas prétendre une misérable créature comme moi. Que vous m'ayez permis de vous appeler mon Seigneur, mon maître, rien n'était plus juste, puisque la distance infinie qui me sépare de vous, me fait un devoir de respecter votre autorité et votre puissance. C'est, du reste, les seuls titres que semblait autoriser ma conduite envers vous. Oui, mon Dieu, par mes révoltes continuelles, mes désobéissances, mes mépris, mes insultes, n'ai-je pas toujours fait voir que la qualité d'esclave était la seule qui me convenait, et que je méritais d'être regardé par vous comme un rebelle. Mais, ô Dieu plein de bonté, si cette manière de me traiter convenait à votre grandeur, elle ne convenait pas à votre miséricorde ni à votre amour. Si votre puissance était satisfaite, votre cœur ne l'était pas. Pour moi c'était tout : pour vous ce n'était point assez. Pour satisfaire les exigences de votre amour, vous voulez donc que je vous appelle mon Père, parce que vous voulez m'appeler votre enfant. Comment avez-vous pu vous résoudre à me donner ce titre si précieux et si peu mérité. Il est vrai que c'est bien à vous que je dois la vie et tout ce que je suis, mais mon ingratitude a dû cent fois vous le faire oublier. Pardon, mon Dieu, je vous en conjure, ne me traitez pas comme je le mérite; oubliez mes offenses; soutenez ma faiblesse, et éloignez de moi toute occasion du mal.

A l'Agnus Dei.

Ce titre que vous donnait votre Saint Précurseur, ô mon Seigneur Jésus, vous l'avez porté dignement, parce que vous en avez vraiment rempli l'office. Oui, vous êtes l'Agneau de Dieu. Vous êtes venu sur la terre pour la sauver, et c'est en vous immolant sur la croix comme un agneau sans tâche, que vous avez effacé tous les péchés du monde. Cette noble mission, vous la remplissez encore. Je vous vois, sur cet autel, dans le même état d'immolation, et cette fois c'est pour effacer mes propres péchés. Ayez donc pitié de moi, et, puisque pour approcher de vous, il faut avoir la paix, et que cependant la paix n'est pas pour les impies et les pécheurs qui restent pécheurs, ah! convertissez-moi et donnez-moi la paix, afin que rien désormais ne puisse me séparer de vous.

Au Domine non sum dignus.

Seigneur, je ne suis pas digne que vous entriez en moi. Non, mon Dieu, je n'en suis pas digne. Je sais que vous m'invitez à aller à vous, que c'est votre désir, mais aussi vous avez soin de m'avertir par la bouche de votre Apôtre, que je ne dois faire cette démarche qu'après m'être soigneusement éprouvé. Puis-je donc croire que je sois tel que vous le désirez? A la vue de ma grande misère, je ne me reconnais vraiment pas digne de l'honneur que vous voulez me faire; je ne vois pas mon cœur assez pur pour qu'il devienne votre sanctuaire. Retirez-vous donc de moi, ô Seigneur, parce que je suis persuadé que vous ne voyez en moi que péchés. Allez porter à d'autres des faveurs dont je suis tout-à-fait indigne. Mais, que dis-je, ô Jésus! Est-ce qu'il n'y a pas un moyen de faire disparaître mon indignité? Oh! oui, ce moyen, vous l'avez entre les mains; dites seulement une parole et mon âme sera guérie.

Aux dernières Oraisons.

Mes besoins sont si grands, si nombreux, que je ne devrais jamais cesser un instant de vous prier, ô mon Sauveur. Vous me le recommandez, d'ailleurs, si fortement, que vous faites voir que vous êtes plus en peine de m'accorder vos grâces, que moi, de les recevoir. Et puis, je prie si froidement, si négligemment, qu'il est évident que c'est ma faute si vous ne m'exaucez pas. Apprenez-moi donc à prier comme il faut. Faites que désormais, j'apporte à mes prières toute l'attention dont je suis capable, et que je les rende si ferventes que par elles j'obtienne la grâce de vous aimer sur la terre et de vous glorifier éternellement avec nos Saints Patrons dans le ciel. Ainsi-soit-il.

A la Bénédiction.

Je ne vous quitterai pas, ô bon Jésus, sans vous faire encore une prière. En reconnaissance de votre amour pour moi, j'ai pris la résolution de me donner tout entier à vous et de vous aimer de toutes les puissances de mon âme. Bénissez donc, vous dirai-je, cette résolution, et que la bénédiction de votre ministre me soit le gage de la vôtre. Au nom du Père et du Fils et du Saint-Esprit. Ainsi-soit-il.

Au dernier Evangile.

Si j'ai besoin de force, j'ai aussi besoin de lumière, ô mon Dieu! Aveuglé par mes penchants et mes passions, je ne puis sans guide que m'éloigner du vrai chemin, et ce qui est plus déplorable encore, c'est que j'aime mes ténèbres. Dissipez-les, Seigneur, et faites-moi connaître votre volonté; mais surtout, donnez-moi le courage et la force de l'exécuter. Ainsi-soit-il.

OFFICE

DES

SAINTS LUGLE ET LUGLIEN,

MARTYRS,

Approuvé par N. Saint-Père le Pape et par Mgr l'Evêque d'Amiens,

POUR LE JOUR DE LA FÊTE 23 OCTOBRE.

AUX I VÊPRES.

ANT. Omnes Sancti quanta passi sunt tormenta; ut securi pervenirent ad palmam martyrii.

PSALMUS 109.

Dixit Dominus Domino meo : * Sede a dextris meis;

Donec ponam inimicos tuos : * scabellum pedum tuorum.

Virgam virtutis tuæ emittet Dominus ex Sion : * dominare in medio inimicorum tuorum.

Tecum principium in die virtutis tuæ in splendoribus Sanctorum : * ex utero ante luciferum genui te.

Juravit Dominus et non pœnitebit eum : * Tu es Sacerdos in æternum secundum ordinem Melchisedech.

ANT. Que de tourments ont soufferts tous les Saints, pour parvenir sûrement à recevoir la palme du martyre.

PSAUME 109.

Le Seigneur a dit à mon Seigneur : Asseyez-vous à ma droite.

Jusqu'à ce que je réduise vos ennemis à vous servir de marche-pied.

Le Seigneur fera sortir de Sion le sceptre de votre puissance : régnez au milieu de vos ennemis.

Votre puissance paraîtra au jour de votre force, dans la splendeur des Saints : je vous ai engendré avant l'aurore.

Le Seigneur l'a juré, et il ne se retractera pas : Vous êtes le Prêtre éternel selon l'ordre de Melchisedech.

Dominus a dextris tuis: * confregit in die iræ suæ reges.

Judicabit in nationibus; implebit ruinas: * conquassabit capita, in terrâ, multorum.

De torrente in viâ bibet: * proptereà exaltabit caput.

Gloria Patri, et Filio, et Spiritui Sancto.

Sicut erat in principio, et nunc, et semper, * et in sæcula sæculorum. Amen.

Ant. Omnes Sancti quanta passi sunt tormenta: ut securi pervenirent ad palmam martyrii.

Ant. Cum palmâ ad regna pervenerunt Sancti; coronas decoris meruerunt de manu Dei.

Psalmus 110.

Confitebor tibi, Domine, in toto corde meo, * in concilio justorum, et congregatione.

Magna opera Domini, * exquisita in omnes voluntates ejus.

Confessio et magnificentia opus ejus, * et justitia ejus manet in sæculum sæculi.

Memoriam fecit mirabilium suorum, misericors et miserator Dominus; * escam dedit timentibus se.

Memor erit in sæculum testamenti sui : * virtutem ope-

Le Seigneur est à votre droite : il écrasera les rois au jour de sa colère.

Il jugera les nations : il remplira tout des ruines de ses ennemis, il brisera la tête de plusieurs habitants de la terre.

Il boira dans sa course de l'eau du torrent, et c'est pourquoi il lèvera la tête.

Gloire au Père, et au Fils, et au Saint-Esprit.

A présent et toujours, comme dès le commencement, et dans tous les siècles des siècles. Ainsi-soit-il.

Ant. Que de tourments ont soufferts tous les Saints pour parvenir sûrement à recevoir la palme du martyre.

Ant. Les Saints sont parvenus au ciel avec la palme, ils ont mérité de recevoir leur couronne de la main de Dieu.

Psaume 110.

Seigneur, je vous louerai de tout mon cœur dans la société des justes, et dans l'assemblée de votre peuple.

Les ouvrages du Seigneur sont grands, et toujours proportionnés à ses desseins.

Tout ce qu'il fait publie ses louanges et sa grandeur; sa justice demeure dans l'éternité.

Le Seigneur bon et miséricordieux a éternisé la mémoire de ses merveilles: il a donné la nourriture à ceux qui le craignent.

Il se souviendra toujours de son alliance: il fera connaître à son peuple la puissance de ses œuvres,

En leur donnant l'héritage des nations: la vérité et la justice sont les ouvrages de ses mains.

Toutes ses lois sont fidèles: elles sont à jamais immuables: elles reposent sur la vérité et la justice.

Il a envoyé à son peuple un Rédempteur: il a fait avec lui une alliance éternelle.

Son Nom est saint et terrible: la crainte du Seigneur est le commencement de la sagesse.

La vraie intelligence est en ceux qui l'éprouvent: la gloire du Seigneur subsistera à jamais. — Gloire au Père....

Ant. Les Saints sont parvenus au ciel avec la palme, ils ont mérité de recevoir leur couronne de la main de Dieu.

Ant. Les corps des Saints ont été ensevelis en paix et leurs noms vivront éternellement.

Psaume 111.

Heureux l'homme qui craint le Seigneur, il mettra ses délices à accomplir sa loi.

Sa postérité sera puissante sur la terre: la race des justes sera comblée de bénédictions.

La gloire et les richesses sont dans sa maison, et sa justice demeure éternellement.

Au milieu des ténèbres s'est élevée une lumière pour les justes; Dieu lui-même, clément, juste et miséricordieux.

Heureux l'homme compatissant qui donne et qui prête

rum suorum annuntiabit populo suo,

Ut det illis hæreditatem gentium : * opera manuum ejus, veritas et judicium.

Fidelia omnia mandata ejus, confirmata in sæculum sæculi, * facta in veritate et æquitate.

Redemptionem misit populo suo; * mandavit in æternum testamentum suum.

Sanctum et terribile Nomen ejus : * initium sapientiæ timor Domini.

Intellectus bonus omnibus facientibus eum: * laudatio ejus manet in sæculum sæculi. — Gloria Patri....

Ant. Cum palmà ad regna pervenerunt Sancti: coronas decoris meruerunt de manu Dei.

Ant. Corpora Sanctorum in pace sepulta sunt, et vivent nomina eorum in æternum.

Psalmus 111.

Beatus vir qui timet Dominum: * in mandatis ejus volet nimis.

Potens in terrà erit semen ejus ; * generatio rectorum benedicetur.

Gloria et divitiæ in domo ejus : * et justitia ejus manet in sæculum sæculi.

Exortum est in tenebris lumen rectis; * misericors et miserator, et justus.

Jucundus homo, qui miseretur et commodat, disponet

sermones suos in judicio; * quia in æternum non commovebitur.

In memoriâ æternâ erit justus; * ab auditione malâ, non timebit.

Paratum cor ejus sperare in Domino, confirmatum est cor ejus; * non commovebitur donec despiciat inimicos suos.

Dispersit, dedit pauperibus, justitia ejus manet in sæculum sæculi; * cornu ejus exaltabitur in gloriâ.

Peccator videbit et irascetur; dentibus suis fremet, et tabescet; * desiderium peccatorum peribit. — Gloria....

ANT. Corpora Sanctorum in pace sepulta sunt, et vivent nomina eorum in æternum.

ANT. Martyres Domini, Dominum benedicite in æternum.

PSALMUS 112.

Laudate, pueri, Dominum; * laudate nomen Domini.

Sit nomen Domini benedictum; * ex hoc nunc et usque in sæculum.

A solis ortu usque ad occasum; * laudabile nomen Domini.

Excelsus super omnes gentes, Dominus; * et super cœlos, gloria ejus.

Quis sicut Dominus Deus noster, qui in altis habitat, * et humilia respicit in cœlo et in terrâ?

au besoin; il réglera ses discours par la prudence; et il ne sera jamais ébranlé.

La mémoire du juste ne périra jamais: durant les alarmes, il ne sera point ému.

Son cœur est préparé à espérer au Seigneur; son cœur est affermi, et il ne craint rien; il attend la ruine de ses ennemis.

Il a répandu ses biens sur les pauvres: sa justice demeurera éternellement; sa force sera couronnée de gloire

L'impie verra, il frémira; il grincera des dents; il séchera de rage: le désir des impies périra. — Gloire....

ANT. Les corps des Saints ont été ensevelis en paix, et leurs noms vivront éternellement.

ANT. Martyrs du Seigneur, bénissez éternellement le Seigneur.

PSAUME 112.

Louez le Seigneur, vous tous qui êtes ses serviteurs : louez le nom du Seigneur.

Que le nom du Seigneur soit béni maintenant, et à jamais.

Que le nom du Seigneur soit loué depuis l'orient jusqu'à l'occident.

Le Seigneur domine toutes les nations; sa gloire est au-dessus des cieux.

Qui est comme le Seigneur notre Dieu ? il habite aux lieux les plus élevés et ses regards s'abaissent sur les cieux et sur la terre.

Il tire les plus vils de la poussière; il fait sortir le pauvre de son fumier,

Pour le placer parmi les princes de son peuple.

Il rend féconde l'épouse stérile, il lui donne les joies de la mère. — Gloire....

Ant. Martyrs du Seigneur, bénissez éternellement le Seigneur.

Ant. Chœurs des Martyrs, louez le Seigneur dans le ciel; Alleluia.

Psaume 116.

NATIONS, louez toutes le Seigneur; peuples, louez-le tous;

Parce qu'il a signalé envers nous la grandeur de sa miséricorde, et que la vérité du Seigneur est éternelle.

Gloire au Père....

Ant. Chœurs des Martyrs, louez le Seigneur dans le ciel; Alleluia.

Suscitans a terrâ inopem; * et de stercore erigens pauperem;

Ut collocet eum cum principibus; * cum principibus populi sui;

Qui habitare facit sterilem in domo, * matrem filiorum lætantem. — Gloria....

Ant. Martyres Domini, Dominum benedicite in æternum.

Ant. Martyrum chorus, laudate Dominum de cœlis; Alleluia.

Psalmus 116.

LAUDATE Dominum omnes gentes; * laudate eum, omnes populi,

Quoniam confirmata est super nos misericordia ejus; * et veritas Domini manet in æternum.

Gloria Patri....

Ant. Martyrum chorus, laudate Dominum de cœlis, Alleluia.

CAPITULE.

LES âmes des justes sont dans la main de Dieu, et les angoisses de la mort ne les toucheront point. Ils ont paru mourir aux yeux des insensés; cependant ils sont en paix. Rendons grâces à Dieu.

JUSTORUM animæ in manu Dei sunt, et non tanget illos tormentum mortis. Visi sunt oculis insipientium mori; illi autem sunt in pace.

Deo gratias.

HYMNE.

UNISSONS-NOUS pour chanter les actions glorieuses des Saints et la joie éternelle qu'ils ont méritée; mon cœur est pressé de chanter les louanges de ces vainqueurs

SANCTORUM meritis inclyta gaudia
Pangamus socii, gestaque fortia:
Gliscens fert animus promere cantibus

Victorum genus optimum.
　Hi sunt, quos fatuè mundus abhorruit:
Hunc fructu vacuum, floribus aridum
Contempsêre tui nominis asseclæ,
Jesu, Rex bone cœlitum.
　Hi pro te furias, atque minas truces
Calcarunt hominum, sævaque verbera:
His cessit lacerans fortiter ungula,
Nec carpsit penetralia.
　Cæduntur gladiis more bidentium:
Non murmur resonat, non querimonia:
Sed corde impavido mens benè conscia,
Conservat patientiam.
　Quæ vox, quæ poterit lingua retexere,
Quæ tu martyribus munera præparas?
Rubri nam fluido sanguine fulgidis
Cingunt tempora laureis.
　Te, summa ô Deitas unaque, poscimus,
Ut culpas abigas, noxia subtrahas,
Des pacem famulis, ut tibi gloriam.
Annorum in seriem canant.
　Amen.
Lætamini in Domino et exultate justi. Et gloriamini, omnes recti corde.

A Magnif. — ANT. Istorum est enim regnum cœlorum qui contempserunt vitam mundi,

les plus illustres de tous.
　Le monde insensé les a eus en horreur, parce que le regardant comme un arbre desséché, dépourvu de fleurs et de fruits, ils l'ont méprisé et se sont attachés à vous, ô Jésus, aimable Roi du ciel.
　Par vous, ils ont foulé aux pieds la fureur, les menaces et les tourments des hommes; les ongles qui les ont déchirés ont cédé à leur courage et n'ont pu faire impression sur eux.
　Ils sont égorgés par le tranchant des épées: on n'entend aucun murmure, aucune plainte: le cœur sans crainte et la conscience sans reproche, ils souffrent tout avec patience et résignation.
　Quelle voix, quelle langue pourra dire ce que vous préparez à vos martyrs? Encore teints du sang qu'ils ont répandu pour vous, ils recevront la couronne du triomphe.
　Sainte Trinité qui êtes un seul Dieu en trois personnes, effacez nos péchés; éloignez ce qui peut nous être nuisible; donnez la paix à vos serviteurs, afin qu'ils vous louent et vous glorifient à jamais. — Ainsi-soit-il.
　Justes, réjouissez-vous dans le Seigneur, et tressaillez d'allégresse. Glorifiez-vous en lui vous qui avez le cœur pur.

ANT. Le royaume des cieux appartient à ceux qui ont méprisé la vie de ce monde, ont obtenu les récompenses éternelles, et ont lavé leurs robes dans le sang de l'Agneau.

et pervenerunt ad præmia regni, et laverunt stolas suas in sanguine Agni.

CANTIQUE DE LA SAINTE-VIERGE.

Mon âme, glorifie le Seigneur :

Et mon esprit est ravi de joie en Dieu, qui est mon Sauveur ;

Parce qu'il a regardé la bassesse de sa servante : et désormais je serai appelée bienheureuse dans la suite de tous les siècles.

Car celui qui est tout puissant, a fait en moi de grandes choses, et son nom est saint.

Sa miséricorde se répand d'âge en âge sur ceux qui le craignent.

Il a signalé la puissance de son bras : il a confondu les pensées des superbes.

Il a fait descendre les grands de leurs trônes, et il a élevé les humbles.

Il a rempli de biens ceux qui étaient pauvres, et réduit les riches à l'indigence.

Il a pris sous sa protection Israel son serviteur, se souvenant de ses miséricordes.

Comme il l'avait promis à nos pères, à Abraham et à sa postérité dans tous les siècles.

Gloire au Père....

Magnificat * anima mea Dominum ;

Et exultavit spiritus meus,* in Deo salutari meo ;

Quia respexit humilitatem ancillæ suæ : * ecce enim ex hoc, beatam me dicent omnes generationes ;

Quia fecit mihi magna, qui potens est ; * et sanctum nomen ejus ;

Et misericordia ejus a progenie et progenies, * timentibus eum.

Fecit potentiam in brachio suo ; * dispersit superbos mente cordis sui.

Deposuit potentes de sede : * et exaltavit humiles.

Esurientes implevit bonis ;* et divites dimisit inanes.

Suscepit Israel puerum suum, * recordatus misericordiæ suæ ;

Sicut locutus est ad patres nostros, * Abraham et semini ejus in sæcula.

Gloria Patri....

Ant. Le royaume des cieux appartient à ceux qui ont méprisé la vie de ce monde, ont obtenu les récompenses éternelles, et ont lavé leurs robes dans le sang de l'Agneau.

Ant. Istorum est enim regnum cœlorum qui contempserunt vitam mundi, et pervenerunt ad præmia regni, et laverunt stolas suas in sanguine agni.

OREMUS.	PRIONS.

Deus, pro cujus amore beati Luglius et Luglianus gloriam terrenam fugientes, perfectionis Evangelicæ viam ingressi sunt; eorum nobis intercessione tribue, ut spretis mundi illecebris, Christum sequi valeamus, et eos imitari quos eadem fides et passio verè fecit esse germanos. Per eumdem Dominum...

O Dieu, pour l'amour de qui les bienheureux Lugle et Luglien, fuyant la gloire terrestre sont entrés dans la voie de la perfection évangélique, faites que, par leur intercession, nous méprisions les faux attraits du monde pour suivre Notre-Seigneur Jésus-Christ, et que nous imitions ceux qu'une même foi et un même martyre ont rendus véritablement frères, par Jésus-Christ.

A Complies, tout comme dans les Dimanches de l'année.

A Matines, Laudes et les Heures, tout comme au commun de plusieurs Martyrs, excepté ce qui suit:

A MATINES.

Au 1er Nocturne : *Leçons de l'Ecriture occurrente.*

Au 2 Nocturne.

LEÇON IV.

Luglius et Luglianus in Hiberniâ, septimo sæculo, Dodano patre, uno ex istius insulæ Regulis, et matre Relaniâ nati, litteris a primâ ætate instituti sunt, et præceptis sacræ Religionis imbuti. Luglianus regni paterni habenas summâ æquitate aliquandiù moderatus est; et Luglius ad episcopalem pervenit dignitatem. Sed ambo vitæ perfectioris amore succensi, positis dignitatum insignibus, patriâ clam excedere statuerunt. Igitur in Angliam devecti, prædicare Evangelium cœperunt. Mox ut se

Lugle et Luglien naquirent dans l'Hibernie, au septième siècle. Ils eurent pour père Dodanus, un des Rois de cette île, et pour mère Relanie. Dès leur plus tendre enfance on leur enseigna les lettres humaines et les principes sacrés de la Religion. Luglien, pendant quelque temps, gouverna avec une grande équité le royaume qu'il avait reçu de son père, et Lugle fut élevé à la dignité épiscopale. Mais, tous les deux se sentant poussés par le désir de mener une vie plus parfaite, ils formèrent le projet de quitter secrètement leur patrie après avoir renoncé à leurs sublimes dignités. Ayant donc passé en Angleterre, ils commencèrent à prêcher l'Evangile. Bientôt, pour se soustraire aux louanges et à l'admiration des hommes, ils s'enfuirent dans des pays où ils pouvaient être inconnus. C'est pourquoi, à la faveur de la nuit, ils montèrent sur un navire qui allait faire voile pour le pays des Morins, et ils ne parvinrent à Boulogne qu'après avoir essuyé sur la mer une violente tempête qu'ils apaisèrent par leurs prières.

laudibus et admirationi hominum subtraherent, terras petiére incognitas. Quapropter noctu navem conscendunt, et ad terram Morinensem vela faciunt ; ingentemque passi tempestatem, quæ precibus eorum sedata est, Boloniam pervenère.

LEÇON V.

DE Boulogne où ils avaient converti à la foi beaucoup d'infidèles et opéré de grands miracles, ils partirent pour accomplir le vœu qu'ils avaient fait d'un pélérinage à Rome. Etant entrés dans la ville des Morins, ils allèrent visiter la célèbre basilique consacrée à la Sainte-Vierge, pour se mettre sous sa protection avant de partir pour une autre contrée. Mais, de peur que la renommée attachée à leur nom, ne devint la cause qu'ils fussent retenus plus long-temps par l'évêque Baïnus, ils allèrent loger dans une pauvre hôtellerie, et le lendemain, de grand matin, ils se remirent en route. Non loin de Ferfay, ils trouvèrent une vallée ap-

INDÈ postquàm multos ad fidem adduxissent, signisque claruissent, profecti sunt, votum causati de Romanâ peregrinatione solvendum. Morinorum urbem ingressi, celeberrimam Virginis basilicam inviserunt, seque in aliam regionem profecturos, ejus patrocinio commendarunt ; et ne, vulgatâ eorum nominis famâ, apud Baïnum Episcopum diutiùs commorari cogerentur, hospitio excepti sunt, et posterâ die primo manè iter facere cœperunt. Fortè postquàm in vallem Schyredalam prope Fracfagium pervenerunt, dùm inter se Psalterium in viâ decantarent, in impios sicarios Berengarium et fratres ejus Bovonem et Hescelinum incidunt, et ab illis truncati vitam amiserunt. | pelée Scyredale, où ils entrèrent. Chemin faisant, tandis qu'ils chantaient alternativement des Psaumes; ils tombèrent entre les mains d'impies assassins, Bérenger et ses frères, Bovon et Hescelin qui, leur ayant tranché la tête, leur arrachèrent la vie.

LEÇON VI.

Eorum corpora primùm ab Episcopo Teruannensi in castrum suum non procul ab Hurionvillà delata fuêre; ibique posteà constitutum est Oratorium, cujus curam habuit a multo tempore Anachoreta ad annum usque millesimum sexcentesimum vigesimum quintum. Nono autem sæculo(*) Lillerium Diæcesis Atrebatensis oppidum, translatæ sunt eorum Reliquiæ, ubi religiosè asservantur. Harum verò reliquiarum portiones insignes Montemdesiderii hujus Diæcesis civitatem, a multis jam sæculis allatæ sunt, et ibi in ecclesià parochiali Sancti Petri coluntur. Porrò cives tùm Lillerienses tùm Montisdesiderii Sanctos Luglium et Luglianum patronos sibi elegerunt, nec rarò præsentis eorum auxilii efficaciam experti sunt.

L'évêque de Térouanne fit d'abord transporter les corps des saintes victimes dans son château qui était proche d'Hurionville; et dans cet endroit on bâtit un Oratoire, dont le soin fut confié à un Anachorète depuis cette époque, jusque vers l'an 1625. Au 9ᵉ siècle, les Saintes Reliques furent transférées à Lillers, ville du diocèse d'Arras, où elles sont conservées religieusement. Des portions considérables de ces Reliques ont été transportées, depuis un grand nombre de siècles, à Montdidier, ville du diocèse d'Amiens, et reposent dans l'église paroissiale de Saint-Pierre où elles sont en grande vénération. C'est pourquoi les habitants de Lillers, aussi bien que ceux de Montdidier, ont choisi Saint-Lugle et Saint-Luglien pour leurs patrons, et fort souvent ils ont éprouvé les effets de leur puissant secours.

(*) L'auteur de cette légende a commis une erreur en disant que les reliques des Saints Lugle et Luglien furent portées à Lillers au 9ᵉ siècle, tandis qu'en réalité cette translation n'a eu lieu qu'au 10ᵉ.

Au 3 Nocturne.

Homélie sur l'Evangile : Descendens Jesus, *de comm.* 2º *loco.*

R. VIII. Hæc est vera fraternitas.

A LA MESSE.

INTROÏT.

Que les peuples racontent la sagesse des Saints ; que l'assemblée des fidèles publie leurs louanges ; car leurs noms vivront dans tous les siècles. Ps. Justes, réjouissez-vous dans le Seigneur ; c'est aux cœurs droits qu'il appartient de le louer. Gloire au Père....	Sapientiam Sanctorum narrent populi ; et laudes eorum nuntiet ecclesia ; nomina autem eorum vivent in sæculum sæculi. Ps. Exultate justi, in Domino : * rectos decet collaudatio. Gloria Patri....

OREMUS.	PRIONS.
Deus pro cujus amore....	(comme ci-dessus.)

ÉPITRE.

Lecture du livre de la Sagesse.	Lectio libri Sapientiæ.
Les justes vivront éternellement ; le Seigneur est leur récompense, et le Très-Haut prend soin d'eux : c'est pourquoi ils recevront de la main du Seigneur un royaume de gloire et un diadème éclatant ; il les protégera de sa droite, et il les défendra de son bras saint. Il se revêtira de ses armes, et il armera toutes ses créatures pour tirer vengeance de ses ennemis. Il prendra la justice pour cuirasse ; pour casque, son infaillible jugement, et pour bouclier, son équité.	Justi autem in perpetuum vivent, et apud Dominum est merces eorum, et cogitatio illorum apud Altissimum. Ideo accipient regnum decoris, et diadema speciei de manu Domini ; quoniam dextera sua teget eos, et brachio sancto suo defendet illos. Accipiet armaturam zelus illius, et armabit creaturam ad ultionem inimicorum. Induet pro thorace justitiam, et accipiet pro galea judicium certum. Sumet scutum inexpugnabile, æquitatem.

GRADUEL.

Anima nostra sicut passer erepta est de laqueo venantium. Laqueus contritus est, et nos liberati sumus: adjutorium nostrum in nomine Domini, qui fecit cœlum et terram. Alleluia, allel. Justi epulentur, et exultent in conspectu Dei; et delectentur in lætitiâ. — Alleluia.

Notre âme a été délivrée comme le passereau du filet de l'oiseleur. Le filet a été rompu, et nous avons été sauvés: notre secours est dans le nom du Seigneur qui a fait le ciel et la terre. Alleluia, allel. Que les justes soient rassasiés et tressaillent de joie en présence du Seigneur ; qu'ils soient dans l'allégresse. — Alleluia.

ÉVANGILE.

Sequentia sancti Evangelii secundum Lucam.

In illo tempore; Descendens Jesus de monte, stetit in loco campestri, et turba discipulorum ejus, et multitudo copiosa plebis ab omni Judæâ, et Jerusalem, et maritima et Tyri, et Sidonis, qui venerant, ut audirent eum, et sanarentur à languoribus suis. Et qui vexabantur a spiritibus immundis curabantur. Et omnis turba quærebat eum tangere; quia virtus de illo exibat, et sanabat omnes. Et ipse, elevatis oculis, in discipulos suos, dicebat : Beati, pauperes; quia vestrum est regnum Dei. Beati, qui nunc esuritis ; quia saturabimini. Beati, qui nunc fletis; quia ridebitis. Beati eritis, cum vos oderint homines, et cum separaverint vos, et exprobraverint et ejecerint nomen vestrum tanquàm malum propter filium hominis. Gaudete in illâ die, et exultate; ecce

Suite du saint Evangile selon saint Luc.

En ce temps là, Jésus descendit de la montagne et s'arrêta dans la plaine, accompagné de ses disciples et d'une grande multitude des peuples de la Judée, de Jérusalem, du pays maritime de Tyr et de Sidon, venus pour l'entendre et être guéris de leurs maladies. Les possédés d'esprits impurs, étaient délivrés. Et tout le peuple cherchait à le toucher, parce qu'il sortait de lui une vertu qui les guérissait tous. Alors, Jésus, levant les yeux vers ses disciples, leur dit : Vous êtes bienheureux, vous qui êtes pauvres, parce que le royaume de Dieu est à vous. Vous êtes bienheureux, vous qui avez faim, parce que vous serez rassasiés. Vous êtes bienheureux, vous qui pleurez maintenant, parce que vous rirez. Vous serez bienheureux, lorsque les hommes

— 401 —

vous haïront, lorsqu'ils vous rejetteront, vous insulteront et repousseront votre nom comme mauvais, à cause du Fils de l'homme. Réjouissez-vous en ce jour et tressaillez d'allégresse: une grande récompense vous est réservée dans le ciel.

enim merces vestra multa est in cœlo.

Credo.....

OFFERTOIRE.

Les Saints tressailleront dans la gloire; ils feront éclater leurs transports dans le lieu de leur repos ; les louanges de Dieu seront dans leur bouche; alleluia.

Exultabunt Sancti in gloriâ, lætabuntur in cubilibus suis; exaltationes Dei in faucibus eorum; alleluia.

SECRÈTE.

Nous vous offrons, Seigneur, les présents de notre dévotion : qu'ils vous soient agréables pour l'honneur de vos Saints, et que, par votre miséricorde, ils nous deviennent salutaires; Par J.-C....

Munera tibi, Domine nostræ devotionis offerimus, quæ et pro tuorum tibi grata sint honore justorum : et nobis salutaria, te miserante reddantur; Per Dominum....

COMMUNION.

Je vous le dis à vous, mes amis : ne craignez point ceux qui vous persécutent.

Dico autem vobis amicis meis : ne terreamini ab his qui vos persequuntur.

POSTCOMMUNION.

Seigneur, qui nous avez nourris des mystères du salut, faites que nous soyons secourus par les prières de ceux dont nous célébrons la fête, nous vous le demandons; Par Jésus-Christ N.-S.....

Quæsumus, Domine, salutaribus repleti mysteriis: ut quorum solemnia celebramus, eorum orationibus adjuvemur; Per Dominum....

AUX II VÊPRES.

Ant. Isti sunt Sancti qui pro testamento Dei sua corpora tradiderunt, et in sanguine Agni laverunt stolas suas.

Ps. Dixit Dominus, *page* 389.

Ant. Sancti per fidem vicerunt regna, operati sunt justitiam, adepti sunt repromissiones.

Ps. Confitebor, *page* 390.

Ant. Sanctorum velut aquilæ juventus renovabitur : florebunt sicut lilium in civitate Domini.

Ps. Beatus, *page* 391.

Ant. Absterget Deus omnem lacrymam ab oculis Sanctorum; et jam non erit amplius neque luctus, neque clamor sed nec ullus dolor ; quoniam priora transierunt.

Ps. Laudate, *page* 392.

Ant. In cœlestibus regnis Sanctorum habitatio est, et in æternum requies eorum.

Psalmus 115.

CREDIDI, propter quod locutus sum; * ego autem humiliatus sum nimis.

Ego dixi, in excessu meo : * omnis homo mendax.

Quid retribuam Domino, * pro omnibus quæ retribuit mihi.

Ant. Ce sont ces Saints qui ont livré leurs corps pour la défense de la loi de Dieu, et qui ont lavé leurs robes dans le sang de l'Agneau.

Ant. C'est par la foi que les Saints ont conquis les royaumes, accompli la justice et reçu l'effet des promesses.

Ant. Les Saints seront renouvelés et rajeunis comme l'aigle; ils fleuriront comme le lis dans la cité du Seigneur.

Ant. Dieu essuiera toutes les larmes des yeux de ses Saints; il n'y aura plus ni pleurs, ni cris, ni douleurs, parce que tout ce qui a précédé, sera passé.

Ant. La demeure des Saints est dans le royaume du Ciel, et leur repos est éternel.

Psaume 115.

J'AI cru avec une ferme foi: c'est pourquoi j'ai parlé, malgré l'état d'humiliation où j'étais réduit.

J'ai dit dans le trouble qui m'agitait : il n'est point d'homme qui ne soit sujet à tromper.

Que rendrai-je maintenant au Seigneur pour tous les biens dont il m'a comblé?

Je prendrai le calice d'actions de grâces et j'invoquerai le nom du Seigneur.	Calicem salutaris accipiam,* et nomen Domini invocabo.
En présence de tout le peuple, je m'acquitterai des vœux que j'ai faits au Seigneur : la mort de ses Saints est précieuse aux yeux du Seigneur.	Vota mea Domino reddam, coram omni populo ejus : * pretiosa in conspectu Domini, mors Sanctorum ejus.
Vous prenez soin de moi, ô mon Dieu, parce que je suis votre serviteur et le fils de votre servante.	O Domine! quia ego servus tuus; * ego servus tuus, et filius ancillæ tuæ.
Vous avez rompu mes liens; c'est pourquoi je vous offrirai un sacrifice de louanges, et j'invoquerai le nom du Seigneur.	Dirupisti vincula mea; * tibi sacrificabo hostiam laudis, et nomen Domini invocabo.
Je m'acquitterai des vœux que j'ai faits au Seigneur en présence de tout son peuple, dans les parvis de la maison du Seigneur, au milieu de toi, ô Jérusalem. Gloire...	Vota Domino mea reddam, in conspectu omnis populi ejus, * in atriis domûs Domini, in medio tui, Jerusalem. Gloria Patri...

CAPITULE ET HYMNE DES I^{res} VÊPRES.

Les Saints tressailleront dans la gloire ; ils se réjouiront dans le lieu de leur repos.	Exultabunt Sancti in gloriâ. Lætabuntur in cubilibus suis.
ANT. Les âmes des Saints qui ont marché sur les traces de Jésus-Christ, sont comblées de joie dans le ciel; comme ils ont répandu leur sang pour son amour, ils jouissent avec lui d'un bonheur sans fin.	*Ad Magnif.* — ANT. Gaudent in cœlis animæ Sanctorum, qui Christi vestigia sunt secuti : et quia pro ejus amore sanguinem suum fuderunt, ideò cum Christo exultant sine fine.

OREMUS.

Deus pro cujus..... *Page 396.*

A COMPLIES, *tout comme dans les Dimanches de l'année.*

A LA PROCESSION.

Le jour de la Fête et le jour de la Translation, à l'issue des Vêpres, on va processionnellement, avec les Reliques des Saints, à l'Eglise du Saint-Sépulcre.

(A la sortie de l'Eglise St.-Pierre, on chante l'antienne).

De Jerusalem exeunt Reliquiæ et salvatio de monte Sion : proptereà protectio erit huic civitati et salvabitur propter Patronos ejus. Alleluia.

Ant. Les Reliques sortent de Jérusalem et le salut de la montagne de Sion : c'est pourquoi cette Cité sera protégée et sauvée a cause de ses Patrons. Alleluia.

HYMNUS.

Veni Creator Spiritus,
Mentes tuorum visita,
Imple supernâ gratiâ,
Quæ tu creasti pectora.

Qui diceris Paraclitus,
Altissimi donum Dei,
Fons vivus, ignis, charitas,
Et spiritalis unctio.

Tu septiformis munere,
Digitus paternæ dexteræ ;
Tu ritè promissum Patris,
Sermone ditans guttura.

Accende lumen sensibus,
Infunde amorem cordibus,
Infirma nostri corporis,
Virtute firmans perpeti.

Hostem repellas longiùs,
Pacemque dones protinùs,
Ductore sic te prævio,

HYMNE.

Venez, Esprit Créateur, daignez visiter ceux qui se font gloire de vous appartenir, et remplissez de votre grâce les cœurs que vous avez formés.

Vous êtes le Consolateur, le don du Très-Haut, la source de la justice et de la vie, le feu sacré, la charité et l'onction qui nous consacre à Dieu.

Vous êtes la source des sept dons célestes, le doigt de la droite de Dieu, l'objet de la promesse du Père, qui donne l'éloquence aux ministres de sa parole.

Venez donc, ô divin Esprit, éclairer nos âmes de votre lumière, et répandre l'amour divin dans nos cœurs : soutenez notre faiblesse par les secours continuels de votre grâce.

Ecartez loin de nous notre ennemi, donnez-nous la paix, et sous votre conduite nous éviterons tout ce qui pourrait nous nuire.

Faites que par vous nous connaissions le Père et le Fils, et que nous ne cessions jamais de vous adorer comme l'Esprit de l'un et de l'autre.

Gloire à Dieu le Père, et à son Fils, qui est ressuscité d'entre les morts, et au Saint-Esprit consolateur, dans tous les siècles des siècles. Ainsi-soit-il.

Vitemus omne noxium.

Per te sciamus da Patrem,
Noscamus atque Filium,
Teque utriusque Spiritum,
Credamus omni tempore.

Deo Patri sit gloria,
Et Filio qui a mortuis
Surrexit ac Paraclito,
In sæculorum sæcula.

Amen.

A la Station de l'Hôtel-de-Ville.

Voilà la marque du véritable amour fraternel, c'est de n'avoir jamais cessé d'exister au milieu même des difficultés. Ceux qui pour suivre le Seigneur ont répandu leur sang, en méprisant les grandeurs, ont acquis le royaume céleste.

Qu'il est avantageux et doux à des frères de vivre dans l'union.

En méprisant.... Gloire.... En méprisant.

Le Seigneur veille sur les âmes de ses Saints.

Il les délivrera de la main du pécheur.

Hæc est vera fraternitas, quæ nunquàm potuit violari certamine. Qui effuso sanguine secuti sunt Dominum, contemnentes aulam regiam, pervenerunt ad regna cœlestia.

Ecce quam bonum et quam jucundum habitare fratres in unum.

Contemnentes.... Gloria.... Contemnentes.

Custodit Dominus animas Sanctorum suorum.

De manu peccatoris liberabit eos.

PRIONS.

Faites, s'il vous plaît, Dieu tout puissant, que, dans la solennité de ce jour, nous ressentions une double joie à la vue de la gloire de vos martyrs Lugle et Luglien, qu'une même foi et une même mort ont rendus véritablement frères. Par J.-C....

OREMUS.

Quæsumus, omnipotens Deus, ut nos geminata lætitia hodiernæ solemnitatis excipiat, quæ de beatorum Luglii et Lugliani glorificatione procedit; quos eadem fides et passio verè fecit esse germanos. Per Christum...

En allant au Saint-Sépulcre.

HYMNUS.

Ave, maris stella,
Dei Mater alma,
Atque semper Virgo,
Felix cœli porta.

Sumens illud Ave,
Gabrielis ore,
Funda nos in pace,
Mutans Evæ nomen.

Solve vincla reis,
Profer lumen cæcis,
Mala nostra pelle,
Bona cuncta posce.

Monstra te esse Matrem,
Sumat per te preces,
Qui pro nobis natus,
Tulit esse tuus.

Virgo singularis,
Inter omnes mitis,
Nos culpis solutos,
Mites fac et castos.

Vitam præsta puram,
Iter para tutum;
Ut videntes Jesum,
Semper collætemur.

Sit laus Deo Patri,
Summo Christo decus,
Spiritui Sancto;
Tribus honor unus. Amen.

HYMNE.

Salut, ô étoile de la mer, bonne mère de Dieu, toujours Vierge : bienheureuse porte du ciel, salut.

Après ce salut de Gabriel, affermissez-nous dans la paix, vous qui, mieux qu'Eve, êtes la mère des vivants.

Brisez les chaînes des pécheurs, faites voir les aveugles, écartez de nous tous les maux, et obtenez-nous tous les biens.

Montrez-vous notre Mère, présentez vous-même nos prières à celui qui, pour nous, voulut être votre Fils.

O Vierge unique, la plus douce des créatures, délivrez-nous de nos péchés, et rendez-nous doux et chastes.

Faites que notre vie soit pure, et nos voies sans danger; et que la vue de Jésus-Christ nous donne une éternelle joie.

Louange et gloire au Père, à Notre-Seigneur et au Saint-Esprit; même honneur aux trois personnes divines. Ainsi-soit-il.

Dans l'Eglise du Saint-Sépulcre.

PSALMUS 45.

Deus noster refugium et virtus; * adjutor in tribulationibus quæ invenerunt nos nimis.

Proptereà non timebimus dùm turbabitur terra, * et

PSAUME 45.

Le Seigneur est notre refuge et notre force : il est notre puissant secours dans les tribulations qui nous sont survenues.

C'est pour cela que nous ne craindrons point, tandis

que la terre sera troublée et que les montagnes seront transportées dans le sein des mers.

Leurs eaux ont retenti et ont été violemment agitées; les montagnes ont été ébranlées par sa puissance.

Un fleuve rapide porte la joie dans la cité de Dieu: le Très-Haut a sanctifié son tabernacle.

Le Seigneur est au milieu d'elle, elle ne sera point ébranlée. Le Seigneur la protègera dès le matin.

Les nations ont été consternées, et les royaumes ont été ébranlés: Dieu a fait entendre sa voix; la terre a tremblé.

Le Dieu des armées est avec nous; le Dieu de Jacob est notre asile.

Venez et voyez les œuvres du Seigneur, les prodiges qu'il fait éclater sur la terre: il fera cesser la guerre jusqu'aux extrémités du monde.

Il brisera les arcs, il mettra en pièces les armes, il réduira en cendres les boucliers.

Soyez tranquilles et considérez que je suis le Seigneur: je serai exalté parmi les nations, je serai exalté dans toute la terre.

Le Dieu des armées est avec nous; le Dieu de Jacob est notre asile.

Gloire au Père....

Les os humiliés (des Saints).

Tressailleront d'allégresse dans le Seigneur.

transferentur montes in cor maris.

Sonuerunt et turbatæ sunt aquæ eorum ; * conturbati sunt montes in fortitudine ejus.

Fluminis impetus lætificat civitatem Dei: * sanctificavit tabernaculum Altissimus.

Deus in medio ejus, non commovebitur : * adjuvabit eam Deus manè diluculò.

Conturbatæ sunt gentes, et inclinata sunt regna: * dedit vocem suam, mota est terra.

Dominus virtutum nobiscum; * susceptor noster Deus Jacob.

Venite et videte opera Domini, quæ posuit prodigia super terram: * auferens bella usque ad finem terræ.

Arcum conteret, et confringet arma, * et scuta comburet igni.

Vacate et videte, quoniam ego sum Deus: * exaltabor in gentibus, et exaltabor in terrâ.

Dominus virtutum nobiscum; * susceptor noster Deus Jacob.

Gloria Patri....

Exultabunt Domino.

Ossa humiliata (Sanctorum).

OREMUS.

Auge in nobis, Domine, resurrectionis fidem, qui in Sanctorum tuorum Reliquiis mirabilia operaris: et fac nos immortalitatis gloriæ participes, cujus in eorum cineribus pignora veneramur. Per Dominum....

PRIONS.

Augmentez en nous, Seigneur, la foi en la résurrection, vous qui opérez tant de merveilles par les Reliques de vos Saints; et rendez-nous participants de leur gloire immortelle, dont nous vénérons les gages dans leurs précieux restes. Par J.-C....

Antienne du Saint-Sépulcre.

Sepulto Domino, signatum est monumentum, Principes sacerdotum volventes lapidem ad ostium monumenti : ponentes milites qui custodirent illum.

Le Seigneur ayant été enseveli, le tombeau fut scellé: puis, les Princes des prêtres roulèrent une pierre à l'entrée du sépulcre et y placèrent des soldats pour le garder.

Surrexit Dominus de sepulcro.

Qui pro nobis pependit in ligno.

Le Seigneur, qui avait été attaché à la croix pour nous, est sorti du tombeau plein de vie.

OREMUS.

Deus qui in sepulcro poni voluisti, ut eum destrueres qui habebat mortis imperium; præsta nobis, quæsumus, ut qui tecum per baptismum sumus consepulti, destructo corpore peccati, in novitate vitæ ambulemus. Qui vivis et regnas, Deus, in sæcula sæculorum.

Amen.

PRIONS.

O Dieu, qui avez voulu être mis dans le sépulcre, afin de détruire celui qui avait en main la puissance de la mort; nous vous en conjurons, puisque nous avons été ensevelis avec vous par le baptême, faites que, après avoir détruit en nous le péché, nous marchions dans les sentiers d'une nouvelle vie, ô vous qui vivez et régnez dans tous les siècles des siècles. Ainsi-soit-il.

En sortant du Saint-Sépulcre.

HYMNUS.

1 Quæ lux tanta micat, solis et æmula
 Vultus exhilarans undique civium ?

Nimirum gemini lucida gloriæ
    Mittunt spicula martyres.
2 Illorum radiis antè refulserat
Ortus undè trahunt, pinguis Hibernia,
Quorum progenies regia principum
    Virtus culta laboribus.
3 Vilescit rutilans purpura Luglio,
Aris ut voveat se melioribus :
Hâc frater, placito numinis obsequens,
    Nolens cogitur indui.
4 Sed vix sceptra tenet Rex pius, abjicit,
Obscurâ fugiens nocte palatium;
Quo cursu ! penetrat concava montium,
    Ultor criminis innocens.
5 Invisit nemorum Luglius hospitem.
Fratres ambo, Dei consilio, pia,
Quæ sacris pedibus trivit Homo-Deus,
    Perlustrant hilares loca.
6 Adventant Solymis. Luglius insulæ
Orbato lacrymans præficitur gregi.
Regis, deposito jam diademate,
    Cingunt tempora subditi.
7 Angustis Patriæ non sat eis fuit
Ignes æthereos spargere finibus ;
His urunt Britones, Regnaque Galliæ
    His incendere gestiunt.
8 Hoc ægrè satanas consilium ferens
Fluctus oceani volvet ad æthera;
Sed fusis precibus cum lacrymis, mare
    Componunt humiles viri.
9 Dùm vivâ fidei luce Bononiam
Perfundunt; oculos ætheris inscios
Optati recreant munere luminis.
    Hinc quæ christiadum seges !
10 Qui per signa crucis viribus ignium
Quondam meta; suis tecta clientium
Nunc servent precibus; si placeat tibi,
    Cui laus maxima, Trinitas !
        Amen.

HYMNE. (*)

1. D'où vient cette lumière égale au clair soleil,
   Qui brille dans les yeux de ce peuple fidèle ?
   Deux Martyrs font couler de leur gloire immortelle
   Ces traits d'un éclat sans pareil.

2. La fertile Hibernie, où le ciel les fit naître,
   Eut la gloire de voir éclater leurs vertus
   Que les Princes chrétiens, dont ils étaient issus,
   Avaient pris soin de faire croître.

3. Lugle, pour se vouer au culte des autels,
   Rejeta constamment la pourpre éblouissante.
   Luglien l'accepta d'une âme obéissante
   Aux lois des décrets éternels.

4. Mais bientôt le saint Roi, craignant l'éclat du sceptre,
   L'abandonne; et la nuit sortant de son palais,
   S'enfuit sous un rocher venger avec excès
   Des crimes qu'il n'a su commettre.

5. Lugle y rendit visite au Prince pénitent.
   Par l'ordre exprès du ciel, ces frères admirables
   Vont rendre hommage aux lieux où les pieds adorables
   Du Sauveur ont marché souvent.

6. Au retour des lieux saints, on choisit, on ordonne
   Lugle prélat d'Irlande, après mille regrets.
   Et Luglien, forcé par ses tendres sujets,
   Reprend sa première couronne.

7. Le zèle de nos Saints trop grand pour leurs états,
   Vient répandre son feu dans la vaste Angleterre,
   Et de ce feu divin ces enfants du tonnerre,
   Veulent embraser nos climats.

8. L'enfer jaloux oppose une horrible tempête
   A l'exécution de ces nobles desseins,
   Mais par l'humble prière, et les larmes des Saints,
   La fureur de la mer s'arrête.

9. Boulogne en recevait le céleste flambeau,
   Quand d'un aveugle né, l'importune prière
   Obtint, par leur pouvoir, le don de la lumière.
   Quels fruits d'un prodige si beau !

10. Si du signe puissant de la croix vénérable,
    Ils ont fait une digue à la fureur du feu;
    Flexible à leur prière, exemptez-en ce lieu,
    Trinité toujours adorable.   Ainsi-soit-il.

(*) Nous avons jugé à propos de conserver la traduction en vers des Hymnes de la procession, ainsi que de la Prose du

A la Station de la Croix-Bleue.

Les âmes des Saints qui ont marché sur les traces de Jésus-Christ, sont comblées de joie dans le ciel; comme ils ont répandu leur sang pour son amour, ils jouissent avec lui d'un bonheur sans fin.

Les justes ont beaucoup de tribulations à souffrir.

Mais le Seigneur les en délivrera.

Gaudent in cœlis animæ Sanctorum, qui Christi vestigia sunt secuti; et quia pro ejus amore sanguinem suum fuderunt, ideò cum Christo exultant sine fine.

Multæ tribulationes justorum.

Et de omnibus his liberabit eos Dominus.

PRIONS.

Faites, ô Dieu tout puissant, nous vous en conjurons, que nous participions aux récompenses qu'ont méritées Saint-Lugle et Saint-Luglien, dont nous célébrons aujourd'hui les glorieuses victoires. Par Jésus-Christ....

OREMUS.

Concede, quæsumus, omnipotens Deus, ut Sanctorum martyrum tuorum Luglii et Lugliani, quorum celebramus victorias, participemus et præmiis. Per Christum....

De la Croix-Bleue à l'église Saint-Pierre.

HYMNUS.

1 Pangat hæc divos pia plebs triumphos
  Martyrum, partos nece gloriosâ:
  Pompa quos dives spoliis micantes
  Intulit astris.

2 Tartari dudum dolor invidentis
  Mille nectebat furibundus artes;
  Ut jubar tantum sibi luctuosum
  Subtrahat orbi.

3 Præscii mortis propè jam futuræ,
  Nempè responso moniti superno:
  Sortis at faustæ meritum retardat,
  Lentior hora.

4 Tempus optatum micat immolandi

salut, parce qu'elle est presque littérale et qu'elle vient de Dom Pagnon, ancien prieur des Bénédictins de Montdidier.

Inclytos Fratres, erebo favente,
Impiis rapti manibus trahuntur
   In nemus atrum.

5 Donec, immani resecante ferro,
Mors choris Fratres ferat Angelorum,
Voce divinas properant canorâ
   Pangere laudes.

6 Non eos mortis timor imminentis
Fregit: immotos melioris ævi
Spes tenet: veram per amica quærunt
   Funera vitam.

7 Consonam votis, ubi se dat, horam
Spontè certatìm rapiunt uterque.
Et parem fuso pariter reportant
   Sanguine palmam.

8 Sacra mors quantis manifesta signis?
Vivus inferni tenuit dolores
Dux necis. Corpus lacerum voratur
   Dente ferarum.

9 Angeli cœlo, radiante scalâ,
Mille discurrunt venerando sacros
Martyres. Torrens subitò renascens
   Corpora transfert.

10 Martyrum, Jesu, caput atque splendor!
Laus tibi, lucis proprio Parenti,
Flamini Sancto, pia, quo gemente,
   Corda precantur.   Amen.

HYMNE.

1 CHRÉTIENS, chantons les triomphes sacrés
   De nos Martyrs dans leur mort précieuse.
Admirons-les dans les cieux transférés
   En pompe glorieuse.

2 Depuis long-temps l'ennemi, plein d'aigreur,
Faisait mouvoir les ressorts de sa rage,
Pour dissiper cette vive splendeur
   Funeste à son ouvrage.

3 Déjà le jour de leur prochaine mort,
Est révélé par l'infaillible oracle,
Mais sa longueur est à leur heureux sort
   Un ennuyeux obstacle.

4 Voici ce temps conforme à leurs souhaits,
  Où l'enfer doit sacrifier leurs vies.
  Ils sont traînés dans l'épaisse forêt,
    Par les mains des impies.
5 En attendant que la rigueur du fer,
  Coupe leur trame, et les unisse aux Anges;
  Leurs douces voix ne cessent de chanter
    Les divines louanges.
6 L'affreuse mort ne les alarme pas,
  Dans l'espoir sûr d'une meilleure vie;
  De la trouver dans un cruel trépas,
    C'est leur unique envie.
7 L'heureux moment si long-temps attendu,
  Pour qui le cœur des deux frères soupire,
  Leur donne enfin dans leur sang répandu,
    La palme du martyre.
8 A cette mort quels signes éclatants!
  Le meurtrier ressent des douleurs enflammées,
  Il meurt en proie aux carnacières dents
    Des bêtes affamées.
9 Les purs esprits, pour voir les sacrés corps,
  Forment du ciel une brillante échelle.
  Un torrent sec se grossit à pleins bords,
    Et leur sert de nacelle.
10 Jésus! le chef, et l'honneur des martyrs,
   Louange à vous, au Père des lumières,
   Au Saint-Esprit, dont les divins soupirs,
     Font nos dignes prières.   Ainsi-soit-il.

AU SALUT.
PROSE.

Lex requirit æquitatis,
Ut affectu pietatis,
Gaudeat Ecclesia.

Sanctos Fratres venerando,
Et eorum celebrando
Devotè solemnia.

Quos conjunxit natione
Et eâdem passione
Gemina germanitas.

La sainte loi de la justice
Veut que, dans cette occasion,
L'Eglise mêle en son office,
La joie à la dévotion.

En célébrant des deux Saints Frères
La glorieuse dignité;
Et consacrant par nos mystères
Leur auguste solennité.

D'une illustre et même origine
Furent tissus leurs heureux jours:
Une mort commune en termine,
Mais trop tôt, le glorieux cours.

Illos Christo fœderavit, Et cum Sanctis solidavit Fides, Spes et Charitas.	Unis par la Foi, l'Espérance Et l'Amour avec Jésus-Christ : Ils firent par cette alliance Avec les Saints un même esprit.
Luglius et Luglianus Patre sati christiano Inter rerum copiam.	L'ordre de la haute sagesse Fit naître Lugle et Luglien, Dans une abondante richesse Et d'un père vraiment chrétien.
Res caducas dùm attendunt, Mundi hujus parvi pendunt Vanescentem gloriam.	Mais repassant dans leur mémoire La fragilité des grandeurs, Le monde, alors, avec sa gloire, Trouve le mépris dans leurs cœurs.
Summo Deo deservire, Sentientes non transire, Ei soli serviunt.	Ils se mettent sous la puissance De la suprême Majesté ; Fondés sur la vive assurance De son immutabilité.
Dimittenda prætermittunt, Prætermitti non permittunt Quæ prodesse sentiunt.	Loin de leurs âmes bien sensées, Les vains et dangereux objets ; Ils ne remplissent leurs pensées, Que de saints et nobles projets.
Quorum unus præsulatûs Alter regni sublimatus Hibernensis culmine.	Avec une peine infinie L'humble Luglien accepta Le diadème d'Hibernie ; Lugle en fut le digne prélat.
Pompam mundi deserentes, Soli Deo adhærentes Divino spiramine.	L'esprit divin leur fit connaître La vaine pompe des grandeurs ; Ainsi que le Souverain Être Seul digne de remplir leurs cœurs.
Propter Dei salutare Transierunt ambo mare, Relinquentes Patriam.	Ces illustres et pieux Princes Passent l'infidèle élément ; Pour apporter dans nos provinces, La foi du nouveau Testament.
Verbum Dei prædicantes Atque signis coruscantes, Venerunt Bononiam.	Prêchant de Dieu les oracles Aux habitants du Boulonois ; Ils confirment par leurs miracles La vérité des saintes lois.
Per hos mare serenatur; Eventino lumen datur, Et infirmis sanitas.	Leur humble et fervente prière Calme l'élément agité, Eventin reçoit la lumière, Et les malades la santé.
Horum prece liberatur Ab igne quo succenditur Morinorum civitas.	Par le secours des mêmes armes, Dans Thérouanne, un feu soudain, Qui donnait de vives alarmes, Se trouve tout-à-coup éteint.

Nos Saints, après ces grands prodiges, Suivant l'ardeur de leurs désirs, Pour suivre les divins vestiges, Vont rendre les sanglants soupirs.	Post hæc signa perpetrata, Cum jam diù expectata Prope esset passio.
Un fer cruel coupe leurs trames Auprès du château des Ormeaux, Et Jésus-Christ donne à leurs âmes La palme due à leurs travaux.	Apud Ulmos decollantur, Et a Christo coronantur In cœli palatio.
On voit d'une province entière Un fréquent et pieux concours; L'aveugle y reçoit la lumière; Et le malade un prompt secours.	Fit concursus populorum: Lumen cæcis oculorum, Ægris salus redditur.
Si, pénétré d'une foi vive, Il rend aux Saints ses humbles vœux, Sa guérison est effective, Et lui s'en retourne joyeux.	Quisquis Deum verè credit, Et infirmus hùc accedit Alacer regreditur.
Leurs corps, enlevés par surprise, Et transportés d'Almer ici, Furent placés dans cette église, Dieu l'ayant permis ainsi.	Ab Ulmis hùc deportati, In hâc aulâ sunt locati, Dei providentiâ.
Pour célébrer leur grande gloire, Chacun se rend au saint lieu, En repassant dans sa mémoire Les touchants bienfaits de Dieu.	Quorum festa celebrando, Grates, Deo gratulando, Reddit hæc Ecclesia.
Nous vous offrons, glorieux Frères, Les pieux respects de nos cœurs; Recevez-les comme nos Pères, Et nos vigilants Protecteurs.	Avete jam Sancti Fratres! Hujus loci pii Patres, Et Patroni seduli.
Obtenez une paix profonde A nous qui sommes vos enfants, Et priez le Sauveur du monde Qu'il nous préserve d'accidents.	Pacem nobis impetrate, Et pro nobis exorate Salvatorem sæculi.
Nous espérons, par vos prières, Et le pardon de nos péchés Et les indulgences plénières, Des maux qui leur sont attachés,	Ut nos vestrâ sanctâ prece Mundet a peccati fæce, Priùs datâ veniâ.
Pour jouir, après cette vie, De la douceur des Bienheureux, Et dans la céleste Patrie Régner avec le Roi des cieux. Ainsi-soit-il.	Quò cum justis gaudeamus, Et cum Christo maneamus In cœlesti gloriâ. Amen.
Le Seigneur garde tous les ossements des justes.	Custodit Dominus omnia ossa justorum.

Unum ex his non conteretur. | Pas un seul ne sera brisé.

OREMUS.

Deus pro cujus amore . . . *Page* 396.

De SS. Petro et Paulo. | De St-Pierre et de St-Paul.

Ant. Petrus Apostolus, et Paulus doctor gentium, ipsi nos docuerunt legem tuam, Domine. | Ant. L'apôtre Saint-Pierre, et Saint-Paul, le docteur des nations, nous ont enseigné votre loi, Seigneur.

Constitues eos principes super omnem terram. | Vous les constituerez princes sur toute la terre.

Memores erunt nominis tui, Domine. | Ils se souviendront de votre nom, Seigneur.

ORÉMUS. | PRIONS.

Deus cujus, dextera beatum Petrum ambulantem in fluctibus, ne mergeretur, erexit: et coapostolum ejus Paulum tertiò naufragantem de profundo pelagi liberavit: exaudi nos propitius et concede, ut amborum meritis, æternitatis gloriam consequamur. Per Dominum... | O Dieu, dont la droite a soutenu le bienheureux Pierre marchant sur les flots, de peur qu'il ne périt, et sauvé trois fois du naufrage Paul, son coopérateur ; exaucez-nous dans votre miséricorde, et faites que par les mérites de ces deux apôtres, nous obtenions la vie éternelle. Par...

Tantum ergò Sacramentum
Veneremur cernui,
Et antiquum documentum
Novo cedat ritui:
Præstet fides supplementum
Sensuum defectui.

Genitori Genitoque
Laus et jubilatio,
Salus, honor, virtus quoque
Sit et benedictio;
Procedenti ab utroque
Compar sit laudatio. Amen.

| Adorons avec un profond respect un Sacrement si digne de nos hommages: Que ce nouveau mystère prenne la place des sacrifices de l'ancienne loi, et que la foi supplée à la faiblesse de nos sens.

Gloire, louange, bénédiction, puissance, actions de grâces soient à jamais rendues au Père, à son Fils unique, et au Saint-Esprit, qui procède de l'un et de l'autre. Ainsi-soit-il.

Panem de cœlo præstitisti eis. | Vous avez donné à votre peuple un pain céleste.

Omne delectamentum in se habentem. | Un pain qui renferme ce qu'il y a de plus délicieux.

PRIONS.	OREMUS.
O Dieu, qui avez laissé la mémoire de votre Passion dans l'auguste Sacrement de nos autels, faites-nous la grâce de révérer de telle sorte les sacrés mystères de votre Corps et de votre Sang, que nous ressentions toujours en nous le fruit de votre Rédemption. O vous qui vivez et régnez dans tous les siècles des siècles. Ainsi-soit-il.	Deus, qui nobis sub Sacramento mirabili, Passionis tuæ memoriam reliquisti, tribue, quæsumus, ita nos Corporis et Sanguinis tui sacra mysteria venerari, ut Redemptionis tuæ fructum in nobis jugiter sentiamus. Qui vivis et regnas, Deus, in sæcula sæculorum. Amen.

OFFICE

POUR LE JOUR DE LA TRANSLATION,

1ᵉʳ Dimanche de Juillet.

Tout comme au jour de la Fête, excepté ce qui suit:

MESSE

POUR LES ENDROITS OU ELLE EST ACCORDÉE PAR UN INDULT.

INTROÏT.

Les justes ont beaucoup de tribulations, mais le Seigneur les en délivrera pleinement: le Seigneur conserve tous leurs os, il ne sera pas brisé un seul d'entr'eux. Ps. Je bénirai le Seigneur en tout temps, et sa louange sera toujours dans ma bouche. Gloire au Père.....	Multæ tribulationes justorum et de his omnibus liberabit eos Dominus: Dominus custodit omnia ossa eorum; unum ex his non conteretur. Ps. Benedicam Dominum in omni tempore, semper laus ejus in ore meo. Gloria Patri....
PRIONS.	**OREMUS.**
Seigneur, augmentez en nous la foi en la résurrection, vous qui opérez tant de mer-	Auge in nobis, Domine, resurrectionis fidem, qui in Sanctorum tuorum (Luglii et

Lugliani) Reliquiis mirabilia operaris: et fac nos immortalitatis gloriæ participes, cujus in eorum cineribus pignora veneramur. Per Dom...

veilles par les Reliques de vos Saints Lugle et Luglien; et rendez-nous participants de leur gloire immortelle, dont nous vénérons les gages dans leurs précieux restes.

ÉPITRE.

Lectio libri Sapientiæ. (Eccles. 44).

Lecture du Livre de la Sagesse. (Eccles. 44).

Hi viri misericordiæ sunt, quorum pietates non defuerunt: cum semine eorum permanent bona, hæreditas sancta nepotes eorum, et in testamentis stetit semen eorum: et filii eorum propter illos usque in æternum manent: semen eorum, et gloria eorum non derelinquetur. Corpora ipsorum in pace sepulta sunt, et nomen eorum vivit in generationem et generationem. Sapientiam ipsorum narrent populi, et laudem eorum nuntiet Ecclesia.

Ceux-ci sont des hommes de miséricorde, et les œuvres de leur piété subsisteront pour jamais. Les biens qu'ils ont laissés à leur postérité leur demeurent toujours. Les enfants de leurs enfants sont un peuple saint, leur race se conserve dans l'alliance de Dieu, leurs enfants demeurent éternellement à cause d'eux, et leur race ainsi que leur gloire ne finira point. Leurs corps ont été ensevelis en paix, et leur nom vivra dans la succession de tous les siècles. Que les peuples publient leur sagesse; et que l'assemblée sainte chante leurs louanges.

GRADUEL. (*Ps.* 149).

Exultabunt Sancti in gloriâ, lætabuntur in cubilibus suis:

Cantate Domino canticum novum: laus ejus in Ecclesiâ Sanctorum, alleluia, alleluia.

(Ps. 67). Justi epulentur et exultent in conspectu Dei, et delectentur in lætitiâ. Alleluia.

Les Saints couverts de gloire triompheront de joie; leur allégresse éclatera dans le lieu de leur repos. Chantez au Seigneur un cantique nouveau; il doit être loué dans l'assemblée des Saints. Alleluia, alleluia, (*Ps.* 67.) Que les justes soient rassasiés et comblés de joie, en présence du Seigneur; qu'ils fassent éclater des transports d'allégresse, alleluia.

ÉVANGILE.

Suite du Saint Evangile selon Saint-Luc.	Sequentia sancti Evangelii secundum Lucam.

En ce temps-là, Jésus descendit de la montagne et s'arrêta dans la plaine, accompagné de ses disciples et d'une grande multitude des peuples de la Judée, de Jérusalem, du pays maritime de Tyr et de Sidon, venus pour l'entendre et être guéris de leurs maladies. Les possédés d'esprits impurs étaient délivrés; et tout le peuple cherchait à le toucher, parce qu'il sortait de lui une vertu qui les guérissait tous. Alors, Jésus, levant les yeux vers ses disciples leur dit : Vous êtes bienheureux, vous qui êtes pauvres, parce que le royaume de Dieu est à vous. Vous êtes bienheureux, vous qui avez faim, parce que vous serez rassasiés. Vous êtes bienheureux, vous qui pleurez maintenant, parce que vous rirez. Vous serez bienheureux, lorsque les hommes vous haïront, lorsqu'ils vous rejetteront, vous insulteront et repousseront votre nom comme mauvais à cause du Fils de l'homme. Réjouissez-vous en ce jour et tressaillez d'allégresse : une grande récompense vous est réservée au Ciel.

In illo tempore: Descendens Jesus de monte stetit in loco campestri, et turba discipulorum ejus, et multitudo copiosa plebis ab omni Judææ, et Jerusalem, et maritimâ et Tyri et Sidonis, qui venerant ut audirent eum, et sanarentur a languoribus suis. Et qui vexabantur a spiritibus immundis, curabantur. Et omnis turba quærebat eum tangere; quia virtus de illo exibat, et sanabat omnes. Et ipse, elevatis oculis in discipulos suos, dicebat : Beati pauperes, quia vestrum est regnum Dei. Beati qui nunc esuritis, quia saturabimini. Beati qui nunc fletis, quia ridebitis. Beati eritis cum vos oderint homines, et cum separaverint vos, et exprobraverint, et ejecerint nomen vestrum tanquam malum, propter Filium hominis. Gaudete in illâ die, et exultate; ecce enim merces vestra multa est in cœlo.

OFFERTOIRE. (*Ps.* 67).

Dieu est admirable dans ses Saints : Il est le Dieu d'Israël, il donne la force et le

Mirabilis Deus in Sanctis suis: Deus Israël ipse dabit virtutem et fortitudinem plebi suæ : benedictus Deus. Alleluia.

courage à son peuple : que le Seigneur soit béni, alleluia.

SECRÈTE.

Imploramus, Domine, clementiam tuam : ut, Sanctorum tuorum, quorum Reliquias veneramur, suffragantibus meritis, hostia, quam offerimus, nostrorum sit expiatio delictorum. Per Dominum....

Nous implorons, Seigneur, votre clémence, afin qu'aidés des mérites de vos Saints, dont nous honorons les Reliques, cette hostie que nous vous offrons, nous serve pour l'expiation de nos péchés. Par Jésus-Christ...

COMMUNION. (*Ps.* 32).

Gaudete, justi, in Domino, rectos decet collaudatio.

Justes, réjouissez-vous dans le Seigneur, car la louange convient à ceux qui ont le cœur droit.

POSTCOMMUNION.

Multiplica super nos, quæsumus, Domine, per hæc Sancta, quæ sumpsimus, misericordiam tuam : ut sicut in tuorum solemnitate Sanctorum, quorum Reliquias colimus, piâ devotione lætamur; ita eorum societate, te largiente, fruamur. Per Dom....

Seigneur, nous vous en conjurons, étendez sur nous de plus en plus, par la vertu du Sacrement que nous venons de recevoir, votre miséricorde, afin que, comme nous nous réjouissons ici-bas avec une sainte dévotion dans cette solennité de vos Saints dont nous vénérons les Reliques, ainsi par votre bonté, nous leur soyons unis un jour dans le Ciel.

A LA PROCESSION.

En sortant du Saint-Sépulcre.

HYMNUS.

1 Fusis corde pio nunc tua canticis,
   Monsdesiderii ! compita personent.
Fulget fausta dies, quâ tibi splendida
   Cœlum munera contulit.

2 Ut sacro sibi te fœdere necteret;
  Ultrò munificum se tibi præbuit.
  Ultrò tu pariter nobile mutui
    Pignus concine fœderis.

3 Ne quando tua sic crimina crescerent,
  Ut plexura reos in tua culmina,
  Iratis ruerent fulmina nubibus;
    Patronos tibi tradidit.

4 Horum præsidio tuta benignior
  Hæc stricto gladio mœnia præterit.
  Nec sontes, valeant ut resipiscere;
    Vindex Angelus opprimit.

5 Felix culpa fuit, cum sibi redditis
  Cæcus luminibus, surripuit manu
  Audaci, sibi qui præstiterant opem,
    His et finibus attulit.

6 Rapti furta probant, atque sequentium
  Raptorem furiis eripiunt nigrâ
  Obtectum nebulâ, moxque reconditam
    Produnt lumina sarcinam.

7 Accurrunt moniti cœlitus, ac piis
  Hùc pompâ celebri præsbyteri ferunt
  Thesaurum manibus; Matris et Integræ
    Sacris ædibus inferunt.

8 Nostris pervigiles mœnibus excubant
  Forti, cum Dominâ cœlicolûm, manu.
  Hinc omni satagunt tempore noxia
    Longè cuncta repellere.

9 O felix domus hæc Cluniacensium !
  Quæ summo providi consilio Patris;
  Totius populi sortibus, et tuis,
    Servas ossa salubria.

10 Cunctorum dominans omnipotentiâ,
   Et nos de medio conspiciens throno;
   Psallentûm placidè cantica suscipe,
     Votis voce precantia.   Amen.

1. Fais retentir partout, fidèle Montdidier !
   Les sons harmonieux de tes pieux cantiques ;
   Dans ce jour de triomphe en faveur des Reliques
   Que Dieu t'a voulu confier.
2. Pour s'unir avec toi par un sacré lien,
   Il t'a fait un présent d'un prix inestimable :
   Chante de tout ton cœur ce gage vénérable
   Qui serre son nœud et le tien.
3. Si ton sein renfermait ces pécheurs endurcis,
   Dont le ciel irrité doit châtier l'offense ;
   Pour arrêter son bras, la Divine vengeance
   Te donne de puissants amis.
4. Si le glaive à la main l'Ange exterminateur,
   Passe auprès de tes murs sans toucher à ta porte ;
   Pour ménager la vie à ceux dont l'âme est morte,
   Tu dois aux Saints cette faveur.
5. D'un aveugle guéri la téméraire main
   Prit de ses bienfaiteurs les Reliques sacrées ;
   Et confia d'abord aux voisines contrées
   Cet heureux et riche larcin.
6. Il se trouve approuvé dans le nuage épais
   Qui dérobe l'auteur a de justes poursuites :
   Le dépôt enfermé, par des clartés subites,
   Découvre bientôt ce qu'il est.
7. Le ciel en avertit les prêtres de ce lieu,
   Ils vont chercher, saisis d'une sainte surprise,
   Ce trésor : que l'on place avec pompe en l'église
   De la Vierge Mère de Dieu.
8. Ils veillent nuit et jour à notre sûreté
   Ces puissants protecteurs, avec leur grande Reine,
   Toujours bien attentifs, que rien ne nous entraîne
   Dans l'affreuse calamité.
9. O heureuse maison de l'illustre Cluny,
   Que le Père des cieux rendit dépositaire
   D'un précieux trésor, d'un gage salutaire
   Qui promet un bien infini !
10. Vous qui contenez tout sous vos divines lois,
    Et qui nous pénétrez du milieu de vos Anges ;
    Recevez cet encens de nos humbles louanges,
    Où le cœur parle avec la voix. Ainsi-soit-il.

A la Station de la Croix-Bleue.

Gaudent in cœlis ... *Page* 411.

De la Croix-Bleue à l'église Saint-Pierre.

HYMNUS.

1. Ad piam cives revocate mentem,
Quanta jam vestris bona contulere
Martyres; quantùm viget inter astra
   Gratia terris.

2. Si solo clausus negat axis imbres;
Et seges siccis sterilescit arvis;
Civitas uno rogat affuturos
   Ore Patronos.

3. Illicò tellus gremio feraci,
Parturit densis gravidata nimbis,
Spesque dilapsas avido refundunt
   Arva colono.

4. Si repentino glomerata casu
Flamma correptas populatur ædes:
Martyrum thecæ reprimunt obortos
   Ociùs ignes.

5. Ut sacræ lympham tetigere thecæ;
Lympha divinum reserans vigorem
Cernitur jam tum mali pertinaces
   Frangere flammas.

6. Sparsa nimirum rapidos in ignes,
Ignium diros inhibet furores
Sic ut obtusi stupeant; nec ultrà
   Serpere possint.

7. Si lues sparso properat veneno
Debitas nobis adhibere pœnas:
Dira nec nostris cumulare cessat
   Funera terris.

8. Territi tanto populi flagello,
Martyrum passim volitant ad aras,
Supplices fusis inibi fatigant
   Æthera votis.

9. Ut piis tandem precibus litatum
Numen ultrices moderatur iras;
Et luem nostris procul amovendam
   Exigit oris.

10 Quisquis hæc audis superum Parentem
Et parem Patri venerare Prolem ;
Quin et amborum cane sempiterno
  Pneuma triumpho.   Amen.

HYMNE.

1 Retracez-vous, peuples de cette ville,
De vos Martyrs les bienfaits précieux,
Reconnaissez combien vous est utile
  Leur pouvoir dans les cieux.

2 Le ciel fermé refuse de la pluie,
Le peuple craint de stériles moissons,
Toute la ville en prières unie,
  Invoque ses Patrons.

3 La terre sèche, aussitôt arrosée,
Devient féconde, et se couvre de grains.
Du laboureur, la famille épuisée,
  Moissonne à pleines mains.

4 Si d'un grand feu la flamme ambitieuse
Surprend, pénètre, embrase un bâtiment ;
Des Saints Martyrs la chasse précieuse
  L'arrête en un moment.

5 L'eau touche à peine aux deux chefs vénérables,
Qu'elle en retient la divine vertu :
On voit alors des flammes implacables
  Tout l'effort abattu.

6 L'eau se répand sur la flamme irritée,
La flamme cède à la vertu de l'eau ;
Le feu surpris sent sa force arrêtée,
  Quel prodige plus beau !

7 Si pour punir la grandeur de nos crimes,
Le ciel envoie une contagion,
Qui tous les jours moissonne cent victimes
  De notre région.

8 Epouvanté d'un fléau si terrible,
Le peuple vole auprès des Saints Martyrs,
Il pousse au ciel, qui se montre insensible,
  Ses vœux et ses soupirs.

9 Mais Dieu, touché de cet état funeste,
Suspend l'effet de son juste courroux,
Il nous exauce, et commande à la peste
  De s'éloigner de nous.

10. En écoutant de si rares merveilles,
Louez le Père et son fils Jésus-Christ;
Donnez aussi des louanges pareilles
A leur divin Esprit.   Ainsi-soit-il.

PRIÈRES ET CÉRÉMONIES

POUR LES PROCESSIONS DES SAINTS LUGLE ET LUGLIEN,

DANS LES TEMPS DE CALAMITÉS.

Pour demander de la Pluie.

A la sortie de l'Eglise St-Pierre.

ANT. — De Jerusalem . . . . *Page 404.*
Les sept Psaumes de la Pénitence.

A la Station de l'Hôtel-de-Ville.
Hæc est fraternitas . . . *Page 405.*

(On continue les Psaumes jusqu'à l'église du Saint-Sépulcre, et après, si la Procession se prolonge.)

Dans l'Eglise du Saint-Sépulcre.
Domine non secundum, etc.

ANT. *du Sépulcre:* Sepulto Domino . . . *Page 408.*
ANT. *des Saints Lugle et Luglien.*

Lux perpetua lucebit Sanctis tuis, Domine, et æternitas temporum.	Une lumière éternelle éclairera vos Saints, Seigneur, et la mesure du temps sera pour eux l'éternité.
Ostende nobis, Domine, misericordiam tuam.	Montrez-nous, Seigneur, votre miséricorde.
Et salutare tuum da nobis.	Et accordez-nous votre salutaire assistance.
Surrexit Dominus de Sepulcro.	Le Seigneur qui a été attaché à la croix pour nous, est sorti du tombeau plein de vie.
Qui pro nobis pependit in ligno.	

Exultabunt Sancti in gloriâ.

Lætabuntur in cubilibus suis.

Les Saints tressailleront dans la gloire.

Ils se réjouiront dans le lieu de leur repos.

OREMUS.

Deus, qui culpâ offenderis, pænitentiâ placaris, preces populi tui supplicantis propitius respice, et flagella tuæ iracundiæ quæ pro peccatis nostris meremur averte.

Deus, qui in sepulcro poni voluisti, ut eum destrueres qui habebat mortis imperium, præsta, nobis, quæsumus, ut qui tecum per baptismum sumus consepulti, destructo corpore peccati, in novitate vitæ ambulemus.

Auge in nobis, Domine, resurrectionis fidem, qui in Sanctorum tuorum, Luglii et Lugliani martyrum, Reliquiis mirabilia operaris, et fac nos immortalitatis gloriæ participes, cujus in eorum cineribus pignora veneramur. Per Christum....

PRIONS.

O Dieu, que les péchés offensent et que la pénitence apaise, écoutez favorablement les humbles prières de votre peuple, et détournez les fléaux de votre colère que nous méritons par nos offenses.

O Dieu, qui avez voulu être mis dans le sépulcre, afin de détruire celui qui avait en main la puissance de la mort, nous vous en conjurons. puisque nous avons été ensevelis avec vous par le baptême, faites qu'après avoir détruit en nous le péché, nous marchions dans les sentiers d'une nouvelle vie.

Augmentez en nous, Seigneur, la foi en la résurrection, vous qui opérez tant de merveilles par les Reliques de vos Saints martyrs Lugle et Luglien, et rendez-nous participants de leur gloire immortelle dont nous vénérons les gages dans leurs précieux restes. Par J.-C...

A la sortie de l'église du Saint-Sépulcre, on chante les Litanies des Saints, sans doubler, après lesquelles, la Procession étant rentrée dans l'église Saint-Pierre, on ajoute les Prières suivantes:

Dans ces Litanies, au lieu de: Ut fructus terræ, *il faut dire deux fois:* Ut congruentem pluviam fidelibus tuis concedere digneris.

PSAUME 146.

Louez le Seigneur parce qu'il est avantageux de le célébrer par des concerts: que cet hommage de louange soit agréable à notre Dieu; qu'il soit accompagné de toute la décence possible.

Le Seigneur, voulant construire Jérusalem, rassemblera les membres dispersés d'Israel.

C'est à lui qu'il appartient de guérir ceux qui ont le cœur brisé et de bander leurs plaies.

C'est lui qui sait compter le nombre des étoiles, et qui les appelle toutes par leurs noms.

Notre Dieu est grand, sa force est invincible et sa sagesse est infinie.

Le Seigneur soutient les hommes doux et humbles: il abaisse jusqu'à terre les pécheurs.

Chantez les louanges du Seigneur en y joignant des actions de grâces, célébrez les grandeurs de notre Dieu sur la guitare.

Il couvre le ciel de nuages et il prépare les pluies pour féconder la terre.

Il fait croître sur les montagnes l'herbe et les plantes pour le service des hommes.

Il donne la nourriture aux animaux; il la donne aux petits des corbeaux qui l'invoquent.

Le Seigneur n'accordera

PSALMUS 146.

Laudate Dominum, quoniam bonus est psalmus,* Deo nostro sit jucunda decoraque laudatio.

Ædificans Jerusalem Dominus,* dispersiones Israelis congregabit.

Qui sanat contritos corde * et alligat contritiones eorum.

Qui numerat multitudinem stellarum, * et omnibus eis nomina vocat.

Magnus Dominus noster et magna virtus ejus, * et sapientiæ ejus non est numerus.

Suscipiens mansuetos Dominus* humilians autem peccatores usque ad terram.

Præcinite Domino in confessione,* psallite Deo nostro in citharâ.

Qui operit cœlum nubibus,* et parat terræ pluviam.

Qui producit in montibus fenum, * et herbam servituti hominum.

Qui dat jumentis escam ipsorum,* et pullis corvorum invocantibus eum.

Non in fortitudine equi

voluntatem habebit, * nec in tibiis viri benè-placitum erit ei.

Benè-placitum est Domino super timentes eum,* et in eis qui sperant super misericordia ejus.

Gloria Patri, et Filio, et Spiritui Sancto,* sicut erat...

Operi, Domine, cœlum nubibus,

Et para terræ pluviam.

Ut producat in montibus fenum,

Et herbam servituti hominum.

Riga montes de superioribus terræ,

Et de fructu operum tuorum satiabitur terra.

Domine, exaudi orationem meam.

Et clamor meus ad te veniat.

Dominus vobiscum,

Et cum spiritu tuo.

OREMUS.

Deus, in quo vivimus, movemur et sumus, pluviam nobis tribue congruentem; ut præsentibus auxiliis sufficienter adjuti, sempiterna fiducialiùs appetamus.

sa faveur ni à celui qui met sa confiance dans la force de son cheval, ni à celui qui est fier de l'agilité de ses pieds.

Mais il mettra sa complaisance dans ceux qui le craignent et dans ceux qui espèrent en sa miséricorde.

Gloire au Père, au Fils et au Saint-Esprit, comme elle était....

Seigneur, daignez couvrir le ciel de nuages,

Et préparez la pluie à la terre,

Afin qu'elle produise sur les montagnes l'herbe,

Et les plantes pour le service de l'homme.

Arrosez les montagnes des réservoirs que vous avez placés dans les nuées.

Et la terre sera couverte des fruits qui sont l'œuvre de vos mains.

Seigneur, exaucez ma prière,

Et que mes cris s'élèvent jusqu'à vous.

Que le Seigneur soit avec vous,

Et avec votre esprit.

PRIONS.

O Dieu, par qui nous avons la vie, le mouvement et l'être, accordez-nous une pluie salutaire, afin que, suffisamment secourus dans les nécessités présentes, nous désirions avec plus de confiance encore obtenir les biens éternels.

Nous vous en conjurons, ô Dieu tout puissant, couvrez toujours de votre protection, au milieu de tous leurs dangers, vos serviteurs qui, dans leur affliction, recourent à votre miséricorde.

Accordez-nous, Seigneur, nous vous en prions, une pluie salutaire ; et daignez faire cesser la sécheresse de la terre en répandant sur elle la rosée céleste. Par Jésus-Christ....

Que le Seigneur soit avec vous,

Et avec votre esprit.

Bénissons le Seigneur,

Et rendons-lui grâces.

Que le Dieu tout puissant et miséricordieux exauce nos prières. Ainsi-soit-il.

Que les âmes des fidèles défunts reposent en paix par la miséricorde de Dieu. Ainsi-soit-il.

Præsta, quæsumus, omnipotens Deus, ut qui in afflictione nostrâ de tuâ pietate confidimus, contrà adversa omnia semper protectione muniamur.

Da nobis, quæsumus, Domine, pluviam salutarem, et aridam terræ faciem fluentis cœlestibus dignanter infunde. Per Dominum nostrum Jesum Christum Filium tuum....

Dominus vobiscum,

Et cum spiritu tuo.

Benedicamus Domino.

Deo gratias.

Exaudiat nos omnipotens et misericors Dominus. Amen.

Fidelium animæ per misericordiam Dei, requiescant in pace. Amen.

Pour demander le Beau Temps.

Tout comme dans la Procession précédente, excepté ce qui suit :

Dans les Litanies, au lieu de : Ut congruentem pluviam, il faut dire : Ut fidelibus tuis aëris serenitatem concedere digneris.

Les Litanies achevées, on dit le Psaume suivant :

Deus misereatur nostri et benedicat nobis, * illuminet vultum suum super nos et misereatur nostri.

Que Dieu ait pitié de nous et nous bénisse : qu'il fasse briller sur nous son visage et qu'il ait pitié de nous.

Ut cognoscamus in terrâ viam tuam,* in omnibus gentibus salutare tuum.	Afin que nous connaissions vos voies sur la terre, et que votre nom soit connu de toutes les nations.
Confiteantur tibi populi, Deus, * confiteantur tibi populi omnes.	Que les peuples célèbrent votre gloire, mon Dieu, que tous les peuples vous rendent des actions de grâces.
Lætentur et exultent gentes, * quoniam judicas populos in æquitate, et gentes in terrâ dirigis.	Que les nations se réjouissent et tressaillent d'allégresse, parce que vous jugez les peuples avec équité et que vous dirigez les nations sur la terre.
Confiteantur tibi populi, Deus, confiteantur tibi populi omnes, * terra dedit fructum suum.	Que les peuples célèbrent votre gloire, mon Dieu, et qu'ils vous rendent des actions de grâces; la terre a donné son fruit.
Benedicat nos Deus, Deus noster, benedicat nos Deus, * et metuant eum omnes fines terræ.	Que le Seigneur notre Dieu nous bénisse, et que toutes les contrées de la terre le craignent.
Gloria Patri....	Gloire au Père....
Adduxisti, Domine, spiritum tuum super terram;	Vous avez envoyé, Seigneur, votre souffle sur la terre,
Et prohibitæ sunt pluviæ de cœlo.	Et vous avez défendu à la pluie de tomber du ciel.
Cum obduxero nubibus cœlum,	Quand j'aurai chargé le ciel de nuages.
Apparebit arcus meus, et recordabor fœderis mei.	Mon arc paraîtra, et je me souviendrai de mon alliance.
Illustra faciem tuam, Domine, super servos tuos,	Découvrez votre visage, Seigneur, à vos serviteurs.
Et benedic sperantes in te.	Et bénissez ceux qui espèrent en vous.
Domine, exaudi orationem meam,	Seigneur, exaucez ma prière.
Et clamor meus ad te veniat.	Et que mes cris montent jusqu'à vous.
Dominus vobiscum,	Que le Seigneur soit avec vous,
Et cum spiritu tuo.	Et avec votre esprit.

OREMUS.

Deus qui culpâ offenderis . . . . Page 426.

Seigneur, exaucez vos serviteurs qui crient vers vous, et accordez-nous le beau temps, afin que, prévenus par votre miséricorde, nous éprouvions les effets de votre clémence, bien que par nos péchés nous méritions les châtiments de votre justice.

Dieu tout puissant, nous implorons votre clémence, faites cesser la trop grande abondance des pluies et daignez jeter sur nous un regard favorable. Par Jésus-Christ...

Que le Seigneur soit avec vous,

Et avec votre esprit.

Bénissons le Seigneur.

Rendons-lui grâces.

Que le Seigneur tout puissant et miséricordieux exauce nos prières. Ainsi-soit-il.

Que les âmes des fidèles défunts reposent en paix par la miséricorde de Dieu. Ainsi-soit-il.

Ad te nos, Domine, clamantes exaudi, et aeris serenitatem nobis tribue supplicantibus, ut qui justè pro peccatis nostris affligimur, misericordiâ tuâ præveniente, clementiam sentiamus.

Quæsumus, omnipotens Deus, clementiam tuam, ut inundantiam coerceas imbrium et hilaritatem vultûs tui nobis impertiri digneris. Per....

Dominus vobiscum,

Et cum spiritu tuo.

Benedicamus Domino.

Deo gratias.

Exaudiat nos omnipotens et misericors Dominus. Amen.

Fidelium animæ per misericordiam, Dei requiescant in pace. Amen.

Dans le Temps de Peste.

*Tout comme dans la Procession précédente,
excepté ce qui suit:*

Dans les Litanies, au lieu de: Ut congruentem pluviam,
il faut dire: Ut pestilentiam a nobis amoveas.

Les Litanies achevées, on dit le Psaume suivant:

Confiteantur Domino misericordiæ ejus,* et mirabilia ejus filiis hominum.

Quia contrivit portas æreas,* et vectes ferreos confregit.

Suscepit eos de via iniquitatis eorum,* propter injustitias enim suas humiliati sunt.

Omnem escam abominata est anima eorum,* et appropinquaverunt usquè ad portas mortis.

Et clamaverunt ad Dominum cum tribularentur,* et de necessitatibus eorum liberavit eos.

Misit verbum suum et sanavit eos,* et eripuit eos de interitionibus eorum.

Confiteantur Domino misericordiæ ejus,* et mirabilia ejus filiis hominum.

Et sacrificent sacrificium laudis;* et annuntient opera ejus in exultatione.

Qui descendunt mare in navibus,* facientes operationem in aquis multis.

Ipsi viderunt opera Domini,* et mirabilia in profundo.

Dixit; et stetit spiritus procellæ,* et exaltati sunt fluctus ejus.

Ascendunt usque ad cœlos, et descendunt usque ad abys-

Que les miséricordes du Seigneur; que ses merveilles annoncent sa gloire aux enfants des hommes.

Parce qu'il a brisé les portes d'airain, et qu'il a mis en pièces les barres de fer.

Il les a recueillis en les tirant de la route d'iniquité où ils marchaient, car ils avaient été humiliés à cause de leurs injustices.

Ils avaient en horreur toute espèce de nourriture, et ils touchaient de fort près aux portes de la mort.

Ils ont crié vers le Seigneur durant la tribulation, et ils les a délivrés de leurs misères.

Il a envoyé sa parole et il les a guéris; il les a retirés des horreurs de la mort.

Que les miséricordes du Seigneur, que ses merveilles annoncent sa gloire aux enfants des hommes.

Qu'ils offrent un sacrifice de louanges et qu'ils publient par des chants d'allégresse la grandeur de ses œuvres.

Ceux qui se mettaient en mer sur des vaisseaux et qui manœuvraient durant leur navigation.

Ont été témoins des œuvres du Seigneur: ils ont vu les merveilles qu'il opère dans ces vastes abîmes.

Le Seigneur parle, et la tempête survient, et les flots s'élèvent.

Ils paraissent monter jusqu'aux cieux, et descendre

dans les gouffres de la mer: le courage des nautonniers succombe à la vue du danger.

Ils se troublent, ils s'agitent comme un homme ivre, et tout leur art est sans ressource.

Ils ont crié vers le Seigneur durant la tribulation, et ils les a délivrés de leurs misères.

Il a changé la tempête en un calme parfait, et les flots de la mer se sont apaisés.

Alors la joie a succédé à la tristesse, et Dieu a conduit ces navigateurs dans le port où ils voulaient aborder.

Gloire au Père....

O Dieu sauvez-moi,

Parce que les eaux de la tribulation ont monté jusqu'à mon âme.

O Dieu, aidez-nous, parce que vous êtes notre salut.

Et délivrez-nous, Seigneur, pour la gloire de votre nom.

Ayez pitié de nous, Seigneur,

Ayez pitié de nous.

Seigneur, exaucez ma prière.

Et que mes cris parviennent jusqu'à vous.

Que le Seigneur soit avec vous,

Et avec votre esprit.

sos, * anima eorum in malis tabescebat.

Turbati sunt et moti sun sicut ebrius, * et omnis sapientia eorum devorata est.

Et clamaverunt ad Dominum cum tribularentur, * et de necessitatibus eorum eduxit eos.

Et statuit procellam ejus in auram, * et siluerunt fluctus ejus.

Et lætati sunt quia siluerunt, * et deduxit eos in portum voluntatis eorum.

Gloria Patri....

Salvum me fac Deus,

Quoniam intraverunt aquæ usque ad animam meam.

Adjuva nos, Deus, salutaris noster.

Et propter gloriam nominis tui, Domine, libera nos.

Miserere nostri, Domine,

Miserere nostri.

Domine, exaudi orationem meam.

Et clamor meus ad te veniat.

Dominus vobiscum,

Et cum spiritu tuo.

OREMUS.

Deus, qui culpâ offenderis .... *Page* 426.

OREMUS.	PRIONS.
Ad te, Domine, clamantes exaudi et aëris sanitatem nostris tribue supplicantibus, ut qui justè pro peccatis nostris affligimur, misericordiâ tuâ præveniente, clementiam sentiamus.	Seigneur, exaucez vos serviteurs qui crient vers vous et accordez-nous la salubrité de l'air, afin que, prévenus par votre miséricorde, nous éprouvions les effets de votre clémence, bien que par nos péchés nous méritions les châtiments de votre justice.
Deus, qui non mortem sed pænitentiam desideras peccatorum, populum tuum ad te revertentem propitius respice; ut dùm tibi devotus existit, iracundiæ tuæ flagella ab eo clementer amoveas. Per Dominum....	O Dieu, qui ne voulez pas la mort des pécheurs, mais leur conversion, jetez un œil propice sur votre peuple qui revient à vous, afin que, touché de son dévouement pour vous, vous éloigniez de lui avec bonté les fléaux de votre colère. Par Jésus-Christ....
Dominus vobiscum,	Que le Seigneur soit avec vous,
Et cum spiritu tuo.	Et avec votre esprit.
Benedicamus Domino.	Bénissons le Seigneur.
Deo gratias.	Rendons lui grâces.
Exaudiat nos omnipotens et misericors Dominus. Amen.	Que le Dieu tout puissant et miséricordieux exauce nos prières. Ainsi-soit-il.
Fidelium animæ per misericordiam Dei, requiescant in pace. Amen.	Que les âmes des fidèles défunts reposent en paix par la miséricorde de Dieu. Ainsi-soit-il.

Vu et approuvé :

Amiens, ce 26 Juillet 1861.

FALLIÈRES,

Vicaire Général,

FIN.

TABLE DES MATIÈRES.

	Pages.
Préface	5

LIVRE PREMIER.

CHAPITRE I.

Naissance des deux Saints. — Leur conduite. — Leur éducation. — Lugle renonce à la royauté pour embrasser l'état ecclésiastique. — Luglien monte sur le trône. — Lugle se retire dans un monastère. — Lilia, leur sœur, bâtit un couvent où elle se retire 13

CHAPITRE II.

Luglien quitte le trône pour se retirer dans la solitude. — Il forme avec Lugle le projet du pélérinage de la Terre Sainte. — Ils l'accomplissent. 33

CHAPITRE III.

Lugle et Luglien reviennent de la Terre Sainte. — Lugle est élu Archevêque. — Sa vie et ses travaux dans l'épiscopat 49

CHAPITRE IV.

Luglien remonte sur le trône. — Sa conduite. — Lugle est tenté de vanité. — Il prend la résolution de se démettre de l'épiscopat. — Il communique son dessein à Luglien qui l'approuve et qui se décide lui-même à quitter de nouveau le trône. . 61

CHAPITRE V.

Lugle et Luglien quittent l'Irlande. — Ils descendent en Angleterre. — Leurs travaux dans ce pays et leurs succès 79

CHAPITRE VI.

Lugle et Luglien prennent la résolution de quitter l'Angleterre. — Ils s'embarquent secrètement. — Tempête violente sur la mer. — Ils l'apaisent par leurs prières 93

CHAPITRE VII.

Lugle et Luglien arrivent à Boulogne. — Leurs travaux. — Miracle de la guérison de l'aveugle Eventin 105

CHAPITRE VIII.

Lugle et Luglien quittent Boulogne. — Leur arrivée à Thérouanne. — Miracle de l'incendie apaisée . 119

CHAPITRE IX.

Lugle et Luglien sortent de Thérouanne. — Ils reçoivent la révélation de leur mort prochaine. — Le pays ravagé par une bande d'assassins et de voleurs, Bérenger et ses complices. — Les Saints sont arrêtés. — Erckembode les accompagne. — Martyre de Saint-Lugle et de Saint-Luglien . . 129

CHAPITRE X.

Fin tragique de Bérenger. — Lumière miraculeuse auprès des corps saints pendant la nuit. — Baïnus est averti par Erckembode. — Pluie miraculeuse qui enlève les corps jusqu'à Hurionville. — Baïnus s'y rend. — Transport des corps saints au château d'Almer 143

LIVRE DEUXIÈME.

CHAPITRE I.

Les Reliques des Saints Lugle et Luglien sont honorées au château d'Almer 153

CHAPITRE II.

Une partie considérable des Reliques des Saints Lugle et Luglien est transportée du château d'Almer en la ville de Montdidier 159

CHAPITRE III.

Dissertation sur la vérité de la translation des Reliques des Saints Lugle et Luglien à Montdidier . 167

CHAPITRE IV.

Des diverses autres translations des Reliques des Saints Lugle et Luglien 201

LIVRE TROISIÈME.

Histoire des miracles opérés par l'intercession des Saints Lugle et Luglien 215

LIVRE QUATRIÈME.

Histoire du culte des Saints Lugle et Luglien . . . 241
Notice sur Montdidier et le Prieuré de Notre-Dame de cette ville 271

Notes et pièces justificatives 289
Neuvaine préparatoire à la fête des Saints Lugle et
    Luglien 361
Litanies des Saints Lugle et Luglien. 375
Prières pendant la Sainte Messe 378
Office des Saints Lugle et Luglien 389
Prières et cérémonies pour les processions des Saints
    Lugle et Luglien dans les temps de calamités . . 425
Table des matières 435

FIN DE LA TABLE.

ERRATA.

Page   15, ligne 21 : *molesse,* lisez : *mollesse.*
Page   42, ligne 14 : *portaient,* lisez : *portait.*
Page   68, ligne 20 : *chétien,* lisez : *chrétien.*
Page   70, ligne 3 : *suivis,* lisez : *suivi.*
Page 109, ligne 6 : *qu'avait produit la grâce,* lisez : *que la grâce avait produites.*
Page 118, ligne 11 : lisez : *la réussite de.*
Page 126, ligne 2 : *donné,* lisez : *donnée.*
Page 128, ligne 9 : *craingnent,* lisez : *craignent.*
Page 138, ligne 29 : *abandonné,* lisez : *abandonnés.*
Page 153, ligne 20 : *resplendissant,* lisez : *resplendissants.*
Page 191, ligne 25 : *renouveller,* lisez : *renouveler.*
Page 194, ligne 2 : *reconnu,* lisez : *reconnue.*
Page 208, ligne 6 : *espérait,* lisez : *espéraient.*
Page 209, ligne 32 : *et achetés,* lisez : *ont été achetés.*
Page 258, ligne 8 : *seuls,* lisez : *seules.*
Page 304, ligne 28 : *donné,* lisez : *donnée.*
Page 306, ligne 19 : *dorés,* lisez : *doré.*
Page 329, ligne 20 : *saint,* lisez : *saints.*
Page 377, ligne 27 : *a rendus,* lisez : *ont rendus.*
Page 386, ligne 21 : *c'est,* lisez : *ce sont.*

www.ingramcontent.com/pod-product-compliance
Lightning Source LLC
Chambersburg PA
CBHW071108230426
43666CB00009B/1870